日本マックス・ウェーバー論争

「プロ倫」読解の現在

橋本 努・矢野善郎 編
Hashimoto Tsutomu & Yano Yoshiro

ナカニシヤ出版

はじめに

マックス・ウェーバーをめぐる一大論争が日本で起きている。略して「羽入‐折原論争」と呼ばれる（というよりも橋本がそのように呼んだ）この一連の討議は、羽入辰郎氏と折原浩氏のあいだの論戦を中心に据えているものの、その射程はかなり広い。それはウェーバー研究者やウェーバー読者のみならず、本書を偶然手にした読者すらも巻き込むほどの奥行きがあるだろう。本書を開いてしまったら、読者はすでに部外者ではいられなくなるかもしれない。本論争には学問と人生に関する根本的な問いがゴロゴロと横たわっており、他人事ではいられなくなるからだ。知性と情念、去勢と驕り、陶酔と粛清、虚栄と誠実、嘲笑と崇拝、等々。学問には、実に多くの喜びと悲しみがある。その喜びと悲しみの詰まった本論争に読者を誘うべく、これまでの論争経緯をまず簡単に紹介してみたい。

二〇〇二年九月、羽入辰郎著『マックス・ヴェーバーの犯罪』（ミネルヴァ書房、以下、『犯罪』と略記）が刊行されると、本書は世間に広く読まれることになった。本書において羽入氏は、知の巨人ウェーバーを批判するのみならず、ウェーバー研究者の学問姿勢をも批判の俎上に載せ、ウェーバーを崇拝するアカデミズムのあり方を問いただした。この批判を受けて、ウェーバー研究の第一人者の一人である折原浩氏は、二〇〇三年一一月に『ヴェーバー学のすすめ』（未來社）を上梓してこれに応答する。また本書の編者の一人である橋本は、小論「ウェーバーは罪を犯したのか――羽入‐折原論争の第一ラウンドを読む」（『未来』四四八号、二〇〇四年一月、八‐一七頁、本書巻末に資料1として収録）をもって二人の論争を紹介し、加えて橋本のホームページに「マックス・ウェーバー」コーナーを設け、ウェブ上での論争を広く呼びかけた。ウェブ上では、これまで多数の論稿が掲示され、これらの論稿に対して折原氏は応答し、また自らも新たな論稿を投稿されている。そして折原氏は、本ウェブ上に発表された諸論稿を書き改めるかたちで、二〇〇五年八月に大著『学問の未来――ウェーバー学における末人跳梁批判』（未來社）を上梓された。本書は、先の『ヴェーバー学のすすめ』よりもいっそう周到なかたちで、『犯罪』批判を展開したものである。なお氏は、あわせて翌月に『ヴェーバー学の未来――「倫理」論文の読解から歴史・社会科学の方法会得へ』（未來社）を刊行し、この論争が依拠する原典、すなわちウェーバーの「倫理」論文に対する自身の解釈を提示されている。二〇〇六年一〇月、折原氏はさらに、『大衆化する大学院』（未來社）を刊行され、羽入書の元となった氏の博士論文の審査経緯を批判している。折原氏によれば、羽入氏の著書の元となった博士論文（東京大学文学部に提出された）は、博士号取得に値しないというのである。

こうした一連の応答と並行して、羽入氏は著書『マックス・ヴェーバーの犯罪』によって二〇〇三年に山本七平賞を受賞されたが、羽入書を推した一人である谷沢永一氏は折原氏の批判を受けるかたちで、雑誌『Voice』二〇〇四年五月号の対談に羽入氏を招き、そこで「批判に応答するように」と羽入氏に述べている。羽入氏はこの対談で、折原氏に対する応答らしきことを少し述べてはいる。しかしそれは正面からの応答と呼ぶには程遠い。それ以来、羽入氏からの応答はまだなされていないが、羽入書に対する折原氏の一連の応答をもって、私たちは「論争の第一ラウンド」が終わったとみなすことができよう。本論争の本格的な第二ラウンドは、羽入氏（あるいはその代弁者）の応答からはじまることになるだろう。そしてそのときにはまた、新たな応答がなされ、論争の体をなしていくだろう。けれどもそれを待つ前に、橋本のホームページに掲載された諸論稿の一部、あるいは掲載されていないが重要な意義をもつであろう諸論稿を、私たちは活字にしてまとめておきたいと考えた。羽入氏が応答するかどうかにかかわらず、私たちは本論争からすでに多くを学び、参加し、またさらに、そこから魅力的な研究を企てることができるのではないか、と感じているからである。本書はこの羽入‐折原論争に捧げられた「論争の第一ラウンドへの追加、場外発言、ないし参考資料」からなっている。

なお、本書の執筆者のなかには、「羽入‐折原論争」を「論争」とは呼ばない人もいるので、この点について私たちのあいだに共通見解がないことを記しておきたい。論争とは、AがBを批判して、BがAを批判し返す場合に成り立つものである。ところが本論争では、羽入氏は、折原氏の学説を明示的に批判したわけではない（ただし対談では罵倒している）。そこでここからは解釈の問題となる。羽入氏はウェーバーのテキストのみならず、ウェーバー研究者たちの学問営為そのものを批判した。この批判はすでに、ウェーバー研究に深くコミットメントをする折原浩氏を（多数の中の一人として）念頭においた批判であった、と私は解釈する。羽入氏の批判は、折原氏の学問営為に対する（明示を避けた）直接性の高い批判であった。このように解釈すると、たとえ羽入氏からの応答がなされなくても、すでに折原氏の応答をもって、論争と呼びうる状況が生じていると言えるだろう。

かつて世良晃四郎氏は、安藤英治氏のマルクス解釈に対する降旗節雄氏の批判をもってこれを「安藤‐降旗論争」と呼んだが、この論争に比べると本論争は、「応答への応答」という性格がかなり強いように思われる。もっとも、解釈が異なれば、本論争はまだ論争ではないのであって、最後にこの点に注意を喚起しておきたい。

二〇〇八年三月

橋本　努

日本マックス・ウェーバー論争――「プロ倫」読解の現在

＊

目次

目　次

『日本マックス・ウェーバー論争』正誤表

・p. i、5～6行目
(誤)「去勢と驕り」
(正)「虚勢と驕り」

・p. iii、3行目
(誤)「世良晃四郎」
(正)「世良晃志郎」

・p. vii、7行目
(誤)「一〇〇年前の論争を」
(正)「一〇〇年前の論文を」

・p. 9、11行目
(誤)「訓話学」
(正)「訓詁学」

・p. 116、11行目、13行目
(誤)「Brief」
(正)「Beruf」

・巻末執筆者一覧、右ページ6行目
(誤)「(東京大学博士論文, 1966年)」
(正)「(東京大学博士論文, 1996年)」

序章　マックス・ウェーバー論争へようこそ！

橋本　努

一　父権に抗する学的快楽

「マックス・ウェーバーって詐欺師なんでしょ？　アッハッハ！」

「ということはなにかい？　ウェーバー研究に身を捧げた折原浩氏っていうのは、まったく、かわいそうな人ですねぇ。詐欺師を一生信じてきたんですからねぇ。アッハッハ！」

「これでアカデミズムの権威もボロボロですかねぇ。アカデミックな権威なんて、本当はいらないわけですよ。ぶち壊したほうがいいわけですよねぇ。アッハッハ！」

「アッハッハ！　アッハッハ！　アー、愉快、爽快、いい気分デス！」


これはある飲み会の席で、私が耳にした会話の一部である（構成・脚色は橋本努）。羽入辰郎著『マックス・ウェーバーの犯罪』（以下、『犯罪』と略記）の影響であろう。羽入氏は同書のなかで、マックス・ウェーバーのテキストを文献学の拷問にかけ、この学者の生命を絶ち切るという業火を浴びせている。その果敢な試みが世間の注目するところとなって、同書は山本七平賞を受賞した。かくも専門的な研究書が世間にいったい何をもたらしたのかといえば、それはだいたい、この会話に示されるような「知の快楽」であったと言えるだろう。えげつないといえばえげつないが、しかし酒の肴としてみれば、同書は最高の享楽ネタであったことはまちがいない。

『犯罪』の面白さの秘薬は、やはりなんといっても同書の「はじめに」に登場する羽入氏の妻、淳子さんの存在であろう。淳子さんはあるとき、辰郎氏に次のようなことを助言したという。

今やってること無駄よ。止めなさい。テキスト読んで分かるような書き方、ヴェーバーしていないもの。それより資料集めよ。ヴェーバーが使ったと言ってる資料を集めるのよ。特にヴァイマール版のルター全集ね。この夏は図書館めぐりよ。服が塩吹くくらい回るのよ。こういう人間は必ず何かやってるわよ。必ず何か出てくるわ。大体が詐欺師の顔してる。嘘付いてるからビクビクしてるのよ。私、あなたがこんな奴に引きずり回されてると思うと腹立つのね。（『犯罪』i–ii頁）

羽入氏は妻のこの素人的な直感と指導をたよりにして（というよりも尻に敷かれて）、ウェーバー批判をつぎつぎと成功させていく。その物語構成は、実にみごとという他ない。妻がウェーバーの写真を見て「詐欺師みたい」と感じたその直感が「やはり正しかったのだ」ということになれば、素人読者たちも自身の直感をくすぐられるにちがいない。直感でもって専門家を詐欺師と呼べるのであれば、それはかなり気分のいい「自己肯定感」をもたらすであろう。こうして羽入氏は、一般読者の気分を味方につけながら、推理小説風の推論を展開していった。本書の魅力はまさに、学問研究がややもすれば失いがちな、素人的で自由な発想を物語仕立てに採り入れたところにあるだろう。

では『犯罪』は、アカデミズムにどのような影響をもたらしたのであろうか。マックス・ウェーバーといえば、学問の権威を象徴する社会学者である。そのウェーバーが詐欺師・犯罪者であるとなれば、アカデミズムに身を置く学者たちは心穏やかではいられないだろう。とくに、ウェーバー研究を一つの柱としてきた戦後日本の知識人にとってはなおさらのことである。『犯罪』が出版された約五年前、私は『朝日新聞』の紙面で同書を評したことがある。まずここにその全文を引用してみたい。

ヴェーバーの『プロテスタンティズムの倫理と資本主義の精神』を文献学的考証の拷問にかけた本書は、学問の父ヴエーバーに挑んだ労作である。

なるほどプロテスタンティズムの倫理がルターのドイツ語訳聖書の一部「ベン・シラの知恵」における「職業」概念に淵源するとしても、それが英訳に影響を与えたとするヴェーバーの論証には不備がある。またルター訳聖書の一部「コリントⅠ」には「職業」（ベルーフ）という言葉が見られない以上、それが同訳の「ベン・シラの知恵」に影響を与えたとする仮説も成り立たない。ヴェーバーは当時の「普及版ルター聖書」に依拠した結果、その校訂過程を無視した杜撰な論証を行った、というのが著者の判定である。

はたして以上のような批判がヴェーバーを「倒した」ことになるのかは疑問であるが、巨人ヴェーバーを追い詰めるその冒険は、父権に抗する学的快楽に満ちている。（『朝日新聞』二〇〇二年一二月一五日付）

「父権に抗する学的快楽」。まさにこの快楽こそが、羽入書の核心であると私は考えた。ただしこの快楽には、両義的な意味がある。

およそ学問において、「エスタブリッシュメントに抗する学的快楽」は必携であるだろう。ウェーバーであれ何であれ、知の権威に対して果敢に挑む気迫がなければ、学問探究は不健全ですらあると私は思うのだが、羽入書にはそうした気迫と学的快楽が十分にある。この点を評価することは、羽入氏の仕事に対する大切な敬意であると思う。

しかし既存の学説への批判は、ややもすれば、論争の土壌そのものを掘り崩すような方向に向かってしまうことがある。例えば、カール・ポパーの批判的合理主義に対するポール・ファイヤアーベントの批判は、そのような要素を多分に含んでいた。ファイヤアーベントは「どんな方法論が望ましいか」という科学哲学の問題に対して、「方法論はなんでもいい」という方法論的アナキズムの立場を主張する。「なんでもござれ（anything goes）」という彼の主張は、ところが先の会話に示したような、読者を「笑い殺し」に巻き込むという危うい効果をもっていた。読者はファイヤアーベントが携える哲学的主張よりも、彼の痛快なポパー批判に目を奪われて、その「えげつない快楽」効果に興じてしまったのである。『犯罪』にも似たような効果があっただろう。『犯罪』にはレトリックが過ぎて「悪乗り」する部分がある。読者は、そのような悪乗りについつい目を奪われて、羽入氏が貢献した文献学的研究の価値を不問に付して受け入れてしまうケースが多い。

素人読者ばかりではない。専門家たちも『犯罪』に興じた。例えば、上智大学で一九世紀ドイツの文献学に関する論文を書いて博士号を取得した専門家、江藤裕之氏は、同書に関する書評を『長野看護大学学報』および『ASTERISK: A Quarterly Journal of Historical English Studies』にそれぞれ寄せて絶賛している（江藤、二〇〇三、二〇〇四）。江藤氏によれば、『犯罪』は「知の巨人と評されたマックス・ヴェーバーにまさに再起不能の一徹を打ち加えた痛快の書」であり、「完膚なきまでに巨人を粉砕した」という。さらに氏は、日本のウェーバー研究者たちを「わが国のエセ学者」「エピゴーネン」「ヴェーバー教の狂信学者たち」と呼び、後者の書評の最後を次のように結んでいる。「マックス・ヴェーバーという巨人の肩に安住の地を見出し、その土台のいかがわしさと脆弱性を疑いもしなかったヴェーバリアンたちは、本書に対し、これからどのような反論をするのであろうか。あるいは、この時点で、すでに急性アノミー状態に陥り、断末魔の苦しみに喘いでいるのであろうか」と。

すでにウェーバー研究者たちは応答しているので、江藤氏はこれに対する応答責任を負うことになるが、いずれにせよ、一九世紀ドイツの文献学を専門とする江藤氏が、同じく文献学を専門とする羽入氏の立論を不問に付して、ただひたすらウェーバー研究者たちに罵声を浴びせるというその態度に、私は頭を抱えてしまう。氏はおそらく、『犯罪』の文体がもつ効果に押されて、ウェーバー研究者たちが「断末魔の苦しみに喘ぐ」という姿を想像し、えげつない快楽に耽ってしまったのであろう。

ほかにも例えば、新カント派の哲学者、九鬼一人氏は、本書に収録された論考の注のなかで、次のように自己批判されている。「学的誠実性という観点から言えば、第一次文献に当たらず、丸山尚士の論考の査閲をしないまま、――もちろん羽入書を二次文献とする旨を明記した上――ジュネーブ聖書の刊行年に言及した九鬼の軽率さ（九鬼、二〇〇四、四八頁）については自己批判する」と。九鬼氏はまた論文（正確には「研究ノート」）「一九二〇年代思想史ノート　第一回」（『岡山商大論叢』第三九巻第三号）のなかで、英語聖書の calling 概念が、「ベン・シラの知恵」のルター訳語 Beruf を経ることなく成立したことを、「ＯＥＤ〔Oxford English Dictionary〕の記述を正確に読めば理解するに難くない」（同、五七頁）などと述べているが、これもまた軽率な推断であろう。[1] 九鬼氏のような一流の哲学者が、羽入氏の貢献を不問に付して受け入れるのみならず、『犯罪』の慎重な推論から断定な主張を引き出してしまうほど、『犯罪』にはレトリックに巻き込む力があったのである。

かくも魅力的な『犯罪』は、それが山本七平賞を受賞して以降、たんなるアカデミックな論争空間を超えて、政治的な権力作用をもちはじめたように思われる。それは例えば、「アカデミズム」対「論壇」とか「専門学者」対「素人研究者」といった、それ自体を論じてみると、まったく不毛な罠に陥っていくような微視権力を掻き立ててさえいる。その権力作用は、あたかも愛しあう男女が、互いに依存しながらも「あなたは醜い」と言いあうような関係に似ていなくもない。

だがここで、政治的微視権力の問題についてとやかく言うのはやめよう。私は、『犯罪』が山本七平賞に値する本であったと思っている。あるいは同書所収の一論文が、和辻賞の受賞に値する作品であったとも思っている（和辻自身がウェーバーを嫌い理解しなかったため）。たしかに山本七平賞の受賞は、この論争に新たな政治的次元を加えることになったが、しかし問題は政治的次元そのものではなく、『犯罪』に賞を授与した側が、とりわけ折原氏による二つの論駁書が現れた現在、何らかの応答責任を果たす必要があるということである。誤りはきわめて人間的な事柄であって、だからこそ応答責任というものが存在する。「『犯罪』には重大な誤りがある」との指摘を受けて、その批判に応答するという態度が賞を与える側になければ、それは賞のステイタスそのものをすでに深く傷つけているのではないだろうか。倫理学者大庭健の言葉を用いて言えば、「呼‐応」関係の破綻は、すでに人間であることの破綻になりかねない。

もっとも私はここで、関係者たちに強い意味での応答責任を求めているのではない。すでに谷沢永一氏は羽入‐折原論争を受けて、雑誌『Voice』に羽入氏を誘って対談しており、そのなかで氏は、羽入氏に批判への応答を促しているだけでなく、羽入氏の研究方針を随所で批判している。(2) 谷沢氏はこの対談によって、すでに相応の応答責任を果たしているように思われる。応答の最低ラインは、「私は論争があることを自覚している。羽入氏は現在、応答責任がある。羽入氏の応答を待って、私は評価を下したい」というものであろう。このことを明言するかどうか、専門家以外の責任とはその程度のことにすぎない。

二　羽入－折原論争の本質

では、この羽入－折原論争の本質とはなんであったのだろうか。本書巻頭の「はじめに」で記したように、本論争はすでに、社会科学上の一大論争となっている。羽入書が山本七平賞を受賞し、折原氏が二冊の反駁書（＋他の二つの関連書）をもって応答し、さらに小生のホームページに多くの方々が応答やコメントを寄せられたことを考えると、議論の分量としてはすでに膨大である。けれども基本的な争点は、折原浩氏の小著『ヴェーバー学のすすめ』（未來社、とくに五四頁から一一五頁のわずかな部分）にすでに挙げられているので、焦点ははっきりしている。また折原氏の本書を受けて、羽入－折原論争の争点を要約した拙論「ウェーバーは罪を犯したのか――羽入－折原論争の第一ラウンドを読む」を本書の巻末に付したので、読者はこれらを手がかりに、比較的かんたんに論争にアクセスすることができるだろう。論争の争点に関する整理は巻末の拙論に譲ることにして、ここでは本論争への導入として、論争の本質を素朴なかたちで描き出してみることにしたい。

先に引用した小生の書評のなかで、私は二つの中心論点を指摘した。第一に、プロテスタンティズムの倫理がルターのドイツ語訳聖書の一部「ベン・シラの知恵」における「職業」概念に淵源するとしても、それが英訳に影響を与えたとするウェーバーの論証には不備があるということ。第二に、ルター訳聖書の一部「コリントI」には「職業」（ベルーフ）という言葉が見られない以上、それが同訳の「ベン・シラの知恵」に影響を与えたとする仮説も成り立たないということ。この二つである。この他にも羽入氏は、興味深い論点をいくつか提示しているが、問題は、はたしてこうした文献学上の指摘から、マックス・ウェーバーを「詐欺師」「犯罪者」と断罪できるのかどうかという点である。

私たちは、ある人を尊敬する場合、もしその人が一つの過ちを犯せば、ただそれだけの理由で完全に失望する、ということがあるだろう。マックス・ウェーバーの場合も、彼は人々から人格的な賞賛を集めたがゆえに、少しのミスを犯しただけでも、それは尊敬の破局をもたらすことになるのかもしれない。かつてヤスパースは、ウェーバーが愛人に宛てた手紙を読んでウェーバーに憤りを覚え（一九六二－六三年頃と推定される）、それまでの絶賛を翻して、ウェーバーを

「絶対的自己分裂のまえに自己を提出した最初の近代人」と評価するに至ったという（橋本、一九九九、六二頁参照）。ヤスパースは、ウェーバーに愛人がいたことに失望して、ウェーバーの全人格を否定したわけである。

そこで私は読者に質問してみたい。ウェーバーに愛人がいたことと、ウェーバーが文献上の取り扱いに不備を残したことを比べると、いったいどちらの方が、いっそうの失望をもたらすであろうか。安藤英治著『回想のマックス・ウェーバー』（安藤、二〇〇五）によると、ウェーバーの愛人エルゼは、どうもウェーバーの弟アルフレートとも愛人関係にあったようで、それでエルゼは弟とのあいだに私生児をもうけた、というようなインタビュー録が記されている。こちらの方がいっそう幻滅的であろうか。

おそらく羽入氏の主意に従えば、ウェーバーは愛人をもってはならないと述べてはいないが、「学者は知的に誠実であれ」と述べているのだから、文献学上の不備を指摘する研究こそ、学問の巨人ウェーバーを倒す道具としてふさわしいのであろう。無論私は、ウェーバーのいう「知的誠実性」の意味を羽入氏とは別様に解釈しているので、羽入氏の立論をそのまま受け入れることができない。しかし羽入氏の狙いは、実際にはウェーバーを倒すことよりも、ウェーバー研究者たちを倒すことにあるようだ。というのもウェーバーを「巨人」として崇めているのは、他ならぬウェーバー研究者たち（あるいはウェーバーが重要であると思っている多くの人々）なのだから。羽入氏は次のように述べている。

> マックス・ヴェーバーという偉大な巨人が堅固に存在していると思いこんでいる限り、その領域での学問の進歩は確実に阻害される。巨人の言葉を引用し、自分の論文にきらびやかに散りばめ、巨人の作り上げた概念を再度説明する、ただそれだけで自分もまた巨人とともに学問をしているかのような気分に陶酔し浸り切る……。（『犯罪』二六四頁）

この指摘は重要であろう。およそウェーバー研究にかぎらず、学説史の研究というものは、巨人の概念をこねくり回すだけで精一杯、ということが多い。学者というのは、やはり弱き存在なのである。弱いからこそ、巨人の肩に乗って学問した気分に酔いしれる。そして実際、その酔いしれた気分で論文を書き、それで職を得て安泰な研究生活を送っている人もいる。『犯罪』はしかし、そうした「巨人の肩に乗って学問した気分になっている『かよわき羊たち』」を、痛快に批判するという覚醒的なメッセージをもっている。

羽入氏は加えて、明言してはいないが、批判の主たる相手を折原氏に照準しているようにみえる。というのも折原氏は、ウェーバー研究の第一人者であり、この「かよわき羊たち」の統率者的な存在として君臨しているように（世間には）みえるからである。断るまでもないが、折原氏は決して「学問した気分に酔いしれる」ようなタイプの学者ではない。しかし羽入氏は、自身の批判の矛先を限りなく折原氏に定めて、ウェーバー研究者の「人生そのもの」を揶揄し、そして拒絶した。これに対して、折原氏が猛烈な反駁をしないわけがないだろう。折原氏によれば、『犯罪』は「ヴェーバー研究者に対する『自殺要求』である」（折原、二〇〇五、二九頁）という。またそうであるがゆえに、論戦に破れて討ち死にするか、あるいは「犯罪加担者」という濡れ衣を晴らしてウェーバー研究の基本的要件を回復するか、いずれかしかないという。そして折原氏は、羽入氏に対する人格批判へと矢の矛先を向け返した。

……〔羽入氏は学問を志すとしても、〕現にある自分に安住したまま、自分よりも優れたもの、より高い客観的価値をそなえたもの、その意味で現にある自分を脅かすものを、なんとかして引き倒し、自分の水準以下に引きずり下ろして、自分は「人間性の最高段階に上り詰めた」と思い込みたがる。

いっそう根本的にいえば、かれには、人間存在の原点に揺るぎなく腰を据え、さればこそ内外に偶像を立てず、内面的に自己充足する、ということができない。だからかれには、なんらかの外的対象を打倒・否定し、ちょうどそれだけ自己を偶像化し、自己満足・自己陶酔に耽る以外、自己尊重感を保つすべがない。……（折原、二〇〇五、一三三頁）

この批判もまた鋭い。人間的な、あまりに人間的な、と言ってしまえばそれまでだが、私たちは、たとえウェーバーを犯罪者扱いしたとしても、それで内面的な自己充足を得ることはないのである。羽入氏と折原氏は、論争においてお互いの生き方を否定しあうという事態にまで踏み込んでいる。これほどまでに人格を賭けた学問論争は、めったに起こらないであろう。この論争は一見すると、文献学的な細かい論点を扱っている。しかし根本的なところでは、「いかに学問するか」という学問論の本質的な問題を提起している。そしてこの学問と人格という大問題が、本論争を一大論争へと発展させているのである。

ただ、もしかすると読者のなかには、折原氏の反駁書が二冊刊行された現在、『犯罪』はすでに論駁されてしまった、とみなしている人もいるかもしれない。しかしそうではない。先に『犯罪』から引用したように、羽入氏は、巨人の肩に乗って学問した気分に酔いしれるような学者たちを批判しているのであり、この論点は関係者たちに応答責任を委ねている。「折原書が出て助かった」と内心思っているウェーバー研究者たちもいるだろうが、彼らが応答責任を免れたわけではない。また羽入氏は、ウェーバーで研究論文を書いて大学に職を得たが、その後「私はウェーバー研究者ではないので」と言っている人たち、あるいは、高校や予備校や公務員試験予備校や大学などで、ウェーバーを教えている教員たち、そうした「かよわき大人の代弁者」たちすべてを批判している。『犯罪』はその意味で、「権威に頼る学者の弱さ」という、決して色あせることのない根本的な問題を提起しているのであり、この論争は、折原氏やウェーバー関係者たちが答えてそれで終わり、ということはありえないだろう。

三　訓詁学という剣

ところで読者のなかには、羽入氏が提起した文献学上の問題など、コップの中の嵐にすぎないと思われる人もいるかもしれない。小著『マックス・ヴェーバー入門』（岩波新書）で定評のある山之内靖氏は、実際、この論争にはまったく興味がないとの応答を、小生のホームページに寄せている。羽入書はなにか現実の問題に取り組んだのではなく、硬質の文献学的研究に徹している。だから羽入氏の論点は、一般読者にとって有益なものではなく、専門家集団（＝「コップ」）の中で評価すべき些細な出来事にすぎない、とみなすこともできるだろう。

しかし私たちは、文献学や思想史研究といった訓詁学的スタイルの営みが、きわめて遠大な社会的効果をもちうることを忘れてはならない。文献学とは少し異なるが、レオ・シュトラウス（一八九九‐一九七三）のような政治哲学者の訓詁学的な営みを考えてみると分かりやすいだろう。

レオ・シュトラウスは、ナチス・ドイツを逃れてアメリカに亡命したユダヤ系の政治哲学者であり、とりわけ古典古代の哲学に造詣の深い知識人として知られる。シカゴ大学では五〇年代と六〇年代において、アメリカのエリート教育の確立に努めてきた。彼の演習は、哲学者のテクストを精読するというきわめて訓詁学的なスタイルであったが、しかし彼の下で博士号を取った弟子たちは、その後シュトラウス学派を形成して、現在、アメリカの学界と政界に大きな影響力を振るっている。例えば、ブッシュ政権で国防総省副長官を務めたポール・ウォルフォヴィッツは、学部時代はコーネル大学のアラン・ブルームの下で学び、大学院ではシカゴ大学のレオ・シュトラウスに学んでいる。ウォルフォヴィッツはイラク攻撃を推進した張本人である。二〇〇三年のイラク攻撃の背後には、政治思想家レオ・シュトラウスに師事したことは、思想的にみて大きな事件と言わねばならない。彼のような一流の政治家が、大学院時代にシュトラウスを信奉する新保守主義者たちの政治勢力がある。ニューヨーク・タイムズは二〇〇三年五月、イラク攻撃を鼓舞する思想を「ネオコン」ならぬ「レオ－コン（Leo-con）」と評したが、まさにレオ・シュトラウスとネオコン（新保守主義）の結合形態こそ、現代の帝国イデオロギーを形成しているのである。

　ではなぜ、シュトラウスの訓詁学的研究は、これだけ大きな政治的影響をもたらしたのだろうか。五〇〜六〇年代といえば、財団から資金を得て営まれる実証主義政治学が流行していた。しかしシュトラウスは、そのような学問を厳しく批判して背を向けた。そのような学問を営んでいては、重要な政治的判断に際してまったく価値判断を拒むような「相対主義」に陥ってしまうから、というのである。こうした流行の学問に抗して、シュトラウスは、哲学書の精読を通じて注釈を試み、さらにその著者の伝えようとする「秘儀」を摑み取る努力が人々の卓越した市民的美徳を陶冶すると考えた。そしてこのシュトラウスの企ては、一つの研究母体（disciplinary matrix）となり、やがて世代を超えて、現代の帝国イデオロギーたる新保守主義の担い手たちを生み出すことになる（詳しくは橋本、二〇〇七を参照されたい）。

　シュトラウスとその後のシュトラウス主義者たちのケースを考えてみると、訓詁学というのは、巨大な剣であることが理解されるだろう。なるほど「訓詁学者（とくに政治思想研究家）は、現実政治に挫折した地下の革命家である」という見解は、真理の一面を突いている。訓詁学は現実政治に背を向けて学問に定礎をあたえつつ、未来の政治を準備する。それゆえ訓詁学の剣をいかに用いるかという問題は、これを利用しようとする私たちの側に任されているのである。私たちは訓詁学を否定しうるどころか、むしろ訓詁学という剣を引き渡されているのであって、訓詁学が世代を超えてもたらす遠大な政治の連携プレーに思い至るべきであろう。思想とは、そのような巨視的連関のなかに生命をもっている。

訓詁学は侮れない。そこで私たちは、ウェーバー研究という訓詁学に立ち戻り、「羽入－折原論争」がもつ重要な一面を指摘することにしよう。それは「社会科学への『入門』という困難」にかかわる問題である。

私たちは誰しも、ウェーバーの書物を読むときに、最初は必ず「挫折する」という経験を密かに共有している。ある人は、ウェーバーのあまりにも難解な論理に、学問の恐ろしさのみを味わって引き下がるかもしれない。羽入氏はこうした「入門」段階の共有された挫折経験に繊細な光を当てて、私たちのルサンチマン行動の本質を、次のように抉り出している。

理解不可能性、分からなさ。これこそがヴェーバーの作品の「魔力」の秘密なのである。不可解で謎めいた言葉は人々の心に恐れを吹き込む。そして人は理解できぬ言葉を、理解できぬからこそ敬う。理解できぬからこそ人はヴェーバーの作品の周りに群がったのである。人は理解できぬ言葉を恐れる。そして恐れるがゆえに、自分たちを不安にさせる理解不能な言葉を人は崇拝しようとする。ヴェーバーがなにゆえ日本とドイツにおいてとりわけ人気があったのか、その理由はおそらくはここに隠されている。

そしてここに、〝私はヴェーバーを理解することができる〟と称する一群の人間達が出現する。理解できないはずのものを、理解できると称するこれら一群の人間たちの出現と共に、ヴェーバーの残した意味不明な言葉は、今や一層秘教的な魔術的言辞へと祭り上げられてゆく。ヴェーバーを専門に解釈する人間と専門に解釈する書物の出現と共に、こうしてヴェーバー産業が成立する。〝分かる〟という人間が他方にいるのに自分には分からぬという事態が読者に醸し出す不安と、そうした特有の不安を伴った難解さが読者の心の内にかき立てる〝それを分かる〟と称する者達への羨望、そして自らも〝分かる〟と言い立てられるようになりたいという欲望、これらこそがヴェーバー産業を支える心理的需要の秘密なのである。（『犯罪』五頁）

ウェーバー産業にかぎらず、およそ知の産業が成立するところでは、こうした「分かる／分からなくて不安」という構図が、どこにでも生じうる。例えば、ラカンを分かると称するジジェク、ドゥルーズ＝ガタリを分かると称する浅田彰、デリダを分かると称する東浩紀など、みんなこのパタンで知の産業を成り立たせてきた。しかし、こうした構図においてとりわけウェーバー産業が批判されるのは、ウェーバーが大学教育の場で最も多く教えられているからであろうか。あるいは、次のような大塚久雄のウェーバー経験も、問題を困難にしているのかもしれない。

最近刊行された石崎津義男著『大塚久雄　人と学問』によると、大塚久雄は大学二年生のときに、本位田祥男教授の「資本主義精神」という特別講義でウェーバーに触れ、またそのころに助手をしていた阿部勇の「プロ倫」(「プロテスタンティズムの倫理と資本主義の精神」)への書評を読んで大いに刺激を受けたという(石崎、二〇〇六)。また大塚氏が助手になって二年目、客員教授クルト・ジンガー教授が「特別外国書講読」でウェーバーの「儒教と道教」と『経済と社会』を原書で読むというので、この講義の準備を大塚は任された。ところがジンガー教授の授業は、学生たちにあまりにもハードな課題を課すので、結局学生は一人も出席しなくなってしまった。以後、この講義は大塚氏一人を相手につづき、毎週四〇〜五〇頁、大塚氏は分からない文章を一生懸命に読んだという。そして約一年半がすぎて、大塚氏は体調を崩し、寝こんでしまった。しかしこの勉強はけっして無駄ではなかったという。「儒教と道教」の終章「儒教とピュウリタニズム」まで読み進めると、大塚氏はウェーバーの言いたいことの輪郭が急に見えてきた。そこでもう一度「プロ倫」をじっくりと読み返してみると、ようやくこの論文の要旨が分かり始めた。こうして大塚氏は、ウェーバーの学問に参入していったという。

この大塚氏のウェーバー経験で特筆すべきは、大塚のような秀才が、ウェーバーの原書を必死に読んで、やっと「プロ倫」の論旨が分かり始めるというその「苦行物語」であり、また「プロ倫」の要旨が「ようやく分かり始める」というだけで「ウェーバー学に参入できる」という、「理解の特権性」であろう。苦行に耐えて、ウェーバーをなんとか理解できれば、学問において特権的な位置に立つことができる。こうした事情が、日本におけるウェーバー研究の特殊性——といっても、およそ古典研究というのはこのような事情で成り立っているのだが——を形成してきた。

大塚氏はまた、晩年になって、自分が読んだ本はせいぜい一〇〇冊くらいだろうと述べているが、氏が言うところの

「分かる」とか「読む」という経験は、かなり水準の高い境地を指している。もし私たちが大塚氏の基準で「分かる」とか「読む」といった日常語を使い出すと、私たちは誰もウェーバーを「分かっていない／読めていない」ということになってしまうだろう。そして羽入氏が注目するのは、こうした「分かる／読む」の高度化と特権化がもたらす、歪んだ世界である。

ある意味で羽入氏も、こうした世界のなかに足を一歩入れているのかもしれない。羽入氏は、先に上げた谷沢氏との対談のなかで、ウェーバーの文章をそのまま読むとよく分からないが、しかし「これは彼が資料を操作しているからであって、ウェーバーが使っていた資料を取り寄せてみると、『ああ、これが元ネタだったのか』という具合で、彼の考えが俄然分かりやすくなるんです」と述べている。これに対して谷沢氏は、「ウェーバーのいいたいことは資料がなくてもいえる」と反論しているが、つまりここで問題になっているのは、ウェーバーを「分かる」ことをめぐる基準である。はたして羽入氏が主張するように、ウェーバーの「元ネタ」を調べなければ、ウェーバーを「本当に理解する」ことができないのだろうか。それとも反対に、谷沢氏のような人間通のアプローチが正しいのであろうか。もし羽入氏が正しいとすれば、羽入氏もまた、ウェーバー産業を支える心理的需要の秘密、すなわち、「自身が〝最もウェーバーを分かる〟と言い立てられるようになりたいという欲望」に絡めとられているのではあるまいか。

だが私たちは、羽入氏のウェーバー理解にひれ伏す必要はないだろう。折原氏によれば、羽入氏のアプローチは「没意味文献学」であって、しかも羽入氏のウェーバー批判は、「天を仰いで唾した」ものだという。詳細については紹介を省くが（折原、二〇〇五、二七五－二七九頁参照）、羽入氏は引用操作をしたとの疑義があり、これによって羽入氏は、ウェーバーを詐欺師と決めつけたのと同一の論法で、「意図的無視」「でっち上げ」「詐欺」として断罪されるほかないのではないか、との批判が折原氏から投げかけられている。現在、こうした批判に対する羽入氏の応答が待たれるところである。

いずれにせよ『犯罪』は、魅力的な本であることは間違いない。私たちのような素人読者を文献学の凄まじき研究世界に誘う氏の腕前は、どんなに評価されても評価されすぎることはないだろう。『犯罪』を読んでウェーバーに関心を抱き、それではじめてウェーバーの『プロテスタンティズムの倫理と資本主義の精神』を読んでみた、という読者もきっと多いはずである。ウェーバーへの入門書としてみれば、『犯罪』は一読に値する。また羽入氏のいくつかの論点は、ウェーバー批判としてアカデミズムに大きな意義を残すことになるだろう。こういう話題性のある本がなければ、私たちはなかなか古典を読む（あるいは読み返す）気になれないのであるから、私は羽入氏の貢献を高く評価しなければならないと思う。

なお本小論は、「論争への導入」を意図しているために、小生の立場からの見解を控えている。もしお手数でなければ、小生のホームページに掲載された拙論「羽入‐折原論争への参入と応答：論争の第二ラウンドへ向けて」を参観いただけると幸いである。

そして最後に一言。皆様、マックス・ウェーバー論争へようこそ！　この論争は現在も継続中です。本書を手がかりに、皆様もぜひ論争へご参入されませんか。読者からの忌憚のないご意見ご批判をお待ち申し上げます。小生のホームページでは、今後も応答を掲載していく予定です（検索エンジンで「橋本努」と御検索ください）。

注

（1）『犯罪』に従えば、OEDのcallingの項目には「ベン・シラの知恵」一一・二〇、二一の用例が記載されていなかったのであり（『犯罪』四四頁）、このことはつまり、OEDを読んでも、英訳聖書のcallingと「ベン・シラの知恵」の当該箇所の関係は、明らかにならないことを意味する。

（2）谷沢氏の羽入批判は次の三点である。（一）これまでのウェーバー研究者は証拠を挙げて考証することにこだわりすぎているという谷沢氏の批判に対して、羽入氏は「ただ、いままでのマックス・ヴェーバー研究というのは、むしろ『証拠』の調査が足りなかったんですよ」と返すが、谷沢氏は「しかしヴェーバーが何をいいたいかの判定は、資料がなくてもいえることです」と反論している。（二）羽入氏は『マックス・ヴェーバーの犯罪』の英訳版を出そうと思っていると述べるが、これに対して谷沢氏は、「少なくとも、それはあなたの学問にプラスにならない」と述べ、翻訳は他人に任せて、「あなたはご自分の学問を別に進めればいい」と助言している。（三）羽入氏は「いま書いてみたいのは、ヴェーバーがなぜこれほどの無理をして『倫理』という論文を出さざるをえなかったのかということです」と述べるが、これに対して谷沢氏は、「いいことです。ただし、あまり動機論にのめりこむと全体像が見えなくなる恐れがありますよ」と助言し、「それは一つの学問スタイルではあるけれども、その動機なるものと作品そのものが与える感銘、効果は別だと思う」と述べて、最後にはウェーバーが「なかなか隅におけない人間通であることが分かります」と述べ、「人間ウェーバー」を救っている。これはウェーバーを詐欺師・犯罪者扱いする羽入氏とは、対照的なウェーバー評価であろう（羽入・谷沢、二〇〇四を参照）。

参考文献

安藤英治、二〇〇五、『回想のマックス・ウェーバー――同時代人の証言』岩波書店。

石崎津義男、二〇〇六、『大塚久雄　人と学問』みすず書房。

江藤裕之、二〇〇三、「書評　羽入辰郎著『マックス・ヴェーバーの犯罪』」『長野看護大学学報』第一六号、二〇〇三年七月、一八頁。

江藤裕之、二〇〇四、「書評　文献学の勝利――羽入辰郎著『マックス・ヴェーバーの犯罪：『倫理』論文における資料捜査の詐術と「知的誠実性」の崩壊』『ASTERISK：A Quarterly Journal of Historical English Studies』Vol. xiii, No. 4, Winter 2004、一八五－一九八頁。

折原浩、二〇〇三、『ヴェーバー学のすすめ』未來社。

折原浩、二〇〇五、『学問の未来――ヴェーバー学における末人跳梁批判』未來社。

橋本努、一九九九、『社会科学の人間学』勁草書房。

橋本努、二〇〇七、『帝国の条件』弘文堂。

羽入辰郎、二〇〇二、『マックス・ヴェーバーの犯罪――『倫理』論文における資料操作の詐術と「知的誠実性」の崩壊』ミネルヴァ書房。（本文中では『犯罪』と略記）

羽入辰郎・谷沢永一、二〇〇四、「対談　マックス・ヴェーバーは国宝か――『知の巨人』で糊口をしのぐ営業学者に物申す」『Voice』二〇〇四年五月号、一九八－二〇七頁。

九鬼一人、二〇〇四、「1920年代思想史ノート　第一回」『岡山商大論集』第三九巻第三号、四五－六五頁。

山之内靖、一九九七、『マックス・ヴェーバー入門』岩波新書。

第Ⅰ部　ウェーバーは「犯罪」を犯したのか

第1章　羽入式疑似文献学の解剖

丸山尚士

はじめに

本論考は、北海道大学の橋本努氏の主宰により設置された、「羽入‐折原論争の展開」のホームページ上に掲載された、筆者の六本の論考を再編集したものである。[1]まとめ直すにあたって、その内容を縮約し、また新たな調査結果を加えて全面的に書き直している。

筆者は、ホームページへの投稿時（二〇〇四年四月‐一一月）も現在（二〇〇六年秋）も一般的な会社員であり、大学その他で研究生活を行っている訳ではない。ただ、大学時代を通じて、折原浩氏のマックス・ヴェーバー関係の講義を聴講したり、ゼミに参加してきている。また、羽入辰郎氏が卒業した学科（東京大学教養学部教養学科第二ドイツの文化と社会）を羽入氏よりも三年前の一九八六年に卒業している。その意味で論争の両者に決して小さくない関わりがある。ただし、筆者と羽入氏は直接の面識はない。

以下の論考では、羽入の『マックス・ヴェーバーの犯罪――『倫理』論文における資料操作の詐術と「知的誠実性」の崩壊』（以下、『犯罪』と略記）の第一章である、「"calling" 概念をめぐる資料操作」を取り上げ、その「文献学」的な論点の正確さ・妥当性を検証している。ただし、いくつかの論点は、筆者が橋本氏のホームページに投稿した後、折原浩により、『学問の未来』の中で既に再検証されているため（折原、二〇〇五）、筆者独自の観点で補足したものと、折原とは見解が異なる点を中心に述べている。

さて、羽入論文に対する、反応・反論としては、最初に折原が羽入論文を「没意味文献学」と位置付け、ヴェーバーの主要な論点は無視し、また問題とした箇所の意味もとらえていないから、学問的な価値に疑問があるとした（折原、二〇〇三）。そのこと自体は、折原の全体の論構成の中では十分に評価できるが、その後「没意味（的）文献学」という評価自体がいわば一人歩きしている感があった。一方では「没意味」と否定的な評価を与えながら、他方では同時に羽入の唱える「（自称）文献学」を十分に検証することもなく、それ自体の価値を仮にでも認めてしまっている傾向が複数の評者に見られた。たとえば、第一章に関して言えば、「ヴェーバー批判としては無意味であるが、固有の英訳聖書の研究としては意義がある、あるいはもう少しで意義あるものとなる可能性がある」という、限定的ではあっても一応肯定的な評価である。

こうした評価には、以下のような問題点があったと筆者は考える。

① 羽入自身が、あらかじめ「いわゆるヴェーバー・テーゼの歴史的妥当性を論点として扱わない」と明言しており、それを「没意味」と批判しても（そのこと自体は十分正当な立場であったとしても）、いわば直接対決を回避して自分の有利な土俵でのみ戦っているような印象を、必ずしもヴェーバーの専門家ではない第三者に与えかねない。

② また、「文献学」自体が元々「意味づけ」を問うことを主目的としてない道具的な学問であるとも考えられ、批判が的外れだと受け取られる可能性がある。

③ 羽入の依って立つところのように見える「（自称）文献学」をその定義・方法論、およびその正確さを確かめもせずに仮にでも受容してしまっており、その時点でいわば羽入の「詐術」にはまってしまっている（このことは特に、山本七平賞審査委員であった、養老孟司に顕著であった(2)）。

④ 学問の細分化・専門化による、相互検証という姿勢の放棄。筆者がこの論考で行っているような検証は、アマチュアである筆者でも可能であったのであり、学問の専門家が程度の差こそあれできないはずがないということ（ただ、博士号論文のレベルでは、この論考で取り上げるような事実確認は執筆者自身によってきちんと検証さ

れているというのが暗黙の前提で、それをわざわざ再検証するのは相手に失礼だ、というまだアカデミズムが一定の水準を保っていた時代の儀礼的慣習が相互検証を妨げた可能性は否定できない）。

筆者は正直なところ、今の時代においての文献学というものの位置付けがよくわからない。元々は聖書などの教典類の本来のテキストを再現しようとするもの（正文批判）であっただろう。また、一九世紀ではある言語の系統を研究するために歴史的文献を研究する比較言語学という意味があったということである。またその方法論についても十分な知識を持ち合わせていない。ただ、羽入の主張する「文献学」も、「文献学の専門家というのは恐ろしいものだ」「文献学という学問の持つ恐ろしさ」といった、およそ学術的ではない素人だましの表現で語られているのがほとんどで、方法論的にはっきりしているのは「一次資料重視」ぐらいである。しかもそれすら後述するように徹底したものではない。一次資料を重んじる学問にたとえば文化人類学があり、そこではフィールドワークで収集した一次資料をどのように整理し、そこから理論を導き出すか、ということに関し、ある程度方法論が確立している。[3] また、歴史学では坪井九馬三の史料分類法などもある。[4] ところが羽入論考では、そうした方法論の展開はどこにも見られず、結局は「文献を正しく引用したか」あるいは「より一次資料に近いものを見たか」という、ある意味低次元の判断基準が主張されているだけである。

しかも、筆者がこの論考で明らかにしようとしているのは、そうした低いレベルの主張においてすら、羽入の論考は多くの誤りを含み、また徹底もしていないことである。すなわち文献学以前の学問の基礎についての検証である。羽入は、ヴェーバーを白から黒にひっくり返そうとしたが、今度は筆者がヴェーバーと組んで（？）羽入を白から黒にひっくり返そうとするオセロゲームを試みる。「オセロ／オテロ」といえば、まだ見ぬ羽入夫人は筆者の仲間内ではデズデモーナならぬ「マクベス夫人」と呼ばれている。はたしてバーナムの森が動いたかどうかは、最後までお読みいただいた上で判断していただきたい。

また、本論考をまとめるもう一つの動機としては、羽入のＯＥＤに対する不当な批判へのある種の義憤がある。羽入は次の二点で、ＯＥＤ（正確にはその完成途上版であるＮＥＤ）に対し、誹謗中傷を加えている。

①　ＯＥＤが一五六〇年のジュネーブ聖書と一五五七年のホイッティンガムによる新約聖書（ジュネーブ新約聖書）

表1　本稿のための、英訳聖書を中心とする簡単な聖書の翻訳史

詳細な本論に入る前に、読者の便宜のため、英訳聖書を中心とした簡単な聖書の翻訳史を年表で示す。表中のHerbert番号とは、A・S・ハーバートという研究者が1525年から1961年の間に出版された英米に現存している英訳聖書を調査して分類し、それぞれの聖書につけた参照番号のこと(5)である。表中では、初版か最初の出版年のものにつけられた番号に限定して記入している。

番号	Herbert番号	成立(出版)年	内容	略称
1		紀元前3世紀	70人訳（Septuaginta)。旧約聖書のギリシア語訳。	LXX
2		405年	「ヴルガータ」版聖書の翻訳。ヒエロニムスによる、ラテン語訳の聖書。カトリックの正式の聖書として扱われる。テキストが最終的に確定したのはずっと後の1592年。	
3		1382年	ウィクリフ訳第1版。ヴルガータ版からの最初の英訳。	TWT
4		1395年	ウィクリフ訳英訳聖書の第2版。	
5		1455年	グーテンベルク聖書。印刷された最初のラテン語訳聖書。	
6		1516年	エラスムスの新ラテン語訳聖書およびその校訂によるギリシア語訳聖書。	
7		1522年	ルターのドイツ語訳新約聖書。	
8	1	1525年	ティンダル訳新約聖書。ギリシア語から訳された初の英訳聖書。大陸で印刷され、地下ルートで流通。	WTNT
9	4	1530年	ティンダル訳旧約モーセ五書。	
10	18	1535年	カヴァデイル訳聖書。新約・旧約・外典を含む最初の完全な英訳聖書。新約はティンダル訳を一部単語の差し替えのみでそのまま流用。	TCB
11	34	1537年	マシュー訳聖書。ティンダルの友人であったロジャーズ（マシューという偽名を使用）がティンダル訳の新約と、逆にティンダル訳にない旧約の未訳分をカヴァデイル訳から流用して一つにまとめて完全な聖書にしたもの。	
12	37	1538年	カヴァデイル訳新約聖書の改訂版とヴルガータ版ラテン語聖書の対訳新約聖書。	
13	45	1539年	タヴァナーによるマシュー訳聖書の改訂版。	
14	46	1539年	大聖書。(クランマー聖書、クロムウェル聖書)。イギリス国教会の礼拝用聖書。ティンダル訳を元に、一部の訳語を置き換えて、国教会で「公式に」使用できるようにしたもの。	

番号	Herbert番号	成立(出版)年	内容	略称
15	74	1549年	マシュー訳聖書の改訂版で主教Beckeによる注釈付き。“Wife-Beater's Bible”として有名。	
16	1847	1550年頃	ジョン・チークによるマタイ福音書、マルコ1の英訳。ギリシア・ラテン語系語彙に頼らず純英語系語彙のみで訳そうとした試み。出版は1843年	
17	106	1557年	ホウィッティンガムによる、新約聖書英訳。1560年版のジュネーブ聖書に含まれる新約聖書の最初の版。今日の番号による章節分けを初めて採用。ジュネーブ新約聖書。	
18	107	1560年	ジュネーブ聖書。17の新約の校訂版に、旧約と外典を加えて完全な英訳にしたもの。カルヴァン派の代表的聖書。	TGB
19	125	1568年	主教聖書。ジュネーブ聖書と比べて不正確さが目立った大聖書の改訂版。高価で大きく使いにくいなどの理由で公認聖書とはならなかった。	
20	146	1576年	ジュネーブートムソン新約聖書。1560年のジュネーブ聖書の新約をトムソンが1565年のベザのラテン語訳を参考にして改訂したもの。	
21	177	1582年	ランス版新約聖書。最初のカトリックによる新約聖書。ヴルガータ版からの英訳。	
22	194	1587年	1560年のジュネーブ聖書の旧約と1576年のトムソン版新約の組み合わせ。	
23	202	1589年	ファルクによる注釈付き新約聖書。19の主教聖書と21のランス版カトリック訳新約聖書を両方を対比する形で収録し、さらに21のカトリック側の注釈にファルクの「論駁」を追加したもの。	
24	248-255	1599年	ジュネーブートムソンーユニウス聖書。1560年のジュネーブ聖書の新約を1576年のトムソン版にし、さらにヨハネ黙示録の注釈をユニウスが改訂したもの。	
25	300	1609-10年	ドゥエ版旧約聖書。カトリックによるヴルガータ版からの英訳。21と25を合わせて、ランス（ドゥエ）版聖書。(Douai Rheims Version、羽入論考では「リームズ・ダウエイ聖書」と表記)	
26	309	1611年	キング・ジェイムズ版聖書。(欽定訳聖書）学識者を結集して、ティンダル訳やジュネーブ訳に校正を加えた当時の最高水準の英訳聖書。	KJV
27	2017	1881-1885年	27の改訂版。旧約聖書外典が正式に取り除かれる。	ERV

を取り違えていると主張し、それが現在の版まで修正されていないとした。

②　ヴェーバーが英訳聖書の訳語を調べるにあたり、OEDのみを参照したとし、その行為を「広辞苑のみを見て国語学の論文を書くのと同じ」とたとえた（大辞典のOEDを中辞典の広辞苑と同列扱いした）。

①が錯誤に基づいた見当違いで不当な批判であり、また②の決めつけが間違いでさらにたとえ自体も不当であることは、後ほど詳述する。筆者は過去に九年間、コンピュータ用の日本語変換用辞書の開発に直接・間接に関与した経験がある。その関係で辞書一般やOEDの編集者であるマレー博士についても、相応の知識があった。OEDが無謬だなどと言うつもりは毛頭ないが、羽入の自称「文献学」に簡単に誤りだと指摘されるほどそのレベルは低くないという思いがあった（大辞典こそいわばその言語における文献学の集大成であり、OEDは自他共に認めるその最高峰の一つである）。そして検証の結果は、まさしく羽入の根拠のない誤った批判に過ぎなかったことが判明したのである。羽入のヴェーバー攻撃は、たまたまヴェーバーを対象にしているが、羽入式論考が世間でもてはやされた結果、さらに低レベルで悪質なエピゴーネン達が多数登場し、マレー博士以外にも手当たり次第に、誠実で、かつ敬意に値する学者を、次々に不当に非難していくようになるのではないかという強い懸念を筆者は抱いた。[6]

また、直接羽入の批判の対象になっているわけではないが、たまたま第一章で取り上げられている英訳聖書について、それらの翻訳者達は、多くはその真摯な長期にわたる努力にもかかわらず、金銭的にも名誉的にも報いられることが少なかった。ティンダルを含め何人かは、その幾重にも称賛されるべき業績に対し、「死刑」という極限の否定的評価を与えられさえしたのである。羽入が価値としては虚ろな論文をもってもてはやされた姿はいわばその対極に位置付けられよう。折原浩の「義を見てせざるは勇無きなり」という呼びかけを、[7]筆者はそのように受け止め、彼らの名誉回復のためにも、羽入によって事実を歪められた一六世紀英訳聖書史を徹底して調べ直す気になった。結果的に、約二年が経過し、研究の過程で地球ほぼ一周に相当する距離を旅してまで、英訳聖書の調査に打ち込むことになった。ある意味フランクリンではないが、天啓‐摂理と言えなくもない。

一　論点の整理

最初に、羽入論考第一章の論点を整理しておきたい。それには、羽入論考の元となった博士号論文の「『倫理』論文におけるウェーバーの資料の取り扱い方について」の論文要旨をそのまま使わせていただくこととする。厳密に言えば、この博士号論文と羽入論考は完全に同じものではない。しかしながら、博士号論文の論文要旨を見る限りは、論旨においては、少なくとも第一章に関しては大筋同じと筆者は判断した。論文要旨の第一章相当分は以下の通りである。

（ｉ）ヴェーバーは英国におけるピューリタン的な"calling"概念の起源を論ずるに当たって度々英訳聖書に言及したが、実際には彼は英訳聖書を手に取って見てはおらず、その殆ど全てをＯＥＤの"calling"の項の記載に依拠していたこと、そのことは彼がＯＥＤの単純な誤りを――それは聖書のタイトル頁を見さえすれば避け得たような単純な誤りである――そのままに引き継いでしまっていることから論証し得ること、ＯＥＤに記載されていた『コリントⅠ』七・二〇の用例のみに依拠せざる得なかった彼の立論は、『ベン・シラの知恵』一一・二〇、二一における"Beruf"という訳語こそが、ルターが創始した"Beruf"という語の、新たな用法なのであり、そしてその語こそがプロテスタント諸国のそれぞれの国語に影響を与えたのである、との元来の彼の主張を論理的に破綻させるものとなってしまったこと。(8)

論旨でありながら、明解とはとても言い難い文章と感じるが、敢えて筆者なりに論点を箇条書きにまとめ直すと、以下のようになろう。

- ヴェーバーは calling 概念の起源を論じる際に、実際は英訳聖書を直接参照しなかった。（論点一）
- ＯＥＤに単純な誤りがある。（論点二）
- ヴェーバーはＯＥＤのその誤りをそのまま引き継いでいることから判断して、ほとんどＯＥＤのみを参照している。

（論点三）

・ヴェーバーの立論は、ただＯＥＤの『コリントⅠ』七・二〇の用例のみに依拠せざるを得なかった。（論点四）

・『ベン・シラの知恵』一一・二〇、二一における“Beruf”という訳語こそが、ルターが創始した“Beruf”という語の、新たな用法である。（論点五）

・同上の訳語が、プロテスタント諸国のそれぞれの国語に影響を与えてBeruf相当語を成立させるというヴェーバーの立論は、（『ベン・シラの知恵』一一・二〇、二一が英訳では“calling”と訳されていないことから）破綻する。（論点六）

上記の論点以外に、書籍版『犯罪』の羽入論考では次の二つの論点も見いだすことができる。

・ヴェーバーは「エリザベス朝における宮廷聖書」で『コリントⅠ』七・二〇の訳が“vocation”に戻っているとするが、それがどの英訳聖書なのか明らかではない。また、もしそれがジュネーブ聖書のことを指しているなら、カルヴィニズムの聖書を「イギリス国教会の宮廷聖書」と呼ぶのはナンセンスである。（論点七）

・ＯＥＤの“calling”の説明で、「世俗職業」の意味で挙げられている用例は、「職業」ではなく「地位」の用例だから、ヴェーバーの説明は成り立たない。（論点八）

以下の反論においては、上記の論点一～論点三、論点七について論ずる。論点四～論点六については、折原の『ヴェーバー学のすすめ』で詳細かつ正確に反論されていて（折原、二〇〇三）、それ以上付け加えることはないと筆者は判断するので、必要に応じてそちらを参照いただきたい（なお論点五はヴェーバーの主張そのものであり、それ単体では間違いではない。論点四～六の全体の論理構成に問題がある）。また、論点八については、筆者が橋本氏ＨＰで発表した論考「『羽入氏論考』第一章『“calling”概念をめぐる資料操作』の批判的検証」（http://shochian.com/hanyu_hihan02.htm）の中の「四．ＯＥＤの“calling”説明の解釈について」を参照（ここで簡単にその内容を紹介すれば、ＯＥＤ（のマレー博士」が「職業」と「地位」の意味については、意味の境界が流動的であるため、連続した意味項目として配置し、また「この二つの意味はしばしば同じように語源づけられる」、と明記しているのを見落としたかあるいは意図的に無視した暴論に過ぎないということである）。

二　ジュネーブ聖書について

まず、最初に指摘しておくべきなのは、羽入論考第一章における、ジュネーブ聖書の解釈、位置付けの間違いである（論点二、論点三）。

「ジュネーブ聖書」[9]とは、イングランドからスイスのジュネーブに亡命していたカルヴァン派プロテスタントにより英訳された聖書に与えられた通称である。その翻訳はそれまでのティンダル訳、カヴァデイル訳、または大聖書の英訳に比べ正確さが向上していることで高く評価された。また初めてゴシック体（Black letter）ではなくローマン体の活字を用いて読みやすくしたり、また今日の聖書では一般的な『コリントⅠ』七・二〇のような番号による章節分けを英訳聖書で初めて行ったものでもあった（章節分け自体を最初に行ったのはエチエンヌの一五五一年のギリシア語新約テキストである）。さらには、欄外に注釈が多数付加され、その中にカトリックの教義を批判する過激なものも含まれていることでも有名だった。

この「ジュネーブ聖書（英語版）[10]」の成立については、たとえばブリタニカ百科事典に“also called Breeches Bible new translation of the Bible published in Geneva (New Testament, 1557; Old Testament, 1560)〔以下引用略〕”とあるように[11]、新約聖書の部分がまず一五五七年にカルヴァンの姻戚であったホイッティンガムらによって翻訳・出版され（表１の17）、その後旧約聖書の翻訳が続き、一五六〇年に両方を合わせて一冊の聖書として出版されている（表１の18）。その際に、五七年版の新約聖書は多少の校訂が加えられた上で六〇年版にまとめられる。ここで注意事項として、一般的に英語で“Bible”と呼称する場合は、新約と旧約の一揃いを指す。日本語では「新約聖書」「旧約聖書」と「聖書」をつけるのが一般的だが、英語ではそれぞれ単体で出版される場合は、“New Testament”、“Old Testament”であって、“Bible”とは称さない。

　羽入は、『ジュネーブ聖書』は一五六〇年に初めてこの世に現れたからである。つまり一五六〇年が『ジュネーブ聖書』の初版年なのである。ヴェーバーの言う『一五五七年のジュネーブ聖書』など有り得ない」と断言している。そして、この「誤り」が元々OEDの間違いであると主張し（論点二）、ヴェーバーがOEDだけを見て現物のジュネーブ聖書を見なかったから、このOEDの間違いをそのまま引き継いだ、とする（論点三）。

　指摘部分の羽入による日本語訳では「一五五七年のジュネーブ聖書も同様であった」（傍点は筆者）である。ところが、先行の日本語訳である梶山・安藤訳（ヴェーバー、一九九四）では「一五五七年のジュネバ版」、大塚改訳版（岩波文庫一冊版、ウェーバー、一九八九）では、「一五五七年のジュネーブ版」と訳されていて「ジュネーブ聖書」とはなっていない（岩波文庫の旧版である梶山・大塚訳（ヴェーバー、一九五五）はこの部分を日本語訳していない）。ヴェーバーの原文はどうかと言うと、"ebenso wie Geneva von 1557" となっており、"Geneva *Bibel* von 1557" とはしていない。羽入はそれぞれの日本語訳の該当頁を細々と挙げながら、これらの正確な日本語訳およびヴェーバーの原文を無視し、勝手に「一五五七年のジュネーブ聖書」という不適切な訳にすり替え、それがあたかもヴェーバーの間違いであるかのように見せかけている。ついでに言えば、一五六〇年版ジュネーブ聖書の出版部数は一説ではわずか一六〇部とされており[12]、一五五七年の新約が非常に限定的な出版で、六〇年版で初めて大々的な「初版」になった、と解釈するのは無理があろう。どちらも当初は当時のジュネーブのカルヴァン派の中で英語を母語とする亡命者（最盛期で八〇〇名ほどいたが、一五五八年にメアリ一世が死んでからイングランドへの帰国が始まり数は減っていた〔Daniell, 2003〕）に配布するような、いわば同人誌的なものに過ぎなかったと推定される。

　羽入論考の参照文献にある永嶋大典の『英訳聖書の歴史』（永嶋、一九八八）は、「ウィティンガム訳一五五七年新約は、ベーザのラテン語訳を参照したとはいうものの、実質的には『マシュー訳』と『大聖書』を融合させたもので、のちに述べる『ジュネーブ聖書』の準備段階にすぎない」と記述している。羽入が一五五七年新約をジュネーブ聖書ではない、とするのはこの本の記述をそのまま鵜呑みにした可能性が高い（羽入論考の英訳聖書関係の各種固有名詞の表記はこの永嶋本のまま〔たとえば「ウィティンガム」「リームズ・ダウェイ聖書」、ただし永嶋本では「リームズ＝ダウェイ聖書」、一般的には「ランス・ドゥエ聖書」であり、その影響が窺われる)。筆者はこの永嶋の「ジュネーブ新約聖書」の説明には、同意できない。たとえば田川建三はジュネーブ聖書全体の性格について、「ほとんどティンダル版の改訂に近い」としている(田川、一九九七)。マシュー訳は新約に関してはティンダル訳そのものであり、大聖書はそのマシュー訳にカヴァデイルが手を加えたものであることを考えれば、田川の説明の方が筆者には素直に納得できる。ティンダルの伝記を書いているディヴィド・ダニエルによれば(Daniell, 2003)、ジュネーブ聖書の旧約は確かに大聖書をベースにしたとされているが、新約についてそういう記述は見いだせない。ダニエルは「一五五七年のジュネーブ新約聖書は、大聖書と際だった対照をなし、かつはるかに先へ進んだものである」としている(Daniell, 2003, p. 275)。[13] また冒頭に挙げたようなジュネーブ聖書の特徴とされるものも、すべてこのジュネーブ新約聖書で既に実現されており、「準備段階にすぎない」と言った評価は妥当とは思われない。ジュネーブ聖書の一五五七年版と一五六〇年版の位置付けについては、永嶋の記述の方が特殊で、六〇年版新約は五七年版の校訂版として評価する方が一般的と思われる。羽入がきちんと幅広い研究文献にあたっていれば、このような永嶋のある意味偏った記述に影響され判断を間違えることはなかったはずである。

同じく、OEDの"calling"の項での引用も、"1557 *Geneva*"としており、"1557 Geneva Bible"とはしていない。なお、OEDには第二〇巻目に文献表が付属している(CD-ROM[14]版ではHELP中にある)。"New Testament"の項では、

New Testament (versions)
See also Bible
Tindale 1526, 1534
Geneva 1557
Rhemes 1582

となっており、正しく一五五七年版のジュネーブ「新約」聖書を参照していることが示されている。これに対し、"Bible"の項では"Geneva 1560"となっている。両者がきちんと区別されていることは、誰の目にも明らかであり、そこ

に何らの誤りもない（この章の冒頭で引用したブリタニカ百科事典も同様である。羽入はまさかOEDもブリタニカも間違っていると主張するのであろうか）。こうして羽入の論点二は崩壊する。同時に、「誤った箇所をそのまま引き継いでいるから、OEDのみを参照した」という論点三も崩壊する（ちなみに、この論点三は元々無理がある。ある資料の誤りを引き継いだからといって、その資料しか見ていないという証明にはなりえないからである。羽入が永嶋本のある意味誤った記述を引き継いだ、と筆者は推定したが、そのことが羽入が永嶋本しか見ていない、という証明にならないのと同じである）。

このジュネーブ聖書をめぐる羽入の誤りで、羽入の自称「文献学」の実態（やり口）があまりにも象徴的に明らかになっている。

① 原文のドイツ語を十分理解せずに、勝手に「一五五七年のジュネーブ聖書」という不適切な日本語訳を作り、それを根拠にしてヴェーバーが誤っていると決めつけている。

② 先人の日本語訳についても、そこで「ジュネバ版」「ジュネーブ版」と訳されていることを無視したか気づいていない。またそれらの文献情報は細々と記載するが、それらの訳は引用せず自分の誤訳だけを記載している（結果的に読者は、先人も「ジュネーブ聖書」と訳しているかのように勘違いさせられる）。

③ OEDの文献表をまったく参照していない。それでいてOEDの文献情報が誤っていて現在の版でも訂正されていないと決めつけている。

④ 日本人が書いた英訳聖書の解説本の記述をほぼそのまま鵜呑みにしている傾向が見られ、他の資料で裏を取る、といった慎重な態度が見られない。

結論として、論点二の「OEDに単純な誤りがある」は、羽入の誤解であり、文献表という最低限の資料確認すら怠った言いがかりに過ぎない。結局のところ、ヴェーバーが詐欺師だ犯罪者だという強迫的固定観念に縛られて、ヴェーバーが間違っていると思われる材料を発見すると、そこで判断が停止してしまい、冷静に事実を見ることができないのであろう。筆者はこの程度のものを「文献学」と自称し、その立場でヴェーバーやOEDを批判することは牽強付会の極み、「蟷螂の斧」であると判断する。少なくとも「厳密に解読」「厳密な照合」という羽入の自己評価については、筆者は手前味噌以外の何物でもないと判断する。このような杜撰さを自覚・自省することもなく、ヴェーバーやさらにはＯＥＤまで間違っていると断言してしまう羽入に対し、「文献学」以前の問題として、研究者・博士としての「鼎の軽重」を問わざるを得ない。

三　ヴェーバーがＯＥＤを参照したことの意義と評価

羽入は、ヴェーバーが「ジュネーブ聖書」の実物のタイトル頁を一度も目にしたことがなかった、としている（論点二）。そして、（ヴェーバーの当時）「図書館に行けばこんなポピュラーな英訳聖書はどこにでもそろっていたであろう」と事実を確認することなく決めつけている。羽入論考の文献表では、多数の英訳聖書の名前が挙げられているが、それが出版されたそのままの現物であるのか、または本物そっくりに復刻されたファクシミリ版であるのかを大半のものは明らかにしていない。おそらくはかなりの部分、ファクシミリ版が含まれていると筆者は推定する（ファクシミリ版はテキスト情報はほぼそのまま伝えるであろうが、現物が持っていた他の情報（たとえば後述する外箱や製本のレベルなど）を削ぎ落としてしまう。また各種の版の中からどれをファクシミリ版にするか、出版社側の思惑も働きやすい。従って、文献表では現物とファクシミリ版の区別を「文献学」ならば、きちんと書くべきであろう）。

たとえば一番問題になっている一五五七年と一五六〇年のジュネーブ聖書については、前述したように、出版部数は[15]きわめて限られており、稀覯本中の稀覯本である（特に一五五七年版）。筆者はインターネットの古書販売サイトを調べて、現存する本物のジュネーブ聖書の流通価格を調べてみた。後述する、かなりの部数（海賊版も含めればおそらく一〇万部単位）が出版されたChristopher Barker出版のものでも、一〇万〜数十万円の価格であった。[16]一五五七年版や一五六〇年版は古書市場に出ていなかったし、一体どのくらいの値段が付くのか想像もできない。これに対し、ファクシミリ版では一五六〇年版でも大体二〜三万円程度だった。[17]なお、ファクシミリ版というのは、オリジナルの各頁を写真に撮り、それを元にオフセット印刷の版を作成し（あるいは近年ではＤＴＰ技術で）、新たに本物に似せて印刷し直した

	1900年	2004年
大学図書館	約50,000冊	約3,500,000冊
各研究所	不明	約3,500,000冊

表2　ハイデルベルク大学図書館の蔵書量

レプリカである。このオフセット印刷自体の発明が一九〇三年から一九〇四年にかけてなので[18]、当然のことながら、ヴェーバーが「倫理」論文を執筆していた時にはファクシミリ版は存在していない（他の方法による復刻版が存在していた可能性は否定しないが、いずれにせよ今日のファクシミリ版のように一般的に入手できるものはほとんどなかったと推定する）。

筆者は、二〇〇四年九月に、ハイデルベルク大学の図書館を訪問し、その蔵書量と英訳聖書の所蔵について調査を行っている。ハイデルベルク大学のヴェーバーの論文執筆の頃である一九〇〇年と二〇〇四年時点での蔵書量の比較をすると、と表2のようであった[19]。ヴェーバーの当時、図書館の蔵書数は今日のわずかに七〇分の一に過ぎないことを理解する必要がある。また、英訳聖書の所蔵についても、二〇〇四年時点での蔵書数三五〇万冊を誇るハイデルベルク大学図書館でも、次に挙げるわずか一一冊に過ぎなかった。

一、Coverdale 聖書一五三五年のファクシミリ版　一九七五年出版
二、Geneva 聖書一五六〇年のファクシミリ版　一九六九年出版
三、一五九九年 London Chrisrph. Bakrer 版英訳聖書、四つ折り版一六五九年八月、同出版社再版
四、欽定訳聖書一六一一年版　一九〇三年ロンドン出版
五、英訳聖書　ロンドン一六五九年 John Field and Henry Hills 出版
六、聖書（おそらく欽定訳）一六一一年、The Book of common prayer 一六一一年ロンドン、Rob. Parker 出版（Robert Barker の間違いと思われる）
七、英訳聖書、一七一七年オックスフォード
八、英訳聖書、一七四六年ライプチヒ
九、英訳聖書、一八〇四年ロンドン（ケンブリッジ一八〇四年、ロンドン一八一四年）
一〇、英訳聖書、欽定訳、一八二三年ケンブリッジ

一一、英訳聖書、一八五五年ニューヨーク

これらの中で、元々一六世紀に出版されたものは、一、二、三のわずか三種に過ぎない。しかも一、二は前述したファクシミリ版である。三はオリジナルのようだが、それでも一六五九年の再版である。つまり、一六世紀の英訳聖書のオリジナルは、今日のハイデルベルク大学図書館ですら一冊も所蔵していないのである。このように、一五五七年と一五六〇年のジュネーブ聖書の（ファクシミリ版ではない）現物を見ることは、今日でも簡単なことではなく、ましてやヴェーバー当時にそれを行うことは至難の業であったことが確認できる（筆者は、二〇〇六年六月に、アメリカのロサンゼルスの University Cathedral 内にある、“Dr. Gene Scott Bible Collection”[20]〔ペンタコステ派の人気のあるＴＶ説教師であった故ジーン・スコット博士[21]が収集した、世界最大規模の聖書コレクション〕を閲覧し、両方とも現物を見ている。ただしガラスケースの外から外観を眺めただけで、手にとって中身を確認できたわけではない[22]）。

以上の調査結果により、羽入が主張する「簡単に参照できた英訳聖書の現物を見ないで、ＯＥＤだけを見て論文を書いた」という論点一、三が、脚色に満ちた不当なものであることが確認できた。ちなみに、それでもなお、ヴェーバーが一六世紀の英訳聖書の現物のいくつかを見ている可能性は高いのであるが、それについては次節で詳述したい。本節では、「ＯＥＤ参照」の意義と評価を再確認したい。すなわち論点三の別の面からの評価である。仮に「ヴェーバーが（ほとんど）ＯＥＤしか参照しなかった」としても、そのどこが問題なのか、ということである。

ヴェーバーのＯＥＤ参照を意義づけるためには、

（一）　ＯＥＤ（ＮＥＤ）という辞書の性格、編集方針、成立事情

（二）　編集主幹であり、ヴェーバーも直接名前を挙げているマレー博士の人柄、学問的背景

をある程度知っておくことが不可欠だろう。

まず、ＯＥＤはヴェーバーの当時は“New English Dictionary”として、一八五七年にプロジェクトが始まって以来多年の編集作業を経て、一八九六年にようやくｃの項の第三分冊までが出版されていた[23]。この新しい辞書の大きな特徴を二つ挙げれば、一つは英語の文献に現れた「すべての語」を網羅しようとしたこと（現在の版で約六〇万語）、もう一つ

は「歴史的原理」に基づいて編集されている、ということである。この「歴史的原理」とは、ある言葉の誕生から現在の姿まで、あるいは死語となるまでを、徹底した用例収集によって意味、意味の分類、正書法（綴り）そして発音まで含め、その変遷を探ろうとしたことである。語義の説明には、編集当時既に廃れてしまった意味までが含まれており、まさしくすべての単語の「履歴書」を作成することを目指したのである。こうした方針は、それまでの英語辞書の編集者による恣意的な意味解釈・意味分類、根拠に乏しい勝手な語源解釈などと一線を画しており、一九世紀に盛んになった比較言語学の成果を採り入れている。また直接にグリム兄弟によるドイツ語辞典（これも完成したのは実に一九六一年で、当時は分冊だけが出版されていた）の影響を受けている。

このための用例収集、つまりある単語が使用されている文献（今日の用語で言えば、コーパスCorpus）の収集は、一般ボランティア八九人の協力により、個人で行うことはまず不可能なレベルで徹底して行われた。このことがまさしくOEDの根幹を成している。一九一一年時点でのマレー博士の計算によれば、それまでに集められた引用文は実に五〇〇万から六〇〇万に達しており、その中から一二五万ほどが実際に辞書に使用されたとしている（現在の完成版では約二五〇万）。これほどまでの規模の用例収集は、それまでの辞書または言語学研究でも、少なくとも英語圏においては一度も行われたことがない。さらに付記すれば、用例のための文献収集は時代を三つに区切って行われたが、その二番目の時代は一五二六年から一六七四年までとなっており、その意味はティンダルの英訳聖書が登場してから、『失楽園』のミルトンが亡くなった年まで、ということになる。つまり、英訳聖書はOEDにとって非常に重要な用例収集源であったということである。たとえば、英訳聖書の中では旧約を除けば比較的重要ではないと思われる一五三五年カヴァデイル聖書について、現在のOEDではあるが、そこからの用例引用はなんと二五〇〇箇所以上にも及んでいる(24)。一六世紀の英訳聖書は、英語の正書法の確立、という意味でも大きな意義をもっており、このことからもOEDにとっては英訳聖書は不可欠な文献リソースと言えよう。

次に、編集主幹であったジェイムズ・マレー博士を簡単に紹介してみたい。マレー博士は一八三七年生まれで、大学で学んではいないが独学で非常に数多い言語と言語学理論の学習・研究を進めた。博士の言語の知識については、博士が三〇歳の時に大英博物館に提出した就職希望の手紙によれば、「アーリア語族およびシリア・アラビア語族の言語と文学に通じ、〔中略〕ロマンス諸語のうち、イタリア語、フランス語、カタロニア語、スペイン語、ラテン語には詳しく、そこまではいかないものの、ポルトガル語やヴォー州方言、プロヴァンス語、その他さまざまな方言の知識もあります。〔中略、以下身につけた言語〕オランダ語、ドイツ語、フランス語、フラマン語、デンマーク語、古英語、モエシアゴート語、ケルト語、ロシア語、ペルシア語、サンスクリット、ヘブライ語、シリア語、アラビア語、コプト語、フェニキア語……」という恐るべきものだった。また、博士は会衆派＝カルヴァン派ピューリタンの流れを汲む教派、の熱心な信徒であって、ＯＥＤ編集の仕事を、「私が受けたすべての訓練は、神が私に辞書の仕事をさせるために、私に与えたものなのだ」ととらえていた。企業家でこそないもの、まさしくヴェーバーがカルヴィニスト平信徒の一つの理念型として取り上げてもおかしくないような人物と言えよう。また、博士は新しい言語を学ぶ時、まずその言語で書かれた聖書を手に取ったそうであり、英訳聖書は、博士にとっておそらくもっとも重要な文献資料だったであろう。これは筆者の想像に過ぎないが、“calling”の項は、博士にとっても、まさに思い入れの深いものだったのではないだろうか。

羽入は、ヴェーバーが現物の英訳聖書を見ていない、としながら、一方でジュネーブ聖書の一五五七年新約と一五六〇年聖書の表紙が似ているから間違えやすい、という矛盾した主張をしている。これがもしヴェーバーのことではなくてマレー博士のことを言っているのであれば、ここに挙げたような博士の人間像とその学識の深さ、および会衆派信徒ということからして、そのようなことがあり得るはずがないのは、誰の目にも明らかであろう（大半が会衆派であったPilgrim Fathersがメイフラワー号でアメリカに渡った時に、一緒に持っていった聖書は羽入が紹介しているように、ジュネーブ聖書ベースのものである）。

実際に、ＯＥＤの“calling”の項、この項は最初にマレー博士が編集したものとほとんど変わっていないと思われるが（これに対し対になる“vocation”の項については、この語が編集された時は既に博士は世を去っていたので、博士の手によるものではなかろう）、その記述の量は、筆者が手持ちのCD-ROM版を印刷した場合、実にA４で三頁半、約一三四行にも及んでいる。まさしく一編の小論文である（お手元にある英和辞典で“calling”の説明が何行あるか、比べてみていただきたい）[25]。羽入は、「広辞苑の用例だけに依拠して、ある語とある語の影響関係を論じ、それを論文にまで仰々しく書く国語学者が我が国にいるであろうか。いるとすればそんなものは国語学者ではない」というたとえをもって、ヴェーバーのＯＥＤ準拠を批判する。この批判は何と不当にＯＥＤの姿を歪めており、かつヴェーバーを根拠もなく貶めていることだろうか。[26]羽入はＯＥＤの記述にミスがあって、故に現物の英訳聖書を見るべきだ、と主張するが（論点二）、これも前述したように、羽入の言いがかりである。また、もし羽入がその主張するところである、一次資料主義を徹底するのであれば、つまりＯＥＤの記載が信用できないから、再確認したいというのであれば（それはそれで一つの研究態度としてはあり得るだろうが）[27]、ＯＥＤが引用している英訳聖書以外の文献、たとえば William Bonde の "Pylgrimage of Perfection"（一五二六年、一五三一年）[28]や Robert Recorde の "The Pathway to Knowledge"（一五五一年）[29]なども参照すべきであろう。何故ならば、ヴェーバーの倫理論文においては、英訳聖書の記述だけでなく、それが聖書以外の宗教的文献やあるいは宗教と無関係の文献でどう使用されたかも重要だからである。それはこの単語の特殊な意味が聖書翻訳から生まれ、どのように一般的な意味として波及していくかという過程を確認することになる（もっともＯＥＤに文献表が付いていることすら気がついていない羽入にそこまで期待しても無駄であろうが）。羽入式「文献学」が、皮相な批判の「ためにする」ものであることは、ここでも確認できよう。

この章の結論として、すなわち論点三の別の面からの評価として、筆者はヴェーバーのＮＥＤ参照を、"calling" という英単語の意味変遷を調査する目的において、最善かつ最強の文献を参照していると評価する。もしそれを批判するなら、ＮＥＤ以上の文献資料が当時存在していてかつそれが入手容易であったことを批判者は示すべきであると考えるが、筆者にはそのようなものが存在するとはまず思えない。ヴェーバーが仮にＮＥＤを参照していなかったら、そちらの方が批判されるべきであるが、ヴェーバーはＯＥＤの名声が確立する前である、ｃの項である第三巻までが一八九七年までに先行して販売されただけの段階で、適切にこれを参照していることを、筆者は高く評価する（マレー博士が私淑していた言語学者のヘンリー・スウィートは、元々ハイデルベルク大学でその当時のドイツの最先端の言語学を学んでいる〔グリーン、一九九九〕。そうしたつながりで、マレー博士のＮＥＤの偉業はハイデルベルクにも名声が届いていたのかもしれない）。

四　『コリントI』七・二〇を“vocation”と訳したもう一つの聖書について

最後に取り上げるのは、論点七：

> ヴェーバーは「エリザベス朝における宮廷聖書」で『コリントI』七・二〇の訳が“vocation”に戻っているとするが、それがどの英訳聖書なのか明らかではない。また、もしそれがジュネーブ聖書のことを指しているなら、カルヴィニズムの聖書を「イギリス国教会の宮廷聖書」と呼ぶのはナンセンスである。

である。ヴェーバーはこう書いている。“Die offizielle *Crammersche* Übersetzung von 1539 ersetzte „state” durch „calling”, während die (katholische) Rheimser Bibel von 1582 ebenso wie die höfischen anglikanischen Bibeln der elisabethanischen Zeit charakteristischerweise wieder zu „vocation” in Anlehnung an die Vulgata zurückkehren.” 大塚久雄の改訳（岩波文庫一冊版）では、この部分は、「一五三九年のクランマー（Cranmer）の公認訳では»state«を»calling«に置きかえたのに、一五八二年の（カトリックの）ランス聖書も、エリザベス朝のイギリス国教会の宮廷用聖書も、再び公認ラテン語聖書にならって»vocation«に帰っているのは注目に値しよう」と日本語訳している。

この『コリントI』七・二〇については、ＯＥＤの“calling”の項の、一〇番（“Position, estate, or station in life; rank.”）の引用リストに、“[1382 Wyclif 1 Cor. vii. 20 Eche man in what clepynge he is cleped, in that dwelle he; [1534 Tindale, in the same state wherein he was called; 1539 Cranmer and 1611, in the same callinge, wherin he was called; 1557 Geneva, in the same state wherin he was called; 1582 Rhem., in the vocation that he vvas called.]]” とあるのを、ヴェーバーが参照しているのは、まず疑いを差し挟みようのないところである。ただし、„ebenso wie die höfischen anglikanischen Bibeln der elisabethanischen Zeit” の部分、つまり大塚改訳では「エリザベス朝のイギリス国教会の宮廷用聖書」の部分のみが、ＯＥＤにはまったく見あたらない。では、これが何を指しているか、という問題が残る（この問題の解明がＯＥＤだけを参照したという

論点三への反証にもなる)。

この謎の英訳聖書探しの検討に入る前に、この『コリントⅠ』七・二〇の訳語の問題を整理しておくことが有益であろう。すなわち state, vocation, あるいは calling かという問題である。参考までに、今日日本で入手可能な日本語訳聖書がここをどのような単語で訳しているかというと、[30]

新共同訳　「身分」
共同訳　「身分」
口語訳　「状態」
文語訳　「状（さま）」
フランシスコ会訳（カトリック）　「境遇」
新改訳（福音主義）　「状態」

となっており、「天職」「職業」「生業（なりわい）」といった訳語は皆無である。他の言語でも、学術的な監修のしっかりした現代の聖書では、概ね「身分」「状態」に近い意味で訳しているようである。[31] ルターがこの部分を世俗職業の意味までに踏み込んで新たに解釈したのは、今日ではルターの神学的な誤解、行き過ぎという評価がある[32]（羽入論考第二章の問題になるが、筆者はルターが生前この部分を“Ruf”,“ruff”と訳し、“Beruf”とは訳していなかった事実を重大視しない。どの語形にせよ、「呼ぶ」という動詞からの派生語のバリエーションに過ぎない。「呼ぶ」という原義からさらにどのような意味を新しく付加したのかが問題なのであり、語形のわずかな違いの問題ではないと解する）。[33] そういう意味では、ティンダルがルターの圧倒的な影響下にありながら、最初の完全な英訳新約聖書として“state”とルター訳と違った「意訳」をしているのは興味深い。

この部分は Textus Receptus（多くの一六〜一七世紀の英訳聖書の翻訳のベースとなったエラスムスによるギリシア語新約聖書テキスト）[34] では、“εκαστος εν τη κλησει η εκληθη εν ταυτη μενετω.”である。ヴルガータのラテン語訳では、[35]"Unusquisque, in qua vocatione vocatus est, in ea permaneat."である。ギリシア語も（筆者はギリシア語については非常に不十分な知識しか持っていないが）ラテン語も、どちらも日本語に敢えて訳せば「そこに向かって呼ばれた、その『呼ばれた〔過去分詞〕こと、状態』そのものの中に留まりなさい」ということになるのであろう。これがヴェーバーも指摘している「ヘブライズム」、つまり新約聖書がギリシア語で書かれていながら、その言い回しに強くヘブライ語（アラム語）風の言い回しが現れる例なのであろう。このヘブライズムについては、Meyers Konversationslexikon という一八八八年のドイツの古い辞書に説明がある。[36]その一部を引用すると、

"formen, Perfektum und Imperfektum; dann einen Imperativ, Infinitiv und ein Partizipium, durch welche wie auch durch Umschreibung alle Formen gebildet werden. Das Nomen (mit zweifachem Geschlecht) ist meistens vom Verbum abzuleiten und wird durch Prafixe und Suffixe,..."

（筆者による日本語訳）
語形態、完了形、未完了形、そして命令法、不定法、分詞、それらによって、また語の形態変化によってすべての（変化）形態が形成されること。名詞（二つの性を持つ）は、多くの場合、動詞より派生し、それも前綴りや後綴りをつけることで作られ、〔以下略〕。

ということになる。この『コリントI』七・二〇では、「（神が）呼ぶ」-「呼ばれたこと、状態」という構図において、後者の単語に前者の動詞から派生した過去分詞ないしは名詞が使われる、ということになろう（ヘブライ語では子音三つを組み合わせた語根をショレシュと呼び、この語根から多数の単語が派生するそうである〔池田、一九九九〕。ヴェーバーがヘブライ語での「職業」を意味する単語について考察しているところで挙げているlkh→melakhaがまさにその例であろう）。または、英訳聖書で"to live a life"のような「同族目的語」を使った表現も典型的なヘブライズムとされるが（橋本、一九九五、二〇〇五）[37]、ここでの表現はそれを関係代名詞と受動態で裏返したようにも見える（念のため、筆

者のヘブライ語の知識は、入門書を数冊[38]ざっと眺めた程度である。この部分については、専門家のアドバイスを仰ぎたい)。

英語はドイツ語に比べて造語力が弱く、フランス語やラテン語から多くの語彙を借用しているのは周知の事実である。この場合、たとえば“calledness”のような単語の生成が可能であれば、“in the same calledness wherein he was called”とヘブライズムをそのまま英訳することができる。ところがそういう単語は存在せず、造語するにも違和感が強かったのかもしれない。従って、英訳者として選択できるのは、

(一) “calledness”ではなく、存在する現在分詞形の“clepynge”, “calling”を使って、ヘブライズムの雰囲気をあくまで残す。

(二) ヘブライズム的な単語の照応関係は崩れるが、「呼ぶ」という意味はラテン語の知識がある者なら容易に推定できる、ラテン語またはフランス語から英語に入った派生語“vocation”を用いる。

(三) ヘブライズムの再現よりも、読者が読んでその意味を正しく理解できるよう、意訳して“state”や“condition”を用いる。

の三つのどれかになろう。

“vocation”と“calling”は、しばしば(同義語として)併記して使われたようで、OEDの“vocation”の項に、前述のWilliam Bondeの“Pylgrimage of Perfection”(一五二六年、一五三一年)からの引用として、“That vnspekable mercy that thou shewed in theyr vocacyon or callynge.”が挙げられている。この二つの単語の関係は、“vocation”だと「聖職者への召命」となり、“calling”だとより「世俗職業」に近い意味になる、といった単純なものではないだろう。欽定訳で最終的に“calling”が採用され、それである意味決定版になるのは、より本来の英語系の語彙への好みというよりは、学者中心の翻訳者達が、ヘブライズムの忠実な反映を重視したということではないだろうか(“call”も源流をたどればギリシア語の καλεω=呼ぶ、に行き着くのかもしれない。たとえば“calendar”はラテン語から英語に入った単語だが、その語源

として「呼ぶ」という意味が入っており、これは元はギリシア語から来たのではないかと推定できる（月の初めに大声で呼ばわる、というのがcalendarの語源らしい）。OEDでは“call”の語源を北方ゲルマン系から古チュートン語までたどっているが、それ以上は遡及していない）。

ジュネーブ聖書についていえば、一五五七年の新約聖書において“state”が採用されているのは、ベースとしたティンダル訳をそのまま採用したということだろう。それが一五六〇年版では“vocation”に改訂されるが、このことの理由は、はっきりしたことは何もわからない。ただ、一五六〇年版全体で必ずしも統一して“vocation”を採用しているわけではない。このことは一五八二年のカトリックのランス新約聖書でも同様であり、比較してみると興味深い。たとえば、（以下、①一五六〇年版ジュネーブ聖書、②一五八二年版ランス新約聖書、③ヴルガータ、④新共同訳日本語訳の順、イタリック、ボールドは筆者による）[39]

【Romans 11: 29】

① For the giftes and *calling* of God are without repentance.

② For the gifts and the *calling* of God are without repentance.

③ sine paenitentia enim sunt dona et *vocatio* Dei!

④神の賜物と招きとは取り消されないものなのです。

【1 Corinthians 1: 26】

① For brethren, you se your *calling*, how that not manie wise men after the flesh, not manie mightie, not manie noble *are called*.

（“are called”は原文からイタリックで英訳時に補われたことを示す）

② For see your *vocation*, brethren, that there are not many wise according to the flesh, not many mighty, not many noble:

③ Videte enim ***vocationem*** vestram, fraters, quia non multi sapientes secundum carnem, non multi potentes, non multi nobiles;

④兄弟たち、あなたがたが召されたときのことを、思い起こしてみなさい。人間的に見て知恵のある者が多かったわけ

ではなく、能力のある者や、家柄のよい者が多かったわけでもありません。

【Ephesians 1: 18】

①That y eyes of your vnderstanding may be lightened, that ye may knowe what the hope is of his ***calling***, and what the riches of his glorious inheritance *is* in the Saints,（“is” は原文からイタリック）

②The eyes of your heart enlightened, that you may know what the hope is of the glory of his inheritance in the saints.（該当語なし）

③illuminatos oculos cordis vestri, ut sciatis quae sit spes ***vocationis*** eius, quae divitiae gloriae hereditatis eius in sanctis

④心の目を開いてくださるように。そして、神の招きによってどのような希望が与えられているか、聖なる者たちの受け継ぐものがどれほど豊かな栄光に輝いているか悟らせてくださるように。

【2 Peter 1: 10】

①Wherefore, brethren, giue rather diligece to make your ***calling*** and election sure: for if ye do these things, ye shall neuer fall.

②Wherefore, brethren, labour the more, that by good works you may make sure your ***calling*** and election. For doing these things, you shall not sin at any time.

③Quapropter, fratres, magis satagite, ut firmam vestram ***vocationem*** et electionem faciatis. Haec enim facientes non offendetis aliquando;

④だから兄弟たち、召されていること、選ばれていることを確かなものとするように、いっそう努めなさい。これらのことを実践すれば、決して罪に陥りません。

などのように、“vocation” と訳しても問題ないような箇所でもジュネーブ聖書では、“calling” が採用されていたりする。同じ『コリントI』の一・二六ですら、“vocation” が使われず “calling” になっている。また、カトリックのランス新約聖書でもやはりこの二つの語の間で揺れていて必ずしも“vocation”をより好んで使っている訳ではないことが確認できる。以上のテキスト調査から判断すれば、それまでの聖書英訳に比べれば「学術的」と評価されるジュネーブ聖書でも、全体の訳語の統一ということに関してはあまり注力されていない、ということである（おそらくは複数の改訂者の共同作業だったのだろう）。従って、我々は『コリントⅠ』七・二〇がたまたま“vocation”に改訳されているからといって、そこにカルヴァン派の何か神学的な意味づけを見ようとするのは行き過ぎであると考えるべきだろう。ヴェーバーが、「カルヴァン派は当初から『天職』概念を強調していたわけではない」と指摘しているのは、今回の調査結果とも合致している。

準備のための議論が非常に長くなったが、「エリザベス朝のイギリス国教会の宮廷用聖書」の同定作業に戻ろう。エリザベス一世の治世は一五五八年から一六〇三年になる。筆者は橋本氏のＨＰへの寄稿において、この謎の聖書について三つの仮説を以下の順で提示してきた。

（一）　ウィリアム・ファルクによる注釈（反駁）付き新約聖書（一五八九年、表1の年表では23、Herbert 番号では二〇二番、なお改訂版が一六〇一年に出ていてこちらの Herbert 番号は二六五、二六六番）(40)

（二）　ロンドンの印刷商であった、クリストファー・バーカーが一五七五年に、Jugge という他の印刷商に宛てて出した感謝状の中で言及されている、「ラテン語から翻訳した英訳新約聖書」

（三）　同じくクリストファー・バーカーが、ジュネーブ聖書とその改訂版をベースに出版した各種の英訳聖書

まず、（一）は、プロテスタントのウィリアム・ファルクが、カトリックのランス聖書と主教訳聖書の両方を対比させる形で収録し、ランス聖書に付けられたカトリック側の注釈を批判する目的で、ファルク自身の徹底した論駁を追加した形の新約聖書である。この聖書を提示した当初の意味は、羽入が議論の前提としている「エリザベス朝時代（一五五八－一六〇三）には新たな聖書は三種類しか出されていない」という主張への反論である。つまり、三種以外の他の聖書（場合によっては既存聖書の再編集版や改訂版など）が存在していた、という例として挙げたものである（余談にな

るが、「朝」とはある君主の在位期間のことで、「エリザベス朝時代」は重言である)。この聖書は、ランス新約聖書を含んでいるため、『コリントⅠ』七・二〇が"vocation"となっているテキストが含まれ、かつ複数の版が出版されているが、オリジナルの翻訳ではなくまた宮廷聖書という呼び方にもそぐわない点が弱い。

(二)については、二〇〇四年九月のハイデルベルク大学図書館の調査で、「一五九九年 London Chrisrph. Bakrer 版英訳聖書」に遭遇した後、この聖書の詳細を調べている過程で発見したものである。クリストファー・バーカーはエリザベス朝での王室御用達印刷商であり、国務大臣ウォルシンガムとの強いコネを利用し、英訳聖書や議会の法律など、公的な印刷物の独占権を有していた。ちなみに、その息子がロバート・バーカーで、欽定訳の印刷・出版はこの息子の手による。息子の方は、後に有名な「姦淫聖書」という誤植事件(モーセの十戒の「汝姦淫するなかれ」の not を落として「汝姦淫せよ」にしてしまったもの。同業の印刷商の陰謀によるとされる)を引き起こして獄死する。[41]

クリストファー・バーカーは、一五七五年六月九日に、Jugge という別の印刷商(バーカーの前に英訳聖書印刷の権利を持っていた)に宛てて、王室向けの英訳聖書の印刷の権利("privilege"や"patent"と表現されるが、今日の特許や著作隣接権などとは違い、公認の出版独占権に近い)を得ることができたことについて感謝状("Barker's satisfaction to Jugge")を送っている(Pollard, 1911)。その中に「ラテン語から翻訳した英訳聖書」についての言及がある。以下、引用する。

"...honrable privie counsell accordinge to hir highnes jniuntions, for the printinge of theise Twoo Bookes hereafter mencioned That is to saye. A Byble in Englishe with notes in the same which was dedicated unto hir maiestie in the ffirst yere of hir highnes reign and commenly called or knowen by the name of the Geneva Byble and a Testament to be translated out of the latin tonge into the Englishe (the Lation copie thereof by hir highnes privledge) belonginge to one Thomas Vautrolier a frenchman. ..."

この手紙で、C・バーカーは、二種類の書籍の印刷の権利を得たと言っている。一つは、いわゆる「ジュネーブ聖書」である(手紙ではエリザベス女王即位の年に献呈されたとあるが、一五五八年と一五六〇年で若干合わない。ジュネーブ新約聖書のことを指しているのかもしれない)。もう一つが、フランス人であるThomas Vautrolierが権利を持っていた、「ラテン語から英訳されたTestament」(≠聖書)である。同時にラテン語テキストの権利が女王に属するとしているので、英訳テキストとラテン語テキストの両方が存在していることがわかる。この場合の「ラテン語テキスト」がヴルガータなのかエラスムス訳なのかあるいはさらに別のものか詳細は不明であるが、英訳の方がギリシア語からではなくラテン語から訳されたことにより、『コリントⅠ』七・二〇が"vocation"と訳されているのではないかと推定した。Thomas Vautrolierは、フランスから亡命してきたユグノーの印刷業者であり、この手紙にあるように、ラテン語関係の聖書の権利を多く持っていた。さらには最初はアントウェルペン(アントワープ)の印刷業者のイングランドでの代理人を務めていて、後に自身でも印刷・出版を行うようになった。後にスコットランドで、イングランド王を兼ねる前のジェイムズ一世によるいくつかの書籍の印刷・出版にも携わっている。(42)

この「ラテン語から訳された英訳Testament」が、ヴェーバーの言う「エリザベス朝のイギリス国教会の宮廷用聖書」ではないか、という二番目の仮説をHerbert本で検証してみた。しかし、VautrolierもC・バーカーもどちらもHerbert本では、ジュネーブ聖書ベースの聖書と主教聖書しか印刷・出版していなかった。特にC・バーカーの方は主教聖書は他の印刷業者に外注していたようで、自身はジュネーブ聖書ベースの聖書に専念していた(Pollard, 1911, pp. 326-327, "Barker's circular to the city companies"参照)。ここで、仮説の根拠となった手紙を子細に検討してみると、C・バーカーは「権利を得た」と言っているだけで、それを「印刷・出版した」あるいは「する予定がある」とは一言も言っていない。また、"Testament"とあることから、おそらく新約聖書だけであり、それにラテン語テキストが付いているということをヒントに、改めてA.W.Pollard本他を調査した。一六世紀の英訳新約聖書で、ギリシア語からではなく、ラテン語から訳したと主張しているものが、カトリックのランス新約聖書以外にもう一種類だけ存在していた。それが一五三八年のカヴァデイル訳の新約聖書改訂版である。これは表1の年表の一二番、Herbert番号で三七番であり、カヴァデイル訳新約聖書の改訂版とヴルガータ版ラテン語新約聖書の二カ国語対訳聖書である(Pollard, 1911, pp. 206-214)。まさしくC・バーカーの記述と合致する。カヴァデイル訳の聖書は、元々大陸で印刷されており、その意味でVautrolierが関わっていても不思議ではない。C・バーカーがこの聖書を結局印刷・出版しなかったのは、二カ国語対訳新約聖書という

	1583年版	1599年版
サイズ	約31cm×48cm (Large folio)	約18cm×22cm (quartoに近い)
テキスト	1560年版ジュネーブ聖書	ジュネーブ聖書の新約をトムソンが改訂し、さらに黙示録への注釈をJuniusが改訂したもの
収録内容	エリザベス女王への献呈文、クランマーの序文、系図、暦（1578年～1610年）、聖書に関するQ＆A、新約、旧約、旧約外典	新約、旧約、系図（旧約外典は目次にはあるが実際には存在しない）
活字体	本文がゴシック体、注釈がローマン体	本文、注釈共にローマン体
その他	「Cranmer Bible」と書かれた外箱がついている。	大陸で印刷された海賊版である可能性が高い（誰が書いたか不明だが、そういう記載のあるメモが添付されていた。またジーン・スコット博士のコレクションでも、この年の出版のものには多く大陸での海賊版があったとされ、旧訳外典が省かれているのもその特徴だとされる）。
推定Herbert番号	178番（暦が1578年からになっており、その年に出版された154番の再版と思われる）	248～255番のどれか

表3　2種類のChristopher Barker出版の聖書の対比

意味はあっても、英訳の方がジュネーブ聖書新約に比べて既に古くなっており、新たに出版する意義が薄い、と判断したのではないかと推定する。この新約聖書はエリザベス朝のものではないため、二番目の仮説も間違いであった。またおそらく『コリントⅠ』七・二〇も初版と同じく"callynge"であったろう。二番目の仮説は結論としては間違いで堂々巡りをすることになった。しかしながら三番目の仮説に到達する上でその推理と調査は決して無駄ではなかった。

さて、その三番目の仮説である。筆者が、二〇〇四年九月にハイデルベルク大学の図書館に行き、そこの蔵書票でChristopher Barker出版の一五九九年のジュネーブ聖書を発見したことは前述した。これとほぼ同じものではないかという聖書が、京都外国語大学の図書館(43)にあることが、その後のインターネットでの調査で分かり、二〇〇四年一一月五日に同図書館を訪問し、次の二種類の Christopher Barker 出版の聖書を閲覧させてもらった。

（一）　Bible＝The Bible. — London : Christopher Barker, 1583.『聖書』（英語）

（二）　Bible＝The Bible : That is The holy scriprvers conteined in the Olde and Newe Testament...— London, 1599.『旧約・新約聖書』（英語）

この二つは、同じ出版社から出たジュネーブ聖書ベースのものでありながら、表3（前ページ）のように何から何までが対照的であった。

特に注目すべきは、一五八三年版の方である。テキストの確認の結果、[44] 一五六〇年版ジュネーブ聖書であることは疑いようがなかったが、何と外箱には“Cranmer Bible”（大聖書）と書いてあった。実際に、クランマーの序文がついているのである。これと同じ版であると思われるものが、前述のロサンゼルスのジーン・スコット博士のコレクションにもあった[45]（そちらには外箱は付属していなかった）。そこでの解説によれば、クランマーの序文は、「大聖書」「ジュネーブ聖書」の一部の版、「主教聖書」と三種の聖書で使い回されている、ということであった。外箱の表示は、このクランマーの序文にだまされて所有者が後からつけたものか、あるいは古書商が希少本に見せかけるためにつけたものではないだろうか。あるいは、国教会の中の「隠れピューリタン？」が自分達の教会でジュネーブ聖書を使用するために、わざと外観を似せて作った、ということも考えられよう。ともかくも、ここで強調すべきなのは、いわゆる「ジュネーブ聖書」がきわめて多種・多様であるということである。まず、テキストだけでも、

①　一五五七年の新約聖書
②　一五六〇年の新約・旧約聖書
③　一五七六年初版のトムソン改訂の新約聖書

④　③と②の旧約の組み合わせ聖書
⑤　④のトムソン改訂の新約の黙示録への注釈を Junius が改訂したもの[46]

という具合に五種類も存在する。羽入は前述したように、①と②がまったく別物であるかのように厳しく区別するが、不思議なことに②から⑤までは、すべて一からげに「ジュネーブ聖書」と呼んで同一視している（羽入論考の文献リストには、⑤以外はすべて記載されている。⑤も羽入も京都外国語大の図書館を訪問しているようなので、見るチャンスはあったはずである）。②から⑤に関して、なるほど『コリントⅠ』七・二〇の部分の訳はほぼ同じであるが[47]、他の部分には少なからぬ異同があり、区別して扱うべきである。

テキストの違いだけに留まらず、第二節で紹介した、ジュネーブ聖書の特徴と言われるものも、すべてのジュネーブ聖書で共通しているわけではまったくないのである。

（一）　注釈
ジーン・スコット博士の聖書コレクションの中には、ポケットサイズ（三二折り版）のジュネーブ聖書があった（一五八九年、一五九〇年、推定 Herbert 番号二〇七）。この聖書ではサイズの関係からか注釈は省かれていた。

（二）　活字体
Chistopher Barker 出版のジュネーブ聖書は、多くはゴシック体（Black Letter）であった。一五七六年に上記③のトムソン改訂版が出版されると、そちらは主にローマン体で印刷され、ゴシック体の一五六〇年版と区別がはかられた。

（三）　サイズ
一五六〇年版は quarto、すなわち四つ折り版であった。しかしながら、前述したポケットサイズからラージフォリオサイズまで、ほとんど当時可能であったありとあらゆるサイズの版が存在する。

（四）　その他
ジーン・スコット博士の聖書コレクションの中のジュネーブ聖書には、Herbert 番号の無いものもいくつか散見された。Herbert 本といえども、存在したすべての英訳聖書を網羅しているのではないということである。また、時代が下って一七一五年の出版になるが、新約が上記⑤の「トムソン改訂の新約＋Junius の黙示録への注釈改訂」のジュネーブ聖書であり、旧約が欽定版という、いわば「ハイブリッド聖書」まで存在しているのである（Herbert 九三六番）。

これらの現物のジュネーブ聖書を多数観察したことから言えるのは、もし我々が何かエリザベス朝の英訳聖書の現物を説明なしに見せられたとしても、その出版事情を正確に理解することはきわめて困難ということである。[48] ここで改めてヴェーバーの「エリザベス朝のイギリス国教会の宮廷用聖書」を考察すると、この表現はＯＥＤの記述を見るだけではまず出てこない。おそらくはヴェーバーは古書商などを通じて、エリザベス朝の英訳聖書をいくつか入手したのだと推定される。Herbert 本にあるエリザベス朝での英訳聖書は、出版件数で一七三種であり、そのうち実に五八パーセントあたる一〇一種がジュネーブ聖書ベースのもの、そして一八パーセントにあたる三二種が主教聖書である。合わせて七六パーセントにもなる（これは出版件数での比率であり、部数での比率はさらに高かったであろう）。おそらく、ヴェーバーが入手できたものも、入手しやすさから考えて、大半がこのどちらかであったであろうと推定される。そしてヴェーバーは、主教聖書ではなく、ジュネーブ聖書ベースのものの方を表現するのに、「エリザベス朝のイギリス国教会の宮廷用聖書」という言い回しを使ったのであろう。これはある意味「言い得て妙」であって、実際ジュネーブ聖書ベースの英訳聖書はエリザベス朝のイギリス国教会の「事実上の標準聖書」であり、それを「規定上の標準聖書」である「主教聖書」という教区の教会に備え付けられた聖書と区別するために「宮廷用聖書」という言い方を用いたのであろう（“Printer to the Queens”であったＣ・バーカーが自分で印刷・出版したのは、ジュネーブ聖書ベースのものだけであることにも注意[49]）。その際に、ヴェーバーは一五六〇年のジュネーブ聖書とＣ・バーカー版の関係については、正確には把握していなかったかもしれない。しかし、現在我々がそれを正確に区別できるのは、A. W. Pollard やハーバートらの研究のお蔭であって、いわば後付けの知識に過ぎない（ジュネーブ聖書が「有名」という判断にも注意すべきで、実際にはあるインターネットのサイトに書かれていた通り[50]、欽定訳の圧倒的輝きの前ではジュネーブ聖書他のそれ以前の英訳聖書は、“Forgotten translation”〔忘れ去られた翻訳〕と評価する方が一般的と思われる。ちなみに欽定訳は今日でも、アメリカの書店できわめて容易に入手できる。それどころか、結婚するカップルへの定番の贈り物とされているようである[51]。それに対し、ジュネーブ聖書はまず前述のファクシミリ版や古書商でしか入手できない)。

羽入は、「エリザベス朝時代（一五五八‐一六〇三）には新たな聖書は三種類しか出されていない。」として、たとえばジュネーブ聖書の多数の版の異同やウィリアム・ファルクによる注釈（反駁）付き新約聖書などは無視して、単純に要素数を限定している。その上で、三つのうち主教訳聖書は訳語が“calling”であり、またランス新約聖書（羽入論考ではリームズ新約聖書）はヴェーバーが既に言及しているからとして除外し、強引な消去法で「ヴェーバーがここで言っているのはジュネーブ聖書である」というほぼ正しいと思われる結果にまぐれ当たりではあるが一度は行き着いている。ただし、この「エリザベス朝における宮廷聖書」が複数形であることを説明し得ておらず、さらには、論点二と論点三の「OEDもヴェーバーもジュネーブ聖書について間違った理解をしている」を再度持ち出して、結局は「ヴェーバーの言っていることは意味不明でわからない」と誤魔化してしまう。上記の筆者の推論から、もっとも明証的だと思われるのは、たまたま羽入も仮説として提示した「ジュネーブ聖書」を指しているということである。ただし、羽入が単純化してひとまとめにしてしまった「ジュネーブ聖書」ではなく、主にクリストファー・バーカーという「エリザベス女王御用達」印刷業者が出版した、「ジュネーブ聖書ベースの」英訳聖書（複数）が正しいと思われるのだが[52]。

羽入はさらに、たとえジュネーブ聖書が正解だとしても、「過激な注釈が付いた」「カルヴィニスト達が作った」ジュネーブ聖書を「エリザベス朝のイギリス国教会の宮廷用聖書」と呼ぶことが錯誤だと主張する。しかし、過激な注釈については、主にカトリックを攻撃するものであり、スペインを始めとするカトリック諸国と鋭く対立し、またイングランド国内のカトリック教徒に暗殺までされかけたエリザベス一世がそれを問題にしたという事実は見いだせない（ボブリック、二〇〇三など）。エリザベスの次のジェイムズ一世は確かにその注釈を問題視したが、それはカトリックへの攻撃が問題というより、王権をないがしろにするような注釈が気に入らなかったとされている（田川、一九九七、五六三‐五六四頁）（ただ、敢えて公平に付記しておけば、カルヴィニズムのいわゆる「予定説」をイングランドに広めるのにもっとも貢献したのは、確かにジュネーブ聖書であったと思われる。Charles Eason によれば、一五七九年から一六一五年の間にイングランドで出版された、ゴシック体の一五六〇年版ジュネーブ聖書には、付録として予定説に関するわかりやすいQ&Aがつけられていた[53]。

また、「カルヴィニスト達が作った」という点も、ジュネーブに亡命していたカルヴィニスト達はエリザベスの即位後、続々とイングランドに帰国してピューリタンと呼ばれ「国教会の中で」国教会を改革しようとしていた。クリストファー・ヒルが正当に述べているように、「一六四〇年以前に『ピューリタン』と『アングリカン』を分けることは、時代錯誤であると同時にまったく道理に反している。『ピューリタン』は、『主教派』あるいは『ロード派』など様々な名で呼ばれる人々とまったく同様に、アングリカンであった」（ヒル、一九九一、三三五頁）と見るのが妥当であると考えられる。確かに後の歴史ではピューリタンは一度は国教会を支配し、その後結局は国教会からはほぼ袂を分かつことになるのだが、そうした後の歴史を遡って一六世紀の実態に無自覚に適用すべきではない。

さらには、「ヴルガータにならって“vocation”に戻っている」という記述も、あくまで事実を淡々と述べていると解すべきであり、ピューリタンがカトリックの精神にのっとって訳を改訂した、などと読むのは、これまた羽入式のこじつけであろう。ましてやジュネーブ聖書（ベースの聖書）を「エリザベス朝のイギリス国教会の宮廷聖書」と呼ぶことを「英訳聖書の専門家達が腹を抱えて笑う」などという表現に至っては、ただただ羽入の理解の皮相さと人格的な問題点を暴露するもので、学問的正当性を欠く決めつけである[54]。ここまで読んでいただいた方は、笑われるのはヴェーバーか羽入か、どうかご自分で判断していただきたい。

五　結　論

以上、羽入論考第一章の論点一から三、および七の四つすべてを反駁した。これに、折原による論点四から六への反駁と別論考で反駁済みの論点八を加えて、羽入論考の第一章はすべての論点で崩壊しており、まったく論文の体を為さないと言える。筆者が検証したのは、もっぱら第一章に限定されているが、いわば「抜き取り検査」として見た場合、他の章の論考についても「ロットアウト」と判断しても間違いではないと筆者は確信する[55]。羽入が自称する「文献学」は、きわめて皮相的なものであり、学問として問題がある記述が多く含まれている。「木を見て森を見ない」だけではなく、しばしば「木すら正しく見ていない」と言える。

六　最後に

羽入論考の学問としての基礎を問う検証 - 批判として始まった筆者の研究だが、最後は「批判のための批判」に終わらず、一六世紀の英訳聖書の独自の研究という領域にまで多少なりとも踏み込んで、筆者なりにヴェーバーを客観的に評価し直すことができたと思う。もちろん至らない点、多数存在するであろう間違いについては、今後の各位のご批判を待ちたい。言うまでもないが、羽入自身からの建設的な再反論はもっとも歓迎すべきことである。

私なりに、今回の（羽入の応答がなかったことにより）論争にならなかった「論争」を振り返ってみれば、次に引用する紀田順一郎氏のエッセイ「読者の不在」の一部が示唆的である。(56)

■活字の世界の情報型への変容と、いわゆる文化人の消滅とは符節が合っている。気がつくと、私たちの周囲には長い知識教養のスパンを備えた、人生を語ることができる個性が姿を消し、かわって有能だが限定的な専門家や職人で溢れ返るようになってしまった。

■このような状況は、執筆者や読者の意識にも微妙な影響をもたらした。研究・執筆テーマが部分化、細分化するのは当然だが、その上で目先の効率化が優先され、時間をかけた体系的、包括的テーマへの志向が殺がれる。一人の著者が「通史」に取り組むなどは、夢のまた夢となった。これに経済不況や大学の経営化が拍車をかける。読者も部分志向となり、読者カードなどにも重箱の隅をほじくるような指摘が目立つようになった。

ヴェーバーはその気になれば、博士号論文である「中世商事会社史」の延長線上での経済史や法制史の分野での「有能で限定的な専門家」として生きることはきわめて容易であった筈である。しかしながら、その枠を大きく超えて、比較文明・比較宗教的な視点で西洋近代の「合理化」を考える、スケールの大きい決疑論（Kasuistik）を展開させていった。それに比して羽入は、（語学力や細かい事にこだわるという一面的な意味で）「有能」であると仮に認めたとしても（本文で論証したようにそれすらしばしば怪しいが）、著しき視野狭窄・遠近感の喪失に陥っている。また、そうした羽入を褒めそやした養老孟司を始めとする多数の「似非」文化人（末人）の跳梁も、まさしく「（真の）文化人・教養人の消滅」、「本物の読者の不在」と言うことができよう。バランス感覚に優れた研究活動をするためにも、またそうした研究活動を正当に評価するためにも、「長い時間をかけて涵養された深くて広い教養」は不可欠であると確信する。羽入の出身学科が「『教養』学科」であるというのは、皮肉なことである。筆者はアマチュア研究者として、そしてもう一人の「『教養』学科」出身者として敢えて今、「教養」の意義を世の中に訴えたい。

謝辞：羽入批判の最先端に立って多数の論考を発表され、また『学問の未来』の後書きで筆者にまで過分のお言葉を与えてくださった折原浩先生、論争の場を提供されかつアマチュアの論考をも快く受け付けてくださった橋本努先生、辞書学者として査読にもおつきあいいただいたN先生、さらにはハイデルベルク大学図書館の皆様と貴重なアドバイスをいただいたヴォルフガング・シュルフター教授、バイエルン科学アカデミーのEdith Hanke博士、徳島県立図書館と京都外国語大学図書館の皆様、そしてジーン・スコット博士コレクションのあるロサンゼルスのUniversity Cathedralの皆様、およびそのロサンゼルスでの調査を支援してくれた高校同期の中野君、桜井君にこの場を借りて篤く御礼申し上げます。

注

（1）六本の論考については、筆者の個人ＨＰを参照。http://www.shochian.com/hanyu_hihan00.htm

（2）養老孟司は、山本七平賞の選考委員代表として、『犯罪』を「本書は難解とされたヴェーバーの代表的業績、『プロテスタンテイズムの倫理と資本主義の精神』におけるヴェーバーの論証が、知的誠実性をまったく欠くことを、文献学的検証によって明確に証明したものである。仮に著者の論考が誤りであることを証明したいなら、同じ手続きを踏めばいい。評者にはもちろんそんな暇はない。したがって当面、それがいかに破天荒なものであったとしても、著者の結論を素直に受け入れるしかない」と講評した。ちなみに、本論考のタイトルは、そんな養老孟司への当てつけの意味も込めている。

（3）たとえば、文化人類学者の川喜田二郎氏の「KJ法」など。

（4）一次・二次資料という観点とやや異なり、本人がその場で直ちに書いたものか、あるいは他人が別の場所で後から推測で書いたものかといった観点で、歴史的資料の価値を一等・二等・三等……と言う風に分類するもの。

（5）A. S. Herbert, *Historical Catalogue of Printed Editions of the English Bible 1525–1961*, revised and expanded from the edition of T. H. Darlow and H. F. Moule, 1905, LONDON The British and Foreign Bible Society, NEW YORK, The American Bible Society, 1968.

（6）筆者の懸念は杞憂に留まらず、副島隆彦編『金儲けの精神をユダヤ思想に学ぶ』（祥伝社、二〇〇五年）のように、低レベルなエピゴーネン達は既に登場している。

（7）http://www.econ.hokudai.ac.jp/~hasimoto/Orihara%20Hiroshi%20Essay%20Mirai%20200401.htm　折原（二〇〇四）所収。

（8）この論文要旨は、インターネット上で参照可能な、「東京大学学位論文データベース」による。

（9）ジュネーブ聖書を含む一六世紀の英訳聖書については、以下を参照。

・書籍

田川建三、一九九七、『書物としての新約聖書』勁草書房。

ベンソン・ボブリック、二〇〇三、『聖書英訳物語』千葉喜久枝・大泉尚子訳、柏書房。

Alfred W. Pollard, 1911, *Records of the English Bible, the Documents Relating to the Translation and Publication of the Bible in English, 1525–1611*, Oxford University Press, Reprint: Wipf and Stock Publishers, 2001.

David Daniell, 2003, *The Bible in English*, Yale University Press.

David Dewey, 2004, *A User's Guide to Bible Translations Making the Most of Different Versions*, Inter Varsity Press.

・Webページ

The Geneva Bible: The Forgotten Translation (http://www.reformed.org/documents/geneva/Geneva.html)

The English Versions of Scripture Early Bibles in General (http://www.bible researcher.com/versions.html)

The Bible in English Before and After the Hampron Court Conference, 1604
(http://www.princeton.edu/rbsc/exhibitions/bible/Bible_in_English_2004.pdf)

（10）他に一五八八年のフランス語訳も「ジュネーブ聖書」と呼ばれる。

（11）http://www.britannica.com/eb/article-9036401

（12）Dr. Gene Scott Bible Collection での説明による。http://www.drgenescott.org/stn38.htm に、"1560 First Edition – Two of the five examples in this collection of this rarity, with only 160 printed in all" とある。自身のコレクションの稀少性を強調しているものなので、若干疑わしい気がしなくもないが、他の文献で初版の部数を再確認することはできていない。

（13）"It marked both a great contrast to the Great Bible, and–though at first it might not seem so today–a long stride forward." (Daniell, 2003, p. 275)

（14）Oxford English Dictionary second edition/ on CD-ROM Version 3.1, Oxford University Press, 2004.

（15）abebooks.com http://www.abebooks.com/

（16）出版社「Christopher Barker」で検索できる。たとえば、一五八五年版 US$ 1240.58、一五八八年版 US$ 2472.39、一五九九年版 US$ 4500.00 など。

（17）http://www.greatsite.com/facsimile-reproductions/geneva-1560.html US$249. http://www.capstonebooks.com/orig/pages/geneva.html US$199.95 など。

（18）http://www.spp.or.jp/spp_docs/history/index.html#04 を参照。

（19）ハイデルベルク図書館の司書の情報による。

（20）Dr. Gene Scott Bible Collection http://www.drgenescott.com/stns.htm

（21）http://www.drgenescott.com/home.htm、http://www.rotten.com/library/bio/religion/dr-gene-scott/ などを参照。なお、博士は二〇〇五年二月に亡くなられている。

（22）http://www.drgenescott.org/stn25.htm

（23）以下、ＯＥＤ（ＮＥＤ）とマレー博士については、以下を参照。
　ジョナサン・グリーン、一九九九、『辞書の世界史』三川基好訳、朝日新聞社、XIII章。
　サイモン・ウィンチェスター、一九九九、『博士と狂人——世界最高の辞書ＯＥＤの誕生秘話』鈴木主税訳、早川書房。
　Donna Lee Berg, 1993, *A Guide to the Oxford English Dictionary*, Oxford University Press.
　http://www.OED.com/

（24）ＣＤ-ＲＯＭ版での検索による。

（25）おそらく小辞典では五〜一〇行程度、研究社の大英和クラスでもせいぜい二〇〜三〇行程度。

（26）ちなみに、広辞苑は辞書学上の分類では「中辞典」に過ぎない。日本語の大辞典は現時点では『日本国語大辞典』（小学館）など。漢和の大辞典では諸橋『大漢和辞典』（大修館書店）が有名。

（27）何人かの研究者により、今日ではＯＥＤが挙げる用例よりも古い初出例が多数の単語について確認されている。
（28）http://special.lib.gla.ac.uk/exhibns/printing/ を参照。
（29）http://en.wikipedia.org/wiki/Robert_Recorde の Wikipedia の Recorde の項参照。
（30）以下、本論考で参照した書籍の日本語聖書を示す。
新共同訳：『新約聖書、詩篇つき』（日本聖書協会、二〇〇三年）
共同訳：『新約聖書　共同訳全注』（講談社学術文庫、一九八一年）
口語訳：『聖書　口語訳』（日本聖書協会、二〇〇四年）
文語訳：『新約聖書　詩篇附』（日本聖書教会、二〇〇三年）
フランシスコ会訳：『新約聖書』（サンパウロ、一九七九年）
新改訳：『新約聖書　新改訳　詩篇付』（日本聖書刊行会、一九七六年）
（31）たとえば、"The New Jerusalem Bible"（英語版）では、"Everyone should stay in whatever ***state*** he was in when he　was called." "New Revised Standard Edition"（英語版）では、"Let each of you remain in the ***condition*** in which you were called." また "La Bible traduction œcuménique"（フランス語共同訳、"La TOB"）では、"Que chacun demeure dans la ***condition*** où il se trouvait quand il a été appelé."、さらに "DIE BIBEL, Einheitsübersetzung der Heiligen Schrift"（ドイツ語共同訳）では "Jeder soll in dem ***Stand*** bleiben, in dem ihn der Ruf Gottes getroffen hat."（ボールド、イタリックは筆者）
（32）リチャードソン／ボウテン（二〇〇五）の「天職」の項参照。
（33）グリムのドイツ語大辞典（ＣＤ-ＲＯＭ版）で、„Beruf" と „Ruf" を調べてみた。このドイツ語大辞典が最終的に完成したのは、本文中に記述した通り一九六一年のことであるが、„Beruf" の項は一八五三年に J. Grimm、„Buf" の項は一八九一年に M. Heyne により編集されており、ヴェーバーが倫理論文を書く前の編集である。ヴェーバーがグリム大辞典（の当時出版されていた分冊）を参照したかどうかは倫理論文中には記載されていないが、ＯＥＤの前身のＮＥＤをあれだけ参照しているヴェーバーがグリム大辞典を参照しなかったということは想定しにくい。
„Beruf" の項では、二つの語義が書かれている。一つ目はラテン語の fama にあたる、「名声・評判」という意味である。二番目の語義が、ラテン語の vocatio に相当し（ドイツ語ではさらに新たな意味が付与された）、いわゆる「天職」である。ここでグリム大辞典は、この意味での語源の一つを、„bleibe in gottes wort und übe dich drinnen und beharre in deinem beruf. Sir. 11, 21; vertraue du gott und bleibe in deinem beruf. 11, 23"、つまりヴェーバーと一致して『ベン・シラの書（集会の書）』としている。
これに対し、„Ruf" の項では、「過渡的な用法」として、「（内面的な使命としての）職業」を挙げている。また、「外面的な意味での職業」、つまり召命的な意味を含まない職業の意味ではほとんど用いられたことがなかったと説明されている。さらにはルター自身の用例が挙げられている。„und ist zu wissen, das dis wörtlin, ruff, hie (1 Cor. 7, 20) nicht heisze den stand, darinnen jemand beruffen wird, wie man sagt, der ehestand ist dein ruff, der priesterstand ist dein ruff. LUTHER 2, 314a." このルターの章句がどのような文脈で使われたものなのか、残念ながらまだ突き止められていない。しかしながら、ルター自身が、『コリントⅠ』七・二〇のこの部分を、今日のほぼすべての学術的聖書が採用する「状態」(Stand) の意味ではない、と明言しているのは非常に興味深い。

『コリントⅠ』七・二〇の翻訳にあたって、ルターは羽入が指摘したように、生前の翻訳においては、„ruff" または „Ruf" を使用し、„Beruf" とはしていない。このことの理由は、ヴェーバーが倫理論文で述べているように、古いドイツ語訳の訳語を尊重しただけなのかどうかはわからない。しかしながら、グリム大辞典にあるように、„Ruf" („ruff") は過渡的に使用され、最終的には „Beruf" に収斂している。この場合、ルターが『コリントⅠ』七・二〇を一貫してたとえば „Stand" とし、ルターの死後、ルターのあずかり知らないところでそれが „Beruf" に改訂されたのなら、確かにヴェーバーの議論は成立しない。しかしながら、„Ruf" („ruff") にせよ、„Beruf" にせよ、元々は動詞である rufen、berufen からの派生語であり、そのどちらにも今日のような「世俗的職業」という意味はまったく含まれていなかったのである。「神の召し」という意味に、世俗的職業という意味を含有させる可能性がある章句は、新約聖書全体では、この『コリントⅠ』七・二〇以外はありえないであろう（コンコルダンスの「召す」の項目を参照）。その意味で、『コリントⅠ』七・二〇が「架橋句」であると解釈される。

この『コリントⅠ』七・二〇で橋渡しされた「召し」と「世俗的職業」という意味が、ベン・シラにおいて、翻訳者のある意味「意訳」によって、通常なら Arbeit や Geschäft と訳されるべきものが Beruf と訳され、ここに「翻訳者による新たな語義創造」は完成するとヴェーバーは述べている。この『ベン・シラの書（集会の書）』は、旧約聖書外典に含まれ、いわば「処世訓」的な性格のものである。ルターは、外典を含む聖書の全体をすべて同格には決して扱っていない。正典に含まれる『ヨハネ黙示録』や『ヤコブの手紙』を自分の教義とは違うからという理由で排除しようとしたのは有名である。その意味で、ベン・シラにおいて比較的「自由な」翻訳が行われたとしても、決して不思議ではない。

また、この『ベン・シラの書』の翻訳者がルターかメランヒトンなどの他の人間か、という議論も些末に過ぎよう。ヴェーバーは「翻訳者の精神」の「翻訳者」を複数形にしており、「ルター」と書いてあっても、それは「ルター」が中心になっていた聖書の翻訳グループ」と解釈すべきであろう。

なお、この問題について、改めて整理して詳論する機会もあるかもしれないが、当論考においては、脚注にとどめておくことにしたい。

（34）SwordSearcher Bible Software Ver.4, Brandon Staggs, 2004（?）に収録のもの。このCD-ROMには、以下の電子テキストなどが収録されており、有用である。King James Version, Wycliffe Translation, Tyndale Translation, Geneva Bible, Textus Receptus, Luther Bible.

（35）Nestle-Aland, "Novum Testamentum Latine" Deutsche Bibelgesellschaft, 1986.

(36) http://susi.e-technik.uni-ulm.de:8080/Meyers2/seite/werk/meyers/band/8/seite/0261/meyers_b8_s0261.html

(37) なお未読だが、同じ著者で橋本（一九九八）もある。

(38) 以下の各書。

池田潤、一九九九、『ヘブライ語のすすめ』ミルトス。

キリスト教聖書塾編集部、一九八五、『ヘブライ語入門』キリスト教聖書塾。

谷川政美、二〇〇二、『旧約聖書　ヘブライ語独習　聖書アラム語文法付』キリスト新聞社。

(39) ここでのリソースは、以下の通り。

ジュネーブ聖書：http://www.thedcl.org/bible/gb/index.html の一五六〇年版ファクシミリ版画像より

ランス新約聖書：http://www.hti.umich.edu/r/rheims/browse.html のもの

ヴルガータ：Nestle-Aland, 前掲書（注35を参照）

新共同訳：Jnet 新共同訳 1.50

(40) http://www.smu.edu/bridwell/supportbridwell/publications/ryrie_catalog/x_5c.htm 参照。

(41) バーカー親子については、http://www.datchet.com/users/history/Robert%20Barker%20complete/robert_barker.htm を参照。

(42) http://special.lib.gla.ac.uk/exhibns/printing/

(43) http://www.kufs.ac.jp/toshokan/coll/05-seisho.htm

(44) 筆者の論考、「一五八三年と一五九九年の Christopher Barker 出版聖書（京都外語大学図書館所蔵）の調査結果」、http://www.shochian.com/hanyu_hihan05.htm を参照。

(45) http://www.drgenescott.com/stn20.htm に次のように紹介されている。

"The "Noblest" Large Folio Edition – 1583 – Printed in London by Christopher Barker, the court printer to Queen Elizabeth. Large "Black Letter" type, black & red title page with Royal Initials at sides. Contains Cranmer's Prologue (to the Great Bible), and several typographic woodcuts as well as a full-page engraving facing Genesis. A sumptuous book and a very well preserved example, at that. (Herbert # 178)

(46) 当時流行していた千年王国思想の影響で、ヨハネ黙示録への注釈がより増強され、カトリックへの攻撃もより辛辣になっている。

(47) 単語の綴り、文字飾りの付け方などに多少の差が存在する。

(48) 前掲のSwordSearcherというCD-ROMに収録されたジュネーブ聖書の版を出版元に問い合わせたところ、一五八七年出版でテキストは一五六〇年版と同じということだった。ところが、筆者の方でテキストをチェックした結果は、六〇年版ではなくトムソン改訂版であった。現代のこういうCD-ROMを出している出版元ですら、ジュネーブ聖書を正確には鑑定できていないという一例である。

（49）Pollard, 1911, pp. 326–327, "Barker's circular to the city companies" 参照。

（50）http://www.reformed.org/documents/geneva/Geneva.html

（51）たとえば、http://www.parable.com/tbn/item_0834003589.htm
"This edition is a marvelous way to pass on a legacy of faith to a new generation. Designed specifically to encourage families to worship together, it makes a splendid gift for bridal showers, weddings, special occasions, or holidays.

（52）二〇〇六年一一月に商用でミュンヘンを訪れた際に、バイエルン科学アカデミーに残されているヴェーバーの蔵書を調査した。同アカデミーのEdith Hanke博士からいただいたリストでは、その数はわずか九九種に過ぎず、英訳聖書どころか、ドイツ語の聖書も含まれていなかった。Hanke博士によれば、ヴェーバーの蔵書は、ヴェーバーの引っ越しの際や没後に整理・売却されており、ここに残されているのはごく一部に過ぎないということであった。

（53）Eason, 1937, pp. 22–26参照。そのQ＆Aの内容は、たとえば質問（Q）の方は「すべての人が永遠の生命に運命づけられているわけではないのですか」「ある者が滅びに定められているということは神の正義と両立するのですか」「どうやったら自分が神によって永遠の生命にと定められていると知ることができるのですか」など非常に具体的かつ核心をついたものである。

（54）羽入が英訳聖書について教えを請うたという（『犯罪』一三頁）、寺澤芳雄東大名誉教授については、筆者も学生時代、社会言語学の授業で教えを受ける機会があった。仮に羽入の論が一〇〇パーセント正しかったとしても、寺澤氏はヴェーバーのことを「腹を抱えて笑う」ような方ではないことを、筆者は断言しておく。羽入の謝辞は時として、却ってそれが向けられた方を人格的に貶める結果になってしまっている。

（55）羽入論考の第一章は、実は羽入の研究の順番としては最初のものではない。にもかかわらず羽入が最初に持ってきているのは、ＯＥＤの誤りをそのまま引き継いだなどの議論が、素人受けしやすいからであろう。それが論文全体への信頼感を大きく損なわせるという意味で皮肉にも逆効果になっている。

（56）http://www.kibicity.ne.jp/~j-kida/image/2006/092001/index.html の紀田順一郎氏のＨＰに掲載された二〇〇六年九月二〇日付のエッセイより。

参考文献

池田潤、一九九九、『ヘブライ語のすすめ』ミルトス。

ヴェーバー、マックス、一九五五、『プロテスタンティズムの倫理と資本主義の精神』梶山力・大塚久雄訳、岩波文庫。

ヴェーバー、マックス、一九八九、『プロテスタンティズムの倫理と資本主義の精神』大塚久雄訳、岩波文庫。

ヴェーバー、マックス、一九九四、『プロテスタンティズムの倫理と資本主義の《精神》』梶山力訳・安藤英治編、未來社。

折原浩、二〇〇三、『ヴェーバー学のすすめ』未來社。

折原浩、二〇〇四、「学者の品位と責任――『歴史における個人の役割』再考」『未来』二〇〇四年一月号、一‐七頁。

折原浩、二〇〇五、『学問の未来――ヴェーバー学における末人跳梁批判』未來社。

グリーン、ジョナサン、一九九九、『辞書の世界史』三川基好訳、朝日新聞社。

田川建三、一九九七、『書物としての新約聖書』勁草書房。

永嶋大典、一九八八、『英訳聖書の歴史』研究社出版。

橋本功、一九九五、『聖書の英語――旧約原典からみた』英潮社。

橋本功、一九九八、『聖書の英語とヘブライ語法』英潮社。

橋本功、二〇〇五、『英語史入門』慶應義塾大学出版会。

羽入辰郎、二〇〇二、『マックス・ヴェーバーの犯罪――『倫理』論文における資料操作の詐術と「知的誠実性」の崩壊』ミネルヴァ書房。（本文中では『犯罪』と略記）

ヒル、クリストファー、一九九一、『十七世紀イギリスの宗教と政治　クリストファー・ヒル評論集2』小野功生訳、法政大学出版局。

ボブリック、ベンソン、二〇〇三、『聖書英訳物語』千葉喜久枝・大泉尚子訳、柏書房。

リチャードソン、A／J・ボウテン編、二〇〇五、『キリスト教神学事典』古屋安雄監修・佐柳文男訳、教文館。

Daniell, David, 2003, *The Bible in English*, New Haven, CT: Yale University Press.

Dewey, David, 2004, *A User's Guide to Bible Translations Making the Most of Different Versions*, Downers Grove, IL: InterVarsity Press.

Eason, Charles M. A., 1937, *The Genevan Bible: Notes on its Production and Distribution*, Dublin: Eason & Son Ltd.

Pollard, Alfred W., 1911, *Records of the English Bible, the Documents Relating to the Translation and Publication of the Bible in English, 1525–1611*, Oxford University Press. Reprint: Eugene, OR: Wipf and Stock Publishers, 2001.

第2章　ヴェーバー「倫理」論文における理念型の検討

山本　通

はじめに——本稿の課題

二〇〇二年八月に出版された羽入辰郎著『マックス・ヴェーバーの犯罪』（以下、『犯罪』と略記）は、マックス・ヴェーバー著『プロテスタンティズムの倫理と資本主義の精神』[1]（以下、「倫理」論文と略記）を文献学的な立場から批判したものである。羽入は、ヴェーバーが「倫理」論文を作成した際に、いくつかの点で資料研究を怠り、またある点で資料を誤って解釈し、さらには、詐術をもって読者に魔術をかけたとさえ主張する。

本稿における私の課題は、イギリス社会史の研究者として、ヴェーバー「倫理」論文に対する羽入の批判を評価して、問題を掘り下げることである。その際、前もって約束しておきたいのは、ヴェーバーの「知的誠実性」そのものについては、本稿では全然問題にしない、ということである。羽入のようにその問題を議論するならば、これはもはや社会科学的研究ではなく、個人のスキャンダルをあげつらうものに堕してしまう。われわれは羽入とは違って、ヴェーバーが「知的誠実性」を貫こうとしたと理解する。その上でヴェーバーの議論の中に不備があるならば、その点こそが社会科学の方法論の問題として、検討に値するのである。

一　「倫理」論文の論理構成と、『犯罪』におけるヴェーバー批判

羽入は、ヴェーバー「倫理」論文にはいくつもの重大な欠陥があるので「読解不可能」だ、と言う。しかし不思議なことに、羽入は『犯罪』の中で一度も批判の対象とする「倫理」論文全体の論理構成を明らかにしていない。羽入のヴェーバー批判の意味や重さを測るためには、やや長くなるが、「倫理」論文の全体の論理構成を確認する必要があろう。

ヴェーバー「倫理」論文の第一章第一節「信仰と社会層分化」は、問題提起の部分である。ヴェーバーは、近代資本主義的企業の企業家、経営者、熟練労働者や営業マンはプロテスタント的色彩を持ち、逆に伝統的産業の担い手にはカトリック的性格が強い、と言う。また、プロテスタントは、支配的社会層であるときにも被支配的社会層であるときにも、経済的合理主義に基づいて行動したが、カトリックはいずれの場合にも、そうではなかった、と言う。プロテスタンティズムと資本主義との親和関係を指摘するこのような議論の根拠はやや薄弱に見えるので、多くの研究者がこれを批判してきた(2)。また、両者の親和関係の存在を支持する研究者の中にも、プロテスタンティズムが資本主義の発展を解放したと考える説や、あるいは妥協的に容認したと理解する説が有力である(3)。ところがヴェーバーによれば、一六、一七世紀の古プロテスタンティズムは社会経済的現実に妥協的であるどころか、逆に信者に対して、禁欲的で厳格に宗教的な生活をおくることを要求した。このような理解を前提としてヴェーバーは、古プロテスタンティズムの世俗内禁欲の教えと資本主義的営利活動とが、対立的な関係にあるのではなくて、むしろ内面的親和関係にあった、という仮説を立てる。

第一章第二節でヴェーバーは「資本主義の精神」という理念型を提示する。ヴェーバーによれば資本主義は、洋の東西を問わず、近代のみならず古代にも中世にも存在した。しかし、日常的な需要が資本主義的な仕方で充足されるという事態は、一九世紀の欧米だけで成立したのであり、ここにのみ「資本主義の精神」が一般的に見られた。ヴェーバーによれば、「資本主義の精神」の担い手たちは、「伝統主義の精神」の担い手たちの抵抗に遭いながらも、強固な倫理的特徴に裏づけられた合理的経済活動を貫くことによって、伝統主義を克服していった。

このような「資本主義の精神」の起源はどこにあるのか。この問題を解くためのヒントは、ヴェーバーによれば、次の二つである。一つ目のヒントは、その不条理で禁欲的な性格。「資本主義の精神」の担い手は、将来の幸せのためではなく、富の増大自体のためにひたむきに働くという不条理で禁欲的性格を持っている。したがってヴェーバーは、「資本主義の精神」の発展を合理主義の巨大な発展の部分現象と捉える見方を批判し、「資本主義の精神」と自由主義的啓蒙主義との親和関係を否定する（『倫理』七九－八一、九二－九四頁）。このようにして「資本主義の精神」の起源は宗教的な分野に求められることになる。二つ目のヒントは、ヴェーバーが「資本主義の精神」に含まれていると考える「職業義務」という思想である（『倫理』五〇頁）。この「あたかも労働が絶対的な自己目的であるかのように励むという心情」をヴェーバーは「天職」観念と言い換えて（『倫理』六七頁）、次の第一章第三節において、「天職」観念の起源を検討する。

ヴェーバーによれば、プロテスタントが優勢な諸民族の言語においては、職業を意味する語（ドイツ語のBerufや英語のcalling）には必ず「神から与えられた使命」という観念がこめられており、それはルターによる聖書翻訳に由来する。しかしルターは、宗教的原理と職業労働との結びつきを、新しい原理の上に打ち立てることができなかった。それはルターが現実の紛争に巻き込まれるうちに、ますます封建的体制擁護に傾いていったからである（『倫理』一一一－一二二頁）。そこでヴェーバーは、「資本主義の精神」の起源を求めて、他のプロテスタント諸派、とりわけ「資本主義発達史の上で顕著な役割を演じた」（『倫理』一二九頁）カルヴィニズムと諸ゼクテの宗教思想の検討に進む。

第二章第一節におけるヴェーバーの課題は、天職倫理との「選択的親和関係」を示すような要素を宗教思想の中に、探ることである。ヴェーバーによれば、カルヴァン主義者、カルヴァン主義に影響を受けた敬虔派とメソディスト、そして、洗礼派とその流れを汲む諸ゼクテの指導者たちは、いずれも、自分たちが世俗から区別された特別な「恩恵の地位」にあると考え、その「恩恵の地位」を保持するために、生活の全体を方法的に管理しようとした（『倫理』二八六頁）。それは信者が自分の救済を確信するために不可欠なことであった。ヴェーバーによれば、「このような来世を目指しつつ世俗の内部で行われる生活態度の合理化、これこそが禁欲的プロテスタンティズムの職業観念が作り出したものだったのだ」（『倫理』二八七頁）。

第二章第二節でヴェーバーは、禁欲的プロテスタンティズムの宗教的観念と経済的日常生活との関連を理論づけようとする。まず、リチャード・バクスターの著書『キリスト教指針』における経済の倫理に関する部分を中心として、ピューリタン文献の分析が行なわれる。ピューリタンは自然な享楽に全力をあげて反対し、消費を圧殺するとともに、他方で、利潤の追求を合法化したばかりでなく、それを神意に添うものと考えて、利潤追求に対する伝統主義的桎梏を破砕してしまった、とヴェーバーは言う（『倫理』三四二頁）。その理論的帰結は、利潤の再投資による資本形成である。しかし現実には、禁欲的プロテスタントは富の誘惑に屈服してしまう。このことを証言するものとしてヴェーバーは一八世紀メソディスト指導者ジョン・ウェズリの嘆きの言葉を引用している。ヴェーバーによれば「宗教的生命に満ちていたあの一七世紀」は「功利的な次の時代に」、「合法的な形式で行われる限りでの、貨幣利得に関する恐ろしく正しい良心」を遺した。こうして「独自の市民的な職業のエートスが生まれるに至った」（『倫理』三五六頁）。ウェーバーは以上のような考察を、次のような言葉で結んでいる。「近代資本主義の精神の、いやそれのみでなく、近代文化の本質的構成要素の一つともいうべき、天職理念を土台とした合理的生活態度は、――この論稿はこのことを証明しようとしてきたのだが――キリスト教的禁欲の精神から生まれ出たのだった」（『倫理』三六三－三六四頁）。

羽入の『犯罪』は、このようなヴェーバー「倫理」論文における問題提起の部分に当たる第一章第二節および第三節だけを批判の対象としている。『犯罪』の第一章「"calling" 概念をめぐる資料操作」は、calling という語が英語圏で「神から与えられた使命としての世俗的職業」の意味で使用されるようになった経緯を、文献学的に考察している。そして羽入は、ヴェーバーが英訳聖書を実際に検討したわけではなく、ＯＥＤに記載されていた "calling" の用例のみに依拠して議論を組み立てていた、と結論づける。第二章「"Beruf" 概念をめぐる資料操作」では、ヴェーバーがオリジナルなルターのドイツ語訳新約聖書を検討したのではなく、現代の普及版の「いわゆるルター聖書」を利用した、という。羽入によれば、ルターは「コリント人への手紙」七章二〇節で、世俗的職業の訳語として Beruf ではなく、ruff あるいは Ruf という語を充てていた。

『犯罪』第一章と第二章で展開された羽入のヴェーバー批判に対しては、折原浩が『ヴェーバー学のすすめ』の中で反批判を行なっている（折原、二〇〇三、第二章）。しかし「職業－天職」の聖書翻訳とその思想の問題は、職業倫理をめぐるヴェーバーの議論全体にとっては、比較的に小さな問題である。前述のとおりヴェーバーは、「宗教的原理と職業労働との結びつきの新しい原理」は「職業」の訳語選択の思想のレヴェルよりはもっと深いレヴェル、すなわち「救済論」のレヴェルで行なわれたと、捉えているからである。すなわち、先回りして言えば、「倫理」論文の最も重要な論点は、第一に「資本主義の精神」という理念型の構成の適切さ、第二に、「禁欲的プロテスタントの職業倫理」の社会経済的な含意を「救済論」のレヴェルで読み解く手法の適切さ、にある。

羽入『犯罪』の第三章「フランクリンの『自伝』をめぐる資料操作」と第四章「『資本主義の精神』をめぐる資料操作」はともに、ヴェーバーがベンジャミン・フランクリンの著作から「資本主義の精神」という理念型を構成した手法が詐欺的である、と主張するものである。第三章において羽入は、ヴェーバーが「資本主義の精神」の理念型をフランクリンの『自伝』を読まずに構成した、と言う。羽入によれば、フランクリンの思想は楽天的で現実主義的な功利主義であり、そこから倫理的色彩の強い「資本主義の精神」という理念型を析出することには無理がある。第四章において羽入は、第三章とは逆に、フランクリンの著書の中にはカルヴァン主義の予定説を連想させる部分がある、と指摘する。ここでは羽入は、ヴェーバーがその部分を意図的に削除した上で、フランクリンの著作の一部を基に「宗教的なものへの直接的関係をまったく失っている」ものとして、「資本主義の精神」の理念型を構成した、と非難する。

前述のように、ヴェーバーが『自伝』を読まなかった、という羽入の主張は検討に値しない。また、ヴェーバーに対する批判の論点が『犯罪』の第三章と第四章とで矛盾している事実は、羽入がフランクリンの思想の全容を整合的に理解していないことを推察させるが、このことも検討に値しない。それにしても、フランクリンの著作からヴェーバーの考える「資本主義の精神」の理念型を構成することに無理がある、との羽入の指摘は注目に値する。羽入のこの指摘を手がかりとして、われわれは、ヴェーバーの論理と方法論を、特に「理念型」と「史実」との関連の問題を意識しながら検討していきたい。

二　「倫理」論文における理念型の検討

(一)　理念型とその構成

ヴェーバーが「倫理」論文の中で論じている「資本主義の精神」、「伝統主義の精神」そして「プロテスタンティズムの倫理」はいずれも、モデルとしての理念型である。「理念型」は社会科学的に「知るに値する」事象の意義を理解するため、あるいは一つの事象と他の事象との関連を整合的に理解するために構成されるモデルである。それは歴史的現実の中から「文化的意義という観点から」拾い集められた諸要素によって漸次に構成される「歴史的固体」である(『倫理』三八頁)。ヴェーバーによれば、理念型の意義は文化事象を理解する上での有効性如何にかかっているのであって、現実への接近の度合いにあるのではない。事実ヴェーバーは、「伝統主義の精神」を例示する際に、「ここに描かれたとおり正確にそのまま行われた事例が一つもなかったとしても、もちろんかまわない」(『倫理』七五頁)と言う。また「禁欲的プロテスタント」の職業倫理を考察する部分では、「歴史的現実に暴力を加えて」(『倫理』一九五頁)「宗教的思想を、現実の歴史の中では稀にしか見ることのできないような『理念型』として整合的に構成された姿で提示(『倫理』一四一頁)」して、これを考察しなければならない、と言う。

ヴェーバーのこのような方法論の含意は、充分に検討されなければならない。ヴェーバーの方法論に対する一つの批判として、理念型を構成するために「歴史的現実」に暴力を加えること自体を問題視する意見がある。「重要な問題は、ヴェーバーが事実についてどう書いたか、ということではない。……要は、事実がどうであったかだ」(Tawney, 1926 邦訳上二三頁)というトーニーの主張は、破壊的な一撃に見える。ヴェーバーは史料に対して特定の問題関心と目的によって、敢えて一面的に接近して理念型を構成するので、当該対象を歴史学的に研究する学徒たちが、史料操作についてさまざまな批判を浴びせてきた。わが国では、ジョン・ウェズリの宗教思想を研究した岸田紀の批判がその典型である。また、「近代英国」成立の歴史的全体像を描く仕事の中で、「近代英国」の主要構成要素の一つとしてのピューリタニズムをとりあげ、リチャード・バクスターの思想と行動を研究した越智武臣も、このような立場からヴェーバーの方法を批判した（岸田、一九七七：越智、一九六六）。

しかし、実際には史実の数は海辺の砂、宇宙の星の数ほど存在するので、あらゆる歴史的出来事を再現することは不可能である。数多くの史実の中から、ある興味深い歴史的事実を取り出し、それを同時代の全体像の中に位置づけ、あるいは、歴史の流れの中に位置づけようとするとき、歴史家もまた、意識するか否かにかかわらず、史料の取捨選択を行ない、理論的に整合的なモデルを構成せざるを得ない。ヴェーバー「倫理」論文においては抽象度の高い（生の史実から離れる度合いの大きい）レヴェルにおいて理念型が構成されているが、歴史家たちも、抽象度のより低いレヴェルで理念型を構想して研究を進めているのである。したがって、問題は「要は、事実がどうであったか」ではない。むしろ、「社会科学的に『知るに値する』諸現象を理解する上で、どのような理念型を構想することが有効であるか」である。しかし、それにもかかわらず、構成される理念型は、現実的・歴史的事象の諸特徴を効果的に捉えるという意味で、「現実」との繋がりを保持していなければならない。ヴェーバーの「資本主義の精神」や「プロテスタンティズムの倫理」などの抽象度の高い理念型は、「現実」との繋がりを適切に保持しているのだろうか。本稿では、この点を検討する。

具体的な検討に入る前に、次のことを前もって断っておきたい。ヴェーバーの諸著作は難解である。難解である理由は、彼の学識の広さゆえに考察対象範囲が非常に広く、読者が彼の論述に追いついていけないという側面もあろうが、また、叙述の中に多くの不備や矛盾が存在しているからでもある。「倫理」論文は、何度も読み返し、解説書を紐解かなければ理解できないような種類の文献なので、とても「名著」だとは言えない。それでも「倫理」論文は、一世紀を超えて多くの研究者や一般の読者によって読み継がれてきた。それは、悪名高い難解さにもかかわらず、この著書には、それを凌ぐ魅力と傾聴するべきメッセージがあるからだ。ヴェーバーの「倫理」論文の最大の魅力と重要性は、人間集団のエートスが経済社会の展開を大きく動かすことになる、という捉え方を明快に示したことにある。しかし、この一世紀の間に、ヴェーバーが知らなかった史実や事実関係が数多く明らかになり、また、彼の史料の扱い方をめぐるさまざまな不備も指摘されてきた。

このように考えるならば、近代英国社会史を研究する者が課題とするべきことは、ヴェーバー「倫理」論文の不備を検討し、修正しながら、「倫理」テーゼを批判的に継承する努力を続けることであろう。本稿は、そのような試みの方向性を示すものである。

(二)「資本主義の精神」の理念型の検討

ヴェーバーのいわゆる「資本主義の精神」は、近代の中産層や現代の企業家と労働者に内面化された心性である。この心性によって突き動かされて、企業家は徹底的に合理的に利潤拡大を追求し、また、労働者は労働を自己目的とし、いずれもが人間的な幸福や自然な享楽を犠牲にして努力を続ける、とヴェーバーは考える。ヴェーバーは、このような「資本主義の精神」の理念型を構成するために、三つの例示を行なっている。第一は、ベンジャミン・フランクリンの初期の著作から読み取った「エートス」。第二は、農村家内工業を資本主義的に組織化する、都市出身の若い織元の例(『倫理』七六‐七七頁)。第三は、現代ドイツの資本主義的企業家の例である(『倫理』七九‐八〇頁)。第一と第二の例は、資本主義確立以前の時期のものであり、第三の例は、一九世紀末〜二〇世紀初頭ドイツのものである。このことはヴェーバーが「資本主義の精神」を、およそ一七世紀から二〇世紀までの長期間の文化を特徴づけるエートスとして捉えていることを示している。「営利を『天職』とみなすことが近代の企業家の特徴となったのと同様に、労働を『天職』とみなすことが近代の労働者の特徴となった」(『倫理』三六〇頁)というヴェーバーの言説は、彼が「資本主義の精神」を近代資本主義の属性の一つとみなしていることを示す。したがって「資本主義の精神」は非常に抽象度の高い(生の史実から離れる度合いの大きい)理念型なのである。ところが、ヴェーバーはフランクリンが一七四八年に著した『若き商工業者への忠告』というパンフレットから長い文章を引用したすぐ後で、「フランクリンの口から特徴ある話法で語られているものが『資本主義の精神』だということには……誰も疑いを挟まないだろう」(『倫理』四三頁)と述べる。一体、資本主義が確立する以前の一八世紀アメリカのフランクリンに見られる「精神」と二〇世紀の高度資本主義の時期における「資本主義の精神」とを、同じ性格のものとして扱ってよいのだろうか。これが、最初に読者を困惑させる問題点である。

ヴェーバーは二〇世紀の「資本主義の精神」について、次のように言う。「今日では禁欲の精神は、この鉄の檻(すなわち、非有機的・機械的生産の技術的・経済的条件に結び付けられた近代的経済秩序の機構――山本の挿入、以下同じ）から抜け出てしまった。ともかく勝利を遂げた資本主義は、機械の基礎に立って以来、この〔キリスト教的禁欲という〕支柱をもはや必要としない。……『天職義務』の思想は、かつての宗教的信仰の亡霊として、われわれの生活の中を徘徊している」（『倫理』三六五頁）と。その理由をヴェーバーは、別の箇所で次のように説明する。「今日の資本主義的経済組織は既成の巨大な秩序界であって、個々人は生まれながらにしてその中に入り込むのだし、個々人にとっては事実上、その中で生きなければならない変革しがたい鉄の檻として与えられているものなのだ。……経済生活の全面を支配するに至った今日の資本主義は、経済的淘汰によって、自分が必要とする経済主体――企業家と労働者――を教育し、作り出していく」（『倫理』五一頁）からだ、と。

ヴェーバーが「資本主義の精神」を例示するために挙げた第三の例、すなわちヴェーバーの時代のドイツの企業家たちは、「巨富を擁しながら、自分のためには『一物も持たない』、――ただ良き『天職の遂行』という非合理的な感情を持っているだけ」（『倫理』八一頁）だとされる。「休みなく奔走することの『意味』」を彼らに問いかければ、彼らは「自分にとっては、不断の労働を伴う事業が『生活に不可欠なもの』となってしまっているからなのだ、と的確に答える」（『倫理』七九頁）。ヴェーバーによれば、このことは「事業のために人間が存在し、その逆ではない、というその生活態度が、個人の幸福の立場からみると全く非合理的だ、ということを明白に物語っている」（『倫理』八〇頁）。ここで例示されているのは、資本主義の競争原理という外発的な力によって、企業組織の歯車として動き続ける「自己疎外」された労働である。重要なことは、それが内発的な勤労意欲ではない、ということだ。外部から押し付けられたものであっても、その心性が個々人に内面化され、その行動を内部から突き動かすならば、それをヴェーバーは「エートス」と呼んでいる。そして、ここに示された「資本主義の精神」というエートスの担い手は、自己疎外された不幸な存在である。

「天職の遂行」のためにみずからの幸せを犠牲にして自己を管理し、勤勉に働き続けるタイプの経営者や労働者は、現代の日本にも存在する。とりわけ戦後高度成長の後、ニクソン・ショックと二度のオイルショックを経験した一九七〇年代とそれに続く時期の日本の労働者は、企業の危機を救うために、無報酬の時間外労働を率先して行ない、非人間的な単身赴任の命令に従い、労働組合ぐるみで使用者側に擦り寄って、省力化と合理化による経営者の企業再建の努力に積極的に協力してきた。世界中の人々から驚嘆と軽蔑の入り混じった感情とともに「労働中毒＝ワーカホリック」というレッテルを貼り付けられた日本の労働者の心性は、ヴェーバーが彼の時代のドイツ企業家に見出した「資本主義の精神」と同じ性質のものであろう。「資本主義の精神」がそのようなものであるならば、われわれはその起源を求めて歴史をさかのぼる必要がない。それは前述のように、資本主義の確立とともに、競争原理に基づく淘汰によって教育され、自然に作り出されていくからだ。

しかしながら、資本主義社会が確立する以前の一八世紀アメリカに生きたフランクリンに見られる勤労意欲は、個人の幸福を求める内発的な勤労意欲であった。フランクリンが『若き商工業者への忠告』の中で語っているのは、功利的処世訓というよりは、独自の倫理である。これはヴェーバーが言うとおりである。しかし、ここでは貨幣獲得の努力が「純粋に自己目的と考えられているために、個々人の幸福や利益に対立」する「非合理な」「自然の事態を倒錯した」ものとなっている（『倫理』四七‐四八頁）、というヴェーバーの主張には説得力がない。先入観なしにこの『忠告』の文書を読めばわかるとおり、フランクリンは、勤勉と節約が富の蓄積に有利であり、時間厳守が人から信用を勝ち取るために有益だと考えるからこそ、若者たちの将来の幸せを願って、これらの徳目の実践を「義務」として命令調に勧めているのだ。フランクリンの教えは「合理的」であるとともに「倫理的」なのであり、これこそが、フランクリンを代表者とする一八世紀「啓蒙主義」の特徴なのである。

われわれは、フランクリンの労働観を、その代表作である『自伝』（一七九一年）の内容を研究することによって、確認することができる。『自伝』はフランクリンが六五才になったときに書き始められたが、その目的は、自分の子孫と一般大衆を「啓蒙」することにあった（フランクリン、一九五七、一〇二、一一八‐一二〇頁）。彼は一七〇六年にボストンの蠟燭・石鹸商人の子として生まれ、印刷工としての年季奉公を経て独立し、印刷業者として成功を収めた。四二才で印刷所の経営を知人に任せてみずからは金利生活者となるが、それ以後は、政治家、慈善家、さらには自然科学者、政治経済評論家として活躍した。イギリスやフランスの知識人と幅広く交流したフランクリンは、「理性の時代」を代表するマルチ・タレントの啓蒙思想家なのであった。

フランクリンは並外れた素質と才能を持っていたが、それらを開花させるために、人一倍の努力を重ねた。一九才の頃、彼は次のような哲学的確信を得る。「人と人との交渉が真実と誠実と廉直をもってなされることが、人間生活の幸福にとって最も大切だ。ある種の行為は、本来われわれにとって有害であるから禁じられ、あるいは有益であるから命じられているのだ」（フランクリン、一九五七、九四－九五頁）と。フランクリンのこの信念は、生活実践の中で磨かれていく。彼は、勤勉・節約・誠実の生活を実践し、また、それをことさら人に見せつけることによって、人々の信用を勝ち得ていった。このような実践を通して彼は、「徳に至る道」がすなわち「富に至る道」と同じである、と確信するようになる。

このような考えは、他方では一つの哲学的な思索にも裏づけられていた。フランクリンはカルヴァン主義長老教会派の会員として育てられたが、一五才の時にはすでにカルヴァン主義の教義を疑い始め、まもなく「完全な理神論者」を自認するようになる。そして、人間は理性の働きを通して道徳的に進歩し、道徳的に完全な状態に近づくことができる、と信じた（フランクリン、一九五七、九三－九五、一三三－一三六頁。また、久保、一九五八、四五－五九頁を見よ）。人間理性に対するこのような信頼から、彼は、多くの知人を集めて相互の向上を図る目的でクラブを作り、これをジャントーと名づけた（フランクリン、一九五七、九八頁）。また、「道徳的完成に到達しようという不敵な、しかも困難な計画」を思い立ち、節制、沈黙、規律、決断、節約、勤勉、誠実、正義、中庸、清潔、平静、純潔、謙譲の十三徳を、習慣として身につけようとした。そして彼は、その努力のおかげで自分は幸福になれた、と明言している（フランクリン、一九五七、一三六－一四七頁）。

以上の説明から明らかなように、フランクリンの労働観には、自己疎外された不条理な要素は認められない。フランクリンは人間の理性の導きを信じ、人間が道徳的完成の域に達する可能性を信じて、若者たちにさまざまの徳目の実践を奨励した。しかも、「徳に至る道」はすなわち「富に至る道」であり、しかも「幸福に至る道」でもある、と考えた。このような思想が資本主義成立期の小規模生産者に吹き込まれて、彼らの身についたならば、それは資本主義の確立に向かう社会経済の発展を強力に推し進める内発的な力として機能するに違いない。実際、自己疎外的な不条理な要素を除外して、正直、質素、規律を追求する倫理的性格と、利潤拡大のための合理性を併せ持つエートスとして「資本主義の精神」を構成するならば、それと同じものが、同時代の産業革命に直接に先立つ時期のイギリスにおいても、広範に確認されるのである。われわれは、むしろ、このようなタイプの労働観の歴史的意義を再評価するべきである。

それではヴェーバーは何故、フランクリンの思想に「幸福という観点から不合理」だという特徴を押し付けたのだろうか。「資本主義の精神」と啓蒙主義的合理主義との親和関係を否定して、禁欲的プロテスタンティズムとの親和関係のみを検討するヴェーバーの理論展開にとっては、このような「思い込み」は避けられないことであった、と言えよう。山之内靖が強調するように、ヴェーバーは禁欲的プロテスタントの職業倫理を、非合理的な強迫観念に動機づけられたものとして捉えている。ヴェーバーによれば、禁欲的プロテスタントもまた、自分の救済への不安を解消するために闇雲に禁欲的労働に勤しむ、自己疎外された哀れな存在として捉えられている（山之内、一九九七、四七‐九八頁）。おそらくヴェーバーは現代資本主義の企業家と労働者の疎外された労働意識と、禁欲的プロテスタントの疎外された労働意識との類似性に注目して、その両者を直接に関連させようとしたために、歴史的のその中間に位置するフランクリンの著作の中に、敢えて同じ種類の疎外された労働意識を読み込もうとしたのであろう。

確かに、ヴェーバーは「倫理」論文の当該箇所で「フランクリン研究」を展開したわけではない。フランクリンの思想を問題としたわけではなくて、その著作から「資本主義の精神」という「資本蓄積のエートス」を導き出そうとしただけなのである。しかし、フランクリンの思想から「資本主義の精神」という「資本蓄積のエートス」を導き出したときに、ヴェーバーは、思想分析という抽象度の低い（具体性の高い）次元から「近代世界を規定するエートス」という抽象度の高い（具体性の低い）次元に一挙に飛翔し、その際に、フランクリン思想の中で重要な意味を持つ「啓蒙主義的合理主義」を切り落とし、元来そこに存在しない「幸福という観点から不合理」だという特徴を付与した。このような処理は、ヴェーバーの方法論に則して言えば問題のないものなのかもしれないが、しかし、ヴェーバーが切り捨てた「啓蒙主義的合理主義」とそれに関連する要素は、資本主義成立期に生きた人々を支配したエートスを検討する上で非常に重要な意味を持っている、と私は思う。この点については、本稿の最後の部分で説明しよう。

（三）「プロテスタンティズムの倫理」の理念型の検討

人間的な幸せを犠牲にしながら、利潤追求を自己目的として生活全般を合理化し、労働に励む「資本主義の精神」の歴史的起源を求めてプロテスタントの職業倫理を検討するヴェーバーは、カルヴィニズムの「二重予定説」に注目した。「二重予定説」とは神がみずからの栄光を表すために「世界の礎が据えられぬうちに」「ある人々を……永遠の生命に予定し、他の人々を永遠の死滅に予定した」（『倫理』一四四－一五四頁）とする考え方である。ヴェーバーによれば、「二重予定説」は一七世紀中ごろにカルヴァン主義神学において中心的位置を占めるようになった。それは信者たちの心に恐るべき孤立感を与えたので、牧師たちにとっては信者の不安を克服する手段を教えることが重要な課題になった。そこで牧師たちは信者たちに、「自分は救われるはずだ」と信じ、絶え間ない職業労働を実践することによって、救いの確信を得るべきことを勧めたのである。

他方、諸ゼクテ、つまり、洗礼派とその流れを汲むメノナイト、バプテストそしてクエイカーは、「二重予定説」を信奉しないけれども、その教会組織原理のゆえに「天職観念」を持つようになった、とヴェーバーは言う。カトリック、英国国教会とルター派が地域共同体包括型（キルヘ型）の教会組織原理を持つのに対して、諸ゼクテは「個人として神から覚醒させられ、神によって召しだされた者だけが教会のメンバーになれる（believers' church）」という（ゼクテ型）教会論を持った。ヴェーバーによれば、これら諸ゼクテは、全てのメンバーが完璧に品行方正であるべきだと考えたので、禁欲的職業倫理の実践がメンバー資格を証明する手段となり、ひいては救済の証明の手段となったのである（『倫理』二六四－二六八頁）。カルヴァン派と諸ゼクテは、いずれも、自分たちが世俗から区別された特別な「恩恵の地位」にあると考え、その「恩恵の地位」を保持するために、生活の全体を方法的に管理しようとした。ヴェーバーによれば、「このような来世を目指しつつ世俗の内部で行われる生活態度の合理化、これこそが禁欲的プロテスタンティズムの職業観念が作り出したものだった」（『倫理』二八七頁）。

ところで、宗教思想史の常識的理解によれば、カルヴィニズムの中心的な教義的立場は二重予定説ではなく、「聖書主義」と「長老教会制」であり、ピューリタニズムの神学と信仰は「契約神学」ないし「摂理信仰 providentialism」であった。したがって、一般的には、二重予定説はカルヴィニズムや一七世紀英国のピューリタニズムにとっての中心的な教義とは考えられていない。しかし、このことをもってヴェーバーを批判することは、不適切である。ヴェーバーはみずからの問題意識から二重予定説が信者の意識に与える影響や意味を重視したのであって、カルヴィニズム神学の中での二重予定説の重要性が決定的だ、と主張しているわけではないからである。しかしながら、カルヴィニスト神学者が信者に、二重予定説が引き起こす不安から逃れて「救済の確証」を得るために職業労働への専心を勧めた、というヴェーバーの論理は、抽象度の高い議論、あるいは空想というべきものであって、史実からは乖離している。このことには、充分に注意する必要がある。

マルシャルによれば、一七世紀スコットランドのカルヴァン派神学者たちは、「勤勉に労働を続けられること」自体が「救済の証拠」になり得る、と論じた。しかし、勤労は「選び」についての不安を克服する手段として推奨されたわけではない。例えば神学者ロバート・ロロックが言うように、自分が選ばれていることは、信者自身が自分の確かな信仰によって感得することができるのであって、労働の成果がその判断基準になるわけではない。また、他の人が救われているか否かは、その人の生活の敬虔さによって推察できる。ロロックは禁欲的職業労働の実践を勧めるが、それは敬虔な生活全体の中の一つの現われに過ぎない（マルシャル、一九九六、九二-九七頁）。もちろん、貧富の差も「神の選び」の基準にならない。選ばれた者を滅びに遺棄された者から区別するのは、現世で富んでいるか否かではなく、繁栄や貧困にどう対処するかによる、と考えられたのである（マルシャル、一九九六、一一四-一一九頁）。

また、信者に孤立感と恐怖を与えるものとして「二重予定説」の心理的効果を強調するヴェーバーの論理は、「信者の共同体」の思想についての観点を欠落しており、非現実的である。そもそもキリスト者は常に個人としてのみ神の前に立つのではなく、どのような宗派の指導者も、信者が「信者の共同体」の中で生きることを重視する。二重予定説の心理的意義は、個人レヴェルではなく、キリスト教共同体思想との関連の中で捉えられるべきである。歴史的に見れば「二重予定説」は、ユグノー戦争、オランダ独立戦争、ピューリタン革命などの宗教戦争が熾烈を極めた時期に有力となった。このことを想起するならば、二重予定説は、「永遠の生命」に定められた自分たちと「永遠の滅び」に定められた敵とを対比し、「聖者」である自分たちの結束と戦闘性を強めるために強調されたものであることが推測される。(4)

ヴェーバーは、カルヴァン主義者を「信者の共同体」思想を欠いた個人主義者として前提した上で、二重予定説の心理的含意を説明しているが、その前提こそが具体的な史実を踏み外しているのである。

「ウェストミンスター信仰告白」は一七世紀のイングランド内乱中にスコットランドのカルヴァン主義神学者の指導の下に纏められたものであって、その二重予定説は、ウェストミンスター聖職者会議で推奨された全国的長老教会制の設立と同じく、イングランドのピューリタンの不評を買っていた。実際、ヴェーバー自身が指摘しているとおり、英国ピューリタンを代表する「ミルトンがこの〔二重予定説の〕教説を批判して、『たとい地獄に落とされようとも、私はこのような神をどうしても尊敬することはできない』と言ったのは有名」（『倫理』一五一頁）である。また、リチャード・バクスターも、ヴェーバーが認めるとおり（『倫理』二九一頁）、二重予定説の信奉者ではなかった。したがって、「プロテスタンティズムの職業倫理」という高度に抽象的な理念型を構成する決定的な要素として、カルヴァン主義の二重予定説に注目したことは、もともと標的の狙いが外れていたのである。

カルヴィニズムの信仰が信者の日常生活のあり方に与えた心理的影響を検討するならば、ヴェーバーは二重予定説にこだわるよりは、むしろ神を（大いなる慈愛にあふれた優しい存在ではなく）人間の理解を超越した「恐るべき」存在として理解する神学や、（カルヴァンのジュネーヴでの実践以来カルヴィニズムを特徴づけることになる）教会規律の訓練の実践、といったことがらを重視するべきであった。さらに第三点として、カルヴィニズムが特に都市の中小の商工業者によって受容されたことを重視するべきであった。資本主義社会成立期において都市と農村の産業的中間層は、社会的上昇と没落との両方向に分解していく。したがって、この社会層の生活は、きわめて不安定であった。不注意や怠惰、あるいは、わずかな失敗や不運が、彼らを零落させることになった。だからこそ、彼らはみずからを律するために、カルヴィニズムの厳しい教会訓練を受け入れたのである。

ヴェーバーは「倫理」論文の中では、当該時期に「禁欲的プロテスタント」が置かれた社会経済的な境遇については、あまり検討を加えていないが、これは「倫理」テーゼを再考するうえできわめて重要な問題である。例えば、再洗礼派の末裔であり、ゼクテ型教会組織原理を持つフッター派やエーミッシュ派も、「個人として神によって覚醒され、召しだされた者」だけによって原始キリスト教的な信団を形成しようとする運動から出発した。しかし彼らは、農民を中心とするグループから成るので、勤労を尊ぶ教義を持ちながらも「近代」にも「資本主義」にも適合せず、信者の共同体を近代資本主義の市場経済の外で実現しようとした。農民を主体とし、手工業者を加えた数千人の信者グループが、外界との接触を最小限にとどめて、小さな自給自足的な共産主義的共同体を再生産し続けるのは、困難ではあっても、不可能なことではなかった。彼らの活動は、現在でもカナダやアメリカ合衆国の農村で続けられているが、その原始共産制の理念と「資本主義の精神」とは、むしろ敵対的な関係にある。

禁欲的プロテスタントの職業倫理を検討する最良の材料は、ヴェーバーが言うとおり、ピューリタンの決議論casuistry文献である。信者は日常生活上のさまざまな場面で、信仰とのかかわりで考え方や行動の判断に迷うことがある。教会牧会者の立場から信徒の疑問に答える議論を決議論というが、一七世紀イギリスでは多くのピューリタン神学者が、そのような決議論のマニュアルを執筆した。これらを包括的に検討した今関恒夫によれば、その天職論の要点は次の点にある。すなわち、ピューリタン神学者たちは、世俗の職業を「神に栄光を与える」ため、そして「公共の福祉を増す」ために、勤勉、誠実に正しく遂行することを、信者に勧めた。しかしまた、現世に執着し、貪欲に富を求めることは大罪であると明言し、富の誘惑に対して不断の警戒を怠らないよう、警告したのである（今関、一九八九、一一七－一四七頁）。

このような指導に応える信徒側の実践は、ピューリタン信者が書き残した信仰日記によって確認できる。ヴェーバーの時代には、信仰日記というジャンルの史料は未だ発掘されていなかったが、最近では二、三の史料が利用可能となっている。それらのうちの一つが、敬虔なカルヴァン主義長老派信者であったロンドンの木工職人ネヘマイヤ・ウォリントン（一五九八－一六五八）の日記である。この日記には、この世のあらゆる出来事が神の摂理の表現であると考える摂理信仰の特徴が色濃く示されている。ウォリントンは実際、日々勤勉に働き続けながらも、ついに裕福になることができなかったが、日記の中で彼は、「勤勉」が絶対的な善ではなく、相対的な善に過ぎないと明言している（Seaver, 1985, pp. 125–126）。彼は「早起きして夜遅くまで働き、非常に勤勉で注意深く、あらゆる手段を使って全てのビジネスチャンスを捉えようとする人は、勤勉な聖者ではない。むしろ世俗的に賢い人というべきだ」と看破する。ウォリントンは時間の大切さを説いたが、それは長時間激しく働くためというよりは、より多くの時間を、聖書の勉強やお祈りに割くためであった（Seaver, 1985, p. 126）。

また、一八世紀前半の敬虔なピューリタンで独立派信者であった北部イングランドのリーズの毛織物織元ジョウゼフ・ライダー（一六九五‐一七六八）も、実際に勤勉、誠実に仕事を遂行したが、経済的成功が「地獄の底なし穴」への墜落を意味する、と考えていた。彼も日々の出来事に神の摂理が働いていると信じて、毎日、信仰日記をつけた。その日記は、ほとんど常に、営業状態の詳細に始まり、今後貧乏になるかもしれないという心配や、逆に、事業が好調なので、宗教的義務を遂行する時間が奪われるという心配で締めくくられていた（Jacob and Kadane, 2003, p. 32）。ライダー自身が説くところによると「非常な多忙も、あまりの安逸も、共に宗教にとっては不利である。適度な moderate 労働が、魂と身体にとって有利」（Jacob and Kadane, 2003, p. 36）なのであった。

ヴェーバーは、「プロテスタンティズムの世俗内的禁欲は、……利潤の追求を合法化したばかりでなく、それをまさしく神の意志に添うものと考えて、そうした伝統主義の桎梏を破砕してしまった」（『倫理』三四二頁）と言う。また、ピューリタンが「営利機械」として財産に奉仕する思想や、財産を不断の労働によって増加しなければならないという責任感を持つに至った、とも言う（『倫理』三三九頁）。しかし、ここで紹介したような史実は、ヴェーバーの議論とはあまりにもかけ離れている。ピューリタンの実像は、ヴェーバーが想定するような、二重予定説によって生じる救済への不安と恐怖にさいなまれて、営利機械として禁欲的労働に勤しむ、自己疎外された哀れな存在ではなかった。むしろ、勤勉で、清く、美しく、しかも「貧しい」生活の道を注意深く歩んだ、幸せな聖徒たちであった。

「倫理」論文第一章第二節の「資本主義の精神」の説明部分の中で、ヴェーバーは伝統主義的エートスを持った経営者と「資本主義の精神」を持った問屋制前貸織元を鋭く対比して論じた（『倫理』七五‐七八頁）。ここでは前述の「資本主義の精神」の第二の例示が行なわれ、その行動は次のように描かれる。――問屋制前貸を営む家族出身の一青年が都市から農村に出かけ、自分の要求に合致する職布工たちを選び出し、農民的な彼らを労働者に育成する。また他方では流通過程を掌握して販路拡大に努め、顧客ニーズを調査したうえで、薄利多売の原則を実行する。このような経営合理化は模倣・追随型の多くの企業家の出現を促し、近代的市場経済的な競争状態が出現する。企業家たちはリスクの多い投機を控え、利潤の再投資を繰り返して資本を蓄積し、拡大再生産を実現する――。このようにヴェーバーが例示する「資本主義の精神」の理念型と、ピューリタン織元ジョウゼフ・ライダーには、多くの共通点がある。しかし、一つの点において両者は決定的に異なっている。すなわち、前者には利潤獲得についての罪悪感がないのに対して、後者には強い罪悪感があるのである。

ピューリタン神学者の反営利主義の態度は、一七世紀の半ばごろまでは、とりわけ厳格だったように思われる。例えば、一七世紀初めに生活指針書を著したW・パーキンズは、勤勉な労働によって合法的に取得できる富を「自分と自分の家族の生活と社会的地位を維持するに足る財」に限定して、それを超える富を求めることを罪悪とみなした。一七世紀中に多くの生活指針書が多くのピューリタン神学者によって書かれたが、富の追求を非難し、余分な富を慈善に費やして放棄することを勧める立場は、一七世紀中ごろまでの数多くの生活指針書に共通するものであった（O'Connell, 1976, pp. 3-8）。

しかし、今関恒夫の指摘によれば、王政復古（一六六〇年）以後、特に世紀末に近づくにしたがって、ピューリタン生活指針書の反営利主義の色調が弱まってくる（今関、一九八九、一一六頁）。ピューリタン聖職者リチャード・スティールは『商工業者の天職』（一六八四年）の中で、キリスト教徒に命じられた徳目（勤勉・穏健・謹厳・節倹）が商工業者の役に立つ、と説いた（Tawney, 1926 邦訳下一六二－一六五頁）。また、王政復古期のクエイカー指導者たちも、「内なる光」に導かれた「正義の取引」を行なうことが富への道と一致する、と説いた（山本、一九九四、第三章）。また、バクスターは、決議論の大著『キリスト教指針』（一六七三年）の中で、富がキリスト者の信仰生活を脅かす危険性を強調しながらも、公共の福祉と神の栄光を増すための激しい労働を勧めた。さらには、有益で確実な職業を選択して、「あなたがたが労働して富裕になるのは、良いことだ」と述べた（『倫理』二九二－三二一頁）。このことをもって、「ピューリタンが利潤の追求を、それを神の意志に添うものとして『命令』した」（『倫理』三一〇－三一一頁）と解釈することには無理があるけれども、バクスターが信者の罪悪感を払拭しようと意図したことは、明らかであろう。

一七世紀の末に近づくにしたがって、ピューリタン生活指針書から反マモン主義が薄れていくのは、何故だろうか。その理由は、第一に時代状況に、第二にピューリタンの社会層に求められる。この時期のイングランドでは、ピューリタン革命によって絶対王政の経済統制が撤廃されたために「営業の自由」が実現し、政府の重商主義政策の下で、国内と海外の市場が爆発的に拡充しつつあった。「最初の産業革命」に繋がっていくこの時期の経済発展は、政府と支配階級たる地主・金融業者のみならず、大小の商工業者のエネルギッシュな経済活動によっても担われていた。もちろん経済主体の間では、弱肉強食の競争状態が顕在化する。ピューリタンやクエイカーは元来、中流の商工業者に多く見られたが[5]、この社会層の人々は、幸運や才覚に恵まれ、勤勉に努力すれば経済的に成功するけれども、才覚がない場合、あるいは怠惰により、また不幸に見舞われるならば、たちまちにして無産者化する危険にさらされていた。

しかも、一六六〇年の王政復古以後の約三〇年間、（クエイカーを含む）ピューリタンは非国教徒と呼ばれて、弾圧諸法によって公職から排除され、迫害を受けた。またその後、一九世紀に至るまで、非国教徒は社会的差別の対象になった。そのため、彼らの活躍の舞台は、製造業と国内・海外の商業にますます限定されたばかりでなく、彼等はその経済活動において物質的・心理的なハンディキャップを負うことになった。このような状況の中で、ピューリタン（非国教徒）の指導者たちは、個々の信者が経済的自立を保持し、信者の共同体が維持されることに最も心を砕いたはずだ。勤勉、穏健、謹厳、節倹、時間厳守などの徳目は、ピューリタンの指導者たちが発明したものではなく、当時の商工業者の世界で認められていた徳目であったが、彼らはこれらの徳目の実践を宗教的に権威づけて「職業倫理」として体系化し、信者個々人と信者共同体を守り、導こうとしたのである。こうして彼らは、経済的成功のチャンスを、「神の栄光」をあらわすために積極的に利用するよう勧めるとともに、他方では「隣人愛」の実践を説いて貪欲を厳しく戒めた。すなわち、ピューリタン実践指針における反営利主義の希薄化の原因は、教団内外の状況の変化に対応するためのものだったのである。

三　「倫理」テーゼの批判的継承のために

ピューリタン神学者の職業指針とフランクリンのアドバイスには、勤勉、正直、節約といった徳目を生活の基本信条・倫理として推奨する、という共通の性格がある。しかし、他方、見逃すことのできない相異も存在する。一七世紀の末に近づくにしたがって、ピューリタン生活指針書から反マモン主義が薄れていくことが確認されるにしても、一八世紀前半に毛織物織元として活動したライダーは、やはり利潤拡大についての罪悪感を拭い去ることができなかった。

このようなピューリタンの禁欲的・倫理的生活と、フランクリンの、勤労と資本蓄積の勧めの間には、なお隔たりがあった。「禁欲的プロテスタントの職業倫理」と「資本主義の精神」との歴史的関係はどのように捉えられるべきなのだろうか。ヴェーバーは、この二つのエートスの関係を「倫理」論文の中で、ジョン・ウェズリの説教「メソディスト論」（一七八七年）の文章を利用して、一見したところ、巧みに説明してみせる。

ヴェーバーはまず、「ピューリタニズムの生活理想が、ピューリタン自身も熟知していたように、富の『誘惑』のあまりにも強大な試練に対してまったく無力だったことは確実である」（『倫理』三五一頁）と述べたうえで、ウェズリの説教文からの引用を行なう。「……宗教はどうしても勤労と節約を生み出すことになるし、また、この二つは富をもたらす他はない。しかし、富が増すとともに、高慢や怒り、また、あらゆる形で現世への愛着も増してくる。……こうして宗教の形は残るけれども、精神はしだいに消えていく」（『倫理』三五二頁）と。そしてヴェーバーは、こう続ける。「ウェズリがここで言っているとおり、それ〔強力な宗教運動の禁欲的教育作用〕が経済への影響力を全面的に現わすにいたったのは、通例は純粋に宗教的な熱狂がすでに頂上を通り過ぎ、神の国を求める激情がしだいに醒めた職業道徳へと解体しはじめ、宗教的根幹が徐々に生命を失って、功利主義がこれに変わるようになったときだった」（『倫理』三五五頁）と。ヴェーバーのこのような議論は、果たして説得的だろうか。また、この議論における史料の操作法は適切だろうか。

「禁欲的プロテスタントの職業倫理」と「資本主義の精神」との歴史的関係という高度に抽象度の高い議論の証拠として利用するために、ヴェーバーはウェズリの言説を、その本来の意図や背景から切り離して利用している。この意味で、ここでの史料操作は不適切である。ヴェーバーはウェズリを「自分の教えを実践する信者たちが、まさにそのために堕落していく」と嘆くピエロに仕立てている。岸田紀のようなウェズリ研究者がこのことに抗議し、ヴェーバーを批判するのは当然であろう。実際のウェズリは、カリスマ性のある有能で精力的な伝道者であり、きわめて多産な著作家であり、また、優れた組織者であった。ウェズリは、例えば一七四二年以後、信仰復興運動の初期に作ったバンド組織とは別に、二〇名程度の信者からなる相互的監視組織である「クラス・ミーティング」を設立して、信者がキリスト教倫理に基づく生活から逸脱しないように図った（山中、一九九〇、八六-八九頁）。ウェズリは信者の堕落を有効に防止する手段を考え出したのである。

ウェズリ派メソディストの正式会員数は、ウェズリが他界した一七九一年には五万七〇〇〇人に達していた。その後、メソディストは英国国教会から正式に分離し、内部にさまざまな分派が形成されるが、メソディスト全体の会員数は増加の一途をたどり、一八六一年には五〇万人を数えた（Gilbert, 1974, pp. 30-32）。この増加する会員は、労働者階級、とりわけ熟練労働者層から引き出された。アラン・ギルバートの宗教社会学的研究が明らかにしたように、一九世紀の最初の四〇年間のメソディスト信者のうちで労働者階級に属するものは、九割に達した（Gilbert, 1974, pp. 63, 67）。したがって、メソディスト派に帰依した人が階級上昇を果たすというケースは、個別的には見られるとしても、一般的な動向ではなかった。このような史実を背景に考えてみれば、ウェズリの言説が、勤勉と節約がもたらす富の誘惑を強調するためのレトリックに過ぎないものだったことがわかる。実際、岸田紀が明らかにしたように、ヴェーバーが引用した文章でのウェズリの本当の狙いは、「富が蓄積された場合には、それを慈善のために放出せよ」と強く勧告することにあったのだ（岸田、一九七七、第一章）。

論述の決定的な局面での史料操作の不備が明らかになったからには、「プロテスタンティズムの職業倫理」がフランクリン的な職業エートスに、さらには「純粋の功利主義」なるものに変化するという論理の説得力も失われる。ヴェーバーは「倫理」論文の最後で、「近代資本主義の精神の、いやそれのみでなく、近代文化の本質的構成要素の一つというべき、天職理念を土台とした合理的生活態度は、キリスト教的禁欲の精神から生まれ出たのだった」（『倫理』三六三-三六四頁）と総括するが、このテーゼは、何か別の説明のしかたで、論証し直される必要があろう。

ヴェーバーが言う「宗教的根幹が生命を失う」とはどういうことだろうか。ヴェーバーは、禁欲的職業倫理を実践したプロテスタントが、その営為の結果として蓄積された富によって皮肉にも堕落し、信仰心を失い、次の世代、あるいはその次の世代にはフランクリン的な職業人、さらには、功利主義者を生み出す、という巨大な動きが、一七世紀から一八世紀にかけての時期の欧米で起こった、とでも考えたのだろうか。私は、このような歴史理論は全体として誤っている、と思う。一方での、ピューリタンやメソディストの神についての捉え方と、ユニテリアンや理神論の神についての捉え方が、原理的に異なっているという点に、われわれは充分注意しなければならない。前者は「イエス・キリストにおいて啓示された神を信じる聖書的・教会的信仰」すなわち啓示宗教であり、後者は「自然的理性の認識または洞察のみに基づく宗教」すなわち自然宗教である。前者から後者への変化は、富致や堕落といった、人間にとって外在的な要因によっては、決して起こり得ない。それは、思想のコペルニクス的な転回によってのみ、起こり得るのだ。そして、カルヴァン主義長老派の信仰を捨てて、「完全な理神論者」になったフランクリンにおいても、このような思想の転回が起こった、と考えられる。

このような思想史上のコペルニクス的な転回の引き金となったものは、一七世紀の「科学革命」である。一世紀間のうちに、数学理論が飛躍的に発展するとともに、望遠鏡、顕微鏡、気圧計、温度計などの科学器具が発明され、普及した。それらによって、自然界が不変の法則に支配された秩序によって保たれていることが、明らかにされた。科学者たちは、この自然界とその秩序を創造した神の存在と、その善意を確信した。科学運動の指導者やジョン・ロックのような哲学者にとって、「神の実在とその属性は証明可能であり、したがって、理性を持った存在はすべて、宗教の根本条項を受け入れることができるはずだ」（サイクス、二〇〇〇）と考えられるようになった。このような考え方が自然宗教論であり、イングランドにおけるその先駆は、一七世紀前半のケンブリッジ・プラトニストたちであった。彼らはキリスト教を「教義の集成としてではなく、理性と神秘主義と倫理とを結合したもの」として捉えることを推奨した（サイクス、二〇〇〇、一一三頁）。

自然宗教の理性主義は、イングランド非国教徒の中では、一七世紀末から一八世紀にかけて、アリウス主義やユニテリアニズムの興隆を促した。この間にイングランド長老派のユニテリアニズムへの「文字通り地滑り的な転向」（サイクス、二〇〇〇、一二九頁）という非常に興味深い現象も起こった。他方、イングランド国教会内部の低教会派広教主義者たちの中には、ロバート・ボイルに代表される新機械論社会哲学（ニュートン主義ともいう）を踏まえた独自の「自然宗教論」が現われた。ヴェーバー「倫理」テーゼとの関連で興味深いのは、その代表的な主唱者であるジョン・ウィルキンズ、アイザック・バロウ、サイモン・パトリック、ジョン・ティロットソンらが、「道徳的に正しい行為を行なう人が、世俗的にも成功する」という理論を展開し、これをボイルを記念する一連の講演「ボイル・レクチャー」とその出版によって、世に広めたことである（Shlatter, 1940）[(6)]。

これらニュートン主義の神学者たちは、神の摂理が、自然的宇宙でも人間的社会でも、自然法則とか社会法則といった二次的原因を通して作用している、と考えた。科学の役割は、自然を支配する法則を発見して説明することによって、宇宙における神の摂理を解き明かすことだとされた。彼らによれば、社会経済関係の中にも神の「見えざる手」が働いているのであり、そこでは「市場の力学」が公正である、と考えられた（Jacob, 1976 邦訳二三一‐二四、五五頁）。また「この世は、人が幸せになるためには善人であるべく、豊かになるためには宗教的であるべく、作られている。この世の最も善き人々のうちでは、道徳と利得が同じ動機によって達成される」（Shlatter, 1940, p. 199）と考えられた。すなわち、労働を忌避して怠惰に流れる人や、飽くことなく私利私欲を求める人は、自滅への道を歩むのである。このような立場からニュートン主義広教会派の聖職者たちは、「隣人愛」を説いて貪欲を戒めるとともに、他方で怠惰を戒め、日々の生活の中で勤勉、節約、規律などの徳目を実践するよう説いたのである。

自然宗教の思想的土台は「人間の理性」に対する絶対的信頼であり、その系譜は一八世紀イギリスやアメリカの理神論に繋がっていく。つまり、ニュートン主義哲学を基礎とする自然神学の社会道徳論こそが、直接にフランクリンのエートスに連なるである。フランクリンがみずからを「完全な理神論者」と表現しているように、彼の思想は、ピューリタニズムよりは自然宗教の系譜に属する。したがって、フランクリンに見られるエートスの起源をプロテスタントの救済論と関連させようとするヴェーバーの理論は不適切だ、と考えるべきであろう。「プロテスタントの禁欲的職業倫理」とフランクリンに見られるエートスは似てはいるが、異った系譜の中にある。両者が似ているのは、両者がともに、同じ資本主義の興隆という社会経済的状況に対応して生成したエートスだからである。

理神論は容易に無神論に転化する。それは、理神論自体が、本来的な弱点を持っているからである。すなわち、この世には、戦争、犯罪などの「悪」が存在し、それらの悪は決してなくならない。なぜ神は「悪」の存在を許すのか。この問題を、理性に基づく考察によって解くことは、不可能なのである。この問題に突き当たって理神論者は、回心を経て啓示宗教に戻るか、無神論に進むか、の選択をせざるを得なくなる。自然宗教論の職業道徳を受け継いだフランクリンのエートスは、系譜的には無神論的功利主義の職業道徳に繋がっていくのであろう。これに対して、ピューリタンの職業倫理は、ウェズリや（カルヴァン主義的な）ホィットフィールドらのメソディストの信仰復興運動を経由して、一九世紀のアングリカンと非国教徒の双方の福音主義諸派に受け継がれていった。ジェイン・ガーネットが明らかにしたように、資本主義社会経済の確立という前提を踏まえて、修正を加えられ、より詳細になった形で、ピューリタンの禁欲的職業倫理は一九世紀イギリスの福音主義諸派に継承されていくのである（Garnett, 1986）。

以上を纏めよう。社会形成におけるエートスや心性の促進的役割を論じたという意味で、ヴェーバーの「倫理」論文の古典としての価値は揺るぎのないものである。しかし、そのテーゼは、つぎのように修正されるべきではないだろうか。……ピューリタン牧師たちが生活指針書の中で推奨した職業倫理、そして、フランクリンが若い商工業者の読者に与えた職業倫理の勧めは、いずれも、成立期資本主義を生き抜く強固な人間主体を形成するために役立ち、その結果として、資本主義の成立を促すことに寄与したのである、と。

付記：本稿は、二〇〇四年に公表した「M・ヴェーバーの『倫理』テーゼを修正する」（上）（中）（下）『商経論叢』（神奈川大学）三九巻四号、四〇巻一号、四〇巻二号、を修正・圧縮したものである。この作業の中で、前稿における自分自身の間違いを発見し、また思索を深めることができた。この点に関連して、本稿執筆の機会を与え、初稿について貴重なコメントを下さった橋本努氏に厚くお礼申し上げる。また、羽入辰郎著『マックス・ヴェーバーの犯罪――『倫理』論文における資料操作の詐術と「知的誠実性」の崩壊』の刊行を最初に私に教えてくれたのは、神奈川大学職員でスイス宗教改革史研究者の吉田隆君である。この場を借りて、お礼申し上げたい。

注

（1）Max Weber, 1920, "Die protestantische Ethik und der »Geist« des Kapitalismus," in *Gesammelte Aufsätze zur Religionssoziologie*, Bd.1, SS.17-206.『プロテスタンティズムの倫理と資本主義の精神』大塚久雄訳、岩波文庫、一九八九年（ヴェーバー、一九八九）。この翻訳のページ数を示すのは、これが読者にとって最も入手し易いものだからである。

（2）この種のヴェーバー批判の最も包括的なものは、サムエルソン（一九七一）である。最近の批判としては、岡崎（二〇〇五）第三章第二節「宗教と経済発展」を見よ。

（3）「解放した」とする説の二つの例として、Brentano（1923）とTrevor-Roper（1967, chapter 1 邦訳第一章）を挙げたい。また「妥協した」とする説としては、Tawney（1926）が代表的であろう。なお、ウォーラーステインは「もともとプロテスタンティズムは、このような（強力な国民国家の中で商業資本主義の発達を促す）諸要素が強く作用している諸国でこそ発達したのである」と言う。ポーランドのカトリック化についてのウォーラーステインの説明は、興味深い。彼によれば、「ポーランドでは大領主層がカルヴィニズムを志向したのに対し、国王とブルジョワジーはルター派に傾いた」。しかし一五五七年の国際的金融恐慌によって「ひとつの国際経済体系が崩壊し、この体系に結びついていたポーランドのブルジョワ＝大貴族層が没落した」。「この体系が崩壊したあとには、新たな国際経済システムが成立した。この新システムにつながっていたポーランドの『小貴族』は『世界経済』のなかでポーランドが新たに割り当てられた役割を甘受していた。彼らは子弟が旧来の大貴族の影響を受けることを警戒して、その教育をイエズス会士に委ねた」。こうして「ポーランドは決定的に『世界経済』の辺境化したがゆえに、がっちりとカトリックに固まったのである」（Wallerstein, 1974 邦訳二二一－二二五頁）。

（4）このような意味でのカルヴィニズムの戦闘的な性格を分析したものとして、浜林（一九九六）第一章を参照せよ。

（5）一七世紀ピューリタンの社会層については、今関（一九九六）を参照せよ。また、王政復古期のクエイカーについては、山本（一九九四）第一章を参照せよ。

（6）彼ら広教主義の指導者たちの多くは、商工業階級の出身であった。

参考文献

Weber, Max, 1920, "Die protestantische Ethik und der »Geist« des Kapitalismus," in *Gesammelte Aufsätze zur Religionssoziologie*, Bd. 1, SS. 17–206.（『プロテスタンティズムの倫理と資本主義の精神』大塚久雄訳、岩波文庫、一九八九年）

＊本文中の引用表記では『倫理』と略記し、上記岩波文庫版のページを示した。

今関恒夫、一九八九、『ピューリタニズムと近代市民社会――リチャード・バクスター研究』みすず書房。

今関恒夫、一九九六、「ピューリタニズムの社会経済的基盤」梅津順一・諸田實編『近代西欧の宗教と経済――歴史的研究』同文舘。

岡崎哲二、二〇〇五、『コア・テキスト経済史』新生社。

越智武臣、一九六六、『近代英国の起源』ミネルヴァ書房。

折原浩、二〇〇三、『ヴェーバー学のすすめ』未來社。

岸田紀、一九七七、『ジョン・ウェズリ研究』ミネルヴァ書房。

久保芳和、一九五七、『フランクリン研究』関書院。

サイクス、ノーマン、二〇〇〇、『イングランド文化と宗教伝統――近代文化形成の原動力となったキリスト教』野谷敬二訳、開文社出版。

サムエルソン、クルト、一九七一、『経済と宗教――ひとつのマックス・ヴェーバー批判』田村光三・浦上雄次・金子光男訳、ミネルヴァ書房。

羽入辰郎、二〇〇二、『マックス・ヴェーバーの犯罪――『倫理』論文における資料操作の詐術と「知的誠実性」の崩壊』ミネルヴァ書房。（本文中では『犯罪』と略記）

浜林正夫、一九九六、『イギリス革命の思想構造』未來社。

フランクリン、ベンジャミン、一九五七、『フランクリン自伝』松本慎一・西川正身訳、岩波文庫。

マルシャル、ゴルドン、一九九六、『プロテスタンティズムの倫理と資本主義の精神――スコットランドにおけるヴェーバー・テーゼの検証』大西晴樹訳、すぐ書房。

山中弘、一九九〇、『イギリス・メソディズム研究』ヨルダン社。

山之内靖、一九九七、『マックス・ヴェーバー入門』岩波新書。

山本通、一九九四、『近代英国実業家たちの世界――資本主義とクエイカー派』同文舘。

Brentano, L., 1923, "Puritanismus und Kapitalismus," in *Der wirtschaftende Mensch in der Geschichte*, Leipzig: Felix Meiner.
Garnett, Jane, 1986, "Aspects of the Relationship between Protestant Ethics and Economic Activity in Mid-Victorian England," Oxford D.Phil. Dissertation.
Gilbert, Alan, 1974, *Religion and Society in Industrial England: Church, Chapel and Social Change, 1740–1914*, London: Longman.
Jacob, Margaret C., 1976, *The Newtonians and the English Revolution, 1689–1720*, New York: Cornell University Press.（中島秀人訳『ニュートン主義者とイギリス革命』学術書房、一九九〇年）
Jacob, Margaret C. and Kadane, Mathew, 2003, "Missing, Now Found in the Eighteenth Century: Weber's Protestant Capitalist," *American Historical Review*, Vol. 108, No. 1.
O'Connell, Laura S., 1976, "Anti-Entrepreneurial Attitude in Elizabethan Sermons and Popular Literature," *Journal of British Studies*, Vol. 15, No. 2.
Seaver, Paul S., 1985, *Wallington's World: a Puritan Artisan in Seventeenth-Century London*, California: Stanford University Press.
Shlatter, R. B., 1940, *The Social Ideas of Religious Leaders, 1660–1688*, London: Oxford University Press, reprinted 1971, New York: Octagon Books.
Tawney, R. H., 1926, *Religion and the Rise of Capitalism*, London: John Murray. Penguin Edition, 1937.（出口勇蔵・越智武臣訳『宗教と資本

主義の興隆——歴史的研究（上）（下）』岩波文庫、一九七四年）
Trevor-Roper, Hugh R., 1967, *Religion, Reformation and Social Change*, London: Macmillan.（小川晃一・石坂昭雄・荒木俊夫訳『宗教改革と社会変動』未來社、一九七八年）
Wallerstein, Immanuel, 1974, *The Modern World-System: Capitalist Agriculture and the Origins of the European World-Economy in the Sixteenth Century*, New York: Academic Press.（川北稔訳『近代世界システムI——農業資本主義と「ヨーロッパ世界経済」の成立』岩波書店、一九八一年）

第3章　ヴェーバーにおけるルターとフランクリン

梅津順一

一　はじめに

ヴェーバーの『プロテスタンティズムの倫理と資本主義の精神』がさまざまな批判を呼び起こしていることはよく知られるが、その一つとして、資本主義発生の連続説的理解にもとづく首尾一貫した批判がある。プロテスタンティズム以前に近代資本主義につながる資本主義的発展があり、それを内的に推進する「資本主義の精神」もあったというものである。中世末の北イタリア都市の活発な貿易活動、宗教改革期の南ドイツにおけるフッガー家の繁栄、あるいはオランダ共和国における都市貴族の商業活動は、プロテスタンティズムとは無関係であるか、プロテスタンティズムとは対立する側の資本主義的活動であるからである。「新大陸の発見」以降のヨーロッパ諸国の活発な商業活動のネットワークが、次第に幅広い人々をその渦に巻き込む形で近代資本主義も成立したとみることができれば、ことさら近代資本主義の歴史をプロテスタンティズムと関連付ける必要はないのである。市場経済はおのずから営利追求の精神を生み出すと考えられるのである(1)。

羽入辰郎の『マックス・ヴェーバーの犯罪――『倫理』論文における資料操作の詐術と「知的誠実性」の崩壊』(以下、『犯罪』と略記)は、ヴェーバー・テーゼの論争史の中では、きわめて異色な方法的立場に立っている。羽入はヴェーバー・テーゼが歴史的妥当性をもつか否かには関心をもたない(『犯罪』九頁)(2)。羽入はヴェーバー・テーゼの事実的な妥当性以前に、ヴェーバーの論証の手続きに疑問を投げかける。具体的にはルターの聖書翻訳において天職概念が生まれたというが、それは疑わしいこと、また、フランクリンを手がかりとする「資本主義の精神」の性格付けも、根拠が疑わしいと指摘している。羽入が告発する「ヴェーバーの犯罪」とは、論証の手続きにおいて確かな根拠を提出していない。いや、根拠が不確かなことを承知しながら、いわば証拠を捏造しているというのである。以下では、その羽入の主張を羽入自身が提起する諸事実に照らして批判的に検討したいのであるが、興味深いのは、羽入の主張は、結論からすれば、資本主義の連続説的理解にもとづくヴェーバー批判と似ていることである。

というのは、ルターにおける天職概念の成立に疑問符を付けることは、宗教思想と職業活動との内的関連を否定することにつながるし、フランクリンの倫理における功利主義的傾向を重視し、また「神の啓示」との関連を否定すること、さらにその「非合理的側面」を否定することは、「資本主義の精神」の成立に対する宗教的モメントを否定することにつながるからである。とりわけ、フランクリンの提起する倫理的態度に宗教的なモメントを跡付けることはできないとすれば、そこにみられる「資本主義の精神」も、資本主義経済に対する単なる功利主義的な適応ということになるであろう。(3) 羽入のヴェーバー批判が、その難解で複雑な論証手続きにも拘わらず、少なからぬ支持があるのは、一つにはヴェーバーに対する先に述べた根強い批判と共鳴するところがあったからだと思われる。それはまた、近代資本主義の発生に関して断絶説的立場を取り、ヴェーバーを積極的に受容した大塚久雄の比較経済史研究への批判ともなるものであった。この点については、最後に触れることになろう。

二　ルターにおける聖書翻訳と天職概念をめぐって

よく知られるように、ヴェーバーが「プロテスタンティズムの倫理」と「資本主義の精神」の内的関連を問題としたとき、その手がかりとなったのは天職義務の思想であった。プロテスタントの国々に特有の現象として、世俗的職業と宗教的使命＝召命を同時に意味する言葉がある。ドイツ語のベルーフ Beruf、英語のコーリング calling がそれである。私のベルーフは鍛冶屋ですという場合、私の職業は鍛冶屋ですという意味と、私の宗教的使命は鍛冶屋ですという二重の意味が表現される。すなわち、鍛冶屋を Beruf とすることは、宗教的な召命感をもって鍛冶屋という職業に従事しているという意味になるのである。ここに天職義務の思想がみられるが、それを想起させる言葉は、古典古代にも、カトリック圏でも存在しない（『倫理』九五、九六頁）。この事実がヴェーバー・テーゼの出発点であり、羽入はルターを手がかりにその根拠に真っ向からメスを加えたのである。

羽入の批判の趣旨をよく理解するために述べておくと、羽入はヴェーバーの指摘するこの事実は否定しようとはしていない。つまり、Berufやcallingが、職業と召命とを同時に意味するプロテスタント圏特有の言葉であることは否定しようとはしていない。羽入が疑問符を突きつけるのは、ヴェーバーがこの職業＝召命思想を聖書翻訳と関係させて論証するそのやり方なのである。プロテスタント諸国では、民衆が自ら聖書を手に取り理解できるように聖書の自国語訳に取り組んだが、その過程で原典ではまったく異なった二つの概念が一つの言葉で翻訳されることになった。ルターは、使徒パウロがしばしば語る「神によって永遠の救いに召される」という意味の、純然たる宗教的な召命を意味する言葉をBerufと訳す一方、旧約聖書の外典「ベン・シラの知恵」における世俗的職業を意味する言葉をやはりBerufと訳している。つまり宗教改革者は、別個の二つの言葉を一つの言葉で翻訳することにより、職業＝召命概念が生まれたとヴェーバーは指摘したのである（『倫理』九六頁、注一、一〇一頁、注三）。

これに対して、羽入は宗教改革期の各種の聖書翻訳を考証するなかから驚くべき事実を発見した。ヴェーバーがとくに重視する「コリント人への第一の手紙」（以下、「コリントⅠ」と略記）七章二〇節は、ルター生前の訳文ではBerufとは訳されていないというのである。ではどのように訳されていたかといえば、羽入によればこうである。

“Ein Jglicher bleibe in dem Ruf, darinnen er berufen ist.”

ヴェーバーが根拠として挙げた独訳聖書は、ルター自身の訳ではなく、後に表記を現代化する過程で、変更されたものなのである。それはこうである。

‘Ein jeglicher bleibe in dem Beruf, in dem er berufen ist.’（『犯罪』七七頁）

みられるように、ルターはBerufではなくRufを用いている。羽入は繰り返しこの箇所について、ヴェーバーがBerufの根拠としているのは誤りだというのだが、別にいえばRufが用いられている。とすればRufとBerufの違いが問題となるが、ドイツ語の動詞rufenは英語のcallに相当するとすれば、その名詞形Rufは、callingに相当するといえる。

動詞 rufen と berufen の相違は、前者が「呼ぶ」「召す」という意味であるのに、後者の方が、より限定的に「職務に付ける」「任用する」という意味をもつ。したがって、Ruf よりは Beruf の方が、「召命」とともに「職業」の意味合いをはっきりと帯びているわけである。他方、ルターは「ベン・シラの知恵」では、世俗的職業を意味する言葉を Beruf と訳していた。

もし、ルターの聖書翻訳で、「コリントI」の Ruf と「ベン・シラの知恵」の Beruf の間になんら関係がないというならば、確かに職業＝召命概念をルターにさかのぼらせることは不可能であろう。しかし、「コリントI」の Ruf には、berufen という動詞が用いられていること、またルターの周辺にいた宗教改革者の手になる「アウグスブルク信仰告白」では、「コリントI」七章二〇節の表現を想起させる文章で、Beruf が用いられている事実もある（『犯罪』一一八頁、注一四）。ルターの聖書翻訳の校訂者が、Ruf を Beruf と変更したことは、二つの言葉の意味の相違をさほど重要なこととは考えていなかったとも解することができる。当時の一般的な用法では、Ruf と Beruf はまったく語義の異なる言葉ではなく、両者の意味内容は相互に流動的な関係にあったことが想定されるのである。ルターが Beruf ではなく Ruf を用いているという羽入が指摘する事実は、確かにヴェーバーの記述が正確ではなかったとしても、致命的な問題ではないのである(4)。

羽入の批判は、実はヴェーバー自身ではなく、羽入が想定したヴェーバー、いわば「張子のヴェーバー」に向けられたのではあるまいか。ヴェーバーが Beruf 概念はルターの聖書翻訳に由来するというのであれば、ルターの聖書翻訳では、首尾一貫して宗教的召命を示す言葉と世俗的職業を示す言葉がともに、Beruf と訳されていなければならない。ヴェーバーはそのことを厳密に論証しなければならない。こうした想定が「張子のヴェーバー」であり、それが羽入の批判の前提となっている。羽入が厳密な文献調査によって明らかにしたところでは、ルターの聖書翻訳はその点では混乱しており、ルターの生前の版では、「箴言」の世俗的職業を示す言葉は世俗的職業を示す Geschäft で、「コリントI」の宗教的召命を意味するところでは召命 Ruf で訳され、辛うじて、「ベン・シラの知恵」のみが、Beruf と訳されているに過ぎない。とくに、「コリントI」の箇所は、ヴェーバーは Ruf が用いられているのを知りつつ、新しい版での Beruf の表現を根拠としており、いわば事実を捏造して自己の立場を築き上げていると批判したのであった（『犯罪』八四頁）。

だが、私はルターにおけるBerufという訳語の使用の流動性、ないしは首尾一貫性の欠如が、職業＝召命概念が聖書翻訳に由来するというヴェーバーの判断と矛盾するとは考えない。むしろ、ルターの首尾一貫性の欠如、さらには羽入が他方で指摘する英訳聖書におけるcalling使用の首尾一貫性の欠如は、逆に、ヴェーバーの判断を強化するのではないかと考える。羽入は繰り返し、ヴェーバーのテキストとルターをはじめ宗教改革者の聖書翻訳のテキストは矛盾するというのだが、ルターや宗教改革者たちのテキストが指示する現実を念頭におくとき、その矛盾は解消するというよりも、現実をよく映し出し、ヴェーバーのテキストを支持するものとなる。

実は私自身、ヴェーバーのルターの聖書翻訳と職業＝召命概念の成立の説明には、ある疑問をもっていた。ヴェーバーがいうように、聖書翻訳者たちが聖書の原語ではそれぞれ別個の意味をもつ言葉をBerufなりcallingなりと一つの言葉で訳出したとして、それを読んだ民衆は、どうしてそれが二重の意味と分かったであろうかという疑問である。原語を知らないとすれば、それを召命として受け取ることはあっても、職業＝召命と二重の意味で理解することは容易ではなかったのではあるまいか。「ベン・シラの知恵」の部分は、明らかに世俗的職業を意味し、章句の文脈上そう理解することができるとしても、ルターがそれをBerufと翻訳したからといって、直ちに職業＝召命と理解することは困難だったのではあるまいか。

これに対する私の暫定的な判断は、おそらくルター以前に、敬虔な民衆の中で、職業を召命として受け取り生活する人々がいたのではないか、はっきりと意識されたものではなかったとしても、職業＝召命概念を事実上準備するような社会思想があったのではないかというものである。事実ヴェーバーも、ルターの先駆として、ドイツの神秘家タウラーとイギリスのウイクリフの例を挙げている。タウラーにはRufを世俗的職業の意味で用いている場合があるし、ウイクリフもcallingに相当する古代の英語を用いているというのである（『倫理』一〇三、一〇八頁）。ルターの翻訳に先立ってそうした社会的な背景があったとすれば、ルターが最初から首尾一貫せず、翻訳を通じて次第に明確な表現が与えられ、広く受け入れられていったことも無理なく理解できるのである。

こう判断してよいとすれば、羽入が指摘するルターの聖書翻訳のテキストも、逆にヴェーバーにとっては有利な材料となる。もしも、ヴェーバーの主張を、ルターは二重の語義をもつベルーフ概念を無から創造したと解釈すれば、確かにルターには混乱があり、ヴェーバーは混乱がないかのように事実を曲げて伝えていると批判できるかも知れない。そうではなく、宗教改革の前史から、宗教改革を準備する運動が民衆の中にあり、そこにベルーフ概念の萌芽がみられ、ルターをはじめとする改革者たちはそれを受け継ぎつつ、聖書翻訳の過程で徐々に明確な表現を与えていった。ヴェーバーはそのよう意味で、ベルーフ概念は「聖書翻訳者達の精神」[5]に由来すると語っていると解釈すれば、むしろ、羽入が発見したルターの聖書翻訳における Beruf 概念の流動的な取り扱いそれ自身が、ヴェーバーの解釈を支持するのである。

三　フランクリンの「資本主義の精神」について

（一）「資本主義の精神」の功利主義的傾向

羽入はヴェーバーがフランクリンから引き出した「資本主義の精神」についても、根本的な文献的な批判を行っている。ヴェーバーはフランクリンの「若き職人への助言」と「富まんとするものへの指針」という小さな文章を引きながら、「資本主義の精神」を例示しているが、そこで行われている「理念型構成」は、『フランクリン自伝』にみられる叙述とは矛盾するという。ヴェーバーはルターの場合には、ルター自身の翻訳を無視することから「天職概念」を引き出したが、フランクリンの場合には、『自伝』を正当に取り扱わないことによって「資本主義の精神」を不正確に構成しているというのである。ヴェーバーの「資本主義の精神」論は、これまでも多くの議論を呼んでいるところでもあるから、フランクリンの言葉を改めて確認しておくことにしよう。

時間は貨幣だということを忘れてはいけない。一日の労働で十シリング儲けられるのに、外出したり、室内で怠けていて半日を過ごすとすれば、娯楽や懶惰のためにはたとえ六ペンスしか支払っていないとしても、それを勘定に入れるだけではいけない。ほんとうは、そのほかに五シリングの貨幣を支払っているか、むしろ捨てているのだ。

信用は貨幣であることを忘れてはいけない。……貨幣は繁殖し子を生むものだということを忘れてはいけない。……

信用に影響を及ぼすことは、どんなに些細なおこないでも注意しなければならない。朝の五時か夜の八時に君の槌の音が債権者の耳に聞こえるようなら、彼はあと六ヶ月延ばしてくれるだろう。……そのようなことは、君が注意深いだけでなく正直な男であると人に見させ、君の信用は増すことになろう。

自分の手もとにあるものがみな自分の財産だと考え、そんなやり方で生活しないように気をつけなさい。……そうならないように、長きにわたって支出も収入も正確に記帳しておくのがよい。……

君の思慮深さと正直が人々に知られているとすれば、年々六ポンドの貨幣を百ポンドにも働かせることができるのだ。毎日十ペンス無駄使いすれば一年では六ポンド以上無駄使いすることになり、ちょうど百ポンドを借りるための代価になるのだ。(『倫理』四〇‐四三頁)

これは単なる「吝嗇の哲学」ではないし、「仕事の才覚」を教えているものではない、とヴェーバーはいう。ここには「信用のできる立派な人という理想」、「自分の資本を増加させることを自己目的と考えることが各人の義務だという思想」がみられる。そこにみられる「エートス」、「倫理的な生活原則」こそが「資本主義の精神」と呼ぶにふさわしいものであるというのである。よく知られるように、ヴェーバーはこのフランクリンの「資本主義の精神」に対して、一六世紀の南ドイツの大富豪、ヤーコプ・フッガーを対比した。引退など考えずにあくまでも事業に打ち込もうとするフッガーの旺盛な企業精神は、「商人的な冒険心と、道徳とは無関係の個人的な気質」であるというわけである。念のために付け加えておけば、ヴェーバーはフッガーが道徳をもたない人間だというのではなく、その営利追求が道徳的行為とは無関係と考えている点で、フランクリンの場合と対照的だというのである(『倫理』四四‐四五頁)(6)。

ここで羽入が問題としているのは、フランクリンの功利主義的傾向である。先の引用からも想像されるように、フランクリンの道徳的訓戒は「正直は信用を生むから有益だ、時間の正確や勤勉・節約もそうだ」というふうに、「功利的な傾向」があり、その結果、正直も「正直の外観が同一の効果を生むとすれば、その外観だけで十分」ということになる。ドイツ人はこのようなところに「アメリカニズムの善徳に偽善」を感じるとヴェーバーは述べているが、しかし、フランクリンはそう単純な偽善者ではなく、その倫理も「自己中心的原理の粉飾」とみてはならないとも付加している

（『倫理』四六‐四八頁）。しかし、羽入は『フランクリン自伝』（以下、『自伝』と略記）の記述などから、むしろドイツ人のフランクリン観の方が正当なものであるとしてヴェーバーを批判するのである。

具体的には、羽入はヴェーバーによる次のようなフランクリンの性格付けに疑問符を付ける。ヴェーバーはフランクリンの倫理を利益追求の単なる粉飾ではないことを、次の事実を挙げて説明した。第一に、「フランクリン自身の世にもまれなる誠実な性格」。第二に、フランクリンは「善徳が有益だということが分かったのは神の啓示によるもの」としていること。さらに、第三に、フランクリンにおいては「この倫理の最高善ともいうべき、一切の自然の享楽を厳しくしりぞけてひたむきに貨幣を獲得しようとする努力は、……純粋に自己目的と考えられているために、個々人の『幸福』や『利益』といったものに対立して、ともかくまったく超越的なまたおよそ非合理的なものとして立ち現れている」ことである（『犯罪』一四二‐一四五頁）。羽入は、とくにこの第二と第三の点について、『自伝』を手がかりにヴェーバーの解釈を批判する。ヴェーバーのフランクリン論は『自伝』の記述と矛盾する。フランクリンの「資本主義の精神」を、その宗教的信仰と積極的に関連付け、「非合理」的なものとして理解することは虚像であると主張するのである。

（二）フランクリンにおける「神の啓示」

確かに、フランクリンが「神の啓示」をどう考えていたかは、フランクリンの宗教観の中心問題といってもよい(7)。『自伝』には、フランクリンの独特な宗教観をうかがわせる興味深い記述がみられるが、その一つとして、牧師の説教自体をきわめて功利的に評価していたことが知られる。たとえば、フランクリンはフィラデルフィアで長老派の教会に定期的に献金をしていたが、その牧師の説教にはすこぶる不満であった。「彼の説教は、だいたいが神学上の論争か、この宗派独自の教義の説明だけに終わって、私には無味乾燥で面白くなく、また教えられるところもまるでないのであった」（『自伝』一八八頁：Labaree *et al.*, 1964. p. 147）。フランクリンが説教に求めたのは、道徳的な教えを説いて「よい市民」とすることであって、特定の宗派のよき信徒にすることではなかったのである。

あるとき、そのフランクリンにおあつらえ向きの牧師が現れた。アイルランドからきたヘンプヒルという長老派の牧師だが、彼はたちまち評判の牧師となり、多くの人を集め、フランクリン自身も足しげく教会に通うこととなった。「彼の説教は独断的な教義を説くのではなく、美徳、つまり、宗教的な言葉を使えば、善行と呼ばれるものを積極的に教えこもうとして」いたからである（『自伝』二二〇頁；Labaree *et al.*, p. 167）。しかし、ある事情からその評判のよい説教の一部が、盗作であることが明らかとなった。これに対するフランクリンの評価は興味深いものがある。「私の彼に対する支持の気持ちは変わらなかった。というのは、他人が書いたものであったにせよ、このようにして説教をしたのは自分の書いたつまらない説教をするより、むしろ認めるべきではないかと思ったからだった」（『自伝』二二一頁；Labaree *et al.*, 1964, p. 168）。フランクリンは人々に道徳を教え、よき市民とするのがよい説教であり、仮に自分の説教ではないとしても、よい効果をあげる説教がよい説教であると考えたわけである。

　このようにフランクリンの宗教や道徳の評価は、功利的な効果を基準とするものであったが、その関連で「神の啓示」にも言及している。

> 私は人間と人間のあいだの関係においては「真実」「誠意」、それに「高潔さ」の三つが幸福な生活をするために絶対欠かせないものであると確信するようになっていた。そこで私は生きているかぎり実行するつもりで、いくつかのことを決意し、それを書き留めておいた。この決意はいまなお日記帳のなかにのこっているはずだ。神の啓示は、私にとって、それ自体としてはなんら重要な意味をもたなかった。そして私は、ある種の人間の行為は、神が禁じているから悪いのではなく、また、神が命じているから善いのでもなく、おそらくそういった行為は、そのこと事態の性質から、そしてまた、あらゆる事情を考慮したうえで、私たち人間にとって悪であるから神は禁じているのであり、私たちに有益であるから神が命じているのだ、といった考えをいだくようになっていたのである。（『自伝』一三三－一三四頁；Labaree *et al.*, 1964, p. 114–115）

　ヴェーバーはこの『自伝』の一節を、「あのような善徳の実践に『改信』した物語」として引用しているのだが、それに加えて、先にみたように「〔フランクリンは〕善徳が有益だということが分かったのは神の啓示によるもので、それによって、神は自分に善をなさしめようとしておられるのだと考えている」と評価している。しかしそれは誤りであると羽入は批判する。確かに、先の文章には「神の啓示は、私にとって、それ自体としてなんら重要な意味をもたなかった」とフランクリン自身はっきり記しているのだから、彼の道徳の意義に関する開眼を、「神の啓示」に関連付けるのは、いかにもヴェーバーらしく（！）乱暴な論述であるというわけである（『犯罪』一六四‐一六六頁）。フランクリンは「神の啓示」を重要視していない。しかも、羽入は『自伝』草稿をも調査して「啓示」の部分は当初は「啓示宗教」と記しており、より明確に「啓示宗教」であるキリスト教から距離を置いていることは明らかだとも指摘している（『犯罪』一六七‐一六九頁）。そもそもフランクリン自身、「理神論」的傾向をもっていることを何度も記しているから、ヴェーバーがフランクリンと「神の啓示」を積極的に関連付けるのは誤りであるというわけである。

しかし、事柄はそう単純ではない。いうまでもなく「啓示」はキリスト教の用語であり、神的な真理が開示されることを意味する。一般にキリスト教神学では、自然神学と啓示神学との区別がなされるが、自然神学とは人間の理性の力によって神的な真理に到達することで、啓示神学とは神自身の言葉によって真理に到達することをいう。たとえば、自然界の精巧な組み立てを発見して創造主の存在に開眼するような場合が、自然神学、自然を通した啓示であり、聖書に記された神の言葉、とりわけイエス・キリストの言葉によって突然目を開かれることが、啓示神学、狭い意味での啓示である。フランクリンが「神の啓示は、私にとって、それ自体としてなんら重要な意味をもたなかった」と語るのは、『真実』『誠実』、それに『高潔さ』の三つが幸福な生活をするために絶対欠かせないもの」であることを確信したのは、聖書に記されている神の言葉それ自体を根拠にしたわけではないことを意味している。

「私は、ある種の人間の行為は、神が禁じているから悪いのではなく、また、神が命じているから善いのでもなく」と考えたということは、聖書の神の言葉、神の啓示を基準に行為を道徳的に判断したわけではないことを意味している。では、何を根拠としたかといえば、「おそらくそういった行為は、そのこと事態の性質から、そしてまた、あらゆる事情を考慮したうえで、私たち人間にとって悪であるから神は禁じているのであり、私たちに有益であるから神に命じているのだ、といった考えをいだくようになっていた」。つまり、行為がどのような結果をもたらすか、すなわち、善をもたらすか、悪をもたらすかを理性的に判断して、行為を評価したことを意味している。それはフランクリンが社会生活の経験と観察から得られた真理なのである。とすれば、「善徳が有益だということが分かったのは神の啓示によるもので、それによって、神は自分に善をなさしめようとしておられるのだと考えている」とヴェーバーがいうのは誤りであろうか。(8)

確かに、「神の啓示」を神の言葉による啓示、啓示神学的啓示ととれば誤りであるが、人間的自然（本性）を観察し理性によって得られた開眼、自然神学的啓示ととれば、誤りではない。しかも、フランクリンの場合、啓示神学と自然神学、いいかえれば啓示宗教と自然宗教は矛盾するのではなく、一致すると考えられている。すなわち、先の引用が示すように、聖書で神は禁じたり、命じたりしておられることと、よい効用をもたらすか否かを考慮して得られる人間行為に関する結論は、一致すると考えられているのである。フランクリンは神の命令には自然神学的根拠があると考えており、自然神学的啓示も神の啓示なのである。(9)

以上やや込み入った神学論議になってしまったから、ここでフランクリンにおける「啓示宗教」と「自然宗教」の関係を示す興味深いエピソードを紹介しておくことにしよう。イギリスの高名な巡回説教師ジョージ・ホイットフィールドは、大勢の聴衆の心を揺り動かし、植民地期アメリカの信仰的復興に寄与したことで知られるが、理性の人、「理神論」に傾斜したフランクリンの親しい友人でもあった。あるときホイットフィールドを自宅に招きもてなすことになったが、この折のことをフランクリンは次のように回想している。「彼〔ホイットフィールド〕からは、そのような親切な申し出を、キリストのために、なさってくださったことにたいし、神様からはかならず報いがあるでしょうという返事が届いた。私は私で、誤解なさらないでいただきたい。お泊めするのはキリストのためではなく、あなた御自身のためですといってやった」（『自伝』二三八－二三九頁；Labaree *et al.*, 1964, p. 178–179）。ホイットフィールドは啓示宗教を中心とし、何事もイエス・キリストとの関係で判断し行動しようとしたが、フランクリンは啓示宗教をあくまでも人間的な経験に照らして、友人への親切として受け入れたわけである。

（三）職業倫理の「非合理性」

羽入のもう一つの論点は、フランクリンの職業倫理の「非合理性」に関わる問題である。ヴェーバーは、「この倫理の最高善ともいうべき、一切の自然の享楽を厳しくしりぞけてひたむきに貨幣を獲得しようとする努力は、……純粋に自己目的と考えられているために、個々人の『幸福』や『利益』といったものに対立して、ともかくまったく超越的なまたおよそ非合理的なものとして立ち現れている」という（『倫理』四八頁）。これに対して羽入は、フランクリンの倫理は、「幸福」や「利益」を考慮したものであるし、なんら不自然なところはなく、非合理的なものではないと考えるのである。羽入が根拠として挙げるのは、ヴェーバー自身が一部引用している次のような箇所である。

読書は私が自分自身に許したたった一つの娯楽だった。私は酒場にかよったり、賭けことをしたり、あるいはいかなる種類のものであれ、遊興のために大切な時間を使うようなことはしなかった。そしてあい変わらず仕事に精を出し、疲れるということを知らなかったが、同時に、それほど働かざるを得ない事情が、じつはあったのだ。私は印刷所のための借金がまだあったし、教育をしなければならない子どもがやがて生まれてくるところだったし、また私より前からこの町で開業していた二人の商売がたきと競争もしなければならなかったからである。

しかしながら、私の暮らし向きは日ごとに楽になっていった。しかしそれでもなお、昔から身についていた私の倹約の習慣はそのままだった。父は、私の少年時代、かずかずの教訓をさずけてくれたが、なかでも「汝、その業にたくみなる人をみるか、かかる人は王の前に立たん、かならず賤しき者の前に立たじ」というソロモンの教えをたびたびくりかえしていたので、私はそのころから、勤勉こそ富と名声をえるための手段であると考え、その言葉に励まされていたのだった。（『自伝』一八四‐一八五頁；Labaree *et al.*, 1964, pp. 143-144）

これはフランクリンが印刷所の経営をはじめた二〇代半ばの回想であるが、確かにフランクリンの言動には、不自然なことも非合理的なこともないといわなければならない。ヴェーバーが「資本主義の精神」と呼んだ勤勉な生活は、借金を抱え、強力なライバルを前にして、厳しい経営状況を背景とするものであった。父親が教えてくれた職業に専心せよとのソロモンの教えは、ごく自然に心に響くものであったし、その勤勉な生活は富と名声につながるものと受け取られていたのである。確かに、フランクリンは自己の幸福を導くものとして職業生活に従事した。先にもみたように、さまざまな徳の実行も幸福を導くと意識されており、「徳への道」と「富への道」は一致すると考えられていたのである。とすれば、ヴェーバーがフランクリンについて、「幸福主義や快楽主義などの観点をまったく帯びていない」というのは、明らかに根拠がなく誤りなのであろうか。

ここで注意しておかねばならないのは、ヴェーバーが「幸福」や「利益」を括弧付きで表記していることである。ここでの「幸福」や「利益」には、特別な意味が込められている。それは「資本主義の精神」と対照的な「伝統主義」的な態度を想起すれば分かりやすい。たとえば、「出来高賃金」を引き上げても労働の増加には向かわない農業労働者の場合である。当時のシュレージェン地方の農業労働者は、出来高賃金が引き上げられた場合、刈り入れ面積を増やして収入を増加させるのではなく、むしろ従来の収入が確保されればそれ以上は働こうとしなかった。すなわち、彼らにとって伝統的な生活の保障が満たされれば、それ以上の労働意欲はもたなかったというのである。ここには伝統的な生活水準の充足という「幸福」の基準があった（『倫理』六三－六五頁）。

「資本主義の精神」の場合には、時間は貨幣であって、半日仕事を休めば、そのためにかかった費用だけでなく、働けば得られた収入も捨てたことになると意識されていた。ここには、できる限り労働することが大切であること、勤勉にたゆみなく労働すること、できるだけ多くの収入を獲得することが大切であることが説かれている。それに収入の多寡は、特定の生活水準を維持できるかどうかというよりも、労働を有効に行ったかどうかを示す指標として意識されている。これに関して、ヴェーバーはむしろ「伝統主義」の方が人間にとって自然であると指摘している。「人は生まれながらに、できるだけ多くの貨幣を得ようと願うものではなくて、むしろ、簡素に生活する、つまり、習慣としてきた生活をつづけ、それに必要なものを手に入れることだけを願うに過ぎない」（『倫理』六五頁）。フランクリンの生活態度は伝統主義とは断絶しており、「自然の事態の倒錯」であり「超越的なおよそ非合理的なもの」というわけである。

フランクリンの『自伝』には、有名な十三徳の樹立のエピソードが記されているが、それはフランクリンの生活習慣が自然に得られたものではなく、意識的に努力して作り上げられたものであることを示している。フランクリンは二五歳のころ、「道徳的に完璧の域に達しようという、大胆で困難な計画」を思いつき、実行に取り掛かった。まず、徳の意味を厳密に考慮し、重要な十三の徳目を列挙し、その実践を自分の習慣として身につけようとしたのである。十三の徳とは、節制、沈黙、規律、決断、節約、勤勉、誠実、正義、中庸、清潔、平静、純潔、謙譲であった。フランクリンにとっては、この徳目の順序も重要であり、これらすべてを一度に身につけようとしても無理であるから、一つ一つ取り組むこと、しかも、身につけやすい基本的なものからはじめること、また相互に関連付ける形で並べて、有効に実践できるようにしたというのである（『自伝』一九〇頁；Labaree *et al.*, 1964, p. 148f.）。このようにして取り組まれた生活習慣には、先にみた「資本主義の精神」が含まれている。

人間は富と名声を求めて、これらの徳を自然に身につけることができるかといえばそうではない。「私は道徳的に完璧であることが、同時に自分の利益にもかなうことであるといった程度の単なる理屈のうえでの信念では、自分の過失を防ぐことが不十分であること、そしてまた、自分はいかなるときでも正しい行動が確実にできるという自信をもつためには、まず第一にそれに反する習慣を打破し、つづいてよい習慣をつくって、しっかりそれを身につけなければならないという結論に到達したのだった」（『自伝』一九〇－一九一頁；Labaree *et al.*, 1964, p. 148）。こうフランクリンがいうとき、彼が身につけようとした生活態度は、「道徳的に完璧な域に到達したいという」、徳の実行それ自身を自己目的とするものであり、物質的な幸福の追求にとっては、「超越的なまたおよそ非合理的なもの」であった。確かに、その徳の実行には、勤勉、節約、正義といった経済倫理が含まれ、職業上の成功をもたらすものであったが、フランクリンにとってそれはあくまでも結果であって、さまざまな困難を排して完璧な徳ある生活を実現する動機付けとはなりえなかったものなのである。

四　禁欲倫理と「資本主義の精神」

以上、ルターの天職概念とフランクリンの「資本主義の精神」をめぐる羽入のヴェーバー批判について論評してきたが、最後に「資本主義の精神」とプロテスタンティズムの倫理との関連について検討を進めることにしよう。羽入はヴェーバー批判の最後の論点として、ヴェーバーがフランクリンから導き出す「資本主義の精神」を、「宗教的なものとの直接の関係をまったく失っている」として提示しているが、果たしてそうなのかと疑問を提出している。その関連で羽入は大塚久雄の訳者解説に触れ、大塚は「フランクリンの思想は、内容的にはまだまだピューリタニズムないしカルヴィニズムの思想的残存物がいっぱいつまっています」とヴェーバーとは異なる解釈を与えていると問題にしている。羽入の見解によれば、大塚久雄はヴェーバーを「誤読」しているし、ヴェーバーはフランクリンを誤読しているというわけである（『犯罪』二〇四－二一三頁）。このような衝撃的な指摘は、厳密な文献考証を誇示する羽入の面目躍如というべきだが、しかし、それは果たして的を射た批判なのであろうか。私はむしろ、ヴェーバーと大塚のフランクリン評価は、一見矛盾するようであるが、決してそうではないと考える。ここではフランクリンの「資本主義の精神」とプロテスタンティズムの禁欲倫理との関連という観点から検討してみることにしよう。

まず、ヴェーバーは別の箇所でフランクリンと禁欲倫理との関連を次のように記している。

カルヴァン派プロテスタンティズムの禁欲とカトリックの修道院生活の合理的形態に共通してみられるあの倫理的生活態度の組織化は、純粋に外面的なことがらについてみても、厳格なピューリタン信徒がたえず恩恵の地位にあるか否かみずからを審査した方式のうちに、明瞭に現れている。罪と誘惑、そして恩恵による進歩のあとを継続的にあるいはまた表にして記入する信仰日記は、……近代カトリックの敬虔感情にも、また改革派教会のもっとも熱心な信徒のそれにも共通して見られるものだった。……改革派のキリスト者たちはそれを用いて、自分で自分の脈搏を見たのだった。……ベンジャミン・フランクリンが自分の一つ一つの徳性における進歩について統計的な表示の形で行った記帳も、その古典的な事例の一つとなるだろう。（『倫理』二一三－二一四頁）

ここでいわれるフランクリンの記帳とは、十三徳を習得するために行った方法を意味している。先に引用した『自伝』の箇所で、フランクリンは一つ一つの徳目を確かに身につけるために、一週間一つの徳目に集中してその実践に心がけた。その際、横軸に七日の曜日、縦軸に十三の徳目を列挙して、碁盤の目のような表をつくり、毎日自己の生活を点検したことを記している。そのようにして倫理的に組織的な生活態度の実践に努めたのであった。ヴェーバーはそれがキリスト教の合理的禁欲、とりわけプロテスタンティズムの方法的生活態度を継承するものであったというのである。

たとえば、ピューリタニズムには自己審査という習慣があった。すなわち、その日一日の生活を振り返り、自らの生活を点検したのである。その日一日どのような罪の誘惑にあったのか、誘惑をどのように克服できたのか、過ちに陥ってしまったのか。敬虔な信徒は信仰日記をつけて、日々の生活を振り返り、改善がみられるのであればそれを神の恩恵の働きとして記録していったのであった[10]。

ピューリタニズムにおいては信仰の自己点検は、自らの救いの状態を知ることであり、恩恵を約束された聖徒として自己を作り上げることであった。これに対してフランクリンの場合には、その組織的合理的な生活態度を作り上げる方法は継承しながらも、それは直接宗教的な動機からではなかった。道徳的に完璧となること、有徳な人間となることが目的だったからである。フランクリン自身は、「私の計画には、宗教とはまったく無関係であるとはいわないまでも、ある特定の宗派のそれとわかる教義がみられないことに気づいたひともいるであろうが、私は意識してそういった教義をさけていたのである」（『自伝』二〇四頁；Labaree *et al.*, 1964, p. 157）と述べている。フランクリン自身はその生活の理想、その生活の実践方法は、特定の宗派の教理とは関係がないが、宗教と無関係でもない、あらゆる宗派の人々に受け入れ可能であるものと考えていたのである。

したがって、ヴェーバーがフランクリンの「資本主義の精神」について、「宗教的なものとの直接の関係をまったく失っている」といっているのも正しいし、大塚が「フランクリンの思想は、内容的にはまだまだピューリタニズムないしカルヴィニズムの思想的残存物がいっぱいつまっています」というのも正しいのである。ヴェーバーは「プロテスタンティズムの倫理と資本主義の精神」の関連を主題としたが、そこでは両者の連続と断絶が問題とされていた。両者は「方法的な生活態度」、「天職理念を土台とした合理的生活態度」をもっていたが、その意味付けが大きく異なっていた。プロテスタンティズムとりわけピューリタニズムにおいては、「見える聖徒」の資質であり、自らを聖徒として作り上げる方法であったのに対して、フランクリンにおいては切迫した宗教的な課題は背景に退き、「道徳的な完璧さ」として意識されたものであった。

五　おわりに

さて、羽入のヴェーバー批判は、近代資本主義の発生に関する連続説的立場からするヴェーバー批判と一致する面があることは先に指摘した。羽入はヴェーバーの注目する宗教と経済との相互関係に対して、一貫して根拠が薄いとして疑問符を付けるのだが、それは資本主義の連続的理解に適合的なのである。中世末以後の商業的発展の延長に近代資本主義を位置付けるとすれば、資本主義も資本主義の精神も、プロテスタンティズムとは無関係なものとなる。市場ネットワークとそれに対応する営利活動は、より幅広い人々を資本主義的活動に巻き込み、いわば自然にそれに適合する態度を生み出すと考えられるのである。これに対して大塚久雄の比較経済史学は、資本主義の発生を旧来の商業的発展とは断絶的に捉えるものであった。近代資本主義は合理的産業経営を基軸とするものであり、それに適合的な精神も単なる営利追求ではなく「合理的組織的生活態度」であり、プロテスタンティズムの倫理に由来するものと考えたのである。(11)

ただし、大塚の比較経済史学は、プロテスタンティズムによる近代資本主義の発生の説明、単純な宗教的決定論と理解されてはならない。大塚はルネッサンス期以降のヨーロッパ諸国の経済発展を、比較史的に展望するなかで、いわゆる小生産者的発展に注目することとなったのである。ヨーロッパ経済の対外的膨張は、ヨーロッパ諸国に同じように利益を与えたのではない。地中海貿易をリードした北イタリア都市、アジア貿易を開拓したポルトガル、新大陸貿易で多大の利益をあげたスペイン、さらには世界の運送業者といわれたオランダの商業的発展は、近代資本主義の発展に直結するものではなかった。大塚は近代資本主義の推進力として、イギリス経済史にそくして、沿岸の商業都市に対して内陸の農村、遠隔地市場に対して局地的な市場、貿易商人に対して地域市場に根ざした中小の生産者に注目した。しかも、その「中産的生産者層」は、宗教的にはプロテスタンティズムの担い手であり、天職思想を受容し、禁欲的エートスを身につけていったと想定されたのである。

羽入の「天職思想」および「資本主義の精神」に関するヴェーバー批判にも拘わらず、こうしたヴェーバー＝大塚的な「資本主義の精神」は、近代資本主義の成立期に構成的な役割を果したのである。しかし、これもヴェーバーの指摘することだが、機械の基礎の上に構築される近代資本主義は、もはや精神的な支柱を必要とすることはなくなった。いわば確固たるシステムとしての資本主義は、それ自身がそれに適合する人間を作り出すのである。今日、宗教倫理の裏付けを必要としない資本主義のネットワークは、現代世界を覆い、宗教的文化的背景の異なる国々の人々をその中に広く、深く巻き込んでいる。近代資本主義の発生史は、今日そのままの形で繰り返されることはない。しかし、現代の精巧な経済機構の人間的意味を問いかけるものには、ヴェーバー・テーゼはさまざまな示唆を与え続けるように思われる。

注

（1）マックス・ヴェーバー『プロテスタンティズムの倫理と資本主義の精神』大塚久雄訳、岩波文庫、一九八九年。Max Weber, "Die Protestantische Ethik und der »Geist« des Kapitalismus," *in Gesammelte Aufsätze zur Religionssoziologie*, Bd. 1, Tübingen, 1920. ヴェーバー論争については、おびただしい数の参考文献があるが、さしあたり次のものを参照。梅津（一九八九）（二〇〇一）。最近の英文の研究として、Cohen（2002）。なお、コールバーグによる新らしい英訳は、訳者解説および訳注が充実している。New Translation and Introduction by Stephen Kalberg, *The Protestant Ethic and the Spirit of Capitalism, Third Roxbury Edition*, Roxbury Publishing Company, 2002.

（2）梅津（二〇〇四）は、その書評論文であり、本稿はそれを踏まえて拡充したものである。

（3）もっとも、フランクリンの思想における宗教的要素に関して、羽入の評価は揺れているが、ここではフランクリンの功利主義的傾向を評価している『犯罪』第三章の記述を念頭においている。

（4）実際ヴェーバー自身が、「最初のうちは、Ruf と Beruf の間を揺れている」ことを指摘している（『倫理』一〇三頁）。

（5）羽入は従来「聖書翻訳者の精神」と訳されている言葉は、正確には「聖書翻訳者達の精神」であると、重要な指摘を行っている。「職業義務の思想」は、ルター単独ではなく、複数の聖書翻訳者たちの精神に由来するというのがヴェーバーの真意であれば、以上の解釈はより説得的となる（『倫理』九五頁、『犯罪』六七－六八頁）。

（6）なお、フッガーについては、諸田（一九八九）を参照。

（7）フランクリンの宗教観については、たとえば Aldridge（1967）。

（8）キリスト教における「啓示」の意味については、たとえばリチャードソン／ボウデン（二〇〇五）参照。ヴェーバーは宗教音痴を自称したこともあり、しばしば日本人の研究者によって神学的な無理解が指摘される場合があるが、決してそうではない。ヴェーバーの宗教的感受性と神学的素養は専門の神学者に匹敵するものがあった。現代ドイツを代表する神学者グラーフは、ヴェーバーの従弟で神学者オットー・バウムガルテンが、ヴェーバーについて次のように述べていたことを紹介している。ヴェーバーは「非合理的な神秘的な彼岸世界をめぐるあらゆる経験に関して、強烈に反応する人間であった。確かに、ヴェーバーを非宗教的とか非キリスト教的と呼ぶことはできないのであり、むしろ、彼は宗教的価値への感受性をもち、宗教的経験は彼の感情の中にも入り込んでおり、彼の学問的な関心や個人的な関心の重要な要素を形作っていた」(Graf, 1993, p. 28)。

(9)　ここでいう啓示と自然神学の関係は、宗教と啓蒙思想の関係として取り扱うこともできる。確かに、フランスの啓蒙思想は反宗教、反教会であったが、スコットランド啓蒙は教会とは良好の関係にあった。フランクリンをその一員とするアメリカ啓蒙も、スコットランド啓蒙に近い「穏健な啓蒙」なのである。たとえば、フランクリンを含むアメリカ建国期の世俗的な指導者たちは、「宗教的見解と啓蒙の言説とは一致するが——これがいつも目標である——、どこでも、あるいはどんな形でも一致する必要はないと考えた」と指摘されている(Ferguson, 1997, p. 75)。フランクリンとアメリカ啓蒙の関係については、May (1976) も参照。

(10)　ピューリタニズムの自己審査については、梅津(二〇〇五)九三頁。

(11)　大塚久雄の比較経済史とヴェーバー研究との関わりについては、『大塚久雄著作集』全一〇巻(岩波書店、一九六九－一九七〇年)、とくに第三巻『資本主義の系譜』と第八巻『近代化の人間的基礎』所収の論考を参照すること。

参考文献

Weber, Max, 1920, "Die protestantische Ethik und der »Geist« des Kapitalismus," in *Gesammlte Aufsätze zur Religionssoziologie*, Bd. 1, SS. 17–206.(『プロテスタンティズムの倫理と資本主義の精神』大塚久雄訳、岩波文庫、一九八九年)

*本文中では『倫理』と略記し、上記岩波文庫版のページを示した。

梅津順一、一九八九、『近代経済人の宗教的根源——ヴェーバー・バクスター・スミス』みすず書房。

梅津順一、二〇〇一、「ヴェーバー・テーゼとピューリタニズム再論」深井智朗/F・W・グラーフ編『ヴェーバー・トレルチ・イエリネック』聖学院大学出版会。

梅津順一、二〇〇四、「羽入辰郎教授のマックス・ヴェーバー告発について」『聖学院大学論叢』第一七巻第一号、九一－一〇二頁。

梅津順一、二〇〇五、『ピューリタン牧師バクスター』教文館。

羽入辰郎、二〇〇二、『マックス・ヴェーバーの犯罪――『倫理』論文における資料操作の詐術と「知的誠実性」の崩壊』ミネルヴァ書房。（本文中では『犯罪』と略記）
フランクリン、ベンジャミン、二〇〇四、『フランクリン自伝』渡邊利雄訳、中央公論社（本文中では『自伝』と略記）。
諸田實、一九八九、『フッガー家の遺産』有斐閣。
リチャードソン、A／J・ボウデン編、二〇〇五、『キリスト教神学事典』古屋安雄監修・佐柳文男訳、教文館。

Aldridge, A.Owen, 1967, *Benjamin Franklin and Nature's God*, Durham, NC: Duke University Press.
Cohen, Jere, 2002, *Protestantism and Capitalism: The Mechanisms of Influence*, New York: Aldine de Gruyter.
Ferguson, Robert A., 1997, *The American Enlightenment: 1750–1820*, Cambridge, MA: Harvard University Press.
Graf, Friedrich Wilhelm, 1993, "The German Theological Sources and Protestant Church Politics," in Hartmut Lehmann and Guenther Roth eds., *Weber's Protestant Ethic: Origins, Evidence, Contexts*, Cambridge: Cambridge University Press.
Labaree, Leonard W., Ketdham, Ralph L., Boatfield, Helen C. and Fineman, Helene H., eds., 1964, *The Autobiography of Benjamin Franklin*, New Haven, CT: Yale University Press.
May, Henry F., 1976, *The Enlightenment in America*, Oxford: Oxford University Press.

第4章　『コリントI』(1)七・二〇問題再考

宇都宮京子

はじめに

「プロテスタンティズムの倫理と資本主義の『精神』」(以下、「プロ倫」と略記)という論文の研究が、ヴェーバー研究の中で占める比重は非常に大きいことは、よく知られている。大塚久雄をはじめとして、どれだけ多くのヴェーバー研究者が、この論文に言及しながら、資本主義、エートス、プロテスタンティズムの倫理、「精神のない専門人、心情のない享楽人」などの概念や言葉を用い、解説し、また自説を展開してきたことであろうか。もちろん、ヴェーバーには、他にも注目されてきた多くの論文や著作があるが、この論文がヴェーバー研究にとって持つ意味が大変大きいことは疑う余地はないと思われる。しかし、羽入辰郎は、彼の著書『マックス・ヴェーバーの犯罪――『倫理』論文における資料操作の詐術と「知的誠実性の崩壊」』(以下、『犯罪』と略記)の中で、この「プロ倫」に的を絞って、しかも、その論述内容そのものというよりも、その論述の仕方について、注における資料の用い方や論証の仕方についても検討しながら、その不正確性や捏造性、詐欺性を明らかにしようとした。この『犯罪』に対する反応はさまざまであったと思われるが、羽入自身は、従来のマックス・ヴェーバー研究の不備を指摘し、「聖マックス像」に挑んだ画期的な書物であると考えている。また、本書は、「山本七平賞」などの賞もとり、羽入は、その英語版やドイツ語版の出版も考えていたようである。

この著作を検討することは、結構時間と労力とを要することである。というのは、その批判内容は、たとえば、「ヴェーバーは、ルターの存命中に刊行されたルター聖書を調べていなかったのではないか」など典拠確認的な内容なので、一六世紀にルター自身がギリシア語から翻訳した聖書やドイツ語のヴェーバーの原文を検討しないと、羽入の批判の是非を論じることができないからである。しかし、その『犯罪』の検証と批判は、すでに折原浩によって詳細に行われており、また、北大の橋本努のホームページ（以下、HPと略記）上に開かれた「ヴェーバーコーナー」には、折原のものも含めて多くの意見が投稿され、掲載されている。本論文は、筆者がそのHP上に投稿した原稿を元にして、特に、羽入論文の第二章に焦点を絞って、自分の見解を述べたものである。

筆者が本論文を執筆した理由は、以下のようなものである。『犯罪』では、「天職というニュアンスを帯びた世俗的な職業を意味している“Beruf”概念がいつ、どこで、誰によって生み出されたのか」ということをめぐって多大な紙幅が割かれており、特に、『コリントⅠ』第七章二〇節（以下、『コリントⅠ』七・二〇と略記）をめぐる論述をどのように解釈するかが、羽入の主張の是非を決める一つの重大な論点となっている。もしも、「プロ倫」の中のルターによる「天職」概念の成立のきっかけを論じているところにヴェーバーが読者を欺く意図をもって書いた部分があるとするならば、今後、ヴェーバーの著作や論文を読もうとする人々にある種の不信感を与えることは確かだと思われる。もし本当に羽入の指摘が正しいならば、それが望ましいことでないことは確かである。しかしまた、もし羽入によるヴェーバーの原文の読み方に問題があったとしたならば、それを明らかにすることは、ヴェーバーの著作や論文を自らの研究テーマの中心に長い間据えてきたものにとっては一つの義務だと思われる。

ところで、この『犯罪』の検証と批判はすでに折原によって詳細に行われてきたことはすでに述べたが、『コリントⅠ』七・二〇の中で取り上げられている「終末論的に動機づけられた勧告（Mahnung）」が何を指しているのかという点については、ヴェーバー研究者の一人から、HP上で折原の見解に疑義が寄せられた。そこで筆者は、この翻訳上の問題について検討し、折原説の方が正しいと思えるとする拙文を上記のHP上に投稿したのだが、それでもその後、他の研究者から、「やはり、この部分については羽入の見解が正しい」とする意見が寄せられた。一流の学者たちが「プロ倫」を熟読し、それでもこの部分については見解が分かれてしまうのはなぜなのだろうか。

安藤英治は、一九九二年に彼の著作の注において、羽入の（『犯罪』の元となっている）論文に言及し、「結論の当否は別として、無視することの許されない内容のものである」（安藤、一九九二、二六三頁）と書いている。[2] そこで本論文では、折原が、彼の著作、特に『ヴェーバー学のすすめ』の中ですでに簡潔かつ的確に論じたと思われる内容との重複を恐れず、改めて筆者自身の見地から検討を行いたいと思う。

一　ヴェーバーの原典の解釈について

『コリントⅠ』七・二〇をめぐる問題は、先にも触れたが、羽入が、「ヴェーバーは彼の論述を進めるに当たって、ルターが存命中に刊行されたルター聖書を調べていなかったのではないか」と疑ったことから始まっている。しかし、この疑い方は妙である。まずその事情から始めたい。

ヴェーバーは、『コリントⅠ』第七章からいくつかの節を引用しているのであるが、その際、その引用元は、ヴェーバーの時代に普及していた版の『ルター聖書』であると明記している。そしてその引用された節においては、ギリシア語のクレーシス（κλῆσις、以下、クレーシスと表記）という語はドイツ語のBerufで訳されている。この状況だけを見れば、「ヴェーバーの時代に普及していた『ルター聖書』では、ギリシア語のクレーシスという語はドイツ語のBerufで訳されている」というだけで何の批判の対象にもなり得ない。しかし、羽入は、ルターの時代に発行された『ルター聖書』を調べて、そこでは、ギリシア語のクレーシスという語は、ruffと訳されていたことを見出した。ヴェーバー自身も、この聖書の注解についてはルターの時代のルターによるものに言及し、そこでは、クレーシスがRufと訳されており、その意味は、Standと解釈されていたと記している。しかし羽入は、ヴェーバー自身はルターの時代に発行された『ルター聖書』は調べておらず、その中ではギリシア語のクレーシスという語は、ruffと訳されていたことを知らなかったのではないか、または、すでにBerufと訳されていたと思って、『コリントⅠ』七・二〇を引用したのではないかと疑った。そして、むしろ、ヴェーバーが、『コリントⅠ』第七章のいくつかの節の引用元を、ヴェーバーの時代に普及していた『ルター聖書』であると自ら明記していることの方が「訳が分からない」と書いている。ここだけを読んだ人は、ヴェーバーが羽入になぜ批判されねばならないのかの方が分からないのではないかと思うが、そこには羽入がそのように考えるにはそれなりの根拠があった。すなわち、ルターのもとで天職（beruf, calling）という概念が成立した経緯についてのヴェーバーの説明は、「『コリントⅠ』七・二〇のクレーシスをルターがberufで訳していた」とヴェーバーが前提していない限り成立し得ないものであったと少なくとも羽入は考えていたのである。そして、本来成立しないはずの論証を成立するかのように書いているヴェーバーは、資料を十分に調べていなかったとすれば怠慢であり、または論証が成立しないことを知っていたのに成立するかのように書いていたとすれば不誠実である。この羽入の問題設定とヴェーバーへの批判は正しいのかどうかについて、以下で具体的に検討していきたいと思う。

ただ、その検討は複雑になるので、ここで筆者の結論の要点をいくつか先取りして示しておきたいと思う。

(一)　ヴェーバーは、ルターが訳した聖書の『コリントⅠ』七・二〇においては、クレーシスはBerufで訳されていなかったことを知っていて、それが、後のルター以外の翻訳者たちによってBerufで訳されるようになったというその変化を指摘するために、ヴェーバーの時代の普及版の聖書から『コリントⅠ』第七章の章句の一部を引用した。すなわち、ルター自身は当時、『コリントⅠ』七・二〇のクレーシスだけは、「召し」ではなく「状況」という意味で訳しており、また、後のヴェーバーの時代には、ここはまったく世俗的な職業の意味のBerufで訳されるようになっていた。その理由は、この節のクレーシスが他の節には見られない独特の意味を担っていたからである。ヴェーバーは、この『コリントⅠ』七・二〇におけるクレーシスの独特さを客観的な証拠で裏付けたかったので、このような引用の仕方をしたのである。

(二)　しかし、重要なことは、当時のルターは、それでもすべてのクレーシスという語句に、神の召しとの関係を見ていたのであり、ヴェーバーの時代の世俗的な「職業」という意味はまったく込めてはいなかった。この世俗的な「職業」という意味のBerufが成立するには、ルターの宗教観の変化が必要だったのである。しかし、ルターの宗教観の変化は、聖書の中にある文言が与える解釈の余地の範囲内でしか起こり得ず、パウロの終末観に見られる独特の時間概念と「召し」の観念が、ルターによる天職というニュアンスを含んだBerufという概念の成立を可能にしたのである。

(三)　ルターは、二つの異なった意味でBerufを用いていた。それらは、「召し」という純粋に宗教的な意味と「世俗的な仕事」という意味である。しかし、初めから二つのBerufが存在したわけではなく、「召し」という純粋に宗教的なBerufから、もう一つのBerufの意味が解釈によって生まれてきたのである。その解釈を可能にしたのは、パウロの教義のある個所であり、それが、『コリントI』七・二〇の存在だったのである。そこでは、クレーシスは、ルター自身によっても聖書の釈義でStand（状況）と解釈されていた。しかしこの個所は、ここ以外のパウロの教義と比較すると独特なものではあるが、同時にその内容からまったく外れたものではないことを、この節の前後の節の内容や、それらの節とこの第二〇節との関係が示している。

（四）『コリントI』七・二〇の中のクレーシスは、ルターの時代にはルターによってBerufでは訳されていなかったが、同じ時期に訳されたパウロの教義が示された『コリントI』一・二六、『エフェソ』一・一八、四・一および四、『テサロニケII』一・一一、『ヘブル』三・一、『ペテロII』一・一〇の中のクレーシスは、召しという意味のBerufですでに訳されていた。『コリントI』七・二〇の前後の節は、これらの教義と内容的につながっている。また、『コリントI』七・二〇は、その前後の節と内容的につながっており、間接的に『コリントI』一・二六、『エフェソ』一・一八、四・一および四、『テサロニケII』一・一一、『ヘブル』三・一、『ペテロII』一・一〇とも（内容的には）つながっている。これらにはすべて、終末観が満ちているのであり、「終末観によって動機づけられた勧告」とは、これらすべてを指すのである。これらすべての中で、クレーシスがBerufで訳されている個所は折原が指摘した『コリントI』一・二六、『エフェソ』一・一八、四・一および四、『テサロニケII』一・一一、『ヘブル』三・一、『ペテロII』一・一〇であり、『コリントI』七・二〇のクレーシスがruffで訳されていてBerufで訳されてはいないことは、何も問題ではないのである。

では、以下で、より具体的にこれらの内容を見ていきたいと思う。

（一）『コリントI』の章句をめぐる時制の使い方などからの判断

まず、ヴェーバーが『コリントI』第七章の章句を引用する際のその前後の文における動詞の時制を見れば、この引用がヴェーバーの時代に普及していた聖書の内容を示した挿入部分であったことが分かること、および、この引用部分は、ヴェーバーの時代に普及していた聖書の内容でなければならなかったのだということを確認したい。ここでまず、ヴェーバーが引用していた『コリントⅠ』第七章の章句を以下に示しておきたい。

一七　唯おのおの主の分かち賜うところ、神の召したもうところに従ひて歩むべし。……一八　割礼ありて召されしものあらんか、その人、割礼をすつべからず。割礼なくして召されしものあらんか、その人、割礼を受くべからず。一九　割礼を受くるも受けぬも数うるに足らず、ただとうときは神のいましめを守ることなり。二〇　おのおのその召されし時のさまにとどまるべし。……二一　なんじ奴隷にて召されたるか、これを思い煩うな（もしゆるさるることを得ばゆるされよ）二二　召されて主にあるどれいは主につける自主の人なり、かくのごとく自主にして召されたる者は、キリストのどれいなり。二三　汝らは価もて買われたる者なり。人のどれいとなるな。二四　兄弟よ、おのおの召されし時のさまにとどまりて神とともにおるべし。（山室、一九七一、五一頁）

ところで、ヴェーバー自身はなぜ、『コリントⅠ』第七章の章句を引用したのであろうか。ヴェーバーは、注において、ルターはまったく違った二つの概念を »Beruf« で訳していると書いている。その一つは、パウロの用いている「召される」[3]で、神によって永遠の救いに召されるという意味である。そのような用い方がされているのは、『コリントⅠ』一・二六、『エフェソ書』一八、四・一および四、『テサロニケ後書』一・一一、『ヘブル書』三・一、『ペテロ後書』一・一〇においてであるという。もう一つは、『イエス・シラ』[4]における用い方で、「今日のような純粋に世俗的な意味で用いられた最初の場合である」という（Weber, 1920, S. 66）。そしてヴェーバーは、「『コリントⅠ』第七章の章句の一部が、これら二つの概念間に架橋するのだと、以下のように書いている。

（引用1）Die Brücke zwischen jenen beiden anscheinend ganz heterogenen Verwendungen des Wortes Beruf bei Luther schlägt die Stelle im ersten Korinterbrief und ihre Übersetzung.（Weber, 1920, S. 67）

〈訳〉ルターによるあの二つのまったく異質であるように見えるBerufという語の使用の間に架橋しているのは、コリントⅠの章句とその訳である。

ここでは、schlägt が現在形であることと、「訳（Übersetzung）」の前についているのは、ihre であって章句のことを指しており、ルターによる訳であるとは、特に述べられていないことにも注意が必要であろう。つまり、ルター自身の訳が、上記二つの訳を「架橋していた」わけではなく、ヴェーバーが「架橋している」と判断したという可能性がここから読みとれる。

このあと、『コリントⅠ』第七章の第一七節から第二四節までと第二九節、第三一節が引用され、さらにそのあとには以下の文が続く。

（引用2） In v. 20 hatte Luther im Anschluss an die alteren deutschen Übertragungen noch 1523 in seiner Exegese dieses Kapitels klesis《クレーシス》 mit »Ruf« übersetzt (Erl. Ausgabe, Bd. 51 S. 51) und damals mit »Stand« interpretiert.

〈訳〉二〇節において、ルターは、古いドイツの翻訳を引き継いで、一五二三年にもなお、この章の釈義において、クレーシスを「Ruf」と訳し（エルランゲン版全集、五一巻、五一頁）、当時、「Stand」と解釈していたのである。[5]

ここで用いられている動詞の時制は、過去完了（hatte...interpretiert）である。また、（引用1）の前文の時制も、…aber gerade hier verwenderte Luther...となっており、過去時制（verwenderte）である。前後の文が、過去を表す時制で書かれているのに、その間にある文の、「架橋する」という部分だけは、現在形なのである。

もちろん、資料の提示は、「……では、……となっている」という表現で、過去に書かれた内容を現在形で提示することは、よくあることであるが、schlägt のような動詞の用い方については、過去にルターが架橋したこと（過去の事実）について述べているのか、架橋していることを今、確認できるということを示しているのかを、区別して表現する可能性が高いと思われる。

以上のような時制の使い分け、および、（引用2）における“noch”や“damals”という語の用い方を考慮に入れて総合的に判断すれば、どう考えても、（引用1）の部分は、文脈の流れに対しては、挿入句的な位置付けになっているとしか思えない。

さらに、一五二三年の釈義では、この二〇節のクレーシスに対するルター自身の訳はまだ（noch）「職業」という意味は含まれてはいない“Ruf”だったこともヴェーバーは同じ注で書いている。この“noch”は、後にルター自身も、クレーシスの訳を“Beruf”に変えるのだということを含意して付けられたのではなく、あくまでも普通の現代版では「すでに」“Beruf”へと訳が変更されていることとの対応で、ルター自身の手による一五二三年の釈義では、「まだ」“Beruf”に変えられていないということを示すために付けられたものだと解釈すべきであると思われる。

つまりこの挿入個所でヴェーバーは、ルター以後のどこかある時代以降の、クレーシスを“Ruf”ではなく、“Beruf”と訳し直した翻訳者や、それ以降、ヴェーバーの時代までそれを踏襲してきた翻訳者たちによる、『コリントⅠ』第七章の一七節から三一節の訳し方や、特に、『コリントⅠ』七・二〇の「各自は、召されたままの状況（Beruf）にとどまっているべきである」という章句における“Beruf”の使われ方を例示しようとしたのだと思われる[6]。だからこそ、ヴェーバーは、普通の現代版の『ルター聖書』であることを明示したのであろう。

ところで『コリントⅠ』第七章の引用個所を通して読むと、「召された（berufen）ままの状況」には奴隷という状態や結婚状態などが含まれ、人々がそこにとどまるように勧められているのは、現在の生活の場においてである。ここでは「神の召しを受けた客観的秩序[7]」という概念が、宗教的な要素と人々の現実の状況の橋渡しをしている。それを示すのは、（引用2）の文に続く次の文である。

（引用3）In der Tat ist offenbar, daß das Wort κλῆσις an dieser —— und nur an dieser —— Stelle so ziemlich dem lateinischen »status« und unserem »Stand« (Ehestand, Stand des Knechtes, usw.) entspricht. (S. 67)

〈訳〉この章句における——そして、この章句のみにおける——クレーシスという語が、ラテン語の「状況」やわれわれの「状況」（結婚状況、奴隷の状況など）におおむね適合する。

あとで再度触れるが、ヴェーバーが『コリントⅠ』第七章の一部の章句を、二種類の“Beruf”を架橋する個所と見なして引用したのは、パウロが書いたコリント人への手紙のこの部分は、「神の召し」を受けるときの「人々の地上における客観的秩序」と読め、他の個所の〝クレーシス〟には見られない独特の文脈を形成しているからである。(8) いくら翻訳者といえども、またどんなに宗教心が高揚しても元の聖書にまったくない文脈を読み込むことはできない。パウロの原文にそのような解釈を許す余地が、この章句のところに見られ、ルターもルター以外の聖書研究者たちも注目していたのである。ルター以外の聖書研究者の例として、ヴェーバーは、テオフュラクトスによる注解に触れ、そこにおいては、クレーシスは、「自分の信仰をえた家、地区、および町村において」（阿部、一九六五、一六八頁）と解釈されており、「今日のわれわれの Beruf の意味には適合していない」と書いている。その注目点にヴェーバーも注目したのであろう。

この『コリントⅠ』第七章の章句の引用とその説明部分は、両方の“Beruf”の間を架橋したといっても、①第一の宗教的“Beruf”、②『コリントⅠ』七・二〇における“Beruf”、③『イエス・シラ』における第二の“Brief”というように使われ方の変化が時間的にたどれるということを意味していたわけではないであろう。(9)

時間的前後関係は、第一の宗教的“Beruf”と『イエス・シラ』における第二の“Brief”との間においては重要であろうが、第一の宗教的“Beruf”と『コリントⅠ』七・二〇の釈義における“Ruf”との間にはその使用時期に前後関係はない（ほぼ同時期である）。

したがって、この『コリントⅠ』第七章の章句の引用とその説明部分は、時間的要素を含む因果関係の一要素だったのではなく、第一の宗教的“Beruf”と『イエス・シラ』における第二の“Beruf”との関係を理解するために必要な、パウロの終末観や「召し」への考え方を提示するために挿入された個所だと考える方が矛盾も疑問も生じないと思われる。

後に宗教改革の流れを汲んだ翻訳者たちは、この『コリントⅠ』七・二〇におけるクレーシスを最終的には“Beruf”と訳すに至るのであるが、ルターは一五二三年の釈義において、「まだ」“Ruf”と訳し、“Stand”と解釈していたのである、というのが、ヴェーバーのこの文の「まだ」の意味であると思われることは先に述べた。それゆえ、この挿入個所は、「ルター自身によるクレーシスの訳が後に"Beruf"に変わるがまだこの頃はそこに至ってはいなかった」というような、ルター自身の訳の時間的前後関係を含んだ文脈としてヴェーバーが考えていたのではないと筆者は考える。

ところで羽入は、この『コリントI』七・二〇の中のクレーシスが、ルターが存命中の『ルター聖書』においては"Beruf"で訳されたことがなく、"ruff"が用いられていたことを重視している。しかしながら今まで見てきたように、ヴェーバー自身は彼の引用が「普通の現代版」の聖書からのものであることを明記しており（Weber, 1920, S. 67）、どこにも「ルターが存命中の『ルター聖書』において、『コリントI』七・二〇のクレーシスが"Beruf"で訳されていた」とは書いていない。また、時制も使い分け、かつ、「ルターは一五二三年の釈義において、二〇節のクレーシスをまだ"Ruf"と訳し、"Stand"と解釈していた」とまで明記しているのであるから、ヴェーバーがこの個所で、何かを捏造したり、隠蔽しようとしたりしているとは思えない。[10]

しかし『犯罪』においては、「ヴェーバーは、『ルターは、第二〇節のクレーシスを"Beruf"と訳したので、『イエス・シラ』においても、"Beruf"を世俗的な仕事を意味するエルゴンやポノスというギリシア語の訳語に当てた』と考えていた」（傍点引用者）と見なして批判が展開されている。すなわち、羽入は、「ルターは、第20節のクレーシスを"Beruf"と訳してはおらず、"ruff"と訳していたのに、それも知らずにヴェーバーは、"Beruf"で訳したことを前提として誤った推論を展開していた」と論じている（『犯罪』八四－八五頁）。以下でその点について検討してみたい。

(二) 翻訳者たちの精神と「新しい訳の創造」との関係について

ただ、その検討に入る前に、ヴェーバーが「職業義務」の由来について論じた部分について、その原文と羽入による訳文とその解釈とを以下に引用し、もともとの問題の所在点を確認しておきたいと思う。

（引用4） Es zeigt sich ferner, daß nicht..., sondern daß das Wort in seinem heutigen Sinn aus den Bibeluebersetzungen stammt und zwar aus dem Geist der Übersetzer, nicht dem Geist des Originals.（Weber, 1920, S. 64–65）

……こうした「職業義務の思想」は聖書翻訳者達の精神から由来したのである（AfSS 37; RS 65; 大塚訳九五頁、梶山訳・安藤編一三四頁）、と。ここでヴェーバーは、「翻訳者達の精神」〔強調引用者〕と述べているのであるが（この部分、従来邦訳では「翻訳者の精神」と単数で訳されてきているが、"...der Übersetzer" は複数二格である）、しかしながら、このすぐ次に続く部分での彼の叙述、及びその部分に付された注からただちに分かることは、彼がここで重視しているのは実はマルティン・ルターただ一人であるということである。（『犯罪』六七 - 六八頁）

羽入は、せっかく「翻訳者たち」（複数形）であると気づきながら、なぜヴェーバーが、ルターとそれ以外の翻訳者たちの両方をこの個所で指していると考えなかったのだろうか。この羽入によって指摘された部分の前後のヴェーバーの言葉は、「今日的な意味におけるその語は、むしろ、聖書の翻訳〔複数〕に由来し、しかも（und zwar）、翻訳者たちの精神に由来しているのであって、原典の精神に由来しているのではないということがさらに、明らかになる」（Weber, 1920, S. 65 傍点引用者）となっている。「聖書の翻訳」も複数形なのであり、それをさらに詳しく説明する形で、「翻訳者たちの精神」（複数形）と書かれているので、ヴェーバーは、ルターだけでなく、地域と時間を超えた多くの翻訳者たちのその都度の解釈こそが、意味創出の場であったとここで強調していると読める。この点の解釈は、ヴェーバーによる論述の非常に重要な部分であると思われ、羽入がこの点を誤解したことは、「普通の現代版の『ルター聖書』」をヴェーバーが用いた意味を読み損なうきっかけになったと思われる。

ところで、ヴェーバーは、"Beruf" という語が、現在使われているような、宗教的かつ世俗的職業の意味を併せ持つようになった背景として、ルターの宗教活動の実態が関係していたと述べている。なぜ、その説明が必要であったかといえば、エルゴンやポノスという、非宗教的な職業を意味する語を "Beruf" で訳したとき、そこで生じる結果の可能性は、三種類以上あったと考えられるからである。例えば、①従来、"Beruf" という概念は、宗教的な領域のものであったので、この訳を施したことが、一つの創造活動となって、現世における 宗教的なニュアンスを含んだ職業という新しい総合的な意味を産出する、という場合、②そのような新しい訳を受け入れる素地が、当時の客観的状況の中に存在していないため、単なる「誤訳」として退けられる場合、③どちらかの意味だけが生き残って、新しい第三の意味の創出にはつながらない場合などが例として挙げられよう。

このように考えていくと、翻訳者がもともとある意味として訳されていた語に、別な意味を担っていた語を対応させて訳した場合、「誤訳」とは非難されず、しかも、両方の語がもともと帯びていた意味のどちらかだけが採用されるのでもなく、新しく折衷的意味が生み出されるということは結構難しいことで、当時の人々の間にその新しい意味がすでに広まっているか、受け入れられる素地が存在していた場合にしか成立し難いと思われる。

換言すれば、"Beruf" の例からも分かるように、文字の連鎖や音の連鎖が意味を媒介する(担う)ことは確かだとしても、その担われる意味の中身を決めるのは、文字列や発音そのものではなく、それを用いる人々の精神(解釈)である。それゆえ、当時、ルターが、実際に、どのような布教活動を行っていたのかということと、その受け手たちが、どのように影響を受けて、どのように解釈したかがが重要になる。

羽入が気づいた点、すなわち「ルターはその生存中ずっと『コリントI』七・二〇のクレーシスを "ruff" で訳していた」のは、ルターの考えではこの個所においてパウロが述べたかったことを文脈から判断すれば、クレーシスを「状況」とは解釈できてもやはり宗教的な文脈での「状況」であり、「仕事」と訳す個所ではなかったからであろう。しかし、後の翻訳者たちは、ここを "Beruf" で訳したのであるから、ルターと後の翻訳者たちの「精神」は異なっていたと言えよう。

それゆえ、今日的な意味における "Beruf" は、複数形の翻訳や翻訳者たちに由来していることが重要なのである。ルターの翻訳は重要ではあるが、すべてが彼一人の解釈に由来しているのではない。

(三) 『コリントI』七・二〇、『箴言』、『イエス・シラ』の関係について

では、ここからは、羽入の批判に焦点を当てて、検討を進めたいと思う。

羽入は、「終末論的に動機づけられた勧告」を『コリントI』七・二〇であると考えて、以下のような批判も行っている。「時間的順序に基づいたルターの翻訳相互の影響関係に関するヴェーバーの右の立場は、純粋に年代的な順序の見地から見た場合には、やや奇妙に響く面を持っている。というのは、それは、『コリントI』七・二〇においてルタ

ーが行ったギリシア語クレーシスに対する“Beruf”という訳語の選択は（すでに見たように、実際には“ruff”であったが）、すぐ二年後の『箴言』のルター訳には全く影響を与えず、他方、十一年後の『イエス・シラ』のルターの翻訳には影響を与えたということを主張しているからである」（『犯罪』八七頁）。

ここでは、ルターがまず『コリントⅠ』を翻訳し、その二年後に『箴言』、一一年後に『イエス・シラ』を翻訳したという時間的な順序を押さえて羽入は批判を行っている。

ところで、羽入がその著作上で書いている（『犯罪』八六頁）これら三つの翻訳の年代は、それぞれ一五二二年、一五二四年、一五三三年となっている。この点についてヴェーバー自身は、「ルターは一五三〇年のアウグスブルク信仰告白で、世俗的倫理を否定しようとするカトリシズムの立場は無益であるというプロテスタンティズムの教義を確立したのであるが、それとともに信仰告白の中に『各人はその職業に応じて』という表現を用いている」と書いている。そして、さらに、続けて、この事実と一五三〇年代の初め頃から、「ルターが各人のおかれている秩序をますます神聖視するようになったことと、それと同時に世俗的な秩序を神の意志によるものとして喜んで受け入れようとする態度がますます強固になったことなどが、この聖書翻訳におけるBerufの用法と関係していることは言うまでもない」とも書いている（Weber, 1920, S. 68）。

この一五三〇年頃という年代がBerufをめぐるルターの翻訳に決定的な変化を与えた時期であるとヴェーバーは書いているので、もしもその点だけを考慮すればそれよりかなり前に翻訳された『箴言』にはその変化が見られず、一五三〇年より後の一五三三年に翻訳された『イエス・シラ』には変化が見られるのは当然だと思われるかもしれないのだが、羽入は『箴言』の改訂時期も検討し、それを考慮に入れた上で『箴言』の中のヘブライ語の「仕事、務め」を表す単語が“Geschäft”と訳されて、”Beruf”と訳されていないことを問題視している。

この個所についても、ヴェーバーの原文を参照して検討したい。

（引用5）»Vocatio« was eben im überlieferten Latin = göttliche Berufung zu einem heiligen Leben, insbesondere im Kloster oder als Geistlicher, gebracht und diese Färbung nahm nun, unter dem Druck jenes Dogmas, für Luther die innerweltliche »Berufs« –Arbeit an. Denn während er jetzt *πόνος* und *ἔργον* bei Jesus Sirach mit »Beruf« übersetzt, wofür vorher n u r die aus der Mönchs übersetzung stammende (lateinische) Analogie vorlag, hatte er einige Jahre vorher noch in Sprüche Salomon. 22, 29 das hebräische מְלָאכָה, welches dem *ἔργον* des griechischen Textes von Jesus Sirach zugrunde lag und -ganz wie das deutsche Beruf , und das nordische kald, kallelse. -insbesondere vom geistlichen »Beruf« ausgeht, ebenso wie an anderen Stellen (Gen. 39 II) mit »Geschäft« übertragen (……). (Weber, 1920, S. 68 下線引用者)

訳せば以下のようになるであろう。

“vocatio”は、特に修道院における、あるいは聖職者としての聖なる生活への神の召しというまさに伝統的なラテン語において用いられていた。そして、今や、あのドグマの影響を受けて、ルターにとっては内世界的な〝召し（Beruf）〟である〝仕事（Arbeit）〟が、この色調を受け取ったのであった。（あのドグマの影響を受けてこの色調を受け取った）というのは、彼は、『イエス・シラ』のところでは、ポノスやエルゴンを、（以前は、修道士の訳に由来する（ラテン語の）類推だけがそれらの語に対して存在していた）“Beruf”でその時訳していたのであるが、ところが、二、三年前にはまだ（noch）『箴言』二二・二九において、『イエス・シラ』のギリシア語のテキストのエルゴンの元の語であり、ドイツ語の“Beruf”や北欧の“kald”“kallelse”とまったく同様に特に聖職者の“Beruf”に由来したヘブライ語のמְלָאכָהを、他の章句（Gen. 39 II）におけるのとまったく同様に、»Geschäft«で訳していたからである。（傍点引用者）

この個所で重要なのは、①『イエス・シラ』のところで、エルゴンやポノスを、（以前は、修道士の訳に由来する（ラテン語の）類推だけがそれらの語に対して存在していた）“Beruf”で訳していた、ということ、しかし、②そのエルゴンを原語とし、聖職者の“Beruf”に由来しているヘブライ語מְלָאכָהは、“Beruf”ではなく“Geschäft”で、たった二、三年前に訳されていたということにヴェーバー自身が注目しているという点ではないだろうか。つまり、「あの教義」の影響を受けた「現在の状況にとどまれ」という文脈のところでのみ、ルターは、世俗的な「仕事」を“Beruf”で訳せたのである。ここは、エルゴンの原語であり、聖職者の“Beruf”に由来したヘブライ語מְלַאכְתְּךָでさえも、“Beruf”では訳されず»Geschäft«で訳されているということを認識させるために加えた文章であろう。だから、「あのドグマ（jenes Dogmas）の影響を受け」たことが、ルターが「職業」[11]を“Beruf”で訳すようになった重要な契機なのである、とヴェーバーは“Denn”以下で述べているのではないだろうか。まさにこの点を示したいために、ヴェーバーは、ヘブライ語מְלַאכְתְּךָが»Geschäft«で訳されていたことをわざわざ書いたのだと思われる。

結局、皮肉なことに、ここでヴェーバーが述べようとしていたことは、羽入が「ヴェーバーの主張と違ってこれこそが事実だ」として指摘したこと、すなわち、改訂作業をも視野に収めて、『箴言』と『イエス・シラ』の訳の時間的前後関係はほぼ同時期であると考えるならば、「ルターは、『箴言』二二・二九は、“Geschäft”で、『イエス・シラ』一一・二〇、二一は“Beruf”でそれぞれ訳し分けていた」（『犯罪』一〇五‐一〇六頁）と書いていることに合致している。このことは、折原がすでに指摘していることである（折原、二〇〇三、七二‐七三頁）。

つまり、羽入は、『箴言』がルターによって初めて翻訳されたのは、一五二四年であると書いている（『犯罪』八六頁）が、ヴェーバーは『箴言』について、『イエス・シラ』における“Beruf”を用いた翻訳（一五三三年）の「二、三年前」の話をしているのである。それゆえヴェーバーは、初訳のときよりはずっと後の時点の『箴言』においても、まだヘブライ語מְלַאכְתְּךָが»Geschäft«で訳されていたことを強調したかったからこそ、『箴言』二二・二九の訳に言及したと言えよう。

ところで、羽入の『箴言』や『イエス・シラ』の改訂をめぐる複雑な検証とそれに基づいたヴェーバー批判は、もともと「ルターは、『コリントⅠ』七・二〇における“身分”の意味を含んだクレーシスを“Beruf”と訳した」とヴェーバーが述べていたと考えているところにその基盤があった。この視点が正しいかどうかについては、「現在の状況にとどまれという終末論的に動機づけられた勧告」が何を指すかということとの関係が深いので、次にこの問題を検証したいと思う。

2 終末論的に動機づけられた勧告およびルター聖書の原書について

(一)「事実上(sachlich)の類似性」とは何か

ヴェーバーは、『コリントⅠ』第七章の章句の引用を行ったあと、『コリントⅠ』七・二〇についてのテオフュラクトスによる注解に言及しながら、「ここでも、クレーシスは、今日のドイツ語の」Beruf《の意味ではない》と述べている。そして、さらにそれに続く個所では以下のように述べている。

(引用6) Aber Luther, »Beruf« der in der eschatologisch motivierten Mahnung daß jeder in seinem gegenwärtigen Stande bleiben sollte, "κλῆσις《クレーシス》" mit »Beruf« übersetzt hatte, hat dann, als er später die Apokryphen übersetzte, in dem traditionalistisch und antichrematistisch motivierten Rat des Jesus Sirach daß jeder bei seiner Hantierung bleiben möge, schon wegen der sachlichen Ähnlichkeit des Ratschlages πόνος《ポノス》 ebenfalls mit »Beruf« übersetzt. (Weber, 1920, S. 68)

〈訳〉しかし、各自、その現在のStandeにとどまれ、という終末論的に動機づけられた勧告(Mahnung)において、クレーシスをBerufで翻訳していた(übersetzt hatte)ルターは、後に彼が、その旧約外典を訳したときには、各自はその仕事にとどまるように、という『イエス・シラ』の、伝統的主義的で反貨殖主義的に動機づけられた助言(Rat)において、ポノスを、確かにその助言(Ratschlag)がもつ事実上の類似点のゆえに、同様にBerufを用いて翻訳したのである。(12)

まずこの文でヴェーバーが何を意味しようとしていたのかについて考えてみたいと思う。

ヴェーバーは、この文の直前で、「ルターは、第二〇節(13)において、古いドイツの翻訳を引き継いで、一五二三年にもなお、この章の釈義において、クレーシスを『Ruf』と訳しており(エルランゲン版全集、五一巻、五一頁)、当時、

『Stand』と解釈していた」（引用2）と書いていたことはすでに見てきた。さらにこの後、テオフュラクトスによる注解への言及が続き、クレーシスは、現在の「職業」という意味ではなかったと述べられている。すなわち、ここでのクレーシスは「状況（Stand）」という意味で訳されて「職業」という意味はなかったのだが、しかしながら各自その現在の状況にとどまれ、という終末論に基づく勧告のところで、クレーシスを»Beruf«と訳していたルターは、世俗的な「仕事」の意味しかなかったエルゴンやポノスを、"Beruf"で訳したのである。なぜかというと、「事実上（sachlich）の類似性」があったからである。では、その事実上の類似性とは何か。

羽入は、ルターが、『コリントI』七・二〇のクレーシスを"Beruf"で訳したという事実」こそが、ルターをして、『イエス・シラ』一一・二〇、二一のエルゴンやポノスをも『コリントI』七・二〇と同様に"Beruf"と訳させるに至らしめた」とヴェーバーが主張していた、と解釈していた（『犯罪』八四-八五頁）。つまりその際、「各自その現在の状況にとどまれ」という勧告は、『コリントI』七・二〇を指すと考えている。

しかし、羽入は、wegen der sachlichen Ähnlichkeit という個所の"sachlich"の解釈を間違えているのではないかと思われる。この"sachlich"は、同じ単語を用いて訳したかどうかという意味では用いられてはいないと考える。

ここで重要なのは、むしろ、一節の「(三)『コリントI』七・二〇、『箴言』、『イエス・シラ』の関係について」のところで見たように、ヴェーバーは、Berufが訳語として用いられるか否かにパウロの教義が深く関わっていると考えていたということであろう。羽入が提起した『コリントI』七・二〇におけるruffをめぐる問題は、ルターが、クレーシスをStandという意味のBerufで訳していたと考えないとヴェーバーの論証が成立しないと考えていたところで生じていることはすでに述べた。これは、ヴェーバーが、第一のBerufと第二のBerufとを架橋する第三のBerufを『コリントI』七・二〇に見出していたはずだという前提に立った推測であった。しかし、少なくともヴェーバーは「二つのBeruf」と述べている。それならば、あくまでもヴェーバーの述べていることだけを頼りにしてもう一度、「事実上の類似性」という語でヴェーバーが何を指していたのかを考えてみたいと思う。

ヴェーバーによれば、ルターが「汝のアルバイト（Arbeit）にとどまれ」と訳すはずの『七十人聖書』（ルターが翻訳の原典として用いた聖書）の文言を、「汝のベルーフ（Beruf）にとどまれ」と訳したのは、「事実上の類似のため

(wegen der sachlichen Ähnlichkeit)」であると書いているが、すぐその後で、ルターが、『イエス・シラ』の翻訳を行った頃と同時期と思われる一五三〇年代初頭に、「各人がおかれている秩序をますます神聖なものと見なすようになっていたこと」や「世俗的な秩序を神によって変更不可能に意志されたものとして受け止める傾向がますます強くなっていたこと」などがルターの翻訳に現れていると書いている（Weber, 1920, S. 68）。

これは、神の召しを意味するBerufが、世俗的な意味を担うBerufへとその意味を広げていったのではなく、世俗的な意味のエルゴンやポノスが、神聖化され、神の召しと関係づけられていったことを意味している。ただし、そのような解釈は、終末観との関係なしには不可能であり、「神による召しが、現在人々がおかれている状況に結びついている」個所である『コリントＩ』の第七章の諸節、特に第二〇節が媒介（架橋）しているのである。それゆえ、事実上の類似とは、この「現在の世俗的状況がそのまま神聖化される」ということである。そのため、世俗的なただの行いや仕事が、このBerufで訳されることによって「天職」という意味をもつようになったのである。

このように見てくると、エルゴンやポノスが、Berufで訳されて天職という意味を帯びるためには、その“Beruf”は、宗教的な意味の「召し」というニュアンスを失っていてはいけないことになる。『イエス・シラ』一一・二〇、二一における翻訳は、神の摂理との結びつきを維持しながら、しかも「世俗的な状況」の意味とも結びついているところにしか成立しなかったといえる。

ではその場合、「クレーシスをBerufで訳していた」「各自、その現在の身分にとどまれという終末観によって動機づけられた」勧告とは、何を指していると考えたらよいのだろうか。この点について以下で考えていきたいと思う。

(二)「各自、その現在の身分にとどまれ」という終末観によって動機づけられた勧告とは何か

(一)　考察の前提

「各自、その現在の身分にとどまれ」という終末観によって動機づけられた勧告とは何を指していたのかについて、検討していく前に、少なくとも以下の諸点は、ここでまず確認しておく必要があると思われる。

① これはすでに折原が指摘している（折原、二〇〇三、一三二頁）ことであるが、ヴェーバーが「プロ倫」の中で章

句に言及するときはたいてい、その節番号を明記しているが、この個所だけは、「各自、その現在の身分にとどまれという終末論的に動機づけられた勧告」という漠然とした書き方をしている。また、ヴェーバーは、「終末論的に動機づけられた勧告」の内容として「各自、その現在の身分にとどまれ（jeder in seinem gegenwaertigen Stande bleiben sollte）」と書いており、『コリントI』七・二〇の「各自は召されたままの Beruf にとどまっているべきである（Ein jeglicher bleibe in dem Beruf, in dem er berufen ist）」という章句をそのまま引用していない。しかも、『コリントI』七・二〇の章句には、ギリシア語の原文が付いているが、「終末論的に動機づけられた勧告」の内容の説明文の方には付いていない。以上のことからこの場合、「各自、その現在の状態にとどまれ（jeder in seinem gegenwaertigen Stande bleiben sollte）」という文は、章句そのものの引用ではなく、ヴェーバーが要点をまとめた解説部分であると考えることができる。

②「その現在の状況にとどまれ（jeder in seinem gegenwaertigen Stande bleiben sollte）」という表現の「現在」の状況とは何を指しているのだろうか。「召し」を意味するクレーシスと人々がおかれている現在の状況とが、なぜ結びつくのだろうか。そして、それはなぜ、「世俗的な職業」までは意味していないと言えるのだろうか。これらの疑問を解くためには、「召し」と「現在の状況」との関係を知る必要があるが、そのためには、パウロの教義についてももう少し知る必要があると思われる。

③ヴェーバーはなぜ、終末論的に動機づけられた「勧告（Mahnung）」を単数で用いたのだろうか。この点について折原は、「一般的勧告」と表現して単数であることは問題視していない（折原、二〇〇三、一三二頁）。筆者も、ここではパウロの勧告の内容が一般化されて考えられているので“Mahnung”は単数形なのだと考える。

（2）「召し」と「現在」との関係

まず、②の、そもそもなぜ、純粋に宗教的な「クレーシス（召し）」が、奴隷などの現世における人々のおかれている状況にも用いられたのだろうかという点について考えてみたい。まず、パウロの終末観や「召し」の内容について、『NTD新約聖書注解　コリント人への手紙』を参考にして以下のような知識を得た。

①「十字架は人類に対して決断として迫っている。それを愚かと見るものは滅び、神の力として知る者は救われるの

である。パウロにおいて救いの思想は審判と関係する。それゆえ、『救われる』という動詞も、通常未来時称で現れる。だが、この箇所[14]では、救いと滅びは、最後の遂行をまだ終えていないにもかかわらず、すでに現在において起こっている事実である。すなわち、神が世の終わりになしたもう未来の決断は、すでにキリストの十字架の事実と働きによって、現在のものとなった。人が福音に逆らってこれを愚かとして軽蔑するなら、それは滅びのしるしであり、永遠の最後的な死のしるしである。だが、福音の中に宣教されるキリストの十字架を神の力と信ずるなら、それはいのちと救いのしるしである……」（ヴェントラント／ゲルハルト、一九七四、四五頁）。

② 「十字架上に死にたもうイエスは、神の救いの意志の啓示である。……キリストの十字架は、人類全体にかかわる神の行為である。しかし啓示の新しい道による救いはただ信ずるものにだけ起こるのである」（ゲルハルト、一九七四、四七頁）。「キリストにあって、終わりの時の救いの賜物が現在となり（六11）、彼の到来によって、終わりの時の出来事が開始されたのである。だが、このような現在化が、『贖い』の終末的意義をけっして捨てるのでないこともまた明らかである。なぜなら、キリストと共に開始されたことは、完成に向かって中断せずに進行するからである（一七‐一八、一五23以下参照）」（ヴェントラント／ゲルハルト、一九七四、五二頁）。

このような資料を考慮すると以下のような解釈が得られる。

「各自、その現在の状態にとどまれ（jeder in seinem gegenwaertigen Stande bleiben sollte）」という勧告の内実は、パウロの教えの内容を念頭において解釈すれば、以下のようになる。すなわちパウロの終末観にあっては、「終わりの時の救い（＝召し）の賜物が現在となって」おり、もうすでにキリストの十字架によって召しは始まっているのである。また、「あなた方は、この集会に来たということ自体が召されているということなのだから、そして、終わりの時（＝召しの完成の時）は迫っており、奴隷の身分のような、この世の基準では避けたいような状況でも、召された途端にその意味は変わるのだから、そのままの状況にとどまりなさい」と。

各自の状況にもすでに始まっている神の召しが反映しており、未来において完結する召しの現れである、と解釈すれば、神の「召し」はそのまま、人間各人の「召されている現在の状況」にも反映している。このような「現在」の二重性が、『コリントⅠ』七・二〇においては、クレーシスを「身分」とか「客観的秩序」などと訳した方がよく、この書簡の他の箇所や、他の書簡においては、"Beruf（＝召し）" で訳した方がよいというように、訳が併存する理由であろう。
逆に、いくらある状況（Stand）に "Beruf" という語をあて訳していたとしても、それは、完全に世俗的なものではなく、「神が与えたもうた状況」であるという条件が付いているということが分かる。

（3）「各自、その現在の状況にとどまれ」という勧告と『コリントⅠ』七・一七

ここで一番問題となるのは、「現在の状況（gegenwaertigen Stande）」という言葉をヴェーバー自身がどのような意味で使ったのかということである。ヴェーバーはすでに「この『コリントⅠ』七・二〇のクレーシスは、状況（Stand）の意味だ」とルターが解釈していたと記している。さらに、（本論文の注(7)でもすでに指摘したが）アウグスブルグ信仰告白第一六条に言及した個所では、この『コリントⅠ』七・二〇に「客観的秩序」という概念が含まれているとヴェーバーが考えていたことを示唆している。

（引用7）……daß hier, wenigstens in erster Linie, an Beruf als objective Omdnung im Sinn der Stelle I Kor. 7•20 gedacht ist.（Weber, 1920, S. 65 L. 32）

〈訳〉ここでは、少なくとも何よりもまず、『コリントⅠ』七・二〇の意味での客観的秩序としてBerufが考えられている、ということ……

また、ヴェーバー自身ではないが、この個所のクレーシスについては、「通常の用法とは異なって、人が召命を受けた時点での状態（召命によって変えられた新しい状態ではない）を意味しているのであろう」という解釈がある（荒井・マルクス、一九九四、二九四頁）。
このような解釈を念頭におきつつ、『コリントⅠ』七・二〇を改めて見てみたい。「おのおのその召されし時のさまに

とどまるべし」（山室、一九七一、五一頁）は、まさに召される時の勧告であるから、この後ろにはたとえば二二節のような章句が続く。「主にあって召された奴隷は、主によって自由人とされた者であり、また、召された自由人はキリストの奴隷である」。召される前の世俗的な状況が召された瞬間に召された後の状況へとすり替わる場面が書かれている。神がすべてを決定するのであり、人間は神にすべてを委ねるべきなのである。だからこそ、「兄弟たちよ、各自はその召されたところで、そこにおいて神の前におるべきである」（二四節）となる。

このように見ていくと、『コリントI』七・二〇におけるクレーシスは、やはり、現実世界における人々の状況に関係する特別な役割を与えられており、この部分の存在が、純粋に宗教的なBerufと後の『イエス・シラ』における翻訳とを架橋する際に不可欠であることが見えてくる。しかしまた、同時期に訳された「『コリントI』一・二六、『エフェソ』一・一八、四・一および四、『テサロニケII』一・一一、『ヘブル』三・一、『ペテロII』一・一〇のような、純粋に宗教的なBerufが用いられている勧告」も、パウロの終末観を本質的に含んだものであるならば、この「各自、その現在の身分にとどまれという終末観によって動機づけられた勧告」にもこれらの内容が含まれると考えられる。

この点はどうなのかを見てみよう。たとえば、『コリントI』一・二六の内容は、「兄弟よ、召しをこうむれる汝らを見よ、肉によれるかしこき者多からず、力ある者多からず、とうときもの多からず」（山室、一九七一b、二〇頁）である。また、『エフェソ』四・一の内容は「されば主にありて囚人たる我なんじらに勧む。汝ら召されたる召しにかないて歩み……」というものである（山室、一九七一a、二〇一頁）が、折原によれば、ルターは、ここのクレーシスを「召し」という意味の“beruff”で訳している（折原、二〇〇三、六九頁）[15]。これらは、召されたあとの人の取るべき生き方を示唆している章句であると考えられる。山室の注解によれば、「パウロはキリストの使徒となる召しを受け、またコリントの信者たちは聖徒となる召しをこうむった、とある。このように、わたくしどももまた自分勝手にクリスチャンとなり、あるいは伝道者となったのではなく、全く神の召しに従ってこうなった者である。それであるからわたくしどもは、平生その『召されたる召しにかないて歩』（エペ4・1）むことを、こころがけねばならない」（山室、一九七一b、二〇頁）。また、『エフェソ』四・四は、「体は一つ、霊も一つ。そして同様に、あなたがたは（みな）〈召命〉の一つの希望において〈招かれたのだ〉」となっている（荒井・マルクス、一九九四、二九四頁）。ただし『ギリシア語 新約聖書釈義事典II』では、これらの『エフェソ書』における章句に、「召命の将来的次元への付加的な言及」を見ているのであり、「現在」の次元ではないと書いてある（荒井・マルクス、一九九四、二九四頁）。しかし、ここでも人々はすでに信者になっているということによって未来の召しにあると同時に、現在も神の召しの影響下にあるという含みが否定されるものではないであろう。

以上のような検討を通して総合的に判断するならば、「各自、その現在のStandeにとどまれ、という終末論的に動機づけられた勧告（Mahnung）」が何を指していたのか、という問いへの答えとしてまず、折原が指摘している「『コリントI』一・二六、『エフェソ』一・一八、四・一および四、『テサロニケII』一・一一、『ヘブル』三・一、『ペテロII』一・一〇のような、純粋に宗教的なBerufを用いている勧告」である可能性が見て取れる。

しかし、それだけでは、そのような純粋に宗教的なBerufと『イエス・シラ』一一・二〇、二一における訳との間に「事実上の類似性」がどうして見出せるのかがまだ分からない。「神の召し（クレーシス）」という語は確かにそれらの勧告の中に見て取れるが、そこには「世俗的な客観的状況」のニュアンスを含んでいたクレーシスは存在していなかったからである。このようなクレーシスは、『コリントI』七・二〇に見て取れることがヴェーバーによって明記されていることはすでに見てきた。ヴェーバーの論述が成り立つには、この「終末論的に動機づけられた勧告（Mahnung）」は、『コリントI』一・二六、『エフェソ』一・一八、四・一および四、『テサロニケII』一・一一、『ヘブル』三・一、『ペテロII』一・一〇のような、「純粋に宗教的な意味のBerufで訳されるクレーシスを含んでいる勧告」でありつつ、『コリントI』七・二〇のような「世俗的な客観的状況」のニュアンスのクレーシスを含んでいる勧告でもあることが必要だということになる。しかし、そのようなことが可能なのであろうか。

この場合、この疑問を解く鍵となるのは、ヴェーバーが括弧付きで書いていた次の文章だと思われる。

（引用8）（Das ist das Entscheidende und Charakteristische. Die Stelle I Kor. 7, 17 braucht κλῆσις wie gesagt, überhaupt nicht im Sinn von »Beruf« = abgegrenztes Gebiet von Leistungen.）（Weber, 1920, S. 68）

〈訳〉それが、決定的で特徴的なことである。『コリントI』七・一七の章句は、すでに述べたように、「Beruf」(=限定されている活動分野)という意味のクレーシスを決して用いていない。

『コリントI』七・一七の章句をヴェーバーは部分的に障りしか引用していないが、「……ein jeglicher, wie ihn der Herr berufen hat, also wandle er ……」(S. 67)(……神が各自を召したように、そのように(各自は)歩め……)」という内容である。これを、『コリントI』七・二〇「各自は、彼が召されたその Beruf のうちにとどまれ」と比較してみると、『コリントI』七・二〇の方でのみ、「限定されている活動分野」という意味のクレーシスが用いられていることになる。このように、『コリントI』七・二〇は、「限定されている活動分野」という意味のクレーシスをもつという点では同じ七章でも他の章句とは異なっているが、ではクレーシスが用いられていない七章の他の章句は、終末観に動機づけられた勧告でなかったのかといえばそのようなことはないであろう。七章の他の章句には、berufen というクレーシスの動詞形が、「召される」という意味で用いられており、これらの章句は、「『コリントI』一・二六、『エフェソ』一・一八、四・一および四、『テサロニケII』一・一一、『ヘブル』三・一、『ペテロII』一・一〇における、純粋に宗教的な Beruf を用いている章句」の延長線上にある。

それゆえ、この引用8の文は、『コリントI』七・二〇と『コリントI』七・一七との違いを明らかにしていると同時に、『コリントI』七・一七の内容と第一のクレーシスの訳との間に連絡を付ける役割を果たしているものと思われる。『コリントI』七・一七は、『コリントI』七・二〇のすぐ近くにあってその意味も第二〇節と似ているところもあるのに、『エフェソ』『テサロニケII』『ヘブル』『ペテロII』のような、純粋に宗教的な Beruf を用いている勧告の仲間でもあるのである。それゆえここでは、『コリントI』七・二〇には、Beruf という訳はなかったが、他と異なる含みをもって訳されたこの節と、この節の前後の、もともとの「召し」としか関わっていないいくつかの節や『コリントI』一・二六、『エフェソ』一・一八、四・一および四、『テサロニケII』一・一一、『ヘブル』三・一、『ペテロII』一・一〇とが、無理なくつながっているところに、ヴェーバーは、パウロの終末観が、「二つの Beruf」の間を実質的に架橋したという説明が成り立つ可能性を見出したのだと思われる。さらに言えば、ルターにとっては「現在人々がおかれている客観的状況がそのまま神に召されていることに重なっている」というその内容こそが「事実上の類似性」だった、というのがヴェーバーの解釈だったのであろう。

それゆえ、「各自、その現在の状態にとどまれ」という終末観に動機づけられた勧告とは、『コリントⅠ』の特に第七章の引用された一連の節（第二〇節も含む）、『コリントⅠ』一・二六、『エフェソ』一・一八、四・一および四、『テサロニケⅡ』一・一一、『ヘブル』三・一、『ペテロⅡ』一・一〇などの勧告であると言えると思われる。しかし、このすべての節で、クレーシスがberufで訳されていたというわけではなく、「訳していたことがある」という意味が、übersetzt hatteという過去分詞に込められていたと考えられないだろうか。[16] つまり、「各自、その現在の状態にとどまれ」という終末観に動機づけられた勧告とは、『コリントⅠ』の特に第七章の引用された一連の節（第二〇節も含む）、『コリントⅠ』一・二六、『エフェソ』一・一八、四・一および四、『テサロニケⅡ』一・一一、『ヘブル』三・一、『ペテロⅡ』一・一〇などの勧告なのであるが、クレーシスがBerufで訳されていたのは、その中の『コリントⅠ』一・二六、『エフェソ』一・一八、四・一および四、『テサロニケⅡ』一・一一、『ヘブル』三・一、『ペテロⅡ』一・一〇のところの方なのである。Berufの第一の意味と第二の意味との架橋は、『コリントⅠ』七・二〇が行っているが、しかしそれは、第一七節、第二四節を含む前後の終末観に動機づけられた第七章の諸節に支えられて可能になっているのであり、「客観的状況」という意味は『コリントⅠ』七・二〇のクレーシスに特徴的なものではあるが、それでも神の摂理との関係は切れていない。だからこそ、「架橋できる」ことになる。[17]

この微妙なつながりを表現することは難しく、「各自、その現在の状態にとどまれという終末観に動機づけられた勧告」という表現はわざと曖昧にされたのであろう。そのことが誤解を生む可能性を含んでしまったということではないだろうか。ここでは具体的に引用しないが、すでに出版されている「プロ倫」の翻訳書を見ると、どちらかというと羽入の解釈に近いと思われる訳が多い。とすれば、ここは、少なくとも日本においてはヴェーバーの含意があまり正確に理解されてこなかった個所であると言えよう。しかし、聖書の内容がより実質的に理解されているところでは、羽入のような誤解は生じ得なかったのではないだろうか。

むすび

ここで再度、ヴェーバーが、「事実上の類似性」という表現で何を意味していたのかを確認してみたい。パウロの終末観に満ちた教義には、人々が召される際におかれている客観的状況がそのまま召された後の状況へとすり替わる状況が含まれていた。ルターの信仰が強まり、世界の終末が近づいているという確信とともに世界がより神聖化され、世俗的な職業も聖なる召しの現れなのだという確信も強まるとき、それは丁度、『コリントⅠ』第七章の引用された章句の中で見られた「現在の状況と未来の状況との境界の流動性」と重なる。その際、世俗的な職業を表す原語が、「召し」という聖なる意味を担っていた語（Beruf）で訳されたから、「天職」という神聖化された意味を担うようになったのである。逆に、「客観的状況」を表すBerufがたとえ存在していたとしても、そのBerufで訳された世俗的な職業の意味を担っていた原語は、「天職」という神聖化された意味を帯びることはできなかったであろう。ルターは、ただの職業を「召し」の意味のBerufで訳すことにより、それを「天職」へとすり替わらせたのである。

このように考える場合、本論文の最初からずっと論じてきたことも考え合わせると、少なくとも『コリントⅠ』七・二〇の“Beruf”をめぐる羽入による批判は成立しないと考える方が妥当であろう。特に、ヴェーバーが、『イエス・シラ』一一・二〇、二一ではなく、『コリントⅠ』七・二〇について詳論していることについて、羽入がそこに何か隠蔽の意図を見ようとしていたことの不当性を明らかにできたのではないかと思う。

注

（1）『コリント前書』ともいう。新約聖書に収められているパウロの手紙集。
新約聖書二七巻のうち、歴史的記録五巻と黙示文学一巻を除けば、あとの二一巻は皆書簡を収集したものである。その二一巻の書簡は、少なくとも六人の異なる著者のよるものである。そのうち、一三巻はパウロ、三巻はヨハネ、二巻はペテロ、一巻はヤコブ、一巻はユダ。他の一巻、ヘブル書の著者は不明である。

パウロの一三巻の書簡の著された時期は、三つに分けられる。

第一、初期の書簡。彼が伝導旅行中に執筆した。テサロニケ前書、同後書、ガラテヤ書、コリント前書、同後書、ロマ書の六巻。

第二、幽囚の書簡。ロマで幽囚中に書き送った書簡。コロサイ書、ピレモン書、エフェソ書、ピリピ書の四巻。

第三、晩年の書簡。パウロがロマの刑務所から放免され、数年間各地を転戦した後、ふたたびロマで幽囚の身となっていた間の書簡。テモテ書、同後書、テトス書の三巻（山室、一九七一、一四-一五頁）。

(2) 論文名は、「マックス・ヴェーバー『プロテスタンティズムの倫理と資本主義の精神』における資料操作について――資本主義の精神と »Beruf« 概念」（東京大学文学部倫理学科一九九〇年度修士論文）、および「マックス・ヴェーバーにおける »calling« 概念について」（『倫理学紀要』第七号、一九九一年）。

安藤自身は、二通りの “Beruf” 概念間の推移の理由を折原の見解に通じる立場で書いており、羽入の論文についてはむしろ、「フランクリンについてのヴェーバーの考証の『誤り』を克明に分析している」ところに注目しているように見える。

(3) 荒井・マルクス（一九九四）二九一頁では、「κλῆσις はパウロとパウロの影響を受けた文書（パウロ九回、ヘブライ書とペトロに各一回）だけ用例があり、また、κλητός（招かれた）も主としてパウロが用いる語彙である（七回。パウロ以外ではマタイ、ユダ書、黙示録に各一回だけ）」と書いてある。

(4) 安藤は、梶山力訳・安藤英治編の「プロ倫」の訳書の中で以下のように書いている（ヴェーバー、一九九四、一三四頁）。「『イエス・シラク』はユダヤ教の法律学者ラビの伝統にしたがって『ベン・シラ』と略記される……。ウェーバーの用語は、原論文も現論文もともに『イエス・シラク』である。梶山はウェーバーの正式用語を使用している。大塚訳では略称が用いられている」。

(5) ルターのドイツ語は、中世ドイツ語から近代ドイツ語に至る過渡期の言語である “Fruehneuhochdeutsch” の中期にあたるものである（塩谷、一九七五、二頁）。しかも、“Septemberbibel” は、ルターの言語の中でも早い時期のものであり、つづりと語彙が後期の言語と比べて甚だしく異なっている。たとえば、初期近代ドイツ語の特色として、「子音の重ね（Konsonantenhaeufung）」が挙げられ、一四世紀後半には、z を tz, cz, sz と表したり、その他、f を ff、語尾の -en を -enn などと表記したりしていた（塩谷、一九七五、一四、一五頁）。ルターもだんだんと彼の表記を古い形から新しい形へと変更していったという。

(6) 荒井・マルクス（一九九四）二九四頁では、このように書いてある。――『コリントⅠ』七・一七-三一の彼（パウロ）は、「神の掟を守って」（一九節）彼らが神から召されたときの状態にとどまるように、その状態を神から与えられた「分」として受け入れるようにと勧める（一七節）。割礼を受けている者も、無割礼の者も、自分の状態を変化させるべきではない。むしろ、

「おのおの〈召されたときの状態に〉とどまっていなさい」（二〇節）。このκλῆσιςは、パウロの通常の用法とは異なって、人が召命を受けた時点での状態（召命によって変えられた新しい状態ではない）を意味しているのであろう。奴隷に向けられた、心を煩わせずにそのままの身分でいなさいという勧告もまたこの解釈を支持する（二一－二二節）。

（7）……daß hier, wenigstens in erster Linie, an Beruf als objective Omdnung im Sinn der Stelle I Kor. 7•20 gedacht ist.（S. 65 L. 32）〈訳〉ここでは、少なくとも何よりもまず、『コリントⅠ』第七章第二〇節の意味での客観的秩序としてBerufが考えられている、ということ……。

（8）この点について、フリードリッヒ（一九七四）第二一・二二節、一二五頁における注解は、第二〇節の特徴と解釈上の問題点を明らかにしている。「次に使徒は、第二の例である奴隷の身分に言及する。パウロはここで、『召し』を表すギリシア語のクレーシス（klēochsis）を全く新しい意味での『身分』として用いており、それはほぼ今日で言う『職業』にあたる、と言われてきた……。けれども、他の箇所で見られる原始教会とパウロの用法では、『召し』とはつねに福音による神の召しであり、それによってわたしは集会の成員となるべく、また神の支配する救いを受けるべく定められているのである（一26、ロマ一一29、ピリ三14、Ⅱテサ一11参照）。それゆえわれわれは、宗教改革者の『職業』観――それは神の召しを、この世のために定められた神的秩序の内部における『身分』『職務』と見なす――をこの二〇節に導入すべきではない。むしろここでは、使徒の手短な表現（すなわち、キリスト者は福音による神の呼びかけを受けたその社会的位置にとどまるべきであるという）にわれわれは出会うのである。したがって、召しという言葉は、神の呼びかけが人間に出会ったその場所と状況にまで及ぶことになる。このことからしてパウロは奴隷に向かってすら、君がいまあるところにとどまれ、と敢えて言うのである」。

（9）折原もこの点について、時間的経過を追う形でヴェーバーが論じていないことに注意を払っている（折原、二〇〇三、一三二頁）。

（10）ルターが翻訳した聖書の初版本は、一五二二年九月二一日に公刊されたもので、"Septemberbibel"とか、"Septembertesutament"と呼ばれている（塩谷、一九七五、一頁）。その『ルター聖書』の売れ行きは驚異的で、一五二二年の一二月にはすでに再版本が現れたという。また、Septembertesutamentに続く二年間にヴィッテンベルクで一四版が現れ、他のドイツ諸都市で六六の復刻が出たという。また、一五二三年にこの聖書の低ドイツ語版が二種、現れ、二四年にはデンマーク版がライプツィヒで、二五年と二六年にはバーゼルでオランダ語版が刷られていたという。

（11）この『箴言』二二・二九には、「汝その業に巧みなる人を見るか、かかる人は王の前に立たん、必ずいやしき者の前に立たじ」とある（山室、一九七二、一四九頁）。「業」と訳すか、「用務」と訳すかの違いは、「職業」というニュアンスを"Beruf"がどこで担うようになったのかを問題とするこの文脈では重要な問題であろう。また、この章句は、一九一二年版のルター聖書では、以下のように訳されている。

Siehst du einen Mann behend in seinem Geschäft, der mich vor den Königen stehen und wird nicht stehen vor den Unedlen. ここでも、「業」は、“Geschäft,”と訳されており、“Beruf”ではない。つまり、これはヴェーバーの生存中までここは“Geschäft”と訳され続けていたということも想定でき、折原の指摘のように（折原、二〇〇三、七二頁）、「業」という意味であるがゆえに“Beruf”に訳を変更されないのだと理解できる。

(12) 長い文であるので、本来ならば二つの文に分けて訳す方が分かりやすいと思われるのだが、そうすると、Aberがどこにかかっているのかが不明瞭になるので、ここではあえて一文で訳した。

(13) この「第二〇節」はその文脈から見て、『イエス・シラ』の第二〇節ではなく、『コリントⅠ』の第二〇節であると思われる。

(14) 『コリントⅠ』一・一八。この釈義では、「パウロは二六－三一節、およびこれに続く二章一－五節の二つの証明過程において、さきの一八－二五節に述べた難しいことがらの意味を具体的に明示するのである」（ゲルハルト、一九七四、四九頁）と書いてある。『コリントⅠ』一・二六は、ヴェーバーが〝クレーシス〟を“Beruf”で訳したとして挙げている章句の一つであるので、ここで書かれている内容は、重要であると思われる。

(15) ヴェーバーは、一度も直接に『ルター聖書』の初版の参照指示を出していないのだが、彼はこの原書を読んでいたのだろうか。まず、（すでに折原も指摘していたことだが、）ヴェーバーは、ルターが「二通りのまったく異なった概念を“Beruf”で訳している」（Weber, 1920, S. 66）と書いていた。この二通りのまったく異なった概念の一つ目は、『コリントⅠ』一・二六、『エフェソ書』一・一八、四・一、および四、『テサロニケ後書』一・一一、『ヘブル』三・一、『ペテロ後書』一・一〇における「神による永遠の救いへの召し」という意味のパウロ的な〝クレーシス〟である。手元にある一九一二年版の『ルター聖書』で調べてみると、この〝クレーシス〟にあたるところは“Berufung”で訳されている。一九一二年版は、ヴェーバーが『倫理』を書いた一九〇四年頃より八年ほどあとであるので、その頃ヴェーバーが使用した「普通の現代版」では“Beruf”になっていたのか、今、手元にある資料からだけでは分からないが、少なくともヴェーバーの存命中の一九一二年にこの〝クレーシス〟が“Berufung”と訳されていたことは確かであろう。

　ところが、折原は『コリントⅠ』以外の書、（『エフェソ書』一・一八、四・一、および四、『テサロニケ後書』一・一一、『ヘブル』三・一、『ペテロ後書』一・一〇を指しているのであろう）において、〝クレーシス〟は“beruff”という語で訳されてはいたと書いている。ただし、『コリントⅠ』一・二六だけは、一五二二年から第二版が出る一五二六年までは、“ruff”で、その後、“beruff”に訳語が変わったとしている（折原、二〇〇三、一三三頁）。筆者も、『ヘブル』以外は、復刻版『九月聖書』の該当個所を調べたが、その通りであった。ヴェーバー自身は、それを（“Berufung”ではなく）“Beruf”で訳されていたと書いている（Weber, 1920, S. 66）ことを考慮するならば、（一五二六年以前の）ルター時代の『ルター聖書』を見ていたことは確かであろうが、一五二二年の『九月聖書』を見ていたかどうかは、確信できない。ただし、ヴェーバーのここでの論証にとって、もし『九月聖書』を見ていなくても、一五二三年の釈義や、少なくとも、『イエス・シラ』が訳されるかなり前の一五二六年に、『コリントI』一・二六も"Beruf"でクレーシスを訳していたことを調べていたのならば、羽入が書いているような大問題ではないだけでなく、ほとんど問題ではないと思われる。また、多少深読みすれば、『コリントI』七・二〇のクレーシスが「ルターによってruffで訳されていた」ことを明示してしまうと、なぜこの部分が架橋句になりうるのかを説明しにくくなるので、わざと、現代版の訳と、あとは釈義の引用のみを行ったとも考えられよう。では、それが詐欺であるとか論証の捏造に当たるかといえば、論証に不当な点があるわけではないので、決して当たらないであろう。

(16) 梶山訳を折原は注で引用し、そこに見られる時制の訳し方の不適切さなどを指摘している。「然るにルッターは、各自その現在の身分に止まれとの、終末観に基づく勧告に関して klēsis を »Beruf« と翻訳した後、旧約外典を訳するに当って、各自その仕事（Hantierung）に止まるを可とするとの、イエス・シラクの伝統的主義的反貨殖主義的に基づく勧告に関しても、単に両者の実質的類似（sachliche Aenlighkeit）のみから、ponos を、»Beruf« と翻訳した（梶山訳、一九九四、一四三頁）」（折原、二〇〇三、一三二頁）。

(17) 折原はこの点について、以下のように書いている。「klēsis の訳語としての »Beruf« につき、二種の用法を対置したうえで、『架橋句』としての『コリントI』七章一七節以下を、読者に馴染まれている『普及版』をあえて使って『直観的／具象的に把握 veranschaulichen』してもらい、当該句が一般的な『召し』の意味を保存すると同時に、そこでだけ広義の社会的『身分』の意味を帯び、狭義の社会的身分としての『職業』にあと一歩で具体化される（その意味で、まさに『架橋句』の位置にある）事実を確認し、提示している」（折原、二〇〇三、二三四－二三五頁）。

参考文献

Weber, Max, 1920, "Die protestantische Ethik und der »Geist« des Kapitalismus," in *Gesammelte Aufsätz zur Religionssoziologie*, Bd. 1, SS. 17-206.

荒井献／H・J・マルクス、一九九四、『ギリシア語　新約聖書釈義事典II』教文館。

安藤英治、一九九二、『ウェーバー歴史社会学の出立』未來社。

ウェーバー、マックス、一九六五、『プロテスタンティズムの倫理と資本主義の『精神』』『ウェーバー　政治・社会論集』〈世界の大思想23〉阿部行蔵訳、河出書房新社。

ウェーバー、マックス、一九九四、『プロテスタンティズムの倫理と資本主義の《精神》』梶山力訳・安藤英治編、未來社。

折原浩、二〇〇三、『ヴェーバー学のすすめ』未來社。

塩谷饒、一九七五、『ルター聖書のドイツ語』クロノス。

羽入辰郎、二〇〇二、『マックス・ヴェーバーの犯罪――『倫理』論文における資料操作の詐術と「知的誠実性の崩壊」』ミネルヴァ書房。（本文中では『犯罪』と略記）

ヴェントラント、H・ID／フリードリッヒ・ゲルハルト監修、一九七四、『NTD新約聖書注解（七）コリント人への手紙』塩谷饒・泉治典訳、NTD新約聖書注解刊行会。

山室軍平、一九七一a、『山室軍平聖書注解全集　民衆の聖書23　ロマ書　ガラテヤ書　エペソ書』教文館。

山室軍平、一九七一b、『山室軍平聖書注解全集　民衆の聖書24　コリント前書　コリント後書』教文館。

山室軍平、一九七二、『山室軍平聖書注解全集　民衆の聖書15　箴言・伝道の書・雅歌』教文館。

Die Bibel oder die ganze heilige Schrift des Alten und Neuen Testaments nach der deutschen Übersetzung D. Martin Luthers. Wütembergische Bibelanstalt "Nach dem 1912 vom Deutchen Evangelischen Kirchenausschuß genehmigten Text"（永田竹司監修・川端由喜男編訳『日本語対訳　ギリシア語新約聖書6　ローマ人への手紙・コリント人への手紙』教文館、二〇〇一年。

Neudruck de rim Besitz der Universitäts- und Landesbibliothek Halle/Saale befindlichen Original-ausgabe (Sign. Fa 4 Fol.) Die Bläochter 2, XIII (Bogen C), XXXIv(Bogen F), XLVIIv (Bogen H) und die unpaginierten Bläochter3 (iii) und 4r des Bogens aa wurden dem Exemplar des Evangelischen Predigerseminars Wittenberg entnommen (Sign. S7/418). Deutschd Bibelstifung, Stutgart, 1978

Sigge,Franz, 1958, *Das NEUE TESTAMENT*, Fischer Bücherei.

第Ⅱ部　論争を検証する

第5章　「マックス・ヴェーバーの犯罪」事件

唐木田健一

一　「知的誠実性」を論じる知的不誠実

二〇〇二年九月に羽入辰郎著『マックス・ヴェーバーの犯罪――『倫理』論文における資料操作の詐術と「知的誠実性」の崩壊』という本（以下、『犯罪』と略記）が刊行されている。著者は東京大学大学院人文社会系研究科倫理学専攻博士課程の一九九五年の修了者である。一般的にみればこの本は、自然科学分野の対応物としては、たとえば「アインシュタインは間違っていた」といったいわゆる「トンデモ本」のカテゴリーに属し[1]、その限りの扱いですむはずである。しかし、社会学者・折原浩は継続的に、この本を徹底的かつ緻密に批判している（折原、二〇〇三a、二〇〇三b、二〇〇五a、二〇〇五b）[2]。私にはここにおける折原の姿が非常に危ういものに思われる。折原自身すら自己を「飛んで火に入る夏の虫」や「〝火中の栗〟を拾おうとしていること」にたとえてもいる[3]。この折原の危うさは、私には現在の日本における学問の危うさと重なってみえる。

断っておくが、危うさとは、折原の主張が説得力に欠けるとか、あるいは論争において折原が危ういなどといったことではない。まるで逆である。これを仮に《勝負》と呼ぶなら、すでにその結果は明らかである。折原は強力である。私が危ういというのは、折原ほどの人物が、タイトルからして際物であることが明らかなこんな著作を、なぜ懸命になって批判しなければならないのかという点にある。

折原は高名な「ヴェーバー学者」である。したがって、彼による『犯罪』の批判は、表面だけをとらえるなら、いわば「赤子の手をねじる」ような大人げない行為（もっと悪く言えば権威者による若手の弾圧）に見えることであろう。あるいは、ヴェーバーという「偶像」を破壊する《若き知性》の出現に、業界のボス（すなわち折原）が利権擁護の強迫観念に取りつかれて反応しているというレッテルを貼り付けることもできる。また、折原に対しては、比較的に専門の近い人から「『犯罪』は反論にも価しないものであり、〝自然の淘汰〟に委ねればよい」という趣旨の意見も寄せられたそうである。

『犯罪』では、ヴェーバーが「犯罪者」「詐欺師」「知的不誠実」と非難されている。仮にこの主張が正しいとするなら、ヴェーバー研究者は「詐欺」の片棒を担ぎ、ヴェーバーの「欺瞞」を世に広めて害毒を流してきた「犯罪加担者」ということになろう。これは、ヴェーバー研究者としては、放置しておいてよい問題ではないというのがまずは折原の立場である（折原、二〇〇五a、二九-三〇頁）[4]。また、『犯罪』は、自称「文献学」にもとづく一見緻密な「論証」を多量の自画自賛をまじえて自信たっぷりに展開しており、ヴェーバーの原文あるいは訳文と照合しながら読まない限り、一般の読者は誤導されやすい。したがって折原は、問題点を逐一指摘し、羽入による誤読・錯視・曲解を検証していく作業は、他の「誰にも転嫁できない、優れて専門家の責任とされざるを得ないのではないか」と書いている（折原、二〇〇五a、九四頁）[5]。それに、日本の社会および大学の現状は、奇態な主張が「淘汰」されるどころか、「悪貨が良貨を駆逐する」ことをより懸念すべき事態にあると思われる。

『犯罪』のもととなった論文は、東京大学大学院人文社会系研究科倫理学専攻の課程において、修士および博士の学位を授与されたとのことである。また、この本は二〇〇三年度「山本七平賞」（ＰＨＰ研究所）を受けている。この賞の選考委員は、加藤寛、竹内靖雄、中西輝政、山折哲雄、養老孟司、江口克彦の六人である。このうち、山折はかつてヴェーバーの論文を訳したことがあるという程度の関わりはあるが、他の五名はヴェーバーに関しては全くの素人である。これらの人々がこの本を絶賛し喝采をおくっている。政治的あるいは商業的意義はともかく、学問的には無責任きわまりないものである[6]。

他者（それも世界的に超著名な学者）を「犯罪者」「詐欺師」「知的不誠実」と批判するなら、それに対する反批判にはあらかじめ相当程度の覚悟と準備があって当然である。ところが、折原が批判を公にしてから二年以上経っても、当の羽入からの反論あるいは弁明はないとのことである。ただ、ある対談に出て（羽入・谷沢、二〇〇四）[7]、「折原の批判は〝営業学者〟の〝ヒステリック〟な〝罵詈雑言〟に過ぎず、したがって自分はそんなものに答える必要はない」という趣旨を発言している[8]。知的誠実性を問題にしながら、自分ではそれを放棄しているのである。

折原は、羽入が学問的討議に応じない以上、彼に学位を授与した東京大学大学院人文社会系研究科倫理学専攻の関係者に公開論争を求めると宣言している。私も本件に関する東大倫理学教室の対応は多大なる関心をもって注視したい。

なお、『犯罪』を批判した折原の諸著作は、ヴェーバーの「〝倫理〟論文」（「プロテスタンティズムの倫理と資本主義の〝精神〟」）のよき入門書・再入門書となっている。「すぐれた学問体系は論難があってもそれをプラスに転化してしまう」という（たとえば物理学の基本理論にみられるような）特徴が、折原による理論展開においても確認することができる。

二　「山本七平」という反倫理

『犯罪』が山本七平賞を受けたことは、私には大変意義深いことのように思われる。山本七平（＝イザヤ・ベンダサン）はベストセラー『日本人とユダヤ人』[9]（一九七〇年）で世に出たが（ベンダサン、一九七〇）、すでに一九七二年には本多勝一との公開討論によって、その論理的詭弁とともに、それまで曖昧であったイデオロギー的背景が明らかにされている。

また、「佐伯／七平論争」という《有益》な記録もある。少なくとも日本においては、ある事柄をめぐっての論争の勝敗が、当事者双方の合意する審判者によって、玉虫色でなく明瞭に判定された例はきわめて稀であろう。山本はそのような論争で敗れた貴重な実例である。これは、アメリカ上院の公聴会で用いられた宣誓文の日本語訳に関する論争で、宗教学者・佐伯真光の訳文は誤っていると山本が指摘したことではじまったものである[10]。論争が継続されるなかで、山本は（おそらく形勢の不利を悟って逃げの手を打つつもりであったと思われるが）、「〝ディベート道場主〟松本道弘氏にでもレフリーをやってもらいたい」という趣旨を述べた。佐伯はそれを受け、松本にレフリーを依頼したのである。

松本の裁定結果は「勝負あった！　佐伯／七平論争」というタイトルのもとにまとめられている[11]。松本はまず、ディベートのルールにしたがえば、山本は佐伯に敗れたと結論づける。その第一の理由として、山本のルール違反が上げられる。論争は山本の挑戦からはじまったもので、彼には挙証責任がある。それにもかかわらず彼は佐伯からの反論に全く答えていない。松本は山本のこの論争法を「日本的にいえば、きたないし、ディベートの基本原則からすれば、アンエシカル（ルール違反）である」（傍点およびかっこは原文）と指摘する。山本が敗れた第二の理由は論旨のすりかえである。「こういう戦略は、論理が重視されない日本では見過ごされやすいが、実はここに大きな〝陥穽〟がある」（松本）。第三の理由は山本の議論における客観性の欠如である。山本は「通常」という言葉を用いるが、その裏づけは示されない。「……は誤りで、……は正式である」というが、その証拠がない。そして松本は、「山本氏はトウフを重ねるごとく、詭弁を弄した形に終ってしまった。残念なことである」と書いている。

なお、この佐伯／山本論争の過程で、山本が話にならぬほど英語の初等的知識に欠けることが暴露されている。たとえば彼は、熟語“not……at all”がわからず、“Do not swear at all.”（いっさい誓うな）という文章において“swear at”という熟語があると主張し、その上わざわざ「swear at all（すべてに誓え）」という訳まで付けている。また、別の個所では、間接話法が理解できずまた祈願文と命令文の違いがわからなかったので、「助けよ、汝を、神よ」といった支離滅裂な訳文まで披露している。これらはこの論争における山本の誤りのほんの一部に過ぎない。佐伯はこの事態に、最初は「半信半疑」だったようである。

それにしても、山本は何冊もの本を翻訳・出版し（！）、また晩年には「監訳者」というようなエラい立場にもなっていたということを記憶しておく必要がある。これに比較したら、山本七平賞受賞者・羽入辰郎教授が“not A, but B”の構文を“indeed A, but B”の譲歩構文と取り違えた（折原、二〇〇五a、二六八頁）などというのは、ほんの御愛嬌ということにされてしまうであろう。

英語の問題ばかりではない。山本の諸著作は事実の誤りと矛盾撞着に満ちている。このひどさは常人の想像を絶するレベルにある。この私の表現に若干なりとも誇張を感じる読者は、たとえば『日本人とユダヤ人』を浅見定雄の批判（浅見、一九八六）と対応させてチェックすることをお勧めする。おそらく仰天するはずである。

山本がタネ本とするのは、ユダヤ学とか聖書学、あるいはきわめて読む人の少ない中国や日本の古典なので、事実（知識）に関する誤りは素人には気づきにくい。ちなみに、浅見は日本では数少ない旧約聖書学・古代イスラエル宗教史の専門家である。しかしながら、原典と照合さえすれば、山本の引用がいかに不正確でゆがめられたものかは、専門家でなくても容易に判定のできるものである。また、仮に原典が入手できなくても、《幸いにして》、山本の文章は矛盾だらけである。これも、注意さえすれば、誰でも容易に見て取ることができる。

たとえば、浅見は自分の学生に山本の著作の論評を課したところ、彼らの一人はその内容のあまりのデタラメさに憤慨し、その怒りを浅見にぶつけてきた事実を紹介している（浅見、一九八六、九〇－九二頁）。私自身も別の例を直接に知っている。ある企業の管理者研修のとき、講師が山本の著作（『人間集団における人望の研究』一九八三年）を教材に指定し予習を義務づけた。もちろんこの講師は、浅見とは違って、この本を名著と判断して採用したのである。しかし、当日になって、研修生たちは、この本の論理矛盾や特殊例を強引に一般化する論法に対し、次々と批判をしたそうである。ただ一人批判に加わらなかった研修生は、あとで、「確かに論旨は支離滅裂かも知れないが、自分はこの本から新しい知識を学んだ」と言ったそうである。実は、その知識が一番のくせものなのである。(12)

この山本のような人物がマスコミ界で生き続け、書店では本が平積みされ、著作集を刊行し、めでたく天寿をまっとうされたあとは御名を冠した賞まで出現するというのが羽入事件の背景の一側面である。さきに触れたが、羽入の山本七平賞受賞は、実に順当な出来事であると言うことができるであろう。まさに「類が友を呼ぶ」「時宜的ゲマインシャフト形成」（折原、二〇〇五ａ、一三七－一三九頁）である。

三　一九八〇年代における学生・院生の変化

折原は一九八〇年代に入ってからの学生・院生の変化について記述している。すなわち、古典文献講読演習で「あなたのいまの読み方は間違ってはいないか、そこはむしろこう読むべきではないか」とストレートに指摘すると、考え直すか反論するかではなしに、怒り出すという現象が目立ちはじめたということである。これは、「学生／院生の側に、自分より優れたものから学んで向上しようとする気構えと根気が薄れ、現にある自分に居直り、すぐ自己満足に耽りたがり、そういう退嬰的な姿勢をただそうとすると逆に恨む、あるいはあえてそうする〝手強い〟相手は避ける、そうした脆弱な気質が蔓延してきた兆候と理解せざるを得ない」（折原、二〇〇五a、一三六頁）。

日本社会は一九七〇年代後半（七七年前後）に大きな価値観の変化を経験した[13]。その変化が、折原の周辺においては、一九八〇年代になって学生・院生の日常的振る舞いとして顕在化してきたということであろう。

またこの時期、社会には相対主義が浸透をはじめ、さらに大学では一部の人々が、たとえば《ポストモダン》の思潮の受け売りによって、「真理」や「理性」を嘲笑い、科学の「客観性」を否定して、相対主義の浸透を助長した[14]。

相対主義の本来の意味は、絶対的な価値基準を認めないことにあろう。しかし、ここでいう相対主義は、それよりも進んでいて、絶対的な価値基準が存在しないのだから、あらゆる価値は等価である――あるいは等価であると見なすべきである――と考える傾向にある。ここでは、偉大なものも凡庸なものも等価に扱われる。あるいは、「偉大なもの」「凡庸なもの」といった言い方自体が《自然な》嫌悪の対象となる。したがって、人々の多くは高貴なものを知らないし、憧れも生まれないといった事態になっている。「優れたものから学んで向上しよう」（右の折原からの引用文中の表現）などという考えそのものが排除されるのである。

社会においても、共通の価値基準はすでに消失してしまい、共通に信じられる価値といえば《経済的》なもののみになってしまったようにみえる。ここでは、とりあえず「売れるもの」「うけるもの」が尊重される。求められているのは「進歩」ではなく「変化」である[15]。そこで、社会では、単に風変わりなもの・奇態なものがもてはやされることになる。若い世代は、この風潮に敏感にならざるを得ないであろう。

相対主義の進行は、価値の多様化をもたらしたかのように言われることがある。しかし、現実に社会で進行しているのは、価値の多様化ではなく断片化である（桂、一九九〇）。すなわち、「アレはアレ」「コレはコレ」として、異質な要素が孤立させられているのである。とくに、一九八〇年代以降の若者の多くにおいては、異なった価値観の間では価値に関わる立ち入った交流を避けるべきことが《本能的》な前提となっているようにみえる。

したがって、折原の指摘する八〇年代以降の学生・院生の振る舞いは、彼らの気構え・根気・気質の問題というよりは、大人の問題であろう。すなわち、「非行少年がはびこるのも、おとなが正面からまともに対応しないため」（折原、二〇〇五ａ、二五頁）である。現在は、伝統を伝達すべき役回りの人々も、妙に《思いやり》ができ、ものわかりがよくなった結果、相対的に若い世代の人々は、伝統の重圧からすっかり解放され――というより伝統などハナから関わりのないものとして、とても軽やかである。これはきわめて有害な事態である。少なくともまっとうな大人であるなら、つねに若い世代に対し、「いまどきの若いモンは」と言って、テーゼ（あるいはアンチテーゼ）をぶつける義務があると私は思う。これは古代からずっと続けられてきたのだ。現代の大人が手を抜いてどうするのか！（唐木田、一九九九、五五頁）

折原の分析をもとに私が羽入の論法の特徴を拾い上げてみると、

・議論の対象として体系からの（体系的意味を無視しての）微小部分の切り出し
・自己の基準（たとえば「一次文献を参照すべし」）の一方的あてはめ
・さまざまな自己矛盾の露呈と首尾一貫性の欠如

となるであろう。これらが合体して、テキストの著しい誤読、牽強付会、「ヴェーバーの犯罪」、羽入による「世界初の発見」（すなわち自画自賛やホラ）が生産されたのである。なお、ここには「悪ふざけ」は含めなかったが、これも「売る」ためや「うける」ためには重要な要素であって、羽入はそれを十分に意識し、またそれに応える《才能》に恵まれていたのである。

一九八〇年代に学生や院生であった人々は、現在大学に就職しているとすれば、准教授あるいは教授の位置にあるのであろう（現に羽入は県立大学の教授である）。問題があるのは一部の人であろうとはいえ、これは深刻な事態である。実際、このところ、その世代の教授・准教授のなかに、十分な知的トレーニングに欠けたまま地位に就いてしまったような人が目につくことがある。その特徴は、（一）他人の恐ろしさをまったく知らないような不勉強・不用意かつ天真爛漫な発言を公的な場で平気でおこなう、（二）自己の価値基準しか頭になく、それにより問題のとんでもない取り違えをしているのに気がつかず、そのまま延々と議論を続ける、の二つにまとめることができるであろう。

会社などの組織なら、業務遂行の必要上、世代内および世代間の相互作用は不可避であり、世間知らずの独りよがりは大小の試練にさらされる。しかしながら、最近の大学では、教員は比較的に早い時期から独立した――かつての講座制における教授もどきの――地位を獲得し、相互作用による試練などとは無縁であるかのようである。このような状況において、彼らを指導すべき立場の人たちが、「自分は小さい問題には関わらない」とか「彼らを自然の淘汰にゆだねる」などと言って問題を避けているなら、大学と学問の退廃は進むばかりである。「マックス・ヴェーバーの犯罪」事件あるいは羽入事件の核心はここにある。

四　基本的方法

共通の（あるいは絶対的な）価値基準がなくても、多様な価値の間でのコミュニケーションは可能なのである。それは、互いに相手の考えに入り込み、相手の基準でもって相手の考えをできる限り首尾一貫して理解することである（唐木田、一九九九、二〇〇〇）。すなわち、相手の思考における整合性を検討するということであるが、これは単にこちらからの一方向的な行為ではない。このとき同時に自己の思考における整合性も試されているのである。また、これにより、実質における人間関係の深化がもたらされる。

この方法のポイントは、共通の価値基準が存在しない場合、自己の価値基準を相手に押しつけるのではなく、相手の価値基準でもって相手の思考を徹底的に評価するということにある。したがってこの場合、できる限り相手の主張に精通することが必要であるとともに、そこに矛盾がないかどうかの検討が重要である。ここでいう矛盾とは、対象における内部矛盾のことである。対象と外部の基準との間の矛盾のことではない。

私はこれは、折原が「内在批判」と呼び、羽入本の批判に用いた方法とひとつのものであると考える。折原はまた、宇都宮京子の寄稿[16]から、共感をもって次の個所を引用する[17]。「もし、本当に知的不誠実さを立証しようとするのならば、まず、相手が、100％知的に誠実であると前提して検証を進め、なるべく相手の文脈に沿って正確に理解しようとあらゆる努力をし、それでも問題が生ずるときに初めて、そこに不誠実さが介在したと判断すべきであろう」。そして折原はさらに、自身がすぐれた先達から学んだという「スタンス」を、次のように表現する。

まずは相手の誠実性あるいは論理性を前提とし、〝己をむなしゅうして〟相手に迫ろうとすればこそ、相手の真価を学ぶことができるし、（ばあいによっては）相手の不誠実も矛盾も見抜き、論証することができる、この〝対象に就く（Sachlichkeit の）〟精神こそ学問の真髄であり、そうした謙虚さこそがじつは強さである、というこの一見逆説的なスタンス

――折原はこれを、若い学生・院生に伝えようとしているのである。

（本稿は物理学者の社会的責任サーキュラー『科学・社会・人間』第九五号、二〇〇六年一月二〇日に発表されたものの一部を変更したものである。）

注

（1）　ただし、この本には著者《独自》の立場からの事実の調査が含まれており、その点では自然科学に関わる多くの「トンデモ本」との違いがある。とはいえ、問題は、せっかくの調査された事実がどう用いられるかにある。

（2）　北海道大学経済学部の「橋本努ホームページ」における「マックス・ウェーバー　羽入‐折原論争の展開」も参照。

（3）　ただし、「〝栗〟とは何か。羽入の論難に対応するヴェーバー側の歴史・社会科学、その〝言葉・意味・思想・エートス論〟を、それだけ鋭く、鮮明に描き出すことか。そうではない。それは比較的容易で、〝火中の栗〟ではない。むしろ、羽入による論難の射程を論証することによって、知的誠実性を（ヴェーバー断罪の規準とするほどに）重んずる羽入自身が、疑似問題で〝ひとり相撲〟をとったと知的に誠実に認め、捲土重来を期して、学問の正道に立ち返ることである。批判や抗議であれば、短絡的速断と罵詈雑言ではなく、非の打ちどころのない学問的論証に鍛え上げることである」（折原、二〇〇三b、四八‐四九頁）。

（4）　これに対し、たとえば『マックス・ヴェーバー入門』（岩波書店、一九九七年）の著者・山之内靖は、「論争にも、また、羽入氏の議論にも、まったく関心がありません」とし、「（いま自分を捉えている）巨大な課題からすれば、所詮はヴェーバー研究者の間で強迫観念的に語られるに過ぎない倫理性だの知的誠実性など、時間を割くにはあまりに小さい問題なのです」と書いている。この応答は「橋本努ホームページ」のコーナー（注（2）参照）に掲載されている。

（5）　専門家の責任といっても、別に折原のみが専門家であるわけではない。折原は、「中堅」や「新進気鋭」のヴェーバー研究者たちに「遠回しに反論執筆を促した」が思わしい手応えがなかったことを記して「苦言を呈して」いる（折原、二〇〇五a、二

五－二六頁）。

（6）　選考委員の「選評」は『Voice』二〇〇四年一月号に掲載されている。ここからは「ＰＨＰ名士」の退廃を実によく読み取ることができる。これについては、本書巻末に資料2として収録されている雀部（二〇〇四ａ）参照。この雀部の論文は「橋本努ホームページ」にも転載されている。さらに、折原（二〇〇五ａ）第五章においては、各選考委員の選評が個別に批判され、加えてその全体としての意味が考察されている。

（7）　これについては、雀部（二〇〇四ｂ）参照。この雀部の論文は「橋本努ホームページ」に転載されており、そこで読むことができる。

（8）　真正面から批判されてもまともに応えることができない場合、当人あるいは利害関係者が仲間内での対談を設定し、それを公表してお茶を濁したり鬱憤を晴らすというのは、ひょっとしたらよくある手なのかも知れない。私には、たとえば、藤永茂（「科学技術の犯罪の主犯は科学者か？」『世界』一九九八年一月号）によって批判された村上陽一郎が、後輩筋と思われる相手と対談してグチをこぼしていたこと（「サイエンス・ウォーズ　問いとしての」『現代思想』第二六巻一三号、一九九八年）が想起される。

（9）　『諸君！』一九七二年一月～四月号。これは、本多（一九七二）に、ベンダサン（山本）の側の議論を含め、採録されている。

（10）　この論争の経過は、佐伯真光「山本七平式詭弁の方法」（本多編、一九七七）にまとめられている。ただし、山本の側の転載拒否により、山本の文章は含まれていない。山本文の掲載紙誌については調査の上リストされている。

（11）　松本道弘の論文は『人と日本』一九七七年一月号に掲載されたとのことであるが、私は本多編（一九七七）に採録されたものを参照した。

（12）　あるフレーズなり文がたまたま自分のフィーリングにフィットすると、その真偽や文脈とは関わりなく、作者を愛好するというのは（少なくとも特定の「地域」では）よくあることのようである。この場合、その真偽や文脈を論じ出す人が現れると、「無用な詮索をするもの」として嫌悪の対象となる。

（13）　たとえば、千石（一九九一）。

（14）　たとえば、唐木田（一九九九）。

（15）　このことは株式市場や為替相場をみればよく理解できる。そこでの変化（指標の上昇であっても下降であっても）は直接に利益あるいは損失を生み出す。

（16）　宇都宮京子「〝知的誠実性〟を問うことの陥穽について」（二〇〇四年三月四日）および「〝知的誠実性〟を問うことの陥穽について　補遺」（二〇〇四年三月二三日）。これは「橋本努ホームページ」への寄稿であり、そこで読むことができる。

（17）　折原浩「各位の寄稿に対する一当事者折原の応答５」（二〇〇四年四月一八日）。これは「橋本努ホームページ」への寄稿であり、そこで読むことができる。

参考文献

浅見定雄、一九八六、『にせユダヤ人と日本人』朝日新聞社。

折原浩、二〇〇三a、「四擬似問題でひとり相撲」東京大学経済学会編『季刊　経済学論集』第六九巻第一号、七七－八二頁。

折原浩、二〇〇三b、『ヴェーバー学のすすめ』未來社。

折原浩、二〇〇五a、『学問の未来――ヴェーバー学における末人跳梁批判』未來社。

折原浩、二〇〇五b、『ヴェーバー学の未来』未來社。

唐木田健一、一九九九、「創造性論議の落とし穴」西村和雄ほか編『分数が出来ない大学生』東洋経済新報社。

唐木田健一、二〇〇〇、「日本社会の反倫理性と科学論の問題」『科学・社会・人間』第七三号、三－六頁。

桂愛景、一九九〇、「〝ニューサイエンス〟と倫＝理」『科学・社会・人間』第三三号、一〇－一九頁。

雀部幸隆、二〇〇四a、「学者の良心と学問の作法について――羽入辰郎著『マックス・ヴェーバーの犯罪』の山本七平賞受賞に思う」『図書新聞』二月二一日、二八日号。

雀部幸隆、二〇〇四b、「学者の良心と学問の作法について：語るに落ちる羽入の応答――『Voice 5』誌上羽入－谷沢対談によせて」『図書新聞』六月五日号。

千石保、一九九一、『〝まじめ〟の崩壊』サイマル出版会。

羽入辰郎、二〇〇二、『マックス・ヴェーバーの犯罪――『倫理』論文における資料操作の詐術と「知的誠実性」の崩壊』ミネルヴァ書房。（本文中では『犯罪』と略記）

羽入辰郎・谷沢永一、二〇〇四、「対談　マックス・ヴェーバーは国宝か――『知の巨人』で糊口をしのぐ営業学者に物申す」『Voice』二〇〇四年五月号、一九八－二〇七頁。

ベンダサン、イザヤ、一九七〇、『日本人とユダヤ人』山本書店（現在は、山本七平著、角川書店）。

本多勝一、一九七二、『殺す側の論理』すずさわ書店。

本多勝一編、一九七七、『ペンの陰謀』潮出版社。

第6章　学問をめぐる「格差の政治」

橋本直人

はじめに

羽入氏の著書『マックス・ヴェーバーの犯罪』（以下、『犯罪』と略記）は、ウェーバー研究に関するものとしては近来まれに見る反響を呼んだ書物である。だが、研究書として見る限りきわめて細かな論点を取り上げたこの書物が、なぜこれほどの反響を呼び起こしたのだろうか。『倫理』論文でウェーバーが行なった資料操作の妥当性という、あえて言えばかなりマニアックな論点について、これほど多くの人が関心を示すというのは、考えてみれば何とも奇妙な事態ではないだろうか？

そこで本稿では、『犯罪』がウェーバーを批判する独特の「語り口」の分析を通じて、この奇妙な反響の背景について考えてみたい。

結論を先取りして言えば、『犯罪』がこれほどの反響を呼んだ理由は、おそらく『犯罪』が現代日本の社会状況において、意図すると否とにかかわらず、特有の「政治性」を帯びてしまったことにある。ただしそれは（少なくとも直接的には）通常の意味での「政治」、例えば国家権力をめぐる党派的な政治といった意味ではない。そうではなく、社会における学問的専門性の位置づけをめぐる「政治」である。(1)

一　ウェーバー研究書としての『犯罪』

とはいえ、『犯罪』の「政治性」という問題を検討する前に、まずはウェーバー研究書として見た場合に『犯罪』がどのような書物であるか、本稿の筆者なりの観点から論じておく必要があるだろう。

そしてやはり結論から述べるならば、筆者の観点からする限り、ウェーバー研究書としての『犯罪』は、実はそれほど面白い書物ではない。というのも、『犯罪』の主張内容を通じて（狭義のウェーバー研究に限らずとも）何か新たな成果や方向性を見出せるという展望も得られず、また『犯罪』の議論そのものがそうした方向性を意図していないように思われるからである。

例えば、『犯罪』を厳しく批判する折原氏も「四つの擬似問題のうちでは、一見一番よくできている」（折原、二〇〇三、一〇四頁）と、その「巧妙さ」を指摘するフランクリンに関する議論（『犯罪』三章、四章）を取り上げてみよう。すでに折原氏（折原、二〇〇三、一〇三頁）や橋本努氏（本書巻末の資料1参照）の指摘するように『犯罪』三章と四章の間でフランクリンの宗教性について矛盾があるなど、いろいろ疑問点はあるのだが、それでもこのフランクリンに関する議論から積極的な要素を取り出すとすれば、それは理念型に関する問題であろう。すなわち、これもすでに折原氏や橋本努氏の指摘にあるとおり、理論的に見れば『犯罪』の後半二章で最も重要な論点は「理念型概念に対する批判可能性」の問題ということになる。また羽入氏自身、『犯罪』四章の冒頭で「〝『資本主義の精神』の理念型〟を脱魔術化することこそが、この最終章でのわれわれの目的である」（『犯罪』一九六頁）と宣言し、一度構成した理念型の妥当性をそのつどチェックするべきだ、と述べている（『犯罪』二二四頁）ことからしても、この問題が『犯罪』の後半二章における『倫理』批判の理論的核心の一つであることは間違いないだろう。そして確かに、理念型的概念の批判可能性という問題それ自身は、すぐに見るように理論的にもきわめて重要な問題である。だがこの問題は、実はすでに四〇年ほど前に、越智武臣氏の『倫理』批判と、その批判に対する世良晃志郎氏の応答の中で論じられている問題なのである。

実際、越智氏が『倫理』におけるウェーバーのバクスター解釈を批判して「理念型概念といえども、現実の本質的な特徴を全然遊離するものではありえない」のだから「その本質決定の手続きを述べることは……経験科学者としてなおとるべき説明の一つではなかったろうか」と述べている個所（越智、一九六六、四二二頁）を見れば、その水準の相違はともかく方向性においては『犯罪』における『倫理』批判と共通していることは容易に首肯されよう。そしてこの越智氏の批判や、さらに『倫理』のウェズレー解釈に対する岸田紀氏の批判（岸田、一九七二）に対し、世良氏は「理念型的な理論構成に対して、はたしてそもそも事実による『反証』ということが可能なのか」（世良、一九七三a、二頁）という問題を提起し、ひるがえって『倫理』支持者たち（当時で言えば主に大塚学派）に対し、バクスターやウェズレーの問題を組み込んだ形での理念型の再構成か、あるいは理念型からの偏差の発生に関する説得的な説明がなされるべきである、と厳しく指摘している。

さて、世良氏自身この問題を「ウェーバーの科学論における最大のアポリアの一つをなす問題」（世良、一九七三b、一三六頁以下）とさえ呼んでいるように、この問題は確かに重要な問題である。管見の限り、この問題についてウェーバー研究者から理論的に明瞭な解答が提示されたことはまだないように思われるし、それゆえ改めて提起されるに十分値する問題であろう。また事実、例えば梅津順一氏（梅津、一九八九、一一頁以下）や安藤英治氏（安藤、一九九二、二三七頁）もその著書でこの応答に触れるなど、この理念型をめぐる問題はウェーバー研究の歴史の中で折に触れて浮上している。その意味で、この問題は決して新しい問題ではないし、また「忘れられた」問題でもない(2)。

にもかかわらず『犯罪』の後半二章で、フランクリンの問題を契機としてこうした問題提起（ないし再提起）の可能性を含んでいながら、羽入氏は理念型を「呪文」と非難することで、結局は問題提起の芽を自ら摘んでしまっている。この結果、『犯罪』でのフランクリンに関する議論は、そこからどのような成果が得られるのか（ウェーバー研究という領域内に限らず、たとえば新たなフランクリン解釈でも何でも良い）がまったく不明なまま終わってしまう。

『犯罪』前半のルターに関する章についても同様である。折原氏が早くから指摘するように、羽入氏がどれほど「『倫理』の『全論証構造』の核心がルターに関する節の脚注にある」と力説しようと、その「全論証構造」が明示されない限り、結局『犯罪』でのルター論からはどのような展望も見えてこないのである。

それに加えて、羽入氏のウェーバー理解にはやはり疑問を呈さないわけにはいかない。

例えばすでに触れたように、せっかく理念型をめぐる重要な論点に接近していながら理念型論そのものを「呪文」と呼んで切り捨てている（そのために問題自体が展開されていない）点などは、本稿の筆者からすれば「もったいない」と思わずにはいられない。実際、すでに述べたようにこの問題が十分に展開されたならば、それこそウェーバー方法論に対する深刻な批判ともなり得るはずなのだが、羽入氏はその可能性を自ら放棄しているのである。だとすれば、逆に羽入氏はその「もったいなさ」を、つまり自らが展開し得たであろう問題の意義を理解していないのではないか、という疑問も生じ得るだろう。

さらにもう一つ、『倫理』解釈そのものに関わる事例として、『犯罪』一三〇頁以下の長大な注[3]におけるアブラモフスキー批判を取り上げておきたい。

羽入氏はこの脚注の中で、教会史家カール・ホルの文章をていねいに引用しながらアブラモフスキーの「虚偽」を指摘している。そしてその結論として羽入氏はこう述べている。

ホルは飽くまでも、カルヴィニズムは資本主義を抑圧すべく戦ってきた、と述べているのである。（『犯罪』一三五頁）

だが問題は、この「資本主義」の中身である。この注で引用されているホルの文章からすると、カルヴィニズムが「抑圧」すべく戦ったのは「高利貸し達」に代表されるような、「貨幣経済」と同一視し得る「資本主義」である（『犯罪』一三四頁）。しかしこうした「資本主義」と近代資本主義との区別、またカルヴィニズムが「貨幣経済と同一視し得るような資本主義」に、言い換えれば「野放図な営利追求」に徹底して反対したという論点は、それこそ大塚久雄以降の研究史を踏まえれば、『倫理』理解の初歩に属すると言えよう。そしてこの論点から見る限り、ホルの主張はまさに「ヴェーバーの認識を少なからぬ点で立証して」いる（『犯罪』一三一頁、アブラモフスキーからの引用）と言ってよい内容なのである。その意味では、アブラモフスキーは何ら「虚偽」を犯してはいない。

それに対して、この二つの「資本主義」の区別自体を批判するのであればともかく（それならば『倫理』に対する積極的批判として生産的な議論になる可能性がある）、同じ「資本主義」という言葉が使われていて主張が逆だからアブラモフスキーは「虚偽」を犯した、というのでは「素朴実証主義」のそしりは免れまい。

対象がウェーバーであろうが何であろうが、批判する際に批判の対象を正しく理解することは、積極的な批判を行なう上で必要不可欠な条件であろう。だが、以上の例からもうかがわれるように、『犯罪』の場合にはその批判の前提であるはずのウェーバー理解がどうも怪しいのである。となれば、羽入氏がどれほど力を込めて「分からないと言ってきた人間達の方が実は正しいのではなかろうか」（『犯罪』五頁）と主張したにせよ、その「理解不可能性」の責任がどこまで本当にウェーバーにあるのかも、やはり疑わしく感じられてしまう。

以上の簡単な検討からしても、ウェーバー研究書という観点から見る限り『犯罪』が「それほど面白い書物ではない」、という先述の評価も必ずしも不当ではないと首肯されよう。つまり、ウェーバー研究という領域にとって、『犯罪』は何ら新しい成果をもたらすようには見えないのである。

とはいえ、本稿は『犯罪』を意義の小さな書物として軽視するつもりは毛頭ない。むしろ本稿は、『犯罪』が一定の反響を呼び起こしたという事実には重要な意味があるととらえ、その意味を考察の主題とするものである。ただ、ここで以上の検討から確認しておきたいのは、『犯罪』に対する反響はウェーバー研究書としての側面からは説明できない、という点である。

実際、例えば鈴木あきら氏による以下の発言[(4)]はこうした事情をあまりにも的確に、あるいは身も蓋もなく、指摘している。

ようするに、羽入氏の本が面白いということと、マックス・ヴェーバーとはあんまり関係ないんですよ。

だとすれば、『犯罪』に対する反響の意味と背景について考察を加えるためには、『犯罪』における個々の主張内容ではなく、それ以外の要素に着目する必要がある、ということになるだろう。その要素とは、すなわち『犯罪』独特の「語り口」の問題、「詐欺師」ウェーバーの「犯罪」を「弾劾」する、という語り口の問題に他ならない。そして、やはり結論を先取りして述べておくならば、冒頭で触れた『犯罪』の「政治性」とは、他ならぬこの「語り口」が帯びてしまう「政治性」なのである。

二　『犯罪』の「語り口」を読む

『犯罪』における「語り口」を検討しようと考えるならば、誰もがまず思い浮かべるのは、「はじめに」に登場する「女房」のエピソード（『犯罪』i - iv頁）であろう。確かにこのエピソードの印象は、各種の書評やコメントでもしばしば触れられているように、善し悪しはともかく実に鮮烈である。しかし、冷静になって数えてみれば、『犯罪』における「女房」の登場は、この「はじめに」の四ページと終章の注（4）の二ページ（『犯罪』二八〇 - 二八一頁）、計六ページに過ぎない。このわずかな量で「女房」があれほどの印象を読者に残すのはなぜだろうか。「学術書らしからぬ」抱腹絶倒のエピソードだから？　なるほど。しかしそれだけが理由だろうか。個人的な事情を記した前書き・後書きの類は山ほどあるし、面白いものも決して少なくはない。だが、これほど強い（それも内容に関わるような）印象を残すものはまずないと言ってよいのではなかろうか。しかも『犯罪』においてこの「女房」のエピソードが放つ印象の強烈さは羽入氏自身も自覚しているらしく、「山本七平賞」の受賞講演（羽入、二〇〇四）もやはり「女房」のエピソードから始まっている。

『犯罪』における「女房」のエピソードはなぜこれほど強い印象を与えるのか。おそらく、「女房」は『犯罪』の「語り口」にとってきわめて重要な役割を担っており、だからこそ印象が強いのである。このことを明らかにするために、少し細かく『犯罪』の「語り口」に付き合ってみよう(5)（以下、『犯罪』からの引用はすべてページ数のみで示す）。

確かに『犯罪』はウェーバーを「詐欺師」と非難している。だが『犯罪』の「語り口」が描き出すウェーバーは凡百のチンピラ詐欺師ではない。むしろ「あの明敏な」（一〇四頁）ウェーバーは「読者を自分の思う方向に引きずり込む力という意味での腕力」（一九頁）に長けた「冷徹で老獪」（一九六頁）な「底意地の悪い悪魔」（二一二頁）である。この「悪魔」の手にかかれば大塚久雄でさえ「よちよち歩きの赤子に等しい」（羽入、二〇〇四）。

しかしやはり『犯罪』によれば、ウェーバーのこの「魔力」は実際には「余りにも簡単なトリック」（一九六頁）であり、「基本的なことを確かめる」（一八頁）ことさえ怠らなければ「誰もがただちに簡単に気づく」（一四六頁）ことができる代物に過ぎないのである。

そんな「簡単なトリック」にそれでも人々が簡単に引っかかるのは、それが「読者が知的であろうとすればするほど、知的でありたいと願えば願うほど、絡め捕られ締めつけられる巧妙な罠」（一九七頁）だからである。そんな「優秀な人間達」（二六一頁）ほどウェーバーの魔力に捕まり「押し潰されてゆく」（羽入、二〇〇四）。その結果生まれるのが「科学の名に値する学問」（三頁）とはとうてい言えない「ヴェーバー産業」（五頁）である。この世界ではウェーバーに疑問をはさむことなど「専門外の素人達の単なる誤解」（三頁）と切って捨てられる。これこそ「ヴェーバー研究の世界の情けない実体」（二四六頁）に他ならない。

これに対して「たかが一読者にすぎないこの卑小な私」（一九頁）こと羽入氏は、「かつて一度は純粋に無邪気にもマックス・ヴェーバーを崇拝していた」（二七七頁）が、「演算速度の遅いコンピューター」（二六一頁）だったことがかえって幸いしてウェーバーの魔力という「ウイルス」（羽入、二〇〇四）を免れることに成功する。そしてついに「最後にはおのれの自重で簡単に倒れるだけの巨大なブロンズ像」（二五六頁）を倒し、「世界的な発見」（二八三頁）を成し遂げる。

それゆえ羽入氏は次のように宣言する。「この複雑怪奇な罠を単純に一気に叩き壊してしまうためには、思い切った馬鹿にならなければならない。イワンの馬鹿のような、明朗で単純な馬鹿に」（一九七頁）。

では、ウェーバーの魔力に取り込まれている数多くの研究者たちの中で、なぜ羽入氏だけがその魔力を脱し「明朗で単純な馬鹿に」なれたのか？　実際、羽入氏自身もはじめは「学者の鑑」ウェーバーを批判するという「不遜な冒瀆行為」に対する「恐怖感」（ii頁）ゆえになかなかウェーバー批判に踏み込めなかった。いや、羽入氏のウェーバー恐怖症は数多くのウェーバー研究者の中でも異常なほど「重症」であったとさえ言えよう（「怖くて書けない」（ii頁）！）。その羽入氏だけがなぜ？　理由はもはや明らかであろう。「女房」のおかげである。

羽入氏の「女房」は「全くの素人に過ぎない人物」（二八〇頁）だが、それゆえにウェーバーの「毒素に全く感染しない」（羽入、二〇〇四）。だからこそ何の根拠もなく（「大体が詐欺師の顔してる」〔ⅰ頁〕！）ウェーバーが「嘘付いてるわよ」（羽入、二〇〇四）と断言できる。そしてその「女房」に尻を叩かれることで、ようやく羽入氏は「ヴェーバーを一人で、世界中ではじめて、批判することの恐怖」（ⅲ頁）を克服する。つまり、「世界中ではじめて」ウェーバーの「魔力」を打ち破ったのは、実は羽入氏の「女房」だったのである。

以上のまとめは『犯罪』から印象的なフレーズを抜き出してつないだに過ぎないが、おそらく読者諸氏が『犯罪』を一読して抱かれる印象と大差ないはずである。そしてこのように見てくれれば、冒頭のエピソードが強烈な印象を与える理由も明らかであろう。ウェーバーを「詐欺師」と呼ぶ『犯罪』の語り口を成り立たせる、その最終的な拠り所こそが「女房」のエピソードであり、逆に言えば、良くも悪くも『犯罪』独特の語り口は、その一つ一つがみな「女房」の第一声（「マックス・ヴェーバー、ここで嘘付いてるわよ」）の残響なのである。「女房」の印象が強いのは、いわば『犯罪』の語り口のしくみそのものが生み出す必然的な結果に他ならない。

さて、以上のまとめをさらに整理すれば以下のようになるだろうか――「老獪な悪魔」にして「詐欺師」ウェーバーの周囲を、すっかり「魔力」にあてられた「優秀な」「インテリ」たる「専門家」が取り巻いている。だがその実体は「簡単なトリック」であり内実は全くの空虚である。その実体を見抜くことができるのは「明朗で単純な馬鹿」である羽入氏だけであり、それが可能になったのは「全くの素人」である「女房」の直感が「魔力」を打ち破ったからである、と。

確かに痛快な図式ではある。数多の「インテリ」たちを「専門家」として取り巻きに抱える「老獪な悪魔」ウェーバーを、徒手空拳、「女房」に叱咤され「素朴な疑問」だけを手に携えて打ち破る「素人」羽入氏――なるほど、いくつかの書評で『犯罪』が「スリリングな展開」と評されたのもうなずけないではない。『犯罪』という書物は、いわばウェーバーなる「悪魔」を退治する冒険物語であり、羽入氏と「女房」はさしずめその主人公と、主人公を助けるヒロインということになろうか。何やらコンピューターゲームめいている感もあるが、まあ良しとしよう。

ここで、仮にこの図式にのっとって「悪魔」ウェーバーを「文献学の万力」で追いつめ、その「知的誠実性」のなさの暴露に成功したとする。しかし、だからといってこれで「ウェーバー退治」も済んで万事解決、めでたしめでたし、と一件落着させるわけにはいかない。というのも、ウェーバー退治を終えた「主人公」羽入氏は、直ちに次のような問題に直面せざるを得ないからである。すなわち、武器として用いられた「万力」は、そして批判の規準であった「知的誠実性」は、ウェーバー退治の後どうするのか。羽入氏はこれらの武器を手に新たな戦果を生み出すのか、それともウェーバー退治とともに「御役御免」とばかりにこれらの武器も放り出すのだろうか。

なぜこんな問題が生ずるかと言えば、今挙げた「万力」と「知的誠実性」という二つの言葉の出典が他ならぬウェーバー（『職業としての学問』、以下、『学問』と略記）だからである。さらに言えば、『犯罪』の「序文」で最初に槍玉にあげられるのが、他ならぬ『学問』であることからすれば、ことは単に言葉の出典の問題には限られない。むしろ、『学問』に代表されるウェーバーの学問的厳密性の問題は、最初から『犯罪』の語り口の射程内にあったと考える方が自然であろう。だとすると、果たして羽入氏は「悪魔」ウェーバーもろともに「悪魔」が教えてくれた武器である「万力」も「知的誠実性」も打ち捨てるのだろうか。

このように問題を整理すると、多くの方は「何を馬鹿な」と思われるだろう。いかに羽入氏が激烈にウェーバーを批判したにせよ、学問的な専門性まで否定するわけがない、と。確かに研究者としての羽入氏個人についてはそうであろう。だが、ここで問題の中心にいるのはあくまで『犯罪』という冒険物語の「主人公」羽入氏だ、ということにご注意願いたい。すでに冒頭で述べたとおり、ここでの問題は『犯罪』がどのような「物語」として読まれ、反響を呼んだのか、という問題だからである。

比喩を用いずに述べるならばこうなろう。問題は、『犯罪』の語り口が学問的な厳密性と専門性を否定する語りとして読まれてしまうのか否か、そうした解釈の可能性を『犯罪』の語り口がはらんでいるのか否か、という点にある。(6) すなわち、ウェーバーに向けられた『犯罪』の語り口は『倫理』の内容のみにとどまるのか、それともウェーバー全体にまで、とりわけ『学問』に代表される学問的な厳密性と専門性の否定にまで及ぶのか。これがここでの問題である。

このように問題を整理してみると、実は『犯罪』がかなり両義的であることが明らかとなる。確かに、一方で『犯罪』は学問的な厳密性と専門性の徹底こそが必要だと主張しているように読める。羽入氏は『犯罪』での議論を「社会科学が科学であり続けるため」にこそ必要な作業であると主張し（『犯罪』二八三頁）、さらに「ヴェーバーの教えにしたがって、ヴェーバーに教えられたとおりにヴェーバー自身をも批判的に研究していく」（『犯罪』七頁）というセリフなどは、それだけ取れば名言とさえ言える。

だが、雀部氏（本書巻末の資料2、資料3参照）や折原氏（折原、二〇〇三、五四頁以下）も批判するとおり、『犯罪』のヴェーバー批判は、少なくともその語り口の水準で見る限り、常にヴェーバーの全否定として語られている。『犯罪』で実際に批判の対象となっているのはヴェーバーの膨大な著作中でも『倫理』の前半部分だけなのだが、『犯罪』での批判は常にヴェーバー全体を、特に『学問』を筆頭に、羽入氏に戦うための武器を与えたであろうヴェーバーの方法論をも、巻き添えにするような語り口でなされているのだ。(7) 雀部氏や折原氏が厳しく批判する「全称命題」の問題性は、この点にこそある。

しかも、すでに見たように、『犯罪』が呼び起こした反響の大きさがその語り口によるものであるとするならば、この両義性の含意は決して小さな問題でもなければ、簡単に否定して片付けられる問題でもないのである。

三　格差社会と『犯罪』の「政治性」

それにしても、『犯罪』の語り口が学問的な専門性の否定を含意してしまうというのは、読解としてあまりに極端ではないだろうか？　確かに。だが、ここで『犯罪』についてこうした読解の可能性を提示したのには理由がある。というのも、冒頭で触れた『犯罪』の「政治性」という問題が、まさにこの点に関わるからである。

前節で整理した、『犯罪』の語り口が描き出す図式にもう一度戻ってみよう。

この図式の大枠は単純な二項対立である。一方には内実の空虚さを「詐欺」で押し隠す「専門家」とその頭目たる「悪魔」ウェーバー、他方には直感的に真実を見出す「女房」＝「素人」とその代弁者たる羽入氏。この「対決」において、少なくとも「素人」羽入氏の側から見る限り和解や意思疎通の可能性は存在しない。そもそも「素人」から見たて、

「専門家」の「理解不可能性、分からなさ」（『犯罪』五頁）こそが「専門家」の空虚さの徴候だったのであり、その空虚な相手との意思疎通などあり得まい（「馬鹿と付き合うのはもうたくさん」〔羽入、二〇〇四、二〇〇頁〕という「女房」のセリフが想起される）。したがって羽入氏は「この複雑怪奇な罠を単純に一気に叩き壊」すしかない（『犯罪』一九七頁）。

ここで注意すべきなのは、この図式に留まる限り、当事者である「素人」と「専門家」の双方がこの「対決」を通じて相手から何かを学び、自らを変化させることはあり得ない、という点である。あえて言えば、『犯罪』が描き出す図式からは、そもそもそうした相互的な学びという可能性が排除されている。したがって、「専門家」を倒した後も「素人」は「素人」のままである。先ほど指摘した「専門性の否定」という問題、「武器を打ち捨てるのか否か」と述べた問題は、まさにこのことを指している。

比喩を用いずに少し問題を敷衍すれば以下のようになるだろうか。

確かに既成学問が空洞化するという現象はしばしば見られる。古くはアダム・スミスがオックスフォードの旧態依然たるスコラ学に呆れ果てた、という例を挙げてもよいだろう。また既成学問の空虚ぶりを「素人」が見抜くというのも確かにあり得ることである。まして「素朴な疑問」が学問にとってどれほど重要であるかは論を待たない。他ならぬウェーバー自身、「素人」の着想の見事さや「素朴な疑問」の重要性について『学問』や『価値自由』論文で触れている（例えば『価値自由』論文における「アナーキスト」のエピソード〔Weber, 1988 中村訳、三〇六 - 三〇七頁〕を想起されたい）。

だが、その空洞化した学問を批判した結果として、何がもたらされるべきだろうか。言うまでもなく、生まれてくるのは専門性の否定ではなく、「新たな専門性」を備えた新たな学問でなければなるまい。だとすると、「素人」の着想も一度は一定の学問的な専門性・厳密性によって入念に練磨される必要がある。逆にそうした練磨を経ない「着想」は結果的には無力なまま消滅するだろう。仮にウェーバーの『倫理』を批判するとしても、その批判の際に用いた学問的専門性の規準（したがって、例えばウェーバー自身が『学問』で提示した「知的誠実性」や論理性といった規準）によってこそ、「素人の着想」は新たな専門性を備えた学問へと練磨され得る。

要するに、もし既成の学問が空洞化・硬直化していて、新たな学問が必要とされるのであれば、それは「素人」が「専門家」を「一気に叩き壊す」ことによってではなく、両者が真剣な対決を通じて相互に学びあい、自らを変化させていくことを通じてしか獲得し得ないはずなのである。

ここで重要なのは、このプロセスが相互的だということである。すなわち、「素人」が一方的に「専門家」から学ぶのではなく、「専門家」もまた「素人」との対決を通じて多くのことを学び、自らの硬直性や空洞化を打破し克服する必要がある。もしこうしたプロセスを欠き、「専門家」が「素人」を門前払いにして「内輪」での議論にふけり続けるならば、そのような議論は「科学の名に値しない」空疎な営みとのそしりを免れ得ないし、「専門家」が「素人」によって「叩き壊」されたとしても文句は言えまい。

しかし、こうした相互的なプロセスに向かう可能性が最初から排除されてしまい、学問的な専門性が批判されただけに終わり、新たな展望も示されないとしたら、それは結局のところ学問とその専門性の放棄に帰着するだろう。そしてその結果として、「専門家」は「専門家」のまま、「素人」は「素人」のまま、相互に相手を嫌悪したまま自足して、かえって現状に安住してしまうだろう。先に『犯罪』が「専門性の否定」の言説として読まれてしまう、と述べたのは、つまりはこうした帰結を含意してしまう、ということである。

そしてこの帰結は、現代日本の社会状況を背景としてとらえた場合、かなり重大な「政治性」を帯びることとなる。というのも、近年広く議論されているように日本の「格差社会」化が進行しているならば、その結果として、社会の底流において「専門性に対する嫌悪」の心情が深く広まっている可能性があるからである。

現代の日本における「格差社会」化の進行、特に若年層における格差の拡大という問題を数多くの論者が指摘していることは、ここで改めて述べるまでもない(8)。そして、それらの議論の中で、いわゆる「インセンティブ・ディバイド」が大きな論点の一つとなっていることも、すでに旧聞に属するであろう。すなわち、経済的・社会的格差の拡大によって下位層へと位置づけられてしまった人々の間で、将来に向けての意欲の喪失が生じ、上層の人々との間で意欲や動機づけの格差が広がっていく、という議論である。例えば代表的な論者の一人である苅谷剛彦氏は、こうした意欲格差の発生を「〈降りる〉ことで自己を肯定する『自信形成のメカニズム』」（苅谷、二〇〇一、二一三頁）の拡大ととらえている。

この〈降りる〉メカニズムを、吉川徹氏は「『ハマータウン』型の再生産ストーリー」（吉川、二〇〇六、一五七頁）とも呼んでいる。

さて、もしこの「『ハマータウン』型」という呼称が強い意味で適切であるとするなら、本稿の議論にとってその意味は重大である。というのも、ポール・ウィリスは『ハマータウンの野郎ども』の中で、下層の対抗文化が有する重要な要素として、複雑で専門的な精神的活動に対する拒否ないし不信感を指摘している（Willis, 1977 邦訳三四二頁以下）からである。

実際、現代の社会において、学問を筆頭に専門性をともなう精神的な活動が一種の社会的権威として流通していることは改めて指摘するまでもないし、階層間格差が拡大し固定化していくならば、その中でこうした「権威」としての精神的活動に対して拒否ないし不信感が広まっていくのも、確かに自然な傾向であるだろう。だが、ウィリスの指摘によれば、こうした意識の広がりは、結果としては自らを精神的活動から分断することによって、むしろ階層間格差を固定化・強化するイデオロギー的役割を果たしてしまうのである。

もちろん、ウィリスの研究はイギリスという強固な階層社会を対象としており、そのまま現代の日本に適用できるとは限らない。日本における格差の拡大・固定化を背景として「専門性嫌悪」の心情が広がっているのではないか、という本稿の議論はあくまで推測の域を出ない。だが吉川氏の述べるように、現代の日本において「ハマータウン」的社会状況が生み出されているとするなら、「専門性嫌悪」の心情もまた、すでにこの趨勢と軌を一にして広がっている可能性を否定できないのではなかろうか(9)。

そして、こうした可能性を背景として、先に整理した『犯罪』の語り口の特性を位置づけるならば、両者の間に一定の親和性を見てとることができるだろう。言い換えれば、『犯罪』に対する「ウェーバー研究書としては異例の」反響の大きさも、こうした社会的背景を仮定するとかなりの程度において理解可能となるのである。そしてまた、くり返し触れたように『犯罪』が特有の意味で「政治性」を帯びてしまうということの意味も、このような背景を仮定すれば容易に理解されよう。すなわち、『犯罪』の語り口がもつ「専門性の否定」という含意は、結果的には階層間格差を固定化・強化するイデオロギーとして作用しかねない、という意味においてきわめて「政治的」なのである。「山本七平賞」

選考委員を筆頭に、保守派文化人が『犯罪』を「絶賛」するのは、おそらく理由のないことではない。

おわりに――格差社会に対する学問の可能性

さて、もし『犯罪』に対する大きな反響の背景として、現代日本における格差の拡大と、それにともなう「専門性嫌悪」の心情があるのだとしたら、問題はきわめて深刻である。ことは現代社会における学問的専門性そのものの位置づけに関わるからである。しかも、こうした状況理解が妥当ならば、学問それ自身も（したがって「専門家」自身も）、「専門性嫌悪」の心情の発生と拡大に一定程度関与している、という疑いを免れ得ない。というのも、学問的な専門性の強化は否応なしに学問の「権威」を強化することになるであろうし、その裏返しとして「専門性嫌悪」の心情を強化してしまうであろうからである。この意味において、学問それ自身も現代の（広い意味で「政治的」な）状況に対して「局外中立」ではあり得ない。では、一体この状況に対して、そして『犯罪』とそれへの反響に対して、どのように対処すべきなのであろうか。

当然ながら、このような広がりをもつ政治的・社会的問題に対して、本稿のような小論が対策など立てようもない。膨大な格差研究においてさえ、適切な方途は確定し難いのが現状だろう。[10] とはいえ、『犯罪』の語り口が描き出すような二項対立図式にのっとった対応は決して問題の解決にはつながらない、ということだけはこの小論でも指摘できよう。というのも、すでに見たとおり、『犯罪』の描き出す二項対立図式は、結局のところ「素人」が「素人」のままに留まることを正当化し、結果的には既存学問に対する批判を単なる「憂さ晴らし」に矮小化させてしまうからである。さらにウィリスの議論に照らして見るならば、『犯罪』の図式は一見すると格差を批判しているように見えて、実際には「ガス抜き」を図りつつ現状を固定化する方向で機能する可能性が高いだろう。

これに対して、真に必要なのは、すでに見たように「専門家」と「素人」がともに真剣な対峙・対決を通じて相互に学びあうことである。そして相互的な学びを通じて、「専門家」／「素人」という固定化した二項対立図式そのものを克服することであろう。

ただし、言うまでもないが、現代の格差状況を考慮することなく、ただ抽象的にこうした「可能性」を称揚することは、結果的に階層間格差を諸個人の努力の問題へと還元してしまう危険性、それゆえ格差のイデオロギー的正当化という危険性をはらみかねない。社会的格差が厳然と存在し、しかも拡大・固定化の傾向にあるならば、学問を営む個々人の努力によって「専門家」／「素人」の二項対立を克服し得る、などという可能性は微々たるものだろう。だが、にもかかわらず我々はその可能性に賭ける他ないのではなかろうか。そして他者の議論を「一気に叩き壊す」のではなく、このごくわずかな可能性を追求する、一見遅々とした営みこそが学問の可能性を担っているのではないだろうか。

注

（1）　本稿が『犯罪』の「政治性」を問題とするのである限り、最初に本稿の筆者自身のスタンスを明らかにする義務があろう。まず、本稿の筆者は自分のことを（たとえどれほど未熟であろうと）狭義のウェーバー研究者であると理解している。したがって筆者は『犯罪』をめぐる論争や評価に対して一定の利害関心を有している。つまり「局外中立」ではあり得ないし、またあろうと欲してもいない。もっと有り体に言えば、私はウェーバー研究者として羽入氏の立場に対してはきわめて批判的である。ただし、羽入氏個人とは面識があるが、しかし氏個人に対しては何ら含むところはないし、逆に何らの「しがらみ」も有していない。羽入氏を厳しく批判する折原氏と筆者個人の関係についても同様である。

（2）　もちろん羽入氏自身も、『犯罪』の「あとがき」で「往年の大塚学派対越智・岸田論争において、大塚学派がではなく、越智・岸田両氏によるヴェーバー批判が結局は正しかったことを全く違った論点から期せずして証明した」（『犯罪』二八六頁）と述べているように、この論争を知っているし、世良氏による指摘も知っているはずなのである。

実際、この引用個所のすぐ後で挙げられている安藤氏の著書『ウェーバー歴史社会学の出立』こそ、この論争と世良氏の指摘とに触れている著作であって、その『出立』の出版に際して「動揺する先生を微力ながら励まし続けた」（『犯罪』二八七頁）羽入氏が世良氏の指摘を知らないとは考え難い。

（3）　注自体は一二五頁から始まっている。羽入氏がマリアンネ・ウェーバーから借用している表現をさらに借用するならば「脚注の腫瘍」と評すべきであろうか？

（4）　橋本努氏の開設された、『犯罪』をめぐる論争に関するウェブサイトに鈴木氏の論考が掲載されている。ＵＲＬは以下のとおり。

http://www.econ.hokudai.ac.jp/~asimoto/Max%20Weber%20Debate%20Suzuki%20Akira%20Essay%2020040403.htm

（5）言うまでもないが、以下の分析は現実の羽入夫妻とは何の関係もない。あくまで『犯罪』の「語り口」の分析である。

（6）しかも羽入氏が『犯罪』刊行以降も折に触れて「女房」を引き合いに出して発言していることは、こうした解釈の可能性を強化してしまう。というのも、羽入氏はこれらの発言において、「専門家」としてではなく「女房」＝「素人」の代弁者として語りつづけることで、自らを『犯罪』の「主人公」として提示しているからである。こうした振る舞いは、『犯罪』による批判の射程を（意図的にか否かはともかく）学問的な厳密性や専門性にまで拡張する読解を誘発してしまうだろう。

（7）前節で見たように、羽入氏が理念型概念を「呪文」と非難していたことも想起されたい。

（8）そもそも現代の日本社会において格差が拡大しているのか否か、という大前提となる命題についてさえ、なお様々な、それこそ高度に専門的な議論が展開されていることも、やはり周知の事実であろう。ここでその研究動向について論ずるのはもちろん不可能である。とはいえ、管見の限りでは、全体の動向として高度成長期からバブル期にかけて解消した（かに見えた）格差が近年改めて顕在化していること、またその格差に対して教育が少なくとも縮小させる力にはなっていないこと、などについてはおおむね共通了解となっているように思われる。

（9）折原氏は「大学院の大衆化」状況を重大な問題として論じているが（折原、二〇〇五）、氏の叙述をたどっていく限り、そこに見えるのはむしろ、規模の拡大にともなって大学院の内部にまで何らかの格差（インセンティブ・ディバイスを含め）が浸入し始めている、という問題のように思われる。だとすると、いわゆる大学院重点化は苅谷氏（苅谷、二〇〇一）の問題視する「ゆとり教育」と類似の効果をもっていたとも考えられよう。もっとも、言うまでもなく大学院は専門的な教育機関であり、そこで単純に「専門性嫌悪」を想定するわけにはいかないだろう。

（10）本稿は先に言及した橋本努氏のウェブサイトに掲載された小論に加筆修正したものであるが、このウェブサイト版の小論に対し、折原氏は「『羽入事件』を『政治的問題』ととらえているのは、大筋として妥当」としつつ、ならば実践的にどのような対応をとるのか、と批判的に問うている（折原、二〇〇五、四二四頁）。だが、以上の考察からも推測されるように、現在の状況に対して何か確定的な「実践的対応」を提示すること自体、かなり難しいと言わざるを得ない。何しろ、学問的な専門性の追求それ自身が格差状況を強化する可能性さえあるのだから。強いて言えば、例えば本稿のような形で現在の「困難な状況」についての分析を提示することが一つの対応であり得ようか。

参考文献

Weber, Max, 1988, *Gesammelte Aufsätze zur Wissenschaftslehre* (7. Aufl.), J. C. B. Mohr.

尾高邦雄訳『職業としての学問』岩波文庫、一九八〇年。

中村貞二訳「社会学・経済学における『価値自由』の意味」『ウェーバー　社会科学論集』〈世界の大思想1〉河出書房新社、一九八二年、二九七-三六二頁。


安藤英治、一九九二、『ウェーバー歴史社会学の出立』未來社。

梅津順一、一九八九、『近代経済人の宗教的根源』みすず書房。

越智武臣、一九六六、『近代英国の起源』ミネルヴァ書房。

折原浩、二〇〇三、『ヴェーバー学のすすめ』未來社。

折原浩、二〇〇五、『学問の未来――ヴェーバー学における末人跳梁批判』未來社。

苅谷剛彦、二〇〇一、『階層化日本と教育危機』有信堂。

岸田紀、一九七二、「ウェーバーにおけるウェスレーの問題」『社会科学の方法』第五巻第一一号、一三-一八頁。

世良晃志郎、一九七三a、「理念型的理論構成と反証の問題」『社会科学の方法』第六巻第四号、一-六頁。

世良晃志郎、一九七三b、『歴史学方法論の宗教的根源』みすず書房。

羽入辰郎、二〇〇二、『マックス・ヴェーバーの犯罪――『倫理』論文における資料操作の詐術と「知的誠実性」の崩壊』ミネルヴァ書房。（本文中では『犯罪』と略記）

羽入辰郎、二〇〇四、「受賞の言葉（山本七平賞授賞式での講演より）」『Voice』一月号、一九九-二〇一頁。

吉川徹、二〇〇六、『学歴と格差・不平等』東京大学出版会。

Willis, Paul, 1977, *Learning to Labour*, Farnborough: Saxon House.（熊沢誠・山田潤訳『ハマータウンの野郎ども』ちくま学芸文庫、一九九六年）

第7章　現象学的理想型解釈の理路

九鬼一人

私は折原浩による羽入辰郎『マックス・ヴェーバーの犯罪――『倫理』論文における資料操作の詐術と「知的誠実性」の崩壊』（以下、『犯罪』と略記）批判に共鳴し得ないことをあらかじめ断っておく。羽入の問題提起を受けた本稿の要旨は以下の通りである。[1] 折原による理想型解釈は全面的に誤りとは思えないが、ヴェーバーが資料に直観（もとより、言わんとしている直観は概念的把握と対置される感性的直観ではなく、現象学的なそれである）されるべき理想型によって、ルター訳聖書の資本主義の精神に与えた因果的影響を索出し得ているか疑問である。まして資本主義の精神の理想型をバージョン・アップする橋本努による試み（橋本努「羽入－折原論争への参入と応答：論争の第二ラウンドへ向けて」、二〇〇四年一月二〇日、橋本努のWebsite参照）は事態をいっそう悪くしているように見える。それらの問題の一端は、合理性概念なかんずく目的合理性の設定方法に遡れるのではなかろうか。

本稿は『コリントI』七・二〇の釈義については判断を保留し、理想型を方法論的に検討して、羽入に有利な解釈の方向を打ち出すものである。そして、その背後に「本質直観」される「現象学的意味」を想定する、「帰結主義／非帰結主義」的な利益性に目的合理性／価値合理性の指標を求める。これは、客観主義的展開を見せた後期新カント学派の発想を押さえ、現代哲学の文脈で（差し詰めガートの合理性分析における内観心理学の拒否を念頭においている〔Gert, 2005, pp. 34f.〕）合理性を考えるために、要請される理路である。すなわち――そのように把握された――理想型は、イデアリテートを具えつつ、歴史的資料の内に看取されるべきことになる。最後に、羽入の資料精査を通じ提起された、フランクリンの理想型に関する議論の妥当性への疑問を、別の角度から再確認する。

一　橋本による総括の検討

『犯罪』の論述において、ヴェーバーは以下の難所を切り抜けるべく苦労したと指摘されている。すなわち、ヴェーバーの論証は、フランクリンが『自伝』において英訳聖書としては正統的でない“calling”という語によって聖書の句を引用したこと、そして宗教的含意を持たない表現“Geshäft”を足掛かりとしてヴェーバーが宗教改革の父まで遡ろうとしたことから無理が生じたのである、と（「ヴェーバーの論証の持つ問題点」）。もちろんヴェーバーはその点を自覚しており、補足的な論証を用意していたが、成功していないと羽入は言う。すなわち、かつて宗教的であった Beruf 概念が今日の世俗的な意味において初めて現れたのは、「ルターの聖書翻訳においてであった」ということが文献的に検証されていない点からヴェーバーは不十分であるとする。

橋本によれば、これに対する折原による反論は次の五点にまとめられている（本書巻末の資料1参照）。第一に「プロテスタンティズムの倫理と資本主義の精神」全体の論証構造は揺らいでいない。第二にヴェーバーは知的に不誠実な人間ではない。第三にルターはイギリスのプロテスタント諸派に間接的な影響を与えた。第四に羽入の評定、すなわちヴェーバー論証における『コリントⅠ』七・二〇の軽重に関するそれは、必ずしも適切でない。第五にヴェーバーはフランクリンの資料を使った資本主義の精神の理想型の構成に成功している。この整理に即して折原の立場を検討していこう（なお『犯罪』のかなめである第四の論点にコメントする資格はない）。

うち第一の論点と第三の論点を結合させると次のような疑念が生じる。折原の第一の論点によると、羽入の論証は、プロテスタンティズムの倫理が「意図せざる結果として、中産階級の勤勉精神や、徹底した利潤追求と簡素な生活に基づく資本蓄積をもたらした」という中心テーゼを揺るがしていないとされる。羽入の批判したヴェーバーの論証箇所は高々補助的なものに過ぎない、と言うのである。羽入が指摘したような「ヴェーバーの論証の持つ問題点」の持つ意味は、たしかに折原の応答によって相対的に薄められたものの、『犯罪』が文献内在的な値踏みをするよう、問うていることに変わりはない。他方第三の論点として折原は、ルターが英訳聖書に対してすら直接の影響を与えたとヴェーバーは述べていないのだ、とはいえ「ルターの宗教改革事業が、聖書独訳以外の著作その他の活動を経由して、他言語圏の宗教改革者達に影響を与え、後者が自国語聖典を翻訳／改訳するさい、もとより進行途上のルター訳を参照しながらも、それぞれ熟慮の末、聖典の関連各所に Beruf 相当語を採用していった、というごく自然な間接の経路」（折原、二〇〇三、六一頁）を類推できるのだ、と言う。資料から間接的な影響を類推せよという、この要請については、曖昧さが付きまとっており、――プロテスタンティズムが資本主義の精神を促したかという点に関して、羽入が指摘するような問題点がある以上――第一の論点をめぐり、ヴェーバーの因果帰属には然るべき根拠がなかったのではないか、という「裏因果律[2]」に関係した疑問が湧く。

次に第五の、フランクリンを使った理想型構成に関して羽入が行なった問題提起にも注意しなければならない。第五の論点として折原は、資本主義の精神を「職業観／職業義務観」（折原、二〇〇三、八八頁）と呼び換え、理想型がフランクリンの人格総体を捉えるものでないことを強調する。

橋本のこの総括で挙げられた第五の論点を詳しく見てみよう。もし羽入の功績があるとしたなら、『コリントⅠ』七・二〇の釈義上の問題を別にして、フランクリンにまつわる理想型への批判（『犯罪』第三章）を表明している点にある、と考えられる。ここには理想型論の陥穽が潜んでいるから、今度は橋本の第二の考察（橋本努「羽入‐折原論争への参入と応答：論争の第二ラウンドへ向けて」、橋本の Website 参照）中、応答可能な三つの論点にのみ言及しておく。

第一に理想型は「ある一面を鋭く構成すること」に意義がある以上「デフォルメされた抽象絵画のようなもの」である、と橋本は指摘する。しかし、そのような美学的比喩は、ヴェーバーがヴィンデルバント的「個性記述的」手続きを審美主義（つまり芸術に模して「個性記述的」に直観すること）として見咎めたこと（Rickert, 1921, S. xix）と矛盾する。ここから理想型とは果たして何であったのかという問題を抽出できる。

第二に資本主義の精神という理想型がヴェーバー理論を検証するために必要としても、フランクリンの言説に関しては彼の「神の啓示」以外の意義を否定する論拠を羽入が挙げていない、と橋本は指摘する。この第二点はそのまま次の点に直結する。神の啓示に意義を置かない宗教的契機と架橋するために、ヴェーバーの分析概念に多義的な「改釈」を与えることで解決の途を探るのが、その第三の論点である。ヴェーバー自身の議論は、こうした契機を「功利的な傾向」であると同時に「反功利的な傾向」として捉える難点を抱え込んでいると言う橋本が、代替案とするのは、次の三つの功利主義の区別である。すなわち（一）善悪の行為の外観を重視して、有用性や快楽のために役立つ限りで道徳的に振舞う功利主義。（二）善悪の実践を規範的に内面化した功利主義。（三）幸福主義や快楽主義の観点をまったく持たない功利主義。

この区別に関連して目的合理性をどう捌くのか、という根本的論件が待ち構えている。そこで項を改め、目的合理性／価値合理性を利益性の次元に設定するという、客観主義的解釈のために、学説史的な外堀を埋めておこう。

二　折原の目的合理性解釈

さてヴェーバーの「理解社会学のカテゴリー」から「社会学の基礎概念」への方法論的シフトに対応した西南ドイツ学派の展開に最小限の配視をしながら、目的合理性概念に関する係争点を提示しておこう。この二つの文献の間には以下のような相違が見られる。目的合理性を規定するにあたり、「主観的」という限定は後文献において取り除かれてしまった。それと歩みを合わせる如くに、客観的可能性への言及が省かれる。それは目的合理性による整合合理性の包摂と足並みを揃えていた。宇都宮京子によれば、かかる事態は、以下のように解説されている。「主観的に意味されたものと実際に存在するものとの関係を問う厳密な態度がこの（客観的可能性という）範疇への言及を必要とさせていたということである。もしも、それらが峻別される必要がなくなれば、この範疇への言及も必要なくなる」（宇都宮、二〇〇一、六九頁）。この箇所の言及は、（例えばヴァーグナー／ツィップリアンによって指摘された）フォン・クリースの「可能性に依拠した因果帰属の定式化」との対比において為されている。フォン・クリースが因果帰属を得たのは、「原因を現実のXから反実仮想的な（可能な）X'に変更したら、異なる結果がもたらされたとしよう、その時Xは真性の原因になる」（Wagner and Zipprian, 1985, p. 201）という定式化を通じてである（注（2）参照）。宇都宮はここに伏在する客観的可能性の着想を検討し、ラートブルッフやラスクの現象学的諸論考に、「理解社会学のカテゴリー」における、その原型を見出そうとする。そしてその後、「因果連関は構成される範疇であるという視点と、客観的に妥当なものと主観的に行為者が妥当とするものは厳密にいえば違うという視点」(宇都宮、一九九一、九〇頁)がもはや追求されなくなった「社会学の基礎概念」では、客観的可能性概念が棄却されている、と説明する。[3]

私はこの件に関わる直接的な資料を持ち合わせていない。しかしながら、後期西南ドイツ学派が現象学の流れに棹差し、可能性の範疇を客観的なものとして、敢えてその限定をつけるまでもなく使用するに至った経緯については、間接的に承知しているつもりである。例えば一九一八年に公刊されたブルーノ・バウフの「真理と正当性」[4]は、客観性を軸に推転した西南ドイツ学派の展開の傍証と考えられる。ここから普通、主観的「私念」(Meinung)の領域に押し込めてしまう可能性を、客観的に解することが自然となる。可能性を客観的なものに繰り込む流れに置くなら、「主観的に思念されたもの」といえども、その主観性に関して、一定の留保が必要である。

〈主観的なものへの限定＝主観的観念論への頽落〉を圧し留める、方法論的反省を通じて「社会学の基礎概念」では可能性の範疇は客観的であることが言わずもがな、のことと自覚され、整合的合理性／目的合理性の区別の撤去に至ったのであろう。それはこの文献において目的合理的行為から「主観的な」という形容が除かれていることに示されている。つまりヴェーバー方法論のシフトを、現象学に触発されて可能性を客観的に設定する文脈で考えた方が、(新カント学派の出発点とは異なり、対応説に近い現象学と類縁関係にある)西南ドイツ学派の流れに沿っている。他方、皮肉なことに西南ドイツ学派の妥当説と反対方向に、現象学は転回を見せた。それに対する反発から、ヴェーバーは中期フッサール(ないしは最晩期ラスクの主観主義)から離れたのであろう。

たとえこの客観性重視の文脈であっても、個別的主観という〈人格財〉に〈意味〉を帰属できる。つまり研究対象たる個別的主観の持つ〈意味〉の言及にのみ、論点を絞ることができる。ヴェーバーはこうした〈意味‐財〉図式に依拠していると思う。この〈意味‐財〉図式に関連して、「社会学の基礎概念」における、整合合理性と目的合理性の関係の問題(中野、一九八三、二〇九‐二一七頁)がある。たしかに池田昭と折原の間でかつて行なわれた論争におけるように(池田、一九七五、三四頁以下参照、整合合理性の解説も当該箇所に委ねる)、整合合理性は目的合理性と別個の次元に設定されているのだろうが、単に前者が客観的で後者が主観的という違いを言っているのではないことに触れたい。

周知のように「社会学の基礎概念」の中で「思念された意味」を評価的な「正当な」「妥当な」意味とは異なると捉

えている（Weber, 1976, S. 1f.)。この「思念された意味」は、――〈意味‐財〉図式の流れから推して――規範的教義科学とは違った仕方で、客観的な価値を前提していると考えられる。例えば一ドルの商品と一ドルの商品を買えば二ドルと交換するという「思念された意味」は、経済的価値を前提にして「解明」（deuten）される。もしそれとは違い、文化人類学的価値を前提にすると、贈与という「思念された意味」が解明されることもあるだろう。妥当する客観的価値の前提は、「理解社会学のカテゴリー」における「客観的に『妥当なもの』（Gültigen）に基づいて『整合的に』方向付けられた行為」（GAzWL, S. 433）と規定される整合合理的行為に遡ることができる（「妥当な経験」への言及はGAzWL, S. 432を見よ）。これはすでに別の機会で論じたように、リッカートの「歴史的中心」論（vgl. Rickert, 1896–1902, S. 561 usw; 九鬼、二〇〇三、六七頁）を受けている。こうした〈状況証拠〉は、整合合理性が比較基準である超越的価値と、リッカート的な内在的意味との関係において成立することを示唆する（注（4）参照、なお特に注記しない限り〔客観的な〕超越的価値と現象学的意味はほぼ等しい）。

それに対し、目的合理性は――折原の自覚性[5]ではなく――「帰結主義的」な利益性を指標とする、むろん客観的な、実質的条件を論じているのであろう。そのように考えなくては、例えば「目的合理的行為の『客観的』に適切な諸条件」への言及（GAzWL, S. 432）が浮いてしまう。そもそも目的合理的行為とは「外界の諸事物や他の人々の振舞いを予想し、そのような予想を、合理的に追求され計り出される、成果としての自分の目的のために『条件』や『手段』として利用しつつ行われる行為」（Weber, 1976, S. 12 傍点ゲシュペルト。vgl. GAzWL, S. 149, S. 441）となっていた。この定義における行為の結果に対する予想を、合理的な思考において計算される目的のための条件と読むことは可能である。つまり例えば泥の皿を食べたいと欲して泥をこねているだけでは計算不十分なのであって、「合理的に……計り出される自分の目的」（rational …… abgewogene eigne Zwecke）の持つ利益性が、実質的条件として盛り込まれていなければならない。

一般に意図的な行為は克明な自覚的表象を持たなくても、利益性がその目的合理性／価値合理性の実質をなしている、と言ってみてはどうだろうか。目的合理性の場合、カーブをどのような角度で、最小限の揺れに抑えてハンドルを切るか、という表象が自覚的に思い浮かべられずとも、車を乗り心地よく運転すること（一種の効用という「利」）は目的と見なされることがある。もしくは――価値合理性に文脈を広げると――ピアニストが名演奏者たるべしと価値合理的に振舞うようなケースを考えてみればよい。ピアノを弾いているとき、音符をどんなフォルテシモの強さでどんなアレグロの速さを以って奏でるかに細々と、彼女／彼の注意が行き渡っているにしても、――自覚されるのはより美しくという抽象的意識ではなく、例えば熱情を籠めて（アパッショナータ）といった具体的注意であろう――演奏の意味は、直接的に自覚されない芸術的価値の下で解明されることがあろう（むろんそうした価値合理性といえども、当人にとっての「利」である）。

人は目的合理的／価値合理的な行為に、非自覚的であろうと携わっているとき、永井均の指摘するがごとき、「利」を意図している（永井、一九八六、第II部）。つまり誤解をおそれずに言えば、自覚されない次元での、最広義の利益性を前提する方が、価値論的に馴染んでいる。

折原は一方で行為当事者の自覚性を目的合理性の指標とし、「没意味化」の問題を定式化する。他方、この意識的明晰性との対比において、整合合理性を観察者にとって「客観的に妥当なもの」によって特徴付ける。この対比を通じて折原は主観的目的合理性と客観的整合合理性の緊張関係の想定を得ている。しかしながらその緊張関係に由来する〈没意味化〉（折原、一九六九、三九七頁）に、初期マルクスの物象化以上のどれだけの意義を盛り込めるだろうか。私には、目的合理的主体を「意味覚醒した達人」として把握する、そうした深読みは、林道義が指摘するように（林、一九六九、一一六頁）、不適切に思える。代わりに上に論じたように自覚性とは別個の利益性という次元を設定し、目的合理性を「帰結主義的」に、価値合理性を非帰結主義的に解釈すべきであろう。そうするとひらける「現象学的」客観主義的解釈が、むしろ羽入の理想型解釈に有利に働くことに言及しよう。

三　資本主義の精神の理想型

ようやく折原の第五の反論に関連する橋本の代替案を議論の俎上に置き、「帰結主義／非帰結主義」の対比を検討する段に及んだ。そこでは先に触れたように三つの功利主義が区別されていた。まず功利主義の定義に共通の認識を得ておきたいので敢えて問題にする。

橋本は「有用性や快楽のために役立つ限りで道徳的に振舞う功利主義」を（一）「規範的に内面化していない功利主義」と呼んでいる。ヴェーバーはそうした「正直」、「時間の正確、勤勉、質素等」の善徳を「功利的な傾向」に数え（GAzRS, S. 34）、それらの善徳を実践するように「改心」（Bekehrung, GAzRS, S. 34）した物語を特徴付けているが、ここでの功利性が価値合理的に把握されていることを、橋本は明確にしていない。今日の厚生経済学の標準的規定によると、功利主義は「厚生主義」・「総和主義」・「帰結主義」から構成されるはずであり、非帰結主義的なこれらの「傾向」を通常の意味での功利主義的なものの中に数えるべきではない。

そこで非帰結主義という論点を補足しておこう。ウィリアムズは帰結主義を批判して、――就職すれば兵器開発を遅らせられるのにもかかわらず――化学生物兵器研究所に就職することを回避する非帰結主義的選択肢を挙げている（Williams, 1973, pp. 97–98）。ところで極端な非帰結主義者は選択の帰結に関心を払わず、選択状況に含まれる選択の機会が豊富であることを、選好判断の唯一の基礎としているが（Suzumura and Xu, 2000, p. 242 を見よ）、このことに照らしてウィリアムズのケースを若干修正することにより、価値合理性の例を得られる。すなわち修正ケースにおいて、化学生物兵器研究所に就職しないことも、就職しながら反対運動の署名に励むこと等々も、「すべて個人の価値観の統合に依拠すべし」という命法を遂行する豊かな機会として、（先の演奏家の場合において、その遂行における機会は非帰結主義的に極めて豊かな多様性に開かれているのと同様）行為者の価値統合の裁量に委ねられる。それは殊更「研究所に就職して兵器開発を遅らせる」という選択肢に限定する目的合理性から離れた価値合理的なものと考えられる。

このように目的合理性と価値合理性との間に懸隔があるとしたら、それは（橋本への言及の場を借りるのは恐縮であるが）折原のヴェーバー擁護論にも影を落としていると思われる。折原がここでの功利主義を、あくまで自己目的的な利害関心であるばかりか、「各人に義務として命じられている」ものである（折原、二〇〇三、九八頁）と断っているが、その言葉さえ見咎めざるを得ない（なお折原、二〇〇五、一九五‐一九六頁のように、自足するはずの「価値合理的目的」を目的合理的手段性に回収しようとする記述は晦渋を極めているように思われた）。なぜなら義務論的な倫理は功利主義と呼ばないからである。たしかに大庭健が言うように普遍性の要求においてカント的定言命法と、功利主義はほとんど変わらない（大庭、一九八八）が、前者の要求するのが端的な義務であるのに対し、後者は効用という帰結を要求する。何よりもまず価値合理的な行為者相関的モラル（ref. Sen, 1997, pp. 285–287）は定言命法に服さないことに思い至るべきである。

翻って橋本に戻れば――（一）「規範的に内面化されていない功利主義」は、その言葉を額面通り受け取るなら「エートス」以前の問題であり、橋本の言う（二）の「規範的に内面化した功利主義」つまり〈ミル的に有用性の基準に従ったことを望ましいとする立場〉が本来の意味で〈功利主義〉と呼ばれるべきである。それは「帰結主義」つまり目的合理性に焦点を結んでいる。ところがこの（二）ミル的な〈功利主義〉が（一）「規範的に内面化していない功利主義」と（三）「幸福主義や快楽主義の観点をまったく持たない功利主義」の中間型と見なされる難点がある。まず橋本が自ら（三）を「『反功利主義』と言ってもよいだろう」と述べていることは、この間の混同を露呈したものである。なぜなら常識的に言って「幸福主義や快楽主義等の外衣」（GAzRS, S. 35）を帯びない以上、効用を持たず「厚生主義」でないから、功利主義と呼ぶことを拒む方が価値論的に見て自然だからである。したがって（一）非帰結主義的善徳と（三）非厚生主義的反功利主義を対比しても、（二）〈功利主義〉を中間に位置付けるなど無理筋と考える。

そして「帰結主義的」に特徴付けられた（二）〈功利主義〉は目的合理性を貫こうとするから、羽入によって示唆された世俗的利益追求（『犯罪』第三章第五節）の促しとなる。故にそれは価値合理的精神と別物であるし、宗教的傾向との連関自体、問いに晒される必要がある。しかるに橋本が（二）の「規範的に内面化した功利主義」をそうした非帰結主義的な精神と結合させる概念操作を安易に提唱しているのは問題だと思われる。

以上「帰結主義的」な利益性に即して、目的合理的功利主義の定義に関する認識の基礎を得、非帰結主義と対照した。義務論は目的論にとって異物に留まるのである（手近な所では Pettit and Smith, 2004 を参照）。次に合理性の背後に客観的価値を想定することが、「現象学的意味」という思想史的背景から正当化される点に触れよう。

フッサールへのヴェーバーの言及（「理解社会学のカテゴリー」冒頭注 GAzWL, S. 427, fn. 1, usw.）等に端的に示されているように、〈意味の客観的存立〉という現象学的な見地からヴェーバーを解する必要がある（初期フッサール[6]の先導的役割については九鬼、一九八九、五三－六二頁）。ヴェーバーの合理性の背後に、客観的なリッカート的価値／フッサール的意味を想定することは無謀でない（廣松、一九九一、第二章第一節参照）。そうした解釈の例として、次のような考察が引用できる。理解社会学から解明のプロセスを捉え返してみれば、「自己にとって大なり小なり透過的な直接的動機のうえに重畳するようにして、従来明確に自覚していなかった新しい意味が発見され『外側から』意味受胎がはかられる過程であるといえよう。受胎される新しい『意味』は決して行為者の直接的動機を離れて飛翔するものではないが、行為者の『心理』に還元されえず、通常は意識化・自覚化されていない」（厚東、一九七五、一六二頁）[7]。

ここまでに論じたように合理性が必ずしも自覚化されないとしたら、ヴェーバーの合理性概念は、現象学的意味によって裏打ちされていると考える方が自然である。理想型を解釈するにあたっては、「対象にとって必要不可欠な本質」の直観を踏まえるべきである。

もしそうなら、理想型は「特定の意義のある構成部分を明瞭に浮き彫りにする」「限界概念」である（GAzWL, S. 194）にせよ、またむろん現実的に現れることはない（Weber, 1976, S. 10）にせよ、イデアールには現実に即していなければならないことになろう。例えば「……フランクリンの論述で『資本主義の精神』と呼んだ精神的態度の本質的諸要素が、われわれが先にピュウリタンの職業的禁欲の内容として確定したものと同じで」（GAzRS, S. 202）なければならない。つまり模写不可能ということが、現実の多様性から帰結するとしても、〈資料を読むという志向的体験〉によって、現実の意味（そして本質）[8]は直観される必要があろう。

振り返ると橋本の第一の総括で挙げられた第五の論点とも関わってくる。九鬼（二〇〇三）第二章第一節を踏まえた考察から、ヴェーバー／リッカートは価値の彼我の同一性によって、文化科学的認識の基礎を説けるようになった、という論点が得られる。例えば「プロテスタンティズムの倫理と資本主義の精神」で言えば、フランクリンを典型とするプロテスタントは歴史家と同じ価値[9]に態度を採った、という具合に「理解」（verstehen）されるはずである。故にヴェーバーが抽象したフランクリンの〈人格財〉は、同じ資本主義の精神の理想型を、統整的原理たる「理念」（Idee）として具えていなければならない。

とするとイデアールなものが、数学的形象の認識を成り立たしめることとの類比で、理想型を解すべきである。言うまでもなく、数学的直線は経験世界において、模写像として見出されないが、黒板の上に描いた直線の統整的原理として働く。大森荘蔵がかつて例証したように――曲がっている黒板の「直線」はイデアールな直線という了解の下に立つものであるし、幅がある黒板の「直線」に対して、「直線」のきわにおける幅のない境界の直線の了解が先立つ。比喩的に言えば、知覚の風景に直線の概念が埋め込まれている。だから理想型が資料を模写するものでないことを、デフォルメされた抽象絵画とのアナロジーで説くのは、ミスリーディングである。むしろ現象学の「本質直観」に倣いヴェーバーを解釈すべきであろう。

結　び

故に第一に、資料内在的な理想型を要求する羽入書から得られる規範的共通了解は、「イデアールな資本主義の理想型をフランクリンの資料の行間に読み取るべし」というものである。そのさいたしかに解釈学的地平の溶融という観点から見て「研究対象にかんするなんらかの予備知識／事前了解がなければ」（折原、二〇〇五、九九頁）ならないのだが、そのプロセスは「暫定的な例示」（折原、二〇〇五、九九頁）によって完結され得ず、綿密な資料読解を介した正確な「理解」を通じ、「本質直観」されることを要求するのではなかろうか（例えば『「いき」の構造』の緻密な概念分析のように）。

そこで第二の示唆として、「フランクリンの宗教観に関する疑義」（『犯罪』第三章）を受け留めることができる。資料に即すと、フランクリンの宗教観における価値合理的契機が、――彼の倫理が「個々人の『幸福』や『利益』を超越している」、という議論が破綻している（羽入、二〇〇二、一八五頁）とする羽入に俄かに賛同し難いにせよ――目的合理的利益追求をもたらす因果的駆動力を持ち得たか疑問である。合わせて前述した「帰結主義」の考察を端緒として「帰結主義」と非帰結主義の線引きを顧みると、フランクリンにおける宗教観中、非帰結主義的契機が「帰結主義的な営みに直結すると結論を急いではならないだろう。つまり、フランクリンの宗教的精神に含まれる、そうした契機は目的合理的利益追求を触発しなかったのではないか、という批判的態度が『犯罪』から得られる。

しかもこの批判的態度を承ける形で、「"calling" 概念が「天職」の意味で普及したのは、もしかするとフランクリンよりも後の世代においてであった可能性もある」（橋本、本書第一五章）とするのなら、X（ルターの Beruf の翻訳）とは、別の可能性X'（別途の天職概念の普及）によっても資本主義の精神は成立し得、因果関係を帰属せしめることはできないだろう（「裏因果律」）。そればかりか、プロテスタンティズムの倫理と資本主義の精神は、近代の「内部指向型社会性格」の成立と相互作用を持つのではないか、という――カントからヘーゲルへの発展的転換に対応した――因果性のカテゴリー自体に対する疑念に対しても、討論が開かれていなくてはならないだろう。故に近代において価値合理的な宗教的契機と世俗的利益追求が随伴したことは偶然ではないか、という問いにも相応の配慮が要請される。――『犯罪』はこうした問題提起の書である。

注

（1）学的誠実性という観点から言えば、第一次文献に当たらず、丸山尚士の論考の査閲をしないまま、――もちろん『犯罪』を二次文献とする旨を明記した上――ジュネーブ聖書の刊行年に言及した九鬼の軽率さ（九鬼、二〇〇四、四八頁）については自己批判する。

（2）「裏因果律」とは、「AがBの原因である」ならば「Aが生起しなければBは生起しない」（鈴木、二〇〇二、三頁）を指し、フォン・クリースの因果帰属に対応している。

（3）ちなみにフッサールの『論理学研究』第一研究（Husserl, 1913, S. 80）の「本質的に主観的で機会因的」な表現に「可能的な諸意味」は帰属すると考えられる（廣松、一九九一、四七頁）。この点にわたる宇都宮との諸論点の対質は別の機会に譲る。

（4）そのことは、宇都宮のヴェーバー解釈（宇都宮、一九九九、四五頁）に沿わない形で、バウフが『真理・価値・現実』中、「妥当性」に「正当性」の意味を籠め、客観的真理と適合した主観的〈形象〉としてRichtigkeitを用いていることにも表れている（Bauch, 1923, S. 69. 初出は1918, *Festschrift Johannes Volkelt zum 70. Geburtstag*, dargebracht von Paul Barth, O. Beck.）。ヴェーバーの整合合理性も、そうした「正当性」からの外挿において理解されよう。内在的意味は九鬼（一九八九）第二章第二節参照。

（5）カントにおける人格概念が自覚性に定位していなかった如く、合理性の昂進を意識の自覚性（折原、一九六九）と結びつけることには難がある。ハイムゼートによれば、自由な人格性は客観的な普遍立法を目指す純粋に知的な性格を持つと言う（Heimsoeth, 1956 邦訳二一四頁）。したがってカントの意識性を道徳の究極的根拠と見なすことには、留保が必要である（Kant, 1902ff., Bd. N, S. 407; Bd. M, S. 392–393）。ヴェーバーも「人間の振舞いの『内側』」は危険な語用法である、と注記するのを忘れなかった（GAzWL, S. 430）。だから内観心理学的な比喩の使用に対して抑制的だったのではないか。ヴェーバーの意味が外的に知覚される経験的過程の背後に措定される「本質」であったことについては、一九〇七年の「R・シュタムラーにおける唯物史観の克服」（GAzWL, S. 331f.）、また意味の無自覚性については林（一九六九）一〇四－一〇五頁も参照。

（６）近年の榊原（二〇〇六）の研究は、フッサールの一九〇五年の歴史哲学講義における「個別事実」の把握に、一般的な（ディルタイの）「類型」的発想を看取している。ただ榊原がフッサールによるリッカートの「類型」概念の回避（Rickert, 1896–1902, S. 360）に注目している（榊原、二〇〇六、一三七頁）ものの、実のところリッカートは、原始文化研究・言語学・国民経済学・法律学等の文化科学の普遍的概念（Allgemeinbegriff, Rickert, 1899, S. 56）に言及し、それらにおける「類型」が「個人が群の平均的なものを認識させ、その類の代表として歴史的に本質的となる」（Rickert, 1896–1902, S. 487）という意味でそう名付けられる、と言っている。したがってフッサール的な「形態学的考察」（榊原、二〇〇六、一二六－一三二頁）と雁行していた面もある。

（７）ヘンリッヒによると、ヴェーバーは特定の歴史的事物についての関心の普遍性が、究極的価値構造から導きだされるという考えを、リッカートと分かち持っていた（Henrich, 1952, S. 34f.）。

（８）ヴェーバーにおける実在と概念を区別する思考法については、例えば向井（一九九七）二五七頁等を見よ（GAzWL, S. 113, 191usw. も模写説を反証するよすがとはなるが、現象学のスキームまでを否定するわけでない）。橋本も理想型の抽象性故に、理想型と実在との間に距離を置く解釈を取っている。例えば「分析的な普遍概念」たる「質量」について、「太陽は質量である」とは言えないことから橋本は、パーソンズ同様、主語「太陽」と抽象概念である「質量」とを、イコールで結びつけることはできない、と主張する（橋本、二〇〇〇、一二－一三頁）。だが、パーソンズ／橋本の見解は「AはBである」を「$A = B$」と短絡せしめることに基づいて（$A \in B$ もしくは $A \to B$ という解釈を考えずに）議論が組み立てられている。例えば「タイの小集落は今でもゲマインシャフトである」と抽象的に述語付けされることが見逃されている。およそ理想型は抽象性だけを以ってして現実と対置されるようなものではない。森川剛光の言葉を借りるなら「理想型がユートピーであるのはそれが抽象的かつ一般的であるがゆえにではなく、ある意味すなわち価値と関係しているがゆえにユートピーなのである」（Morikawa, 2001, S. 212）。また理想型と現実の峻別に対する抗告は例えば、Kocka（1976）邦訳三四頁以下等によってなされている。

これに関連して新カント学派の道具主義的解釈では、抽象的な理想型が現実と隔離している、というアポリアを指摘できる。価値客観性への志を持たない者は、認識価値の主観性、ひいては概念図式の主観性という論点に傾きがちである。例えば塩野谷祐一（Shionoya, 1996, S. 47–66）もヴェーバーを解釈するに当たり、道具主義的新カント学派という神話に託している点で例外でない。たしかに塩野谷の指摘するように、シュモラーのまとめる歴史学派の基本路線を、ヴェーバーは踏襲している。とはいえ、塩野谷の描く道具主義者ヴェーバー（Shionoya, 1996, S. 55）では、ハーシェル／ヒューウェル流の仮説演繹法に矯める虞がある。

価値関係的手続きを経験的主観に任せる折原も同様の誤りに手を染めていないだろうか（折原、二〇〇四、三四頁）。もちろんヴェーバーに影響を与えたリッカート哲学も、超越論的主観の概念的形式から離れた現実などないことから出発した（「所与性の範疇」vgl. Rickert, 1904, Kap. V, II)。彼によれば、現実性は（超越論的主観の）思惟の形式である（vgl. Bast, 1999, S. XVI）と同時に、この形式が認識されるものの必須の契機となる。しかしながら、歴史的価値関係的手続きにおいては、構成的形式である「個別的因果性」に関わる、「個別的な客観的現実に、法則科学よりも一層近づいている」（Rickert, 1904, vgl. S. 224f.）。裏返せば、「現実は経験的主観に対して独立である」（Rickert, 1904, S. 221f. 参照）ように、現実は経験的主観の中にあるのではなく、外なる実在である。

（9）　惜しむらくは、ヴェーバーが客観的価値論の発展を見ずに価値対象説に留まっていたことである。マクダーウェル流の価値属性説は現在でも、検討の余地を十分持っている。価値属性説、なかんずくセンのポジション依存的客観性を配視したそれについての、示唆に富んだ論考として神崎（一九九四）を見よ。

参考文献

Weber, Max, 1922, 2. Aufl.（← 1920, 1. Aufl.）, *Gesammelte Aufsätze zur Religions-Soziologie*, Tübingen: J. C. B. Mohr.（本文中ではGAzRSと略記）

Weber, Max, 1973, 4. erneut durchgesehene Aufl.（← 1922, 1. Aufl.）, *Gesammelte Aufsätze zur Wissenschaftslehre*., Tübingen: J. C. B. Mohr.（本文中ではGAzWLと略記）

Weber, Max, 1976, 5. rev. Aufl.（← 1922, 1. Aufl.）, *Wirtschaft und Gesellschaft*, 1. Halb-band., Tübingen: J. C. B. Mohr.

池田昭、一九七五、『ウェーバー宗教社会学の世界』勁草書房。

宇都宮京子、一九九一、「M・ウェーバーにおける現象学の意義とその影響について――シュッツ、パーソンズのウェーバー解釈と『客観的可能性の範疇』をめぐって」『社会学評論』第一六七号（第四三巻第三号）、八一－九四頁。

宇都宮京子、一九九九、「マックス・ヴェーバーの行為論」『情況　二〇世紀社会学の知を問う』一九九九年四月号別冊、三九－五四頁。

宇都宮京子、二〇〇一、「ヴェーバー社会学の構成――リッケルトとヴェーバー」情況出版編集部編『社会学理論の〈可能性〉を読む』情況出版、五七－七三頁。

大庭健、一九八八、「現代において倫理学は何でありうるか」日本倫理学会編『倫理学とは何か』慶應通信、一四九－一八八頁。

折原浩、一九六九、『危機における人間と学問――マージナル・マンの理論とウェーバー像の変貌』未來社。

折原浩、二〇〇三、『ヴェーバー学のすすめ』未來社。

折原浩、二〇〇四、「ヴェーバー『プロテスタンティズムの倫理』論文の全論証構造」『未来』三月号。

折原浩、二〇〇五、『ヴェーバー学の未来――『倫理』論文の読解から歴史・社会科学の方法会得へ』未來社。

神崎繁、一九九四、「《徳》と倫理的実在論――アリストテレスの『徳』概念の現代的意義」日本倫理学会編『徳倫理学の現代的意義』慶応通信、二一-三八頁。

九鬼一人、一九八九、『新カント学派の価値哲学』弘文堂。

九鬼一人、二〇〇三、『真理・価値・価値観』岡山商科大学学術研究叢書。

九鬼一人、二〇〇四、「一九二〇年代思想史ノート第一回」『岡山商大論叢』第三九巻第三号、四五-六五頁。

厚東洋輔、一九七五、「ヴェーバーと意味の社会学」『現代思想』第三巻第二号、一五八-一六六頁。

榊原哲也、二〇〇六、「ディルタイ、ヴィンデルバント、リッカート――フッサールによる批判的考察と、歴史の現象学の起源」千田義光・久保陽一・高山守編『講座　近・現代ドイツ哲学II』理想社、一一一-一四八頁。

鈴木延寿、二〇〇二、「条件関係と因果関係」『科学基礎論研究』第九八号、一-七頁。

永井均、一九八六、『〈私〉のメタフィジックス』勁草書房。

中野敏男、一九八三、『マックス・ウェーバーと現代』三一書房。

橋本努、二〇〇〇、「現実認識とは何か――形相的理念型による啓蒙」『情況　特集マックス・ヴェーバー再考』七月号、六-二〇頁。

羽入辰郎、二〇〇二、『マックス・ヴェーバーの犯罪――『倫理』論文における資料操作の詐術と「知的誠実性」の崩壊』ミネルヴァ書房。（本文中では『犯罪』と略記）

林道義、一九六九、「ウェーバーにおける歴史と『意味』――折原浩氏の批判に答える」『思想』第五四四号（一〇月号）、一〇一-一二二頁。

廣松渉、一九九一、『現象学的社会学の祖型』青土社。

向井守、一九九七、『マックス・ウェーバーの科学論』ミネルヴァ書房。

Bast, Rainer A., 1999, "Rickerts Philosophiebegriff," in hrsg. von Rainer A. Bast, *Heinrich Rickert: Philosophische Aufsätze*, Tübingen: J. C. B. Mohr, S. XI–XXXI.
Bauch, Bruno, 1923, *Wahrheit, Wert und Wirklichkeit*, Leipzig: F. Meiner.
Gert, Bernard, 2005, *Morality*, rev. ed., Oxford: Oxford University Press.
Heimsoeth, Heinz, 1956, *Studien zur Philosophie Immanuel Kants*, Köln: Kölner Universitäts-Verlag.（須田朗・宮武昭訳『カント哲学の形成と形而上学的基礎』未來社、一九八一年）

Henrich, Dieter, 1952, *Die Einheit der Wissenschaftslehre Max Webers*, Tübingen: J. C. B. Mohr.

Husserl, Edmund, 1913, 2. ungearbeitete Aufl. (1901, 1. Aufl.), *Logische Untersuchungen*, Zweiter Band, I. Teil, Tübingen: Max Niemeyer.

Kant, Immanuel, 1902ff., Kant's gesammelte Schriftenn, hrsg. von der Königlich preußischen Akademie der Wissenschaften, Berlin: Georg Reimer.

Kocka, Jürgen, 1976, *Kontroversen über Max Weber.* (住谷一彦・小林純訳『〔新版〕ヴェーバー論争』未來社、一九九四年)

Morikawa, Takemitsu, 2001, *Handeln, Welt, und Wissenschaft, Zur Logik, Erkenntnis-kritik und Wissennschaftstheorie für Kulturwissenschaften bei Friedrich Gottl und Max Weber*, Wiesbaden: Deutscher Universitäts-Verlag.

Pettit, Philip and Michael Smith, 2004, "The Truth in Deontology," in R. Jay Wallace *et al.* eds., *Reason and Value*, Oxford: Oxford University Press, pp. 153-175.

Rickert, Heinrich, 1896-1902, 1. Aufl., *Die Grenzen der naturwissenshaftlichen Begriffsbildung*, Tübingen: J. C. B. Mohr.

Rickert, Heinrich, 1899, 1. Aufl., *Kulturwissenschaft und Naturwissenschaft*, Tübingen: J. C. B. Mohr.

Rickert, Heinrich, 1904, 2. verb. und erweit. Aufl., *Gegenstand der Erkenntnis, Einführung in die Transzendentalphilosophie*, Tübingen: J. C. B. Mohr.

Rickert, Heinrich, 1921, 3. und 4. verb. und erg. Aufl., *Die Grenzen der naturwissenshaftlichen Begriffsbildung*, Tübingen: J. C. B. Mohr.

Sen, Amartya K., 1997, pap. (← 1984), "Ethical Issues in Income Distribution: National and International," in *Resources, Values and Development*, Harvard University Press, pp. 285-287.

Shionoya, Yuichi, 1996, "Getting Back Max Weber from Sociology to Economics," in von Heinz Reiner hrsg., *Studien zur Entwicklung der ökonomischen Theorie XV: Wege und Ziele der Forschung*, Berlin: Duncker & Humblot, pp. 47-66.

Suzumura, Kotaro and Yongsheng Xu, 2000, "Welfarist-Consequentialism, Similarity of Attitudes and Arrow's general Impossibility Theorem," *Social Choice and Welfare*. Vol. 22, No. 1, February 2004, pp. 237-251.

Wagner, Gerhard and Heinz Zipprian, 1985, "Max Weber und die neukantianische Epistemologie," *Zeitschrift für Soziologie*, Jg. 14, Heft2. S. 115-130.

Williams, Bernard Arthur Owen, 1973, "A Critique of Utilitarianism," in J. J. C. Smart and B. Williams eds., *Utilitarianism: for and against*, Cambridge: Cambridge University Press, pp. 75-150.

第Ⅲ部　論争を超えて——ウェーバー研究の新展開

第8章　ウェーバー宗教社会学の新しい読み方
——近代西洋のエートスを相対化する三つの文化比較

横田理博

一　序

マックス・ウェーバーの宗教社会学(1)をさしあたり教科書的にまとめてみれば次のようになるだろう。

近代西洋でカルヴィニズム・ピューリタニズム(2)がもたらしたエートス——これは、古代ユダヤ教以来の「脱呪術化(Entzauberung)」のプロセスの帰結だった——は、超越的な神の観念のもとで神の意にかなう社会へと世の中を変革していく「世俗内的禁欲」の生き方であり、これが近代資本主義の展開にとって促進的な機能を担った。これに対して、世俗をいったん否定する度合いが弱い儒教と「呪術の園(Zaubergarten)」へといきつく道教との混成態である中国のエートス、そして、自分の来世の運命をよりよくするために現在与えられたカーストの伝統主義的な義務をひたすら遵守しようとするヒンドゥー教や、世俗を逃避して瞑想する方向で悟りを求める仏教の生まれたインドのエートスにおいては、結局、積極的に世俗を変革していくような近代資本主義のエートスは成立しなかった。

諸宗教についてのこのような見取り図をウェーバー宗教社会学の骨組みと見做すことは、大枠としては正しい。

かつて、近代化の遅れた諸地域——戦後の一時期の日本をも含めて(3)——はいちはやく自国でも近代化を達成するために、近代西洋の成功の理由をウェーバーの叙述の中に探った。その際、〝近代西洋〟はいわば憧憬の対象、模範となっていた。近代化にとって望ましいエートスがどのようなものであり、それを身につけるためにはどうすればよいのか

が論じられた。(4)

しかし、このような〝近代主義〟的価値観はもはやリアリティーをもたないといってよい。今日では、アジア諸地域も或る程度近代化を達成し、むしろ近代化のもたらした公害・環境汚染や共同体的連帯・道徳の破綻などが問題となっている。またその一方で、帝国主義的植民地化政策に端的に表れている近代西洋の独善性・差別主義の問題性がクローズアップされ、西洋側からの東洋への悪しき偏見としての「オリエンタリズム」が告発されている。(5)こうした現状を踏まえるなら、近代主義的なウェーバー解釈を継承するかぎり、マックス・ウェーバーの仕事には今日それほど魅力はないといってよい。

だが、そのような近代主義的な読み方は、むしろ読み手側のバイアスのもとに作られたウェーバー宗教社会学の一面的理解にすぎない。ウェーバー自身の実感においては、近代西洋の方向性の破綻が強く意識されていた。世界中の様々な文化を考察し、そこで見出された様々な魅力的な生き方と自分の文化とを比較したとき、ウェーバーは自分の文化の〝偏り〟を強く自覚した。彼はこの偏りの性質を明らかにし、さらにその原因を歴史学的に探究していった。マックス・ウェーバーが多様な異文化の考察を踏まえて、自分をも含む近代西洋文化を相対的に理解し吟味していくという側面に、本稿では光をあてたいと考えている。

近代西洋文化を疑問の余地のないポジティヴなものだとウェーバーが考えていたわけではない、ということは、実は『プロテスタンティズムの倫理と資本主義の精神』（以下、『倫理』と略記）の末尾（RS I, S. 203–204 大塚訳三六四－三六六頁）を読めば容易に見てとることができる。そこでは次のように述べられていた。カルヴィニズム・ピューリタニズムの信念は近代資本主義を促進するエートスを産み出したのだが、その宗教的信念自体は次第に消えていき、また一方で、このエートスが作り出した近代資本主義のシステムは次第に人間を閉じ込め拘束するような「鋼鉄の如く堅固な殻（stahlhartes Gehäuse）」となり、この「殻」の中で人間は、思いあがってはいるが所詮無力な「精神なき専門人・人情なき享楽人」――これはニーチェの「末人（letzte Menschen）」をウェーバーが言い換えた表現である――へとなりさがる危険性を帯びている。このようなヴィジョンを提示したウェーバーがこの文化をポジティヴに見ていたとはとても考えられない。このようにカルヴィニズム・ピューリタニズムの〝帰結〟という一点だけからも、近代西洋文化の問題性は照射できるのである。

ニーチェ思想とウェーバーとの近さに着目する近年の研究[6]はこの点を強調してきた（Hennis, 1987; Peukert, 1989; 山之内、一九九三）。このルートからウェーバーの近代批判を論じることも可能である。しかし、本稿は、同じくウェーバーの近代批判を論じるとしても、ニーチェとの近さというルートからではなく、〝文化比較〟というウェーバー特有の営みをルートとしてアプローチしてみたいと考えている。ウェーバーの近代批判の中で、ニーチェ思想との近さということで収まらない議論は、ほかならぬこの文化比較というニーチェにはないウェーバーの営みと結び付いているからである。

なお、「近代主義」あるいは「近代批判」という議論がとかくそうしたレッテルだけを独り歩きさせてその中味を欠落させがちになる通弊を踏まえて、本稿では、つとめて具体的に近代西洋のエートスのどういう特性にどういう問題があるのかをウェーバーを手がかりとしながら明らかにしていきたい。以下、カルヴィニズム的・ピューリタニズム的エートスのもつ三つの特性に着目し、それぞれについて近代西洋以外の文化の立場から対照させて明らかにしているウェーバーの議論を掘り起こしていく。

二　差別主義／普遍主義的同胞愛

第一に、差別主義と普遍主義的同胞愛との対照に着目してみたい[7]。

(一)　ピューリタニズムの「反同胞愛」

ウェーバーは様々な生活態度の一つとして、「普遍主義的同胞愛（universalistische Brüderlichkeit）」という立場を考察対象とした。原始キリスト教に見られる立場である。宗教上の普遍主義的同胞愛の立場が、経済・政治・芸術・性愛・学問との間に緊張関係をはらむという『中間考察』の話は著名であるが、実はそれら世俗の各生活領域が普遍主義的同胞愛倫理との間に緊張関係をはらむというだけではなく、カルヴィニズム・ピューリタニズムのエートスと普遍主義的同胞愛倫理との間にも対立関係があることが指摘されている。ピューリタニズムのエートスにウェーバーは

神の「事（Sache）」のための、同胞愛義務への制限（RS I, S. 549 大塚他訳一二二頁）を見出し、

このような反同胞愛（Unbrüderlichkeit）の立場は、実際にはもはや本来の「救済宗教」ではなかった（RS I, S. 546 大塚他訳一一六頁）

という判断を下している。

カルヴィニズムにおいて「反同胞愛」が現れてくる理由を探ってみよう。

カルヴィニズムでは、神の超越性の昂揚によって、全知全能なる神は「人間の理解を絶する超越的な実体」（RS I, S. 93 大塚訳一五四頁）とされた。その結果、カトリックの場合とは異なって、人間の救済を人為的に保証するような一切の手段がその権威を否定され、「世界の脱呪術化（Entzauberung der Welt）」が達成される（RS I, S. 94 大塚訳一五七頁）。すべての人は、救われるべく予定された者か、救われないことが予定された者かのいずれかであり（二重予定説）、この「予定」が変更されることはなく、いずれに予定されているかを知る由もないと考えられた(8)。信者たちは「一人一人の個人の前代未聞の内面的孤独化の感情」（RS I, S. 93 大塚訳一五六頁）と「死とその後に対する苦悩に満ちた不安」（RS I, S. 98 大塚訳一六〇頁）のもとにつきおとされる。切実なパトスをもった彼らの関心が集中するのは、或る人間が救われる者か救われざる者かを判定するメルクマークの如何だった。もともとそのようなメルクマールはない、つまり、いずれに予定されているかを知る由はないと考えられていたのだが、やがてそのメルクマークとされていったのは、倫理的・方式的生活態度を首尾一貫して実践しているかどうかということであった。

かくして、カルヴィニズムでは、救済を導くための方法（「現実根拠〔Realgrund〕」）は存在しないが、救済されていることを「確証」するメルクマーク（「認識根拠〔Erkenntnisgrund〕」）は存在する（Vgl. RS I, S. 140 大塚訳二四七頁；WG, S. 344 武藤他訳二五〇頁；WG, S. 718–719 世良訳六三三－六三七頁；WL, S. 436 海老原他訳二九－三〇頁）。だが、倫理的・方式的生活態

度という救済の「徴候」は、事実上は努力次第で成就可能という面をもっていた。したがって、結果的には、「徴候」を作り出すべく努力するという事態を喚起するのであって、これは、〝こうすれば救われる〟という「現実根拠」のあり方、つまり、救済の手段としての倫理的行為の実践という動機づけに現実にはかなり接近していたことになる。[9]

「現実根拠」が保証されたカトリックにおいては、いったん罪を犯してもその穴埋めをしてくれる「告解の秘跡」があった。しかしカルヴィニズムでは、いわば失敗が許されない。失敗は「永遠の死滅」に予定された人間の「徴候」であり、そう判断された人間はもはや救いようがない。したがって、カルヴィニズムにおいては、まさに全生活をあげて、救われざる者の「徴候」なきことの保持が要請された。

必要なのは、自分が救われる者だと思い込むことであった。それは、自分の中にひょっとしたら潜在しているのかもしれない救われざる者の徴候を激しく拒否することによって成立しうる。しかし、救われざる者としての徴候のない者だと確信することは、その徴候を現すまいという意識的姿勢を保持しつづけることよりも一段と至難の業である。というのは、現すまいという姿勢自体が、救われざる者の徴候としての非完全性を示唆するのであって、現すまいという意識的姿勢を意識下に封じ込めるような形で把持しなければならないからである。

自己の中の救われざる者の徴候を忌避し封じ込めようとする持続的・強迫的緊張の只中にいる人間は、他者にその徴候を見出したときには激しい攻撃性や蔑視の感情を示すであろうことが推測される。それは、救われざる者としての他者の断罪と、自己の中の救われざる者の徴候の抹殺とを、意識的にせよ意識せざるにせよ心理的に重ね合わせてしまうからである。救われざる者と見える他者への軽蔑的な態度は、自らも足を踏み入れているのかもしれない救われざる者の領域を、自己から極力遠ざけようとする衝迫の現れにほかならない。[10]

かくして、自らが救われる者だと確信する人間は、隣人の罪悪に際しては、「永遠なる棄却の徴候を身に帯びた神の敵としての彼らへの憎悪と軽蔑」をもって応じるのであって、決して「自分の欠点を意識して自ら進んで援助にいそしむ寛大な態度」がとられることはなかった、とウェーバーは指摘する（RS I, S. 120 大塚訳二〇八頁）。それは、きわめて冷酷な「宗教的貴族制」であった。世俗の内と外とで分断されていた形のカトリックの宗教的貴族制が否定された後に、世俗の内部に新たな宗教的貴族制が再編された、ということになる。

予定説のもとに倫理が定着するにつれて、世俗を超えた外側での修道士たちの宗教的貴族制の代わりに、永遠の昔から神によって予定された世俗内部における聖徒たちの宗教的貴族制（Aristokratie）が現れた。この貴族制は、不滅の刻印によって、聖徒と永遠の昔から棄却された残余の人々との間を隔てたのであって、両者をわかつ深淵（Kluft）は、世俗から外面的に分離されていた中世の修道士の場合よりも原理的にいっそう架橋しがたく、また目に見えないだけにいっそう不気味なものであった。――このような深淵は、ありとあらゆる社会的感覚に激烈に食い込んでいった。というのは、隣人の罪に直面した場合に、選ばれし者つまり聖徒が神の恩寵を得ていることにふさわしいのは、自分の欠点を意識して自ら進んで援助にいそしむ寛大な態度ではなく、永遠なる棄却の徴候を身に帯びた神の敵としての彼らへの憎悪と軽蔑であったからである。（RS I, S. 120 大塚訳二〇七－二〇八頁）

誰もが救われるという「普遍恩恵説」ではなく、一部が救われ他は救われないという「特殊恩恵説」。しかも各自の運命は決まっていて変更できないという「予定説」。この教えは、自分は救われたいという切実な欲求を望ましい生活態度へと導く力強い働きをもったが、たえず〝救われない連中とは違う〟という差別感情の上で自尊心が保たれていた。

（二）　原始キリスト教の二面性

ところで、「宗教的貴族制」といわれたカルヴィニズムの差別主義が「普遍主義的同胞愛」を提起した原始キリスト教と対照される、という右の図式は、実は、ウェーバーにとっては一面的な捉え方にすぎない。ウェーバーは、原始キリスト教の教えの中に、一方では普遍主義、もう一方では差別主義が二つながら主張されていることを見抜いていた。

そもそも「同胞愛」というものはもともとは局在的な集団のもとに成立したものであった。そこには対外的排斥と対内的規制という二つの原理が含まれている。たとえば、古代のイスラエルという共同体は、「同胞」をイスラエル民族に限定するとともに、その「同胞」の内部では、神の命令をひとたび犯した罪人に対しては温情の眼差しは向けられなかった。それは、ベリース（契約）において、この共同体の成員たちは神の命令を遵守することに「連帯責任」を負っていたからである。自分達の共同体の中に神に背いた者を許容していたならば、その共同体の成員すべてが罪人となり神の罰を受けることになる。その結果、「神に見捨てられた罪人に対する追放や呪詛や石打ちが、罪人への反応の仕方であった」(RS III, S. 280 内田訳六四〇頁)。つまり、絶対的なる神との特異な約束への確信と、連帯責任の思想とが結合した結果、ひとたび神の命令に反した者は無慈悲なる排除を被った。

イエスにおいて、対外的排斥の無化[11]と対内的規制の寛容[12]という要請が示された。つまり、同胞愛は「普遍主義」化された。しかしながら、他ならぬイエスの教説自体の中に、実は、対外的排斥と対内的規制の二契機(つまりは差別化の契機)を改めて再生産する素地は存在していたのではなかろうか。

イエスはたしかに、対象を問わない同胞愛の実践、つまり誰に対しても親切にすべきことを説いた。これは反差別主義である。また、イエスの要求を受容し実践しさえすれば誰でも神の恩寵を被ることができるという点でも人間平等観を提唱していた。しかし、その要求の受容とは並の人間には困難なものであり、そしてそれを敢えて受容した人々と断念した人々との間には明確な差別が認識されていたのである。

> 実際にはイエスの告知は威圧的な要求を提起するのであって、厳格に救拯貴族主義的(heilsaristokratisch)である。イエスにとって、神の恩寵の普遍主義という考えほど遠いものはない(WG, S. 380 武藤他訳三三五頁)

とウェーバーはいう。「一切の世俗の絆からの、すなわち家族や所有物からの離脱」を決意した「僅かな者だけが選び出されて狭き門より入る」のである(WG, S. 380 武藤他訳三三五頁)。このように、イエスの教説においては、素質としての平等観と、行為の達成度に差別を見る観点とが共存していた。後者の立場が前面に出されるとき、対外的排斥と対内的規制の両契機は容易に再編された。これらは、イエスへの回帰が叫ばれる情況下において厳格化される。ウェーバーは、古代ユダヤ教の対内道徳における罪人への無慈悲性という事実のアナロギーを、ピューリタニズムの聖餐ゲマインデが「神に棄却されたことの明白なすべての者を主の食卓から排除することに責任を負っていたこと」に見ている(RS III, S. 280 内田訳六四〇頁)。潔癖な者と脱落者とを明確に区別し後者を排除する点において、ピューリタニズムは古代ユダヤ教と共通しているのである。実は、両者の共通点はこれだけではない。

三　行為／思索

第二の問題として、世界の意味を問題化するか否かという論点に着目してみたい。

ウェーバーは、その宗教社会学の中で人間の「意味（Sinn）」追究の営みに中心的位置を与えている。その「意味」とは、「世界」一般の意味、「生」の意味、およびそこにおける自己の位置づけを内容とし、知的・理論的欲求に基づくものであるとともに、実践的な自己定位の基盤でもある。そのような「意味」追究の営み一般を、ウェーバーは「知性主義（Intellektualismus）」と呼んでいる。アジア、とくにインドでは、高貴な知識人がひたすら世界や人生の「意味」を追究した、ということをウェーバーはそのインド論『ヒンドゥー教と仏教』の中で明らかにしている。インドの知識人が求めた「意味」とは、「西洋の経験科学によって代用されうる」ような「この現世の物事に関する知、つまり、自然や社会生活から成る日常や、その両者〔自然と社会〕を支配する法則に関する知識」ではなく、「世界と人生との『意味』に関する哲学的な知」・「世界観（Weltanschauung）」であった（RS II, S. 364-365 深沢訳四六三頁）。このような世界や生の意味についての思索がインドでは徹底して遂行されていたのに対して、古代イスラエルとピューリタニズム――つまり、この点においても両者は共通している！――ではこうした意味についての思索が封じ込められていた、とウェーバーはいう。

ウェーバーの『古代ユダヤ教』によれば、古代イスラエルの宗教思想には、神が世界を動かしているのであって、かつまた、神の意志は人間にとって理解可能だという前提があった。従ってそこでは神の意志いかんを問題としそれに従って行為することが大事なのであって、神を超えた世界の原理とかそもそも苦難一般はなぜあるのかというような形而上学的な問題は議論にならなかった。このことについては次のような叙述がある。

> 神の決定が原則的には理解可能だということは、神の背後にまだなにか或る意味が横たわっているかもしれないと考えて世界の意味いかんを問う一切の問いを排除した（RS III, S. 329 内田訳七五四頁）

なんらかの現世外的な神的なるものを神秘主義的に所有することは、現世超越的な・しかし原則的に理解可能な神に能動的行為をもって奉仕しなければならなかったことのために拒絶された。ちょうどそれと同じように世界の存在理由についての思弁は、積極的な神の命令に対する素朴な献身のために拒絶された。(RS III, S. 330 内田訳七五六頁)

人間の役に立つのは、この世界の意味についての認識ではなく、神の命令に従う行為だった。(RS III, S. 332 内田訳七六一－七六二頁)

このように、古代イスラエルでは世界の意味についての思索が排除された。それは、神の存在が自明視されたことと、そうである以上、思索よりも神に命じられた行為の遂行の方がはるかに重要だったからである。インドではたえずおこなわれていた、世界や人生のそもそもの「意味」について考え込むということは古代イスラエルでは生じなかった。このことをウェーバーは

「心の問題についての力の節約（seelische Kräfteökonomie）」[13]（RS III, S. 332 内田訳七六一頁）

とも表現している。

そもそも、善人は幸福に報われ悪人は不幸に至るはずだというのが、多くの文化で共有されていた通念だった。しかし、現実には、幸福になれない善人や栄華をむさぼる悪人が存在している。宗教的教理とこのような現実とのギャップがもはや覆い隠せなくなり、この事態についての説得力ある何らかの弁明が切実に求められるような事態が歴史上しばしばあった。より一般的にいえば、既存の宗教的世界像と現実のありさまとのギャップをいかに説明するのかという問題である。ウェーバーはこうした場面に着目し、「神義論（Theodizee）」という名のもとに幅広く考察した。[14] 古代イスラエルでの神義論・インドの神義論・中国の神義論など様々な宗教における神義論の処理の仕方が追究された。古代イスラエルにおけるこの神義論の問題については次のように言及されている。

そもそも哲学的神義論（philosophische Theodizee）は全く必要とされなかった。インドではつねに新しく論じ直されたこの問題が〔イスラエルで〕提起された場合には、それは考えうるかぎりの最も単純な手段で処分された。（RS III, S. 330 内田訳七五六頁）

神は絶対にいつも正しいのであった、そしておよそ神義論のいかなる問題も存在しなかった（RS III, S. 331 内田訳七五九頁）

これは古代イスラエルにいっさい神義論がなかったということではなく、神の存在とその神からの命令が明らかである以上、この命令を遵守していれば自分たちかその子孫たちがやがて報われ、命令に背いていればやがて禍いを被るはずだという神義論の大枠が堅固に存在しているので、この大枠を揺さぶるようなこれ以上の問いかけはほとんど生じないという意味である。

ところで、古代イスラエルの場合と同様に、ピューリタニズムについても、神義論問題の排除と「力の節約」をウェーバーは指摘する（RS I, S. 101 大塚訳一六七頁）。

ピューリタンにとっては、――その根拠は全然違うにしても――ユダヤ人の場合と同様に、神義論の問題や、他の宗教がその解決に身をすりへらしたような人生や世界の「意味」についてのあらゆる疑問を全く排除してしまうことは自明であった。（RS I, S. 101 大塚訳一六七頁）

ピューリタンが世界の究極的意味を自ら問うことを放棄する姿勢をウェーバーは「幸福な偏狭さ（glückliche Borniertheit）」（WG, S. 332 武藤他訳二二〇頁；RS I, S. 539 大塚他訳一〇五頁）

と形容している。この「幸福な偏狭さ」という表現にはウェーバーの皮肉が込められている。世界や生の意味を問うというようないわば〝無駄〟な試みを一切放棄してひたすら神の命じるままに行為をする、世界に働きかける、この態度は人類史上比類ない近代化を達成した。この成果じたいはポジティヴに評価されるかもしれない。しかし、それは、世界や生の意味を問う姿勢を犠牲にしてきたひきかえにほかならず、いわば目隠しをしたままがむしゃらに走ってきた成果なのである。

カルヴィニズム的・ピューリタニズム的生き方は、世界の意味を根本的に問うインド知識人の視点から見れば、何かにとりつかれたかのようにあくせくと生活しているのみで、その「何か」について問うことをタブー視するというきわめて奇妙な姿として映らざるをえない。

四　専門／教養

第三に、専門の活動への専念と多面的教養という問題について考えてみたい。

（一）ゲーテの作品への言及

ウェーバーは『倫理』論文の最後に近いところで次のように述べている。

> ファウスト的な、人間性の全面性（Allseitigkeit）を断念し、専門的仕事に専念することは、今日の世界では、およそ価値ある行為の前提である。従って、「実行（Tat）」と「断念（Entsagung）」とは今日互いに切り離しえない。このこと、つまり、市民的生活様式（それが無様式ではなく様式であろうとするなら）の禁欲的基調を、ゲーテもまた、その人生知の高みから『遍歴時代』とファウストの生涯の終わりにおいて我々に教えようとした。彼にとってこの認識は、豊かで美しい人間性の時代を断念してそれと訣別することを意味した。このような時代は、古代アテネの全盛期が繰り返されなかったのと同様に、我々の文化が展開していく経過の中で繰り返されることはない。（RS I, S. 203 大塚訳三六四頁）

ウェーバーはここでゲーテ（一七四九－一八三二）の二つの作品を意識しつつ、すでに時代は全面性の時代から専門性の時代へと移ってきたのであり、現代に生きる人間は、全面性を断念しなければならないと述べている。ウェーバーはゲーテの二作品にはこのように簡潔に言及するのみで、その内容に踏み込んで論じてはいないのだが、ここで若干ゲーテの作品の内容を参照しながらウェーバーの思想の一端をひきだしてみたい。

ゲーテの『ヴィヘルム・マイスターの遍歴時代』（Goethe, 1989）という作品を読むと、至るところで、手工業・手仕事への讃歌が読みとれる。そこには、芸術の一部、しかも役に立つ芸術だから、という理由もあるし、人間の労働の規則正しさ・秩序が保たれている世界だからという理由もある。そして知識は実行に役立てられなければならないこと、多様な知識を身につけるよりは一つの手仕事を習得することに価値があること、そういう主張が窺える。

たとえば、鉱山の仕事に打ち込もうとしているモンターン（ヤルノ）はヴィルヘルムにこう語る。

> 多面性（Vielseitigkeit）は、もともと、一面的な人間が、それによって働くことのできる要因をととのえるにすぎない。今こそ、一面的な人間には、活動する場は十分に与えられている。そうなんだ。今は一面性（Einseitigkeit）の時代なんだ。このことを理解し、この意味で自分のためにも他人のためにも働く者に幸あれだ。……最も優れた頭脳にとっては、ひとつのことをなすことによって、すべてのことをなす（wenn er Eins tut, tut er alles）、ということになる。もっと具体的に言えば、彼の正しくなすひとつのことのなかに、彼は、正しくなされるすべてのことの比喩を見る、ということになる。（Goethe, 1989, S. 295 邦訳上五八－五九頁）

あるいは、或る老人の言葉、

> あらゆる生活、行為、技術には、限定されることによってのみ獲得される手仕事（Handwerk）が先行しなければなりません。ひとつのことを正しく知り、それを行うことは、百もの中途半端よりもよく人間を形成します。（Goethe, 1989, S. 413 邦訳上二五〇頁）

そして、マカーリエの文庫の中の一節、

これからのちは、何らかの技術や手仕事に努めない者は、みじめなことになるであろう。世界はめまぐるしく変転しているのであるから、知識はもはやなんの足しにもならない。あれもこれも知ろうとすれば、自己を見失ってしまう。そうでなくても現在、世界は普遍的な教養を私たちに押しつけている。それゆえ私たちは、これ以上それに努める必要はない。特殊なものを身につけなくてはならない。（Goethe, 1989, S. 770 邦訳下三一五 - 三一六頁）

多面的で普遍的な知識・教養よりも一面的で特殊な活動・技術・手仕事を尊重する精神が以上のように表現されている。この書『ヴィルヘルム・マイスターの遍歴時代』のサブタイトルは「あるいは、諦念の人々（die Entsagenden）」である。「諦念（断念）」とは、一面的な活動を尊重して全面性を断念することと考えてよいだろう。

一方、「ファウスト」（Goethe, 1994）という作品では、メフィストフェレス（悪魔）との契約のおかげで様々な境遇の人生を体験したファウストは、最後の境遇に至って、海岸一帯に広大な領土をもち、人々が穏やかに暮らせるような土地を作るために干拓を指揮している。この生き様はいみじくも、『遍歴時代』で望ましいものとして描かれた生き方に他ならない。すなわち、普遍的な教養などよりも一面的で人に役に立つ活動が尊いのだという思想をファウストの最後の姿は体現しているのである。

学問など捨てて人生の快苦を存分に味わってみたいという、かつてのファウストの願い、これは『遍歴時代』の前段階（『ヴィルヘルム・マイスターの修行時代』）のヴィルヘルム、すなわち、商売よりも演劇の世界に魅力を感じてのめり込んだり、様々な女性を好きになっていくヴィルヘルムの姿に相当するだろう。これに対して、ファウストが最後にたどりついた生き方は『遍歴時代』の「諦念」といわれる生き方に相当する。ウェーバーはファウストの生涯、ヴィルヘルムの生涯の変遷に、多面性から一面性へという移り行きを見てとり、これを現代という時代そのものの特徴として示しているのである。

（二）　専門への専念

ところで、メフィストと出会う前のファウストは、自らがさんざんのめりこんできた学問というものには生気のないことを感じていた。それに対して快苦それぞれを強烈に感じながら生きる人生の醍醐味にファウストは憧れた。そしてメフィストとの契約のおかげで彼はその醍醐味を味わうことができた。ファウストが抱いた願望は彼だけのものではなかった。実は、第一次世界大戦が巻き起こり、その敗戦によって混乱する一九一〇年代のドイツでは多くの人々、とくに若者が抱いた願望だった。机上の知識よりも生き生きとした体験が求められた。学問の地道な蓄積は軽んじられた。この風潮に対して、忍耐づよく地道に学問にうちこむことの尊さを力説したのがウェーバーだった。手堅く慎重な態度を放棄していたずらに個性的たらんとあせるのではなく、地道な忍耐づよい専念の中から真の個性はにじみでてくるのだとウェーバーは考えた。

『ベルーフとしての学問』では、次のように、専門性を尊重する立場を表明している。

> 個人が学問の領域で全く完璧なことを実際に成し遂げたという確かな意識を自分に獲得させることができるのは、ただきわめて厳密な専門化（Spezialisierung）においてのみである。（WL, S. 588 尾高訳二一頁）
>
> 厳密な専門化を通してのみ、学問を仕事とする者は、永続するであろうものをここで自分は成し遂げたという満ち足りた感情を、おそらくは生涯で一度だけ実際に我が物とすることができる。本当に決定的で立派な業績は、今日ではつねに、専門的な業績である。（WL, S. 588 尾高訳二二頁）
>
> 学問の領域において「人格〔個性〕（Persönlichkeit）」をもつといえるのは、ひたすら自分の事（Sache）に仕える者だけである。（WL, S. 591 尾高訳二七頁）

自分が専念するべき事柄の興業主として舞台の上に登場して「体験（Erleben）」によって自分を正当化してみせようと

したり、「自分はたんなる『専門家（Fachmann）』ではないことをどうすれば示せるだろうか」とか「どのようにすれば形式か内容においてまだ誰も言っていないことを言えるだろうか」とか考えているような者は、学問の世界においては、「人格〔個性のある人〕（Persönlichkeit）」ではないことは間違いない。――このような現象は今日大量に現れているが、どこでもその影響力は小さいし、そんなことを考えている人々の価値を落としている。むしろ、自分の課題に、しかもそれのみに心から専念することこそが、自分が仕えることにした事柄の高みと尊厳さへと自分をひきあげてくれるのだ。（WL, S. 591-592 尾高訳二八－二九頁）

学問に神への通路とか真の自然への通路とかいう昔流の意義づけを与えることをウェーバーは拒否したのだが、学問には、或る目的にとっての手段や随伴結果についての考量とか、目的の底にある理念の解明とその吟味といった、実生活に貢献しうる重要な意義があるとウェーバーは考えていた。そういう学問的営みをうわついた体験崇拝でだいなしにしてしまうことに彼は熱っぽく反対していた。『倫理』論文の末尾で、ニーチェの「末人」を意識しつつウェーバーは「精神なき専門人」を批判しているが、これはあくまでも「精神なき専門人」を批判しているのであって、「専門人」じたいを批判しているのではない。

様々な人生を一人で味わうことはできない。憧れとして共感できてもそれを敢えて断念しなければならないのが現代人の一つの宿命なのだ。『倫理』論文末尾のゲーテの二作品への言及にはそうした意味が込められている。

(三)　閉塞への疑念

このように、専門性に徹する生き方を尊重する姿勢はウェーバーの叙述の中からいくつも拾うことができる。しかし、そのような生き方への疑問を投げかける視線はウェーバーになかったのだろうか。

明示的な叙述はない。しかし、彼が三〇歳代で精神の病いにおかされていたとき、それまであまりにも仕事にのめり込んでばかりいた自分の生き方を反省する表白がある。ウェーバーはハイデルベルク大学の教授となって前途洋々であった三〇歳代に、数年の間（一八九七－一九〇三年頃）なんら仕事ができないほどの精神の病いに陥っていた。[15]妻あての手紙で彼はこう述べる。

私の病的な素質は、過ぎ去った歳月の間、なにかのお守り（Talisman）に必死にしがみつくように学問的な仕事に痙攣的（krampfhaft）にしがみついている――それが何から身を守るものかはわからないままに――ということに現れていた。（LB, S. 249 大久保訳一八九頁）

仕事をしていれば安心できるという一種の自己欺瞞的な生き方が反省されている。つまり、病気は、ひたすら仕事に精力的にうちこむ、うちこんでいなければ不安になる、という彼の生き方を反省するきっかけとなった。それまでの彼の心境を彼は「仕事の重荷のもとで圧倒された気分でいたいという欲求」と表現している（LB, S. 249 大久保訳一八九頁）。この自己反省は、もっと人間的な幸福な生活に目をひらかせるきっかけともなった。彼にこのような自己診断ができたのは、とりつかれたかのように強迫的に追い込まれていたそれまでの生き方とは或る程度の距離をとることができたからだろう。

そして、以前の彼自身と同じく強迫的に追い込まれた生き方をウェーバーはカルヴィニズム・ピューリタニズムの中に見出した（ウェーバーがカルヴィニストもしくはピューリタンだった、ということではない）。ピューリタニズムでは、神のためにひたすら社会的活動に邁進すべきだと説かれ、余計なものは一切否定された。[16]「被造物神化」の拒否が徹底され、感情的・感覚的なものが過度に抑圧されていた（RS I, S. 95, 184-188 大塚訳一五七‐一五八、三三〇‐三三二頁）。仕事にしがみついて安心していた自分の姿への反省の中で、使命としての職業に没頭していたピューリタンの姿にウェーバーは自分と類似するものを見出したのではなかろうか。すなわち、カルヴィニズム的・ピューリタニズム的生き方の相対化はウェーバー自身の生き方の相対化と不可分の問題であった。

幸いにして病気が快方に向かい仕事に復帰できた後、ウェーバーは――自らの生き方とだぶって見えるカルヴィニズム的エートスの由来を探る『倫理』論文を執筆するとともに――それまでは無視あるいは過小評価していた芸術活動などに理解を示すようになる。自己を一面性に閉ざしていることには危険があり、多面的な世界に自分を開くことが必要なことを彼は病気を機に身をもって自覚したのではないかと考えられる。

夫人マリアンネは伝記の中で

> 彼の人生の軌道を狂わせた病気の歳月は、それまで閉ざされていた彼の魂の密室の扉を開いた。常に新たに感性を深めていく芸術作品が今や受け入れられるようになった。（LB, S. 463 大久保訳三四三頁）

と書いている。

病気体験以後のウェーバーは、それまで自分の中で抑圧していた様々な人生観に触れ、それぞれの魅力を理解することができた。彼が多様な文化に目を開かれ、それらを通して近代西洋の文化を相対化する態度を形成していく上では、彼の深刻な病気体験の影響があったと考えてよいだろう。

（四）　中国文化の「全面性」

ところで、専門人としての生き方と多面的教養を習得していく生き方とを対照させて相互相対化させている論点がウェーバーの中国論『儒教と道教』の中に窺える。次のような一節である。

> 「君子は器ならず」という根本的命題が意味するのは、君子は自己目的（Selbstzweck）であって、道具（Werkzeug）のように、特殊化された有用な使用のためのたんなる手段ではない、ということだった。全面的な教養を身につけた儒教の「君子」の身分的な高貴さの理想（Vornehmheitsideal）は、社会へと方向づけられているプラトンの理想――すなわち、ポリスを土台として成立し、人間はなにか或るひとつの事（Sache）において役に立つことを成し遂げることによってのみ、自分の本分を全うすることができるのだという確信から出発しているプラトンの理想――とは全く対照的であったし、また、禁欲的プロテスタンティズムのベルーフ概念ともいっそう激しい緊張関係に立っていた。このような、全面性（Allseitigkeit）に基づく「徳」、すなわち自己完成は、己れを一面化すること（Vereinseitigung）によっての

み得られる富よりもすぐれたものであった。(RS I, S. 449 木全訳二六八－二六九頁)

ウェーバーは、中国の君子の理想像を「全面的な自己完成(allseitige Selbstvervollkommung)」と捉えている。「君子」の理想は「全面性」にあって、職業上の専門性への自己限定は拒絶された。「君子は器ならず」という『論語』の言葉(金谷訳注、一九六三、四一頁)をウェーバーは君子は自己目的であって、道具のようになんらかの特殊な目的のためのたんなる手段ではない、と受けとり、それが禁欲的プロテスタンティズムの「ベルーフ」理念とは全く対照的だと指摘しているのである。(17)

人間の多面性と専門性という問題についてのウェーバーの基本的なスタンスは、専門性を現代人の宿命としその積極的意義を確信するものだった。しかし、専門人という生き方は、一方では「精神なき専門人」という、いわば機械の全体性をわきまえないで機械の歯車という部分性に安住する人間へとなりはてる危険をはらみ、また他方では、多面的世界への自己の自然なつながりを断ち切ることによって自己の精神をあやうくしかねないという二つの危険性をもつことをウェーバーは自覚していた。従って、ゲーテが描き、また、中国文化に体現されてきたような、多面的な教養によって人間性を養うという立場は、——たとえそれが近代資本主義を促進するものではないとしても——ウェーバーにとって、専門人という生き方を相対化・問題化する一つの魅力的な拠点として働いていたのである。

五　結

カルヴィニズム的エートスがもつ三つの特質を、それと対照的な生き方とともに見てきた。様々な文化の中に見出された人生観は、ウェーバーにとって、西洋の近代化を推進したカルヴィニズム・ピューリタニズムのエートスの問題性を照射してくれるものであった。

以上見てきたように、第一に、原始キリスト教の普遍主義的同胞愛の理念と比べてみると、カルヴィニズムは救われる人々と救われない人々とに生まれる前から神によって選り分けられていると考える点で差別主義的であるとともに、

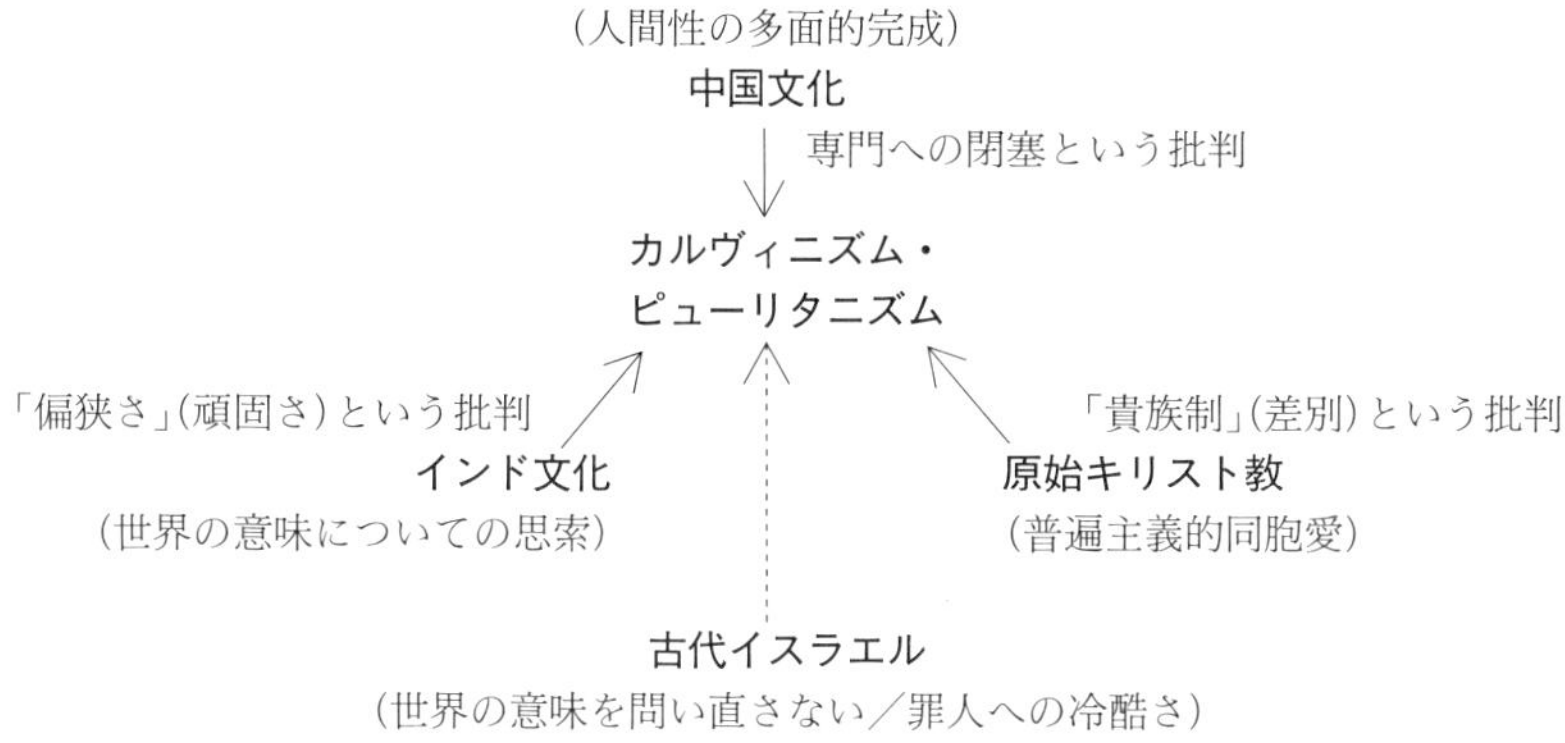

図1　ウェーバー宗教社会学の新しい見取り図

脱落者への差別・憎悪をかきたてるような思想をはらんでいた。第二に、インドの知識人の、世界や生の意味についての徹底した思索に比べると、カルヴィニズムは神に命じられた行為の遂行をもっぱら優先したためにそのような意味にかかわる思索を封じ込めていた。第三に、中国の儒教では、人格形成のために歴史や文学を通じて多面的な教養を習得することが美徳とされていたが、カルヴィニズムは、各自の専門の職業を通じての社会貢献を神からの命令として重視するあまり、自分の職業の専門分野とは直接かかわらない教養を拒絶していた。

　カルヴィニズム・ピューリタニズムに寄せられる三つの問題提起は、上の図1のようにまとめることができよう(18)。

　このように、ウェーバーにとって、近代西洋以外の文化の様々な立場は、そこでは近代資本主義を促すエートスが生まれなかったとはいえ、カルヴィニズム的エートスの問題性を浮き彫りにしてくれるような、それぞれに魅力的な立場だった。つまり、ウェーバーは、近代西洋以外の様々な文化を研究しながら、そこにポジティヴな意義を見出し、近代西洋のエートスを相対化する視点を獲得していたのである(19)。文化の一元主義が批判され、多様な文化間の対話が求められている今日、異文化のメリットを理解し、それに照らし合わせて自己の文化を相対化し吟味するというマックス・ウェーバーの比較文化的倫理学の着想には継承すべき意義があるのではなかろうか。

注

（1）ウェーバー宗教社会学の主たるテキストは、『経済と社会』所収の『宗教社会学』草稿と、『宗教社会学論集』全三巻である。これらの全テキストの内容については、横田（二〇〇〇b）で全体像を示した。

（2）「カルヴィニズム」と「ピューリタニズム」という言葉について簡単にコメントしておく。「カルヴィニズム」・「ピューリタニズム」はいずれも特定の集団に限定されない思想運動である。「カルヴィニズム」はもちろんカルヴァン当人の考え方をも含むが、広くその後に展開していく思想運動を指す。「ピューリタン」は、次のように説明される。

「エリザベス一世の宗教改革をなお不徹底とし、ジュネーヴの改革を範型としつつ聖書に従ってさらに徹底した改革を行うことを主張した英国教会内の一派。さらにその流れを汲む英国教会外の教派をも称する。神学的には大体カルヴァン主義者」（『キリスト教大事典』八七七頁）

つまり、改革運動としてのピューリタニズムは、神学としてはほぼカルヴィニズムを担っていた。

ウェーバーの場合、カルヴィニズムとピューリタニズムとを明確に区別せず、一連の運動と見ていることが多い。「ピューリタニズム」という語は、「オランダ・イギリスにおける禁欲的方向の宗教運動であり、教会制度上の綱領や教義を問わない、従って、『独立派』・組合教会派・バプティスト派・メノナイト派・クェイカー派を含む」ものだと書かれている（RS I, S. 85 大塚訳一四二頁）。また、「カルヴィニズムが後世に残した持続的な遺産であった、神の意志に従って世俗の中で生活を合理的に方向づけること」が「ピューリタン」の広い意味だとも書かれている（RS I, S. 91 大塚訳一五四頁）。

（3）日本の位置づけについてはややアジアの他の国々とは違っていた。一方では、戦後大塚久雄が、経済や政治の面のみならずとりわけ精神において日本が近代化し、伝統から解放されていくことを主張したとき、依拠していたのはマックス・ウェーバーの「脱呪術化」論だった（大塚、一九六八、第一部、参照）。しかし他方では、日本は西洋的近代化をアジアでさきがけて達成したという事実があったため、その成功のエートス上の理由（たとえば石門心学や浄土真宗などの〝近代性〟）が探られてきた。

（4）カルヴィニズム・ピューリタニズム以来の系譜としての近代西洋のエートスを、ウェーバーの内にもひそむものとして本稿では論じている。しかし、一方でその系譜を外なるものとして捉えるドイツ人ウェーバーという視座があったことも確かである。権威に追随しないピューリタンの即事的な態度（被造物神化の拒否）は、権威に依存しがちで家父長制的なドイツ人のエートスを批判的に捉える価値拠点でもあった（Vgl. RS I, S. 99, 101, 127-128 大塚訳一六六、一六九、二一九、二二二頁）。その意味で、大塚久雄が戦後日本人のエートスの近代化を唱えた主張は、ドイツ人のエートスの近代化を求めたウェーバーの一面と対応していた。

（5）Cf. Turner (1974), Said (1978). ターナーとサイードはウェーバーのイスラム論の中に「オリエンタリズム」的偏見を指摘した。

（6）〝ニーチェとウェーバー〟という問題設定に関しては、横田（一九九二、一九九九）で私見を述べた。
（7）この問題については、横田（一九九一b）においても論じた。
（8）カルヴァンの『キリスト教綱要』の初版は一五三六年だったが、その後も推敲が重ねられ、この書は初版の数倍もの頁数をもつ大作になっていく。後の版になるほど拡張されていった論点のひとつがいわゆる「予定」説である。

「万人は平等の状態に創造されたのでなく、あるものは永遠の生命に、あるものは永遠の断罪に、あらかじめ定められている」（カルヴァン、一九六四、一九一頁）

「神は永遠不変の計画によって、ひとたび救いのうちに受けいれようと決意したもうたものらと、他方、滅びに委ね切ろうと決意したもうたものらとを、ともに定めたもうた。この計画は、選ばれたものに関する限り、価なしの憐れみに基礎づけられており、人間の価値をいささかも顧慮したものではない」（カルヴァン、一九六四、一九七頁）

神は万人を決して「平等」の状態に創造したのではない、「永遠の生命」に至る者であるか「永遠の断罪」に至る者であるか、いずれかの存在として人間は創造されている、と考えられている。

この「予定説」は『ウェストミンスター信仰告白』（一六四七年）では、次のように書かれている（*Westminster Confession of Faith*, 1976）。

「神の聖定（decree）によって、神の栄光が現われるために、ある人間たちとみ使〔天使〕たち（angels）が永遠の命（everlasting life）に予定され（predestinated）、他の者たちは永遠の死にあらかじめ定められている」（第三章第三節）

（9）厳密にいえば、「脱呪術化（Entzauberung）」過程には二つのプロセスが想定されている。ひとつは救済方法が儀礼などから信仰心や道徳へと転換されるプロセス、もうひとつは信仰心や道徳をも含めてそもそも人為的な救済方法はないと考えられていくプロセス、である。古代イスラエルの預言者の思想は前者、カルヴィニズムの予定説は後者の例である。カルヴィニズムで認識根拠が現実根拠に近づいていったとき、情況は後者の意味の「脱呪術化」とは反対の方向に再び向かっていた（〝再呪術化〟）といえる。
（10）ユングの「影の投影」の理論があてはまるだろう。河合（一九八七）参照。
（11）たとえば、〝善いサマリア人〟の話（ルカによる福音書一〇・二五－三七）。
（12）たとえば、姦通の女を許す話（ヨハネによる福音書八・一－一一）。
（13）「思惟の経済〔節約〕（Ökonomie des Denkens）」というマッハの言葉からのもじりかと推測される。マッハの「思惟の経済」とは、できるだけ精神的労力を節約して、より完全な記述をおこなうことを意味し、それが学問の本質だといわれる（Vgl. Mach, 1991, S. 40 邦訳四四頁）。

ウィリアム・ジェイムズもまた、「知的経済性（intellectual economy）」と「思惟の経済（economy in thought）」という言葉を使っている（James, 1975, p. 93 邦訳一四〇－一四一頁）。

(14) ウェーバー宗教社会学における「神義論」の意義と重要性については、横田（一九九一a、二〇〇〇a）で考察した。

(15) 夫人マリアンネによる伝記（LB）、第八章、参照。また、『倫理』論文の構想とウェーバーの病気体験との密接なつながりについては、折原（二〇〇三）一〇－二二頁、参照。

(16) 『倫理』論文第一部第一章では、教育の種類の選択において、プロテスタントが専門的な実業中心の傾向をもつのに対して、カトリックは一般教養中心の傾向をもつことが指摘されている（RS I, S. 21-22 大塚訳二二頁）。

(17) ウェーバーは中国論の中で「読書人」といわれる社会層に着目している。

「中国では、千二百年来、教養、とくに〔科挙の〕試験、によって確認された官職就任資格の方が、財産よりもはるかに多く、社会的序列を決定した。中国は、最も排他的に文学的教養だけを社会的評価の尺度にした国であった」（RS I, S. 395 木全訳一八七頁）

中国社会の中心的担い手であった「読書人」は、歴史や文学に関する文献的知識の習得をその要件とした。ウェーバーによれば、科挙試験に志向する儒教的教育は、或る「身分」にふさわしい「生活態度（Lebensführung）」の練磨、つまり人文主義的な「陶冶教育」であって、それは教育類型の二つの対極、カリスマ覚醒（勇将や呪術師の場合）と専門教育（近代の官吏などの場合）との中間に属するという（RS I, S. 408 木全訳二〇二頁）。

(18) カルヴィニズムについて指摘された第一点・第二点はともに、古代イスラエルの思想からカルヴィニズムが継承した局面だった。古代ユダヤ教からカルヴィニズムへの継承関係――「脱呪術化」というポジティヴな面だけでなく、差別化などのネガティヴな面をも含めて――は、ウェーバー宗教社会学のもつ隠れた主題のひとつである。

(19) 近代西洋のエートスについて異文化理解を通じて自己相対化しようとするウェーバーの試みは、インディアンなどの諸民族の考え方・生き方の理解を通じて、自国アメリカのピューリタン文化を相対化・批判していたルース・ベネディクト（一八八七－一九四八）の試みとも類比できるだろう（Cf. Benedict, 1934）。

参考文献

下記の著作については次のような略号を用いることにする。原文の隔字体の部分には訳文では傍点を施した。邦訳のあるものについては参照させていただいたが、訳文は必ずしもそれらに従っていない。〔　〕内は引用者の挿入である。

RS：*Gesammelte Aufsätze zur Religionssoziologie*, 3 Bde., 1920-21, Tübingen.

WG: *Wirtschaft und Gesellschaft*, 5. Aufl., 1976, Tübingen.

WL : *Gesammelte Aufsätze zur Wissenschaftslehre*, 3. Aufl., 1968, Tübingen.
LB : Marianne Weber, *Max Weber Ein Lebensbild*, 2. Aufl., 1950, Heidelberg.
大塚訳：大塚久雄訳『プロテスタンティズムの倫理と資本主義の精神』岩波文庫、一九八九年。
木全訳：木全徳雄訳『儒教と道教』創文社、一九七一年。
深沢訳：深沢宏訳『ヒンドゥー教と仏教』東洋経済新報社、二〇〇二年。
内田訳：内田芳明訳『古代ユダヤ教（上・中・下）』岩波文庫、一九九六年。
大塚他訳：大塚久雄・生松敬三訳『宗教社会学論選』みすず書房、一九七二年。
武藤他訳：武藤一雄・薗田宗人・薗田坦訳『宗教社会学』創文社、一九七六年。
世良訳：世良晃志郎訳『支配の社会学Ⅱ』創文社、一九六二年。
海老原他訳：海老原明夫・中野敏男訳『理解社会学のカテゴリー』未來社、一九九〇年。
尾高訳：尾高邦雄訳『職業としての学問』岩波文庫、一九三六年、一九八〇年改訳。
大久保訳：マリアンネ・ウェーバー（大久保和郎訳）『マックス・ウェーバー』みすず書房、一九六三年。

大塚久雄、一九六八、『近代化の人間的基礎』筑摩書房。

折原浩、二〇〇三、『ヴェーバー学のすすめ』未來社。

金谷治訳注、一九六三、『論語』岩波文庫、一九九九年改訳。

河合隼雄、一九八七、『影の現象学』講談社学術文庫。

カルヴァン、一九六四、渡辺信夫訳『キリスト教綱要　Ⅲ／2』新教出版社。

山之内靖、一九九三、『ニーチェとヴェーバー』未來社。

横田理博、一九九一a、「ウェーバーにおける『神義論』の意義」日本倫理学会編『倫理学年報』第四〇集。

横田理博、一九九一b、「ウェーバーの『同胞愛倫理』転態論」東京大学文学部倫理学研究室編『倫理学紀要』第七輯。

横田理博、一九九二、「ウェーバーにおける『ルサンティマン』概念のゆくえ」日本社会学会編『社会学評論』第一七〇号。

横田理博、一九九九、「山之内靖氏の『マックス・ヴェーバー入門』（一九九七年、岩波書店）について」『電気通信大学紀要』第一二巻第二号（通巻二四号）。

横田理博、二〇〇〇a、「ウェーバーにおける宗教展開のダイナミズム」『情況』七月号。

横田理博、二〇〇〇b、「ウェーバー宗教社会学の概観」『電気通信大学紀要』第一三巻第一号（通巻二五号）。

日本基督教協議会文書事業部キリスト教大事典編集委員会編、一九六三、『キリスト教大事典』教文館（一九六八年改訂）。

Benedict, Ruth, 1934, *Patterns of Culture*, Boston and New York: Houghton Mifflin Company.（米山俊直訳『文化の型』社会思想社、一九七三年）
Goethe, J. W., 1989, *Wilhelm Meisters Wanderjahre*, in *Johann Wolfgang Goethe Sämtliche Werke*, Bd. 10, Frankfurt am Main: Deutscher Klassiker Verlag.（山崎章甫訳『ヴィルヘルム・マイスターの遍歴時代（上）（中）（下）』岩波文庫、二〇〇二年）
Goethe, J. W., 1994, *Faust*, in *Johann Wolfgang Goethe Sämtliche Werke*, Bd. 7/1, Frankfurt am Main: Deutscher Klassiker Verlag.（手塚富雄訳『ファウスト（全三冊）』中公文庫、一九七四－七五年）
Hennis, Wilhelm, 1987, *Max Webers Fragestellung: Studien zur Biographie des Werks*, Tübingen: J. C. B. Mohr.（雀部幸隆ほか訳『マックス・ヴェーバーの問題設定』恒星社厚生閣、一九九一年）
James, William, 1975, *Pragmatism* in *The Works of William James*, Cambridge, Massachusetts and London: Harvard University Press.（桝田啓三郎訳『プラグマティズム』岩波文庫、一九五七年）
Mach, Ernst, 1991, *Die Analyse der Empfindungen und das Verhälnis des Physischen zum Psychischen*, Darmstadt: Wissenschaftliche Buchgesellschaft.（須藤吾之助・廣松渉訳『感覚の分析』法政大学出版局、一九七一年）
Peukert, Detlev, J. K., 1989, *Max Webers Diagnose der Moderne*, Göttingen: Vandenhoeck & Ruprecht.（雀部幸隆ほか訳『ヴェーバー——近代への診断』名古屋大学出版会、一九九四年）
Said, Edward W., 1978, *Orientalism*, New York: Pantheon Books.（今沢紀子訳『オリエンタリズム（上）（下）』平凡社、一九九三年）
Turner, Bryan. S., 1974, *Weber and Islam—A critical study*, London, Henley and Boston: Routledge & Kegan Paul.（香西順一ほか訳『ウェーバーとイスラーム』第三書館、一九八六年）
Westminster Confession of Faith, reprinted 1976, Glasgow.（日本基督改革派教会大会出版委員会編『ウェストミンスター信仰基準』新教出版社、一九九四年）

［付記］　羽入問題をめぐって

羽入辰郎氏の著作『マックス・ヴェーバーの犯罪——『倫理』論文における資料操作の詐術と「知的誠実性」の崩壊』（二〇〇二年、ミネルヴァ書房、以下、『犯罪』と略記）、それに対する専門外の人々からの喝采、ウェーバー研究の第一人者折原浩氏による徹底した羽入批判、これら一連の動きについて、ウェーバー研究者の一人としてコメントすることを本書では依頼されている。橋本努氏のホームページ『マックス・ウェーバー　羽入－折原論争の展開』に「羽入－折原論争への応答」として掲載された拙稿（二〇〇四年二月一日付）——それについては、折原氏から「横田理博氏の寄稿にたいする応答」という貴重なコメントをいただいた（二

○○四年三月一五日、同ホームページに掲載）——を補う形で羽入氏の著作についての私見を述べておきたい。

一　ルターの聖書翻訳に関して

①　第二章について

彼の著作の第二章は、「コリントの信徒への手紙　Ｉ」（以下、「コリントＩ」と略記）七・二〇、

> おのおの召されたときの身分にとどまっていなさい。〔聖書の引用にあたっては「新共同訳」（一九八七年）を用いる〕

の「身分」（ギリシア語の「クレーシス」）がルター在世中のドイツ語訳では »ruff« ないし »Ruf« であって »Beruf« ではないことを示して、これはウェーバーの誤りだと批判している。

もっとも、〝ルターが七・二〇でクレーシスを Beruf と訳した〟とウェーバーが明示的に書いているわけではない。「ルターの言葉の使い方は初めは »Ruf« と »Beruf« との間を揺れている」（RS I, S. 66 大塚訳一〇三頁）というウェーバーの叙述を、羽入は〝コリントＩ七・二〇の訳語において揺れている〟と捉えている（『犯罪』七六頁）が、折原浩も指摘するように（『ヴェーバー学のすすめ』未來社、二〇〇三年、七六‐七八頁）、これは全くの誤解で、当該箇所に限定されない一般的な言葉の使い方の揺れのことを述べている。ウェーバーの文脈上これは自明である。

とはいえ、〝ルターが七・二〇でクレーシスを Beruf と訳した〟とウェーバーが主張していると思わせるような次のようなウェーバーの曖昧な表現はある。

> 各自はその現在の身分(Stand)にとどまるべきだという、終末観に基づく勧告において、〔ギリシア語の〕「クレーシス」を »Beruf« と訳していたルターが、その後、外典〔旧約聖書続編〕を翻訳したとき、各自はそれぞれの仕事（Hantierung）にとどまるべきだという、伝統主義・反貨殖主義に基づく勧告において、すでに勧告の内容が類似しているという理由から、〔ギリシア語の〕「シラ書」の「ポノス」も同様に »Beruf« と訳した。（RS I, S. 68 大塚訳一〇六頁）

問題の焦点はこの文の前半

> 〔ルターが〕各自はその現在の身分にとどまるべきだという、終末観に基づく勧告において、〔ギリシア語の〕「クレーシス」を »Beruf« と訳していた

にある。これを羽入のように〝コリントⅠ七・二〇でルターはクレーシスをBerufと訳した〟――もちろん必ずしもそう限定できないのだが――ととれば、ルターはruffないしRufと訳していてBerufではないから、ウェーバーの誤りということになる。これをBerufと訳したのは、ルター本人ならぬ後継者によるルター聖書なのだ。

これに対して、折原は、「神によって永遠の救拯に召されること」の意味での「クレーシス」をルターがBerufと訳していたこと(RS I, S. 66 大塚訳一〇二頁)を踏まえ、このような宗教的意味ではルターがBerufを使っていたことをここでウェーバーは言っているのだと解釈する(折原、前掲書、一三一‐一三七、六九‐七〇頁)。

しかし、私見では、たんに〝神に召されている〟ということだけではなく、ここでは、「各自はその現在の身分にとどまるべきだという、終末観に基づく勧告」において「クレーシス」をBerufと訳している、と書いてあるのだから、折原が指摘する用法よりもだいぶ限定された内容である。つまり、たんに神に召されているだけでなく、具体的に或る身分に召されていて、それにとどまるべきだということまで含む内容である。

結局、曖昧な表現と言うしかない。

とはいえ、そもそもRufとBerufとの間に明確な一線を引くことに意味があるのかどうかという疑問もある。この問題については茨木竹二が『グリム辞典』に依拠して、両者は古語と現代語という関係に過ぎないことを指摘している(茨木竹二『「倫理」論文の解釈問題』未定稿)。

そして、それよりも本質的なことは、世俗的職業を神から与えられた使命だと考える観念がルターおよびルター派にあった、ということがウェーバー・テーゼにとっては重要なのであり、そのことはこの翻訳問題によってくつがえされるわけではない、ということである。少なくとも「シラ書」一一・二〇‐二一、

契約をしっかり守り、それに心を向け、自分の務めを果たしながら年老いていけ。
罪人が仕事に成功するのを見て、驚きねたむな。主を信じて、お前の労働を続けよ。……

の翻訳では、世俗的職業のこと(「務め」と「労働」、ギリシア語の「エルゴン」と「ポノス」)をルターは»Beruf«と訳したこと、また、「現代の普及版ルター聖書」の「コリントⅠ」七・二〇には»Beruf«という訳語があること、というウェーバーが挙げた二つの事例は、ルターおよびルター派にいわゆる「ベルーフ倫理」の観念が存在することの表れであると見做せる。観念(思想内容)が訳語の選択の仕方に表れうることは確かだが、訳語の不在が観念の不在を証明することにはならない。

フランクリンが父からよく聞かされたという「箴言」二二・二九、

技に熟練している人を観察せよ。彼は王侯に仕え　怪しげな者に仕えることはない。

の「技」（ヘブライ語の「メラカー」）がルター訳でBerufではなくgescheff t（今のGeschäft）であるというウェーバー自身認めていた事実も、何らウェーバー説を脅かすものではない。ここでルターがBerufを使わなかったことについては、「箴言」の当該箇所の思想内容（職業上の巧妙さが高く評価されること）が当時のルターの思想（神が与えてくれた既存の秩序を摂理の表れとしてこのまま保持しようという伝統主義的思想）とは適合的ではなかったせいだという折原の説明（折原、前掲書、七三頁）に説得力がある。羽入は、言葉を含む文脈の思想にまで考えが及ばず、〝仕事をBerufと訳した後は、どの文脈でも仕事の意味ならBerufになるはず〟という単純な機械的な発想をとっている。言葉にばかりこだわって思想を考慮しないというのが羽入の欠点である。

羽入はウェーバーのテキストから主体的に何を読みとるかというような本来あるべき関心をもたず、いたずらにウェーバーの間違い捜しをしているように思われる。しかも彼の〝間違い捜し〟は所詮、ウェーバーのテーゼの〝例示〟のレヴェルの間違い捜しに過ぎず、例示の仕方を間違えたからといって骨組みとしてのテーゼ自体の間違いにはならない。テーゼ自体の検証には彼は全く手をつけようともしていない。彼の間違い捜しがそういう位置づけしかもたない（つまり、ウェーバーのテキストの批判、しかもその枝葉末節についての批判にとどまり、新たな歴史学的寄与を伴ったものではない）にもかかわらず、あたかも従来のウェーバー研究をまっこうからくつがえす大発見であるかのごとくアピールしているのは、不適切な表現というほかない。

『プロテスタンティズムの倫理と資本主義の精神』（以下、『倫理』論文と略記）という著作はどういう筋道の著作なのか、これを羽入は正確には提示していない。この論文の中味を知らない読者は、羽入がとりあげて批判しているところをこの論文にとって重大な箇所だと誤解し、そこが反駁されたのだからもうこの論文はダメだと短絡的に判断してしまう。ウェーバーを丹念に読んできた人間ほどこの書に反発を抱き、ウェーバーを知らない人ほどワクワクする〝推理小説〟のようだとこの書を賞讃する、という事態の理由はここにある。

『倫理』論文の中心線は、カルヴィニズムから「資本主義の精神」へという線である。ルターのベルーフ観はその導入に過ぎない。とはいえ、世俗の職業を宗教的に神聖なものだとする観念は不可欠であったから、ルターの意義は決して軽くない。ただ、ルター論の本質は、そういう観念の登場であって、聖書翻訳にその観念が現れ出て、Berufというそれまで宗教的意味であったものに世俗的職業という意味が加わったという話は、観念の存在にとっての導入的なエピソードに過ぎないともいえる。そういう位置付けの話の中で、先のウェーバーの「間違い」は、「コリントI」七・二〇でBerufという訳語をルターは使っていないのにウェーバーは使っていたと書いた、というものであったが、それが間違いだったとしても、ルターが「シラ書」一一・二〇－二一の翻訳ではBerufという訳語を使ったという事実がある以上、ルターが聖書翻訳で宗教的意味と世俗的職業の意味とを兼任するBerufという訳語を使ったという話は否定できないし、さらに、世俗的職業を神から与えられた使命と捉える「ベルーフ」倫理の観念がこの訳語選択に表れているという話も否定できないのである。

② **第一章について**

羽入が誤っているのは、このような軽重のアクセントの問題だけではない。羽入によるウェーバー批判を読む際に読者が注意すべきなのは、彼が〝ウェーバーは〜と述べているが、実際にはそれは間違いだ〟と結論づけているとき、しばしば、実は〝〜〟がウェーバーが述べていることではない、ということである。ウェーバーを読んでいない読者はいとも簡単に羽入の誘導にのってしまう。だが、これは、羽入の（彼の好きな言葉で言えば）〝詐術〟であるか、あるいは、彼にその意識がないのなら、彼の単純な誤読に基づく。

たとえば、羽入は彼の著作の第一章の要点の一つを次のようにまとめている。

論者が入手し得た限りの古英訳聖書においては、「ベン・シラの知恵」一一・二〇、二一を英語における „Beruf" の相当語 "calling" によって訳した英訳聖書は存在しない。したがって、ルターが「ベン・シラの知恵」一一・二〇、二一を〝世俗的職業〟の意味をも含む形で „Beruf" と訳し、その用法を聖書の英訳者達が直接に受け継ぐ形で、〝宗教的召命の語義を含む職業という語〟が英語圏へ伝わったというヴェーバーの推論は成り立たない。（『犯罪』二六六頁）

しかし、この「ヴェーバーの推論」というのが羽入の誤解なのであって、〝ルターが「シラ書」で使ったBerufという訳語が英訳聖書でも継承されて当該箇所はcallingとなる〟とウェーバーが主張しているわけではないのである。折原浩はこの点について、羽入が「唯『ベン・シラ』回路説」を虚構していると批判している（折原、前掲書、六〇－六二頁）。

羽入のウェーバー批判はさらに続き、

英訳聖書が "calling" とは訳していることを知っており、かつ、自らの論証には不都合と考えたがために故意に言及しなかったのであろうか。（『犯罪』二六六頁）

と、ウェーバーの「知的誠実性」を疑う。もともと、ウェーバーの主張だと羽入が考えているものがウェーバーの主張ではない以上、話は空転を続けるしかない。

二　フランクリンに関して

① **第四章について**

フランクリンに宗教的なものがあることをウェーバーは認めず非宗教的な人物として設定した、しかし実際にはフランクリンにも宗教的心情を吐露する文章がある、と羽入は言う（第四章）。これも羽入の杜撰な誤読に基づく空転である。

〝宗教的なもの〟があるかないかなどという考え方がそもそも杜撰なのであって、その「宗教的なもの」の質・中味が問題なのである。ウェーバーが書いているのは、フランクリンの文章が「宗教的なものへのすべての直接的な関係から引き離されている」（RS I, S. 31 大塚訳四〇頁）ということであって、これは宗教との「直接的な関係」がない、つまり、たとえば宗教家の文章などではない、ということであって、その〝間接的な関係〟があることまで否定されてはいないのである。それにもかかわらず、羽入はいつの間にか、〝宗教的なものが一切ない〟とすりかえている。

『倫理』論文第二章第二節の後半で、ウェーバーは、バクスターやバニヤンに代表される一七世紀イギリスの、峻厳な予定説のもとでひたすら自らの救いを求めるピューリタンの姿に代わって、一八世紀になると宗教的熱狂が消え去って功利主義的な考え方が台頭すると書いている。これが「フランクリンの場合には宗教的な基礎づけがすでに死滅している」（RS I, S. 202-203 大塚訳三六四頁）という事態である。それは予定説的な〝熱狂〟が消え去っただけで、〝神のため＝社会のため＝自己の利益のため〟という図式のもとで勤勉に働く宗教的精神が失われたわけではない。フランクリンが体現しているのはまさにこの精神なのである。一七世紀のピューリタニズムと一八世紀のその後裔とはだいぶ異なっていることをウェーバーは指摘しているにもかかわらず、羽入にはその微妙な変化がわかっていない。

大塚久雄は訳者解説で、

> フランクリンの思想は、内容的にはまだまだピュウリタニズムないしカルヴィニズムの思想的残存物がいっぱいつまっていますが、しかし、形の上ではもう宗教から解放されはじめている。ちょうどそうした境目に位置している。（大塚訳三八六頁）

と書いている。羽入は、ウェーバーはフランクリンに宗教的なものを認めていないのだから、この大塚の解説は「ヴェーバー解釈としてはどうしようもない誤読である」（『犯罪』二〇九頁）と書いている。しかし、上記のような事情なので、大塚のこの解説は正しい。誤読しているのは羽入の方である。羽入はさらに、実はフランクリン論としては大塚の方が正しいのであって、間違っていたのはウェーバーの方だと話を屈折させていく（『犯罪』二三二頁）。しかし、ウェーバーも大塚も誤っておらず、誤っているのは羽入だけなのである。

また、神が「決定する（determine）」という、クリスチャンなら普通に使いそうな表現をフランクリンが使っているからといってそこからカルヴィニズムの「予定説の神」だと即断する（『犯罪』二三七頁）ことなどは、キリスト教への理解の欠如を示すものでしかない。

②　第三章について

ウェーバーはフランクリンが体現している「資本主義の精神」を自己目的的な倫理として設定したのに、フランクリンは倫理的というより功利的な生き方をしていたからここには矛盾がある、と羽入は論難している（第三章）。つまり、ウェーバーは『富まんとする者への指針』と『若き職人への助言』というフランクリンの二つの文章から「資本主義の精神」の理念型を構成しているが、この人間像がフランクリンの自伝で確認されるフランクリンの生き方とは違うからおかしいと羽入は言う。

しかし、ウェーバーにとってフランクリンに言及する意味があったのは、彼のいくつかの文章から「資本主義の精神」の典型的な例示を試みるためだったのであり、フランクリンが実は功利的な人物だと言ったところでウェーバー批判にはならない。

また、フランクリンが「勤勉を富と名声を得る手段と考え」ていたことから羽入は、これは自己目的的なものではなく幸福主義的な考えだと批判する（『犯罪』一八四頁）のだが、これは、たしかに、「富と名声」を目的とし「勤勉」を手段とする目的合理的な生き方ではあるが、「富と名声」を目的とするその理由は書かれておらず、それが何のためかはわからないが自己目的として自明視されている、というところにウェーバーは目をつけているのである。

羽入は次のような批判も展開している。

ウェーバーは、フランクリンが「徳の『有益性』に思い至った事実そのものの理由を、それによって彼に徳を為させようとした神の啓示に帰する」（RS I, S. 35 大塚訳四七頁）ことを、フランクリンにたんなる処世訓ではない倫理的なものをウェーバーが見出す根拠としている。また、ウェーバーはフランクリンの自伝のドイツ語訳として、次のような文章を註に載せている。

しかし、啓示（Offenbarung）それ自体は実際には私にとって重要ではなかった。啓示された教えが禁じているからというだけの理由で或る行為が悪なのだということではなく、あるいは、それが命じているからというだけの理由で或る行為が善なのだということではない、それにもかかわらず、すべての状況を考慮するなら、かの行為は本質的に有害だからというだけの理由でおそらく我々に禁じられてきたのだし、また、有益だからというだけの理由で我々に命じられてきたのだ、と私は考えた。（RS I, S. 34 大塚訳四九頁）

羽入はこれを、フランクリンに或る時、神の啓示が下ってそういう考えに至ったと解釈した上で、そういう「回心の物語」はフランクリンの生涯にはなく、ウェーバーよる誤読であって（『犯罪』一六九頁）、正しくは、人間にとって有益になることを神が徳と定めているのだという神の配慮（啓示）への理解にフランクリンが気付いたということをフランクリン自伝は伝えているのだ、と言う。しかし、回心の物語があるかのように解釈した時点で羽入の誤読なのであって、それを否定して羽入自身が正しい解釈に至ったということを、ウェーバーが誤読していてそれを羽入が見破ったと問題をすりかえているに過ぎない。

三　結

羽入の著作の各章それぞれがもつ問題性を努めてザッハリッヒに（客観的に）批判してきた。ウェーバーの著作は、古典として名前が定着する一方で実際にはあまり読まれなくなっており、そしてウェーバーの主張が正しいのかどうかといった関心はほとんど失われているのが現状である。この無関心さをついたのが羽入の問題提起だったといっていい。私自身も、ウェーバーの主張が常識化される一方で、同時代のゾンバルトやシェーラーの「資本主義の精神」論が全く忘却されていいのか、という羽入とは全く別の観点からこのことを問題にしてはいる。ウェーバーが参照した資料に自分もあたってみるという羽入の地道な作業は、それ自体は尊重されてよいだろう。しかし、そこで間違いを見つけたからといって、文脈の軽重をわきまえずに「犯罪」を告発してしまう軽率さ、あるいは、ウェーバーの主張を偽って仮構しておいて、その誤りを指摘してウェーバーを告発するといった不誠実な態度は批判されざるをえない。

羽入はウェーバーの間違い捜しに終止した。だが、ウェーバーに間違いを捜せば実はいくらでもあるだろう。かりに八方破れであったとしても、その中に光っているものを極力ひきだそうとするのがウェーバーを読む意義なのではなかろうか。研究者の価値関心に応じてウェーバーからひきだされたものの価値は、ウェーバーの記述に間違いがあろうがなかろうが変わらない。

羽入は亡き安藤英治のことに言及しているが、次のように書いた安藤の学問と羽入との間にはあまりにも大きな隔たりがある。

> どんな思想にも学問にも、時代的制約はついてまわる。それを指摘することは容易である。到達した現在の時点から振り返って過ぎし昔の人のいたらないことを指摘することもいとたやすい。だが、そんな手柄話にどれだけの意味があろう？……私は、ウェーバーをまず歴史的・社会的制約の中でとらえ、その歴史的・社会的制約の下に生きたウェーバーという個人から、時代を超えた普遍的意味をひき出すことを自分の研究課題としてきた。（安藤英治『マックス・ウェーバー』講談社学術文庫、二〇〇三年、五頁）

ウェーバーからいったい現在何を学ぶことができるのか、という課題については、私自身も今後とも真摯に考えていきたい。羽入自身にその姿勢はうかがえないにしても、羽入問題はそういう問題提起を改めて投げかけているものとして我々は受けとめるべきだろう。

第9章　日本における『倫理』受容についての一考察

三笘利幸

一　はじめに

マックス・ヴェーバーの『プロテスタンティズムの倫理と資本主義の精神』（以下、『倫理』と略記）は、一九〇四－〇五年に雑誌論文としてこの世に現れて以降、一〇〇年にわたって日本の社会科学に大きな影響を与え、現在に至るまで「古典」としての位置を占め続けている。しかし、それは『倫理』にたいする評価が一様に定まっていることを意味するわけでは決してない。むしろ、論争の書としての「古典」だといっていいだろう。狭義のヴェーバー研究ではもちろんのこと、社会科学という文脈においても、『倫理』をめぐってさまざまな議論がなされ続けている。

では、『倫理』は日本の社会科学にどう受容されてきたのか。もちろん、膨大な『倫理』研究の蓄積を包括的に論じることは筆者の能力をはるかに超える。それゆえ本稿では、戦前から戦中はマルクス主義（社会主義）との関連に、戦後はいわゆる「近代化」論との関連にとくに注意を払いながら、『倫理』が当時の学問－思想状況あるいは社会－政治状況のなかでどう受容され、どう論じられたのかを、ひとつの「理念型」として描いていくことにしたい。具体的には、河田嗣郎、阿部勇、本位田祥男、大塚久雄、安藤英治らの議論を考察の対象とすることになる。[1]

二　『倫理』受容の黎明

『倫理』が日本語の文献にはじめて登場するのは一九一〇年である。ヴェーバーその人の名は一九〇五年の段階で福田徳三によってすでに紹介されていた（福田、一九〇五）が、福田の論考は彼が出席したドイツ社会政策学会の報告であり、『倫理』に直接触れるものではなかった。当時京都帝国大学法科大学助教授であった河田嗣郎が、その著書『資本主義的精神』において日本ではじめて『倫理』について論じたのである。

（一）「自己実現」としての「資本主義的精神」

河田は『資本主義的精神』の冒頭で、「資本主義的精神」とは自己目的化された「営利欲」であり、それはひとつの「倫理」であると断定する。「楽隠居」や「遊楽に耽」り、「贅沢を極め」ることを目的とするのは「享楽観の奴隷」にすぎず、ヤコブ・フッガーのようにあくまでも「資本主義的精神」は「営利其事を以て至義とする」ものでなければならない（河田、一九一〇、三頁）。河田にとって「資本主義的精神」は、まさに自己目的 Selbstzweck でなければならなかった（河田、一九一〇、三頁）。

では、自己目的化した「資本主義的精神」とはいかなるものか。それは貨幣獲得という「人生の幸福」のための手段獲得ではなく、「主観の満足を求めんとする意的作用を以て精神生活の根底」（河田、一九一〇、九九頁）となったもの、すなわち、「自我の実現」を目指すものであった。

> 之れ即ち自己の実現なる観念を為す所以にして自己か完全なる自己を目的として自己の自由決定に依りて自覚的活動を為すか故に即ち之を自我実現とは云ふなり。（河田、一九一〇、一〇一頁）[2]

河田はこの「自我実現」に「資本主義的精神の完成」（河田、一九一〇、九七頁）をみる。「資本主義的精神」が、自己目的化した「営利欲」でありながら同時に「倫理」であるという定義は、ここに「自我実現」という個人の主体化として像を結んだ。

以上のように「資本主義的精神」をとらえる河田は、『倫理』をどう評価していたのだろうか。結論からいえば、河田は「資本主義的精神」の成立とキリスト教とのあいだに関連があることは認めるが、しかし、ヴェーバーの議論は「謬見」として一蹴してしまうのである。

河田は、キリスト教の教義は現世を貶価し来世に救いを求めるために、職業労働観を養成するどころか、かえって現実に生きるひとびとに労働を敬遠させ、「没我的傾向」をもたらしたと考えている（河田、一九一〇、七三‐七四頁）。中世末葉（ルネサンス）以降、キリスト教元来の「没我的傾向」を脱するという機運によって「主我的傾向」が生み出されていく（河田、一九一〇、七三‐七四頁）が、それは決してキリスト教の教義に由来するものではない。むしろ「主我的傾向」を持ち始めた人心と来世に重きをおく教義との乖離を前にして、キリスト教の側がその教義を人心に適合するように変化させ、世俗化させていった。ヴェーバーは教義が現実に適合していった（＝禁欲的プロテスタンティズムの教義が世俗化していった）という歴史的現実を転倒させ、あたかも現実が教義に適合していった（＝禁欲的プロテスタンティズムの教義からひとつの職業労働観が生まれた）かのように論じており、「従てウェーバー教授の説明の如きは結果を以て原因の説明となすの謬見に陥りしものと云はさる可らさるに似たり」（河田、一九一〇、七四頁）と河田は論断した。

このように、『倫理』はきわめて否定的に論じられて日本語の文献に登場した。河田の示した『倫理』解釈は妥当なものとはいえないが、そこにはしばしば「リベラリスト」と評される河田の思想の一端が表れている。[3] 河田は、『資本主義的精神』と同じ一九一〇年に、『婦人問題』という著作も公刊している（発禁処分となる）。河田は、男女同権や個の自律を唱えて女性の解放を求めるという、当時としてはラディカルな論陣を張った。[4] 河田にとって構造的な差別からの女性の解放とは、女性が個として自律し、自己実現していくことにほかならない。河田のいう「資本主義的精神」は、こうした河田の思想と一体のものであった。

（二）　マルクス主義批判

「資本主義的精神」が「自我実現」の思想だと述べた後、河田は「資本主義的精神」について「徹底せる見解を得んか為め」（河田、一九一〇、一一五頁）に、さらに本書の最後の二章を使って社会主義思想を論じている（第八章「資本主義的精神と社会主義的思想との関係（一）」、第九章「資本主義的精神と社会主義的思想との関係（二）」）。いまだ社会科学的な著作や論文が多数現れる段階にはなかったものの、社会主義運動としてその勢力を強めていたマルクス主義を無視することはできなかったのだろう。

河田は、「資本主義的精神」と「社会主義的思想」とは「同しく個人の自覚に依りて養はれたる所多大にして其点に於ては同様の説明を下し得可き」ものである（河田、一九一〇、一三一頁）が、前者がひとつの「個性的自覚」であるのに対して、後者は「所謂無産者階級《プロレタリアート》の階級としての自覚」であるという（河田、一九一〇、一四一頁）。「社会主義的思想」は「階級としての自覚」であるため、はじめは各自が「無産者階級の自覚」を獲得するところから始まるにせよ、それがやがて「階級としての自覚的存在の出来たる時」となると、個人は階級と一体化してしまい、「個人の意義は全体中に包容せられ没了せられて各個は其の存在の意義を極端まで縮小し」てしまう（河田、一九一〇、一四一－一四二頁）。河田は、各個人の自覚から出発しながらもその個人を「階級」に埋没させてしまう「社会主義的思想」に「没我的傾向」を感じ取り、『倫理』同様に自らの主張とは相容れないものだと考えたのであった。

以上のように、『倫理』がはじめて日本語の文献に登場したとき、マルクス主義も共に論じられた。ただし、それは河田がヴェーバーやマルクスの議論を積極的に摂取したことを意味しない。むしろ、河田はヴェーバーにもマルクスにも距離をおいて自身の思想を展開したのである。

三　マルクス主義の興隆と『倫理』の位置――一九二〇年代

河田が『倫理』に言及した後、しばらく日本語の文献に『倫理』が登場することはない。ただし、ヴェーバーが忘れられたわけではなく、一九一六年には同文館の『経済大辞書』にヴェーバーが独立の人名項目として採用された（増井、一九二六)。また、ヴェーバーが死んだ翌年の一九二一年には伊藤久秋が「マックス・ウェーバー教授逝く」という一文を著し(伊藤、一九二一)、一九二四年には大内兵衛によって、前年に出版されたヴェーバーの『経済史』の紹介がなされた(大内、一九二四)。このように、一九一〇年代から二〇年代には、ヴェーバーという人物の輪郭が少しずつ明らかにされていったものの、『倫理』が代表的著作として広く認識されたとはいえない状況だった。[5]

ヴェーバー研究がこうした状態にあったいっぽうで、一九二〇年代にマルクス主義は社会科学における一大勢力となっていった。一九一九年に東大および京大に経済学部が設置され、アカデミズムの世界にもマルクス主義が浸透し、福本イズムの流行、「日本資本主義論争」の開始など、マルクス主義の社会科学における勢力は一気に強まっていったのである。[6]

以上のような研究状況の違いも手伝って、『倫理』受容にはマルクス主義との位置関係が大きな影響を与えはじめる。一九二七年に出版された雑誌『経済学論集』第六巻第三号には、『倫理』をとりあげた二つの論文が掲載された。ひとつは、のちに梶山力や大塚久雄をその門下から輩出する東京帝国大学経済学部教授本位田祥男の「新教と資本主義との関係に関する一新文献」であり、もうひとつは同助手で、後に法政大学教授となり第二次人民戦線事件で検挙されることとなる阿部勇の「マックス・ウェーバーの『プロテスタントの倫理と資本主義の精神』について」である。並べて掲載された二つの論文であるが、その『倫理』への評価はまったく正反対のものであった。すなわち、マルクス主義に距離をとる本位田はヴェーバーを好意的にとりあげるのに対して、マルクス主義の影響を強く受けていた阿部はヴェーバーに批判的だった。まずは阿部論文から検討していこう。

(一)　阿部勇

阿部は冒頭で、「宗教改革が社会学上如何なる地位を占めるか」という問題を取り扱うために、「これらの諸宗教の教義自身を明かにしなければならぬ」という(阿部、一九二七、二五九頁)。それゆえこの論文では「教義の内容そのものに重きをおい」たのだが、それは「ウェーバーの本論文〔『倫理』――引用者〕の意図にも叶ふもの」だというのである(阿部、一九二七、二五九頁)。ちなみに、ヴェーバーは決して「教義の問題そのものに重きをおい」てはいなかった。すなわち、「当時の倫理綱要などで理論的、公的に説かれていたことではなく」、むしろ「宗教的信仰および宗教生活の実践のなかから生まれて、個々人の生活態度に方向と基礎を与えた心理的起動力を明らかにする」ことにこそ力点をおいたのである（Weber, 1920, S. 86 大塚訳一四〇‐一四一頁、梶山訳・安藤編一七一頁）。この点で阿部は大きな誤解をしているのだが、それはともかく、阿部は『倫理』を概観していった後、ラッハファール、ブレンターノ、ヴィットフォーゲルによるヴェーバー批判を紹介したうえで、ヴェーバーの「相対論」の立場を次のように批判する。

阿部は、たとえば「教会を封建制度そのものより離して考察」し、「宗教改革を経済革命より分離」して考えるヴェーバーは、「凡ての現象を先づ分離したものとして次にこれを結合」しようとする方法論をとっており、「この点に誤りがあるのではないか」という（阿部、一九二七、二九九‐三〇〇頁）。リッカートの影響を受けたヴェーバーは、歴史認識において各領域の「『独立性』の方」を「常に強調」したために、各領域は「先づ凡ての関連からはなされて考察され」てしまうという欠点があるというのである（阿部、一九二七、二九九‐三〇〇頁）。

吾々は宗教改革を歴史的必然性において、全歴史的発展の一環として認識するとき、始めてそれは生き〳〵とした姿において展開する。ウェバーの歴史的発展はかくの如き相対論を不当に主張することにより他の部分の立派な取り扱ひ方にも拘らず、恰も客観的な、外的な現象としての実在を任意に人間がとりあげて作り上げたものとなり、然るが故にそれは形態学に類する、内的生命を欠いた歴史となり終るのではあるまいか。（阿部、一九二七、三〇〇頁）

みられるように、宗教改革はその「独立性」を強調するのではなく、「全歴史的発展の一環」として「歴史的必然性」によって認識されねばならない。ここには、『倫理』のなかにある「われわれはもちろん宗教改革を『歴史発展的に必然な』ものとして経済的推移から演繹できるという見解を捨てなければならない」[7]（Weber, 1920, S. 82-83 大塚訳一三五頁、梶山訳・安藤編一六七頁）という唯物史観批判に対して、マルクス学徒であった阿部が真っ向から対立している姿をみることができるだろう。阿部にとっては、ヴェーバーのような宗教改革の取り扱い方は「飽く迄絶対論を含まざる相対論にのみ止らうとするのあまり、故意に宗教を抽象した」（阿部、一九二七、三〇〇頁）、不当な歴史の描き方とみえたのである。

（二）　本位田祥男

こうした阿部の議論とは正反対の見解を示したのが本位田である。本位田の論文「新教と資本主義との関係に関する一新文献」にある「一新文献」とは『倫理』ではなく、一九二六年に出版されたトーニー『宗教と資本主義の興隆』を指している。しかし、周知のごとくトーニーの著作自体がヴェーバーを意識して書かれており、また本位田もヴェーバーに拠りながらトーニーを批判していることから、ヴェーバーに関する言及はこの論文のなかで幾度も現れる。以下、内容を概観しておこう。

本位田はヴェーバーだけでなく、ブレンターノやゾンバルトらの資本主義精神論についても言及し、そのうえでトーニーの著作を位置づけた。本位田はトーニーの議論が「著しく事実に重きを置いている」（本位田、一九二七、二四一頁）という点は評価しており、ヴェーバーに対する批判にも一読の価値があると認めるところもある。しかし、トーニーの著作は、「宗教が事実に如何にして適応したか、各宗派の社会倫理、経済思想は何であるかを知るに極めて教へる所が多いが」、ヴェーバーやトレルチとは違って、「其経済思想と教理との内面的関係については十分でない」という（本位田、一九二七、二四三頁）。さらにヴェーバーの問題設定について、トーニーは「一つの誤を犯してゐる」（本位田、一九二七、二四四頁）。

> ウエバーは繰返して云ってゐる如く、資本主義制度と宗教との関係を論じてゐたのではなくして、同じく精神現象である宗教と資本主義精神との関係を問題としてゐたのであつた。（本位田、一九二七、二四五頁）

この一文は、トーニーへの批判であることはもちろん、本位田がヴェーバーの問題設定を肯定的にとらえていることをうかがわせるに十分である。本位田のヴェーバーへの態度は、翌年の著書『資本主義精神』でよりはっきりしてくる。

本位田は、「資本主義精神」という意識と「資本主義社会」というものと「何れが規定的であるかを、抽象的に静的に観察すれば、勿論精神こそ規定的である」と述べ、マルクス主義と自分の立場の違いを明確にする（本位田、一九二八、四一頁）。もちろん、多くの経済史家がいうように、現代の資本主義（精神）のあり方は倫理的な宗教的義務意識によって説明することはできず（本位田、一九二八、一八頁）、また、宗教が「資本主義精神」の自由なる活動を阻止した場合もある（本位田、一九二八、二六頁）。しかし、本位田は河田のように『倫理』を否定するのではなく、むしろ積極的にこういうのである。

凡そ資本主義精神の本質は営利の自己目的化、即ち其当為である。営利すべしと云ふ意識が其本質である。其当為の根拠が何れにあるかは問題ではない。今日に於ては、経済価値の客観化によつて、其体系の独立化によつて此当為が生れ出る事が出来たが、経済が尚ほ宗教の配下にあつた時代に於ては、宗教に依つて其当為が生み出される事は極めて自然である。（本位田、一九二八、三四－三五頁）

本位田はゾンバルトに依拠しながら、「初期資本主義時代」と「高度資本主義時代」との区別を導入し（本位田、一九二八、一〇頁）初期資本主義の時代には、『倫理』で明らかにされたような宗教の影響があったことを認めて、「資本主義精神」という意識こそが規定的な力をもっていたととらえたのである。

彼等（カルヴィニスト――引用者）は其出発点に於て、世俗的であつた。そこに宗教に於て全く新らしい、俗世に於ける禁欲生活が始まつたのだ。俗世に於て禁欲的なるが為めには、神によつて義務とされた職業にわき目もふらず奮闘しなければならぬ。此事は職業に対する合理主義の要求と相待つて特殊なる生活形式を作り上げた。職業に最も合理的に励む故に、利潤は多い、而も其私用が禁止された為めに、営利を自己目的とし、義務とする資本主義精神が作り上げられたのだ。（本位田、一九二八、三九頁）

本位田はマルクス主義に距離をとり、「資本主義精神」に力点をおきながら、『倫理』を初期資本主義の時代に限定的に認められる現象を分析したものとしてとらえていた。もっとも、本位田はこの「資本主義精神」の担い手を資本家に限定し、労働者を排除してしまっている点で、解釈上の問題が存在する。[8] しかし、マルクス主義が勢力を増していく時期にあって、それとははっきりと異なる資本主義像をとらえるべく、「資本主義精神」に着目したことは、一九三〇年代以降の『倫理』研究を用意する役割を果たしたといえよう。

四　マルクスからヴェーバーへ――十五年戦争期

本位田が『倫理』について論じたのとほぼ同じ時期から、いわゆる「日本資本主義論争」が始まり、やがてマルクス主義が社会科学を席巻していった。[9] この一九二〇年代後半から三〇年代はじめにかけての時期には、ヴェーバーの「客観性」概念あるいは「理念型」概念などの学問（科学）方法論についての研究が多く出てくるようになる。それは「科学」を標榜するマルクス主義の圧倒的な力に牽引されたものとみることができるだろう。

（一）　研究状況の変化

この時期にはヴェーバーの方法論をきちんとふまえた『倫理』研究が現れてくる。村松恒一郎の「宗教改革と近代資本主義――マックス・ウェーバー『新教の倫理と資本主義の精神』について」（一九二九年）は、その代表的なものである。彼は一九二四年に、ヴェーバーの「理念型」に関する論考（村松、一九二四）を発表しており、そこで方法論的立場をおさえたうえで、『倫理』へと足を踏み入れた。

村松は、『倫理』に対するブレンターノやラッハファールらの批判を「的外れ」と言い切る。そして、その的外れの批判がなされてしまう原因を、彼らがヴェーバーの方法論を理解していないところにあると断じ、『倫理』を理解するためには、その方法論的立場をもきちんと理解する必要があると述べた。そのうえで、まず第一に『倫理』の「要点を解説しつゝ、出来得る限り内的に矛盾のない一個の思想の形態として諸君に伝え」たうえで、第二に「ブレンタノ教授が批評の要点を述べて両者を対照」させ、「両者の意見の相違点を明らかに」して、最後に「このやうな意見の相違の発生する所以のものを、両者の方法上の立場にかけて闡明し」たいと考えていた（村松、一九二九、三七〇‐三七一頁）。しかし、事情ははっきりしないが、この計画は第一段階で放棄されてしまった。未完とはなったが、『倫理』の構造を詳細に追いかけていった村松の論考は、この時期の『倫理』研究の深化を象徴するものといえよう。

すでに述べたように、この時期にはマルクス主義が圧倒的な影響力をもちつつ、それに刺激されながらヴェーバー研究にもそれなりの「厚み」が生まれはじめていた。しかし、こうした研究状況は一九三〇年代後半になると一変する。

満州事変以降、十五年戦争期に言論・思想の自由にたいする制限が厳しさを増すなか、「日本資本主義論争」にかかわった研究者たちは一九三六年のコム・アカデミー事件、一九三七‐三八年の第一・二次人民戦線事件によって検挙され、論争は中断、マルクス主義は沈黙を余儀なくされた。そのいっぽうで研究が進められたのが、ほかならぬヴェーバーであった。一九三八年に『倫理』が梶山力によってはじめて日本語訳されただけでなく、一九三〇年代後半にはヴェーバーの著作が次から次へと翻訳され、研究論文も一気に増えて、ヴェーバー研究はひとつのピークを迎えた。こうした研究状況が生まれたのは、ヴェーバーをマルクスの「かくれみの」として全体主義批判を行ったためだと評されることがある（上野、一九六五、八〇頁）。また、「マルクスとヴェーバー」という日本におけるヴェーバー研究の「世界的に見てもまったくユニークな」（住谷、一九六五、一七七頁）視角は、まさにこの時期にその源があると語られる場合もある。なるほどヴェーバーもマルクスも資本主義をその研究の中心に据えていたのは事実であり、「日本資本主義論争」によって鮮明に浮かび上がった資本主義の矛盾という問題が、マルクス主義弾圧後も何ら変わることなくヴェーバーを「かくれみの」として継続して論じられた、と推測できそうではある。しかし、山之内靖の「日本資本主義論争が盛んに行われていた時代とそれ以後の時代との間には、社会科学的問題関心の方向性という点で、ハッキリとした断絶が生じることとな」（山之内、一九九九、四九頁）ったという指摘に耳を傾けるならば、この「かくれみの」説を受け入れることには慎重でなければならないだろう。ヴェーバー研究がどう進められていったのか、その内実の吟味がぜひとも必要である。

(二)『倫理』の翻訳と大塚久雄の登場

すでに触れたように、一九三八年に梶山力によって『倫理』は日本語に訳された。訳書には梶山による「訳者序説」が付された(梶山、一九三八)。『倫理』の内容解説はもちろん、ヴェーバーの生い立ち、『倫理』に対する諸批判、あるいは、ヴェーバーのいう「理念型」や「価値自由」――梶山は「価値判断排撃」という語を使った――などの解説まで含まれた、周到な「訳者序説」であった。[10] しかし、梶山が病身を押して訳をしたという事情のために、『倫理』の本文については全文が訳されたものの注には漏れがあった。[11] また、『倫理』を訳した三年後の一九四一年に梶山は三二歳の若さでこの世を去り、梶山の『倫理』解釈がこれ以上積極的に展開されることはなかった。『倫理』研究は、同じ本位田門下の大塚久雄によって進められていくことになるのである。

(三)「資本主義の精神」

大塚は、一九三八年にそれまでヴェーバーに批判的であった態度[12]を一変し、『倫理』を積極的に評価するようになった。その大塚の『倫理』解釈は、大筋としては、マルクス主義には距離をとりつつ資本主義の精神に力点をおく本位田のそれを踏襲したといっていい。しかし、それは単なる踏襲にとどまるものではなかった。

大塚の『倫理』研究でもっとも体系的なものは、一九四三年から一九四六年にかけて『経済学論集』に掲載された「マックス・ウェーバーにおける資本主義の『精神』――近代社会における経済倫理と生産力　序説」という未完の論文である。

大塚は、資本主義精神の規定の仕方がヴェーバーとブレンターノでは大きく異なるという。ブレンターノのいう「資本家精神」は「『資本家』(企業家)層」についてだけみられる心的態度であり、「何よりも先づ貨幣に対する『営利欲』」に支えられた「個人的利己主義に他ならぬ」ものである(大塚、一九四三、一八頁)。それに対してヴェーバーのいう「資本主義の精神」は「近代経済社会の基幹的部分を形造る二つの社会層、『資本家』(企業家)層と『賃金労働者』層、此の両者の何れも」(大塚、一九四三、一四頁)に共通する心的態度である。ここに明らかなように、本位田も大塚もヴェーバーの「資本主義の精神」に注目したことでは共通するが、その担い手については見解を異にしていた。

そのうえで、大塚は「資本主義の精神」をプロテスタンティズムの倫理の「固有な価値の倒錯」によって生じたものだととらえている（大塚、一九四六a、二九頁）。すなわち、プロテスタンティズムの倫理は「『倫理』がその実現を『営利』の遂行によつて媒介せられる」という「謂はば『自然的』な事態」であるのに対して、「資本主義の精神」では「『営利』がその実現を『倫理』の実践によつて媒介せられる」という「『倒錯的』な事態」となっているというのである（大塚、一九四六a、二九頁）。この「『倒錯的』な事態」からやがて宗教的色彩が消えていき、その代わりに「営利」こそが中心的価値をもつにいたる。

ではなぜ、ヴェーバーはこの「資本主義の精神」にこだわるのか。それは「資本主義の精神」のもつ禁欲的エートスが、「『生産力』的な性格と構造を具へてゐると云ふ事実」（大塚、一九四六a、四二頁）こそが、ヴェーバーの問題の焦点だったからである。

> 今少しく言ひ換へるならば、かの個有な禁欲的エトス（倫理的雰囲気）がすぐれて一つの「生産」倫理であり、而も特に近代工業力と、ウェーバーの術語によれば、最も適合的な関係に立つと云つた歴史的性格を示している事実なのである。実際、ウェーバーの所謂「資本主義の精神」における問題的焦点はまさしく此の点にこそ見出さるべきなのであつて、……。（大塚、一九四六a、四二-四三頁）

大塚は、「資本主義の精神」に、「生産力」を拡充していく「生産倫理」をみていた。なるほど、プロテスタンティズムの倫理からみれば「個有な価値の倒錯」の結果生まれた「資本主義の精神」であるが、その「生産倫理」が「生産力」の拡充をもたらし、近代資本主義の発展へと導いていったというわけである。これをヴェーバーが『倫理』において論じたと大塚は解釈している。

しばしば単純化されて解釈されるが、大塚は「資本主義の精神」をそのまますべて受け入れたのではない。禁欲的プロテスタンティズムの倫理からみれば「資本主義の精神」はひとつの倒錯であり、決して望ましいものではない。しかし、それは同時に強大な「生産力」をもたらすという積極的な意義をあわせもつ。大塚はこのように「資本主義の精神」に対して、アンビヴァレントな態度をとっていたのである。

（四）　近代資本主義批判と翼賛体制

大塚はこの論文を発表したのとほぼ同時期、戦局が日本に不利に動き敗戦色が濃くなっていく一九四二年から一九四五年にかけて、時局的な発言も積極的に行った。そのなかで大塚は「資本主義の精神」を超克していく必要を説いた。大塚は、「世界史の現段階が『近代的営利』を超克しつゝあるとき(13)」、ヴェーバーの示した「資本主義の精神」を「無批判に受領し其処に停止するが如きことは世界史の現実が到底之をゆるさないであらう」という。その「資本主義の精神」がもつ「歴史的限界（営利性）」を批判し、ヴェーバーを超えていかねばならない。しかし、それは近代西欧的なものの「遺産の総てを無差別に捨て去ることではな」い。「資本主義の精神」に含まれている『営利心』（所謂個人主義）を破□（大塚（一九四四b）では判読不能――筆者注記）しつつ而も其の生産力的エトスを一概に捨去る事なく、より高邁な精神史の裡に批判的に摂取し高めることが吾吾の一つの重要な問題」だという(14)。

なるほど、ここには大塚が無教会派のキリスト者という立場から、資本主義批判を展開している姿をみることができるかもしれない。つまり、本来の禁欲的プロテスタンティズムから堕落し、営利心に毒された「資本主義の精神」に対する批判だとみることもできよう。また、京都学派に代表される「近代の超克」論者たちの、日本の伝統へと回帰しようとする「非合理的」な議論に対する、大塚なりの「合理性」を柱とした批判だと読むこともできそうである。しかし、次の一節を読むとどうなるだろうか。

> 旧き資本主義的「自由」経済を超克しつつ、新しい「経済統制」（「経済計画」）が生成しゆくとともに、個別的「経営」――従ってそれを構成するところの諸「個人」も亦――は「営利」を介せずして、直接的に、「全体」による「統制」（「計画」）のうちに参入し、それ自体で国家性または政治性を帯びることになるのであるが、新しき「経済倫理」（エトス）はこの事実に相応じ又之を推進しつつ、個別的「経営」（また個人の勤労）の「全体」（国家）的計画へのつながりを直接に意識するものでなければならない。「生産責任」は、歴史の視角よりするとき、新しい「経済倫理」における

かやうな「全体」（国家）性の自覚に他ならぬと解して、始めて、意味が充分に明瞭となるものであらう。（大塚、一九四四c、二頁）

大塚はこの後の部分で、「生産責任」について、「『自発性』と『目的合理性』」を支柱にしている「一つの責任倫理」であると説明している（大塚、一九四四c、二頁）。ひとびとの「自発」的な行動は封じられ、ファシズムという「非合理性」がまかり通っていた状況から、これを大塚の戦時抵抗と解釈する向きがある。大塚自身もそうした意味をもたせたつもりだったのかもしれない。しかし、間接的には高畠通敏が、直接的には山之内靖、中野敏男らが明らかにしているように、どれほど「自発性」をいい「目的合理性」をいっても、「生産力」拡充という「全体」への奉仕を唱える主張が「究極的には、翼賛体制の奉仕の役割を果たすに至」（高畠、一九七八、二四四頁）ったことは否定できないだろう。価値倒錯に陥った「資本主義の精神」を超克するという大塚のプロジェクトは、なるほどひとつの近代資本主義批判であった。しかし、その先に「営利性」の揚棄、「全体」への奉仕をみた大塚の議論は、戦時体制と齟齬をきたすものではなく、むしろいっそう「合理的」な戦時体制の形成へと連なっていく側面を多分にもったのである。

　ましてや、一九四五年四月二一日付の『大学新聞』に、大塚が「決戦生産力増強の基底――人間類型論への冷静なる反省」なる一文を寄稿している事実を知ればどうだろうか。この一文は『大塚久雄著作集』にも収録されず、上野正治編著『大塚久雄著作ノート』にも、最新の伝記である石崎津義男『大塚久雄――人間と学問』にも、一切記載されていない。「本土防衛」のために「捨て石」とされた沖縄では地上戦が繰り広げられ、戦局は最終局面にいたったそのときに、大塚は「決戦生産力増強の基底」と題して、「生産『力』増強への要請が戦局の進展につれてますますさし迫つて来る」状況で、「『国民』がすぐれて『生産力』的な性格の人間類型に打ち出され、錬成されてゐることが必要だ」と述べている（大塚、一九四五、二頁、傍点引用者）。いよいよ大塚の言説が戦時抵抗であったというわけにはいかなくなってくるだろう。

　ともあれ以上のように、師である本位田の解釈を踏襲しながらも、「資本主義の精神」を彼なりに読み込む大塚によって、『倫理』は近代資本主義批判の理論的支柱とされ、時局にコミットする足がかりとされた。ここに、マルクスの

「かくれみの」としてのヴェーバーという解釈の妥当性も揺らいでくることは明らかである。たしかに近代資本主義批判という意味では一見「日本資本主義論争」と問題関心を共有しているようであるが、しかし、この時期のヴェーバー研究なかんずく『倫理』研究にみられるのは、より合理的な資本主義システムの構築を目指す志向であり、国家権力批判や日本帝国主義批判という「日本資本主義論争」の胚胎していたヴェクトルとは異質のものであった。

五　「近代化」論とその行き詰まり――占領・戦後復興から一九六〇年代へ

戦後になると、マルクス主義が復活するとともに、ヴェーバー研究も一挙に増大していった。たとえば鎌倉文庫の『マックス・ウェーバー研究』（一九四八年）は、戦後のヴェーバー研究が、歴史、経済、法、方法論などといった多くの領域にわたり、高い水準で展開されていたことを示している。そうしたなかでも、『倫理』受容のうえでもっとも重要な役割を果たしたのは大塚であった。

ＧＨＱの占領政策という「外側から強力によつて強制され」（大塚、一九四六b、二頁）ている日本の民主的な再建に対して、そのままでは内実の伴わない「死せる機構」（大塚、一九四六b、二頁）を生み出すという危機意識を大塚はもっていた。戦中期にも多くの時局的な発言をした大塚だが、戦後直後にも同様に矢継ぎ早に論文を発表していった。もちろん、そこでも議論の中軸にあるのはヴェーバー、なかんずく『倫理』であった。

（一）「近代的人間類型」の創出

大塚は敗戦、占領という事態を受け、日本の復興のための課題を以下のように述べた。

現下の最大の問題たる吾が国社会の近代的・民主的再建は、吾が民衆が、少くともその決定的な部分がかうした近代的人間類型に打ち出されつつ民主主義の人間的主体として立ち現われるに到る事が何はさておいても必要であらうと考へる。然らば吾が国民衆が低い近代以前的なエトスを捨て去つて、近代的・民主的人間類型に打ち出されるといふ事は如

何にして可能であらうか。（大塚、一九四六ｂ、二頁）

みられるように、大塚は「近代的人間類型」の創出を焦眉の急とした。近代資本主義を批判していた戦中の大塚から「後退」したようにみえる発言であり、また、丸山眞男や川島武宜らとともに大塚が「近代主義」者と呼ばれる所以となるところである。では、こうした課題意識をもつ大塚の『倫理』解釈は、はたしていかなるものとなったのか。

大塚は、戦中にはほとんど触れなかった『倫理』のなかの「魔術からの解放」という論点をしばしば引き合いに出すようになる。大塚によれば、「魔術からの解放」とは「より高い合理的な倫理的『力』による非合理的な魔『力』の圧服を意味してゐる」（大塚、一九四六ｃ、四頁）。この魔術（マギー）「圧服」は歴史的な進展のなかにみられるというのだが、ここで大塚が見せる歴史像はマルクスを下敷きにした非常に素朴かつ単線的なものである。つまり、マギーに満ちた古代アジア的社会構成から、奴隷制、封建制へと社会構成が上向していくなかでマギーが徐々に払拭され、近代的・資本主義的な社会構成にいたってはじめて「魔術からの解放」は完成するとされている（大塚、一九四六ｃ、一〇頁）。

大塚はこうした「魔術からの解放」が緊急に必要であるとうったえる。そこに創出されるべきは、「伝統主義」のマギーから解放された「近代的人間類型」である。では、大塚のいう「近代的人間類型」とはいかなるものか。

自発性、合理性、社会連帯性への自覚、而してそれらを貫く経済生活の重視てふ現実的態度、きわめて抽象的に見るならば近代的人間類型はかうした諸特質を具へてゐる。而して民衆の決定的な部分がかゝる近代的人間類型に打ち出された場合、そこから近代的な生産力と経営建設の展望が生まれて来るであらうし、又極めて自生的に民主的なレヂームが打建てられることとなるであらう。（大塚、一九四八、三四頁、傍点引用者）(15)

大塚は、戦中と何ら変わらない「生産力」の拡充という主張を戦後も繰り返している。しかし、戦中とは違って、「魔術からの解放」によって「近代」を達成するという歴史発展として「生産力」拡充が論じられるようになり、近代的エートスをもつ主体的人間類型の創出が求められるようになった。そのため、大塚自身も「近代主義」者と呼ばれるようになり、また、『倫理』も「近代化」論の代表的著作と目されるようになっていったのである。戦時期の言説は、「敗戦」という圧倒的事実の前に、日本を「魔術の園」とし、絶対的な後進性のもとに押し込めてしまうことで、単線的な「近代化」論として生き延びることになった。

（二）　聖マックス

もっとも、『倫理』が「近代化」論として解釈されるようになったのは、ひとり大塚の影響だけではない。「八・一五以前の旧体制を変革して民主主義を受容することが「近代化」として意識された、という歴史的状況」（安藤、一九七五、七二頁）に加えて、戦後のヴェーバー研究の飛躍的な「進歩」のなかで、妻マリアンネの『伝記』に強い影響を受けながら生まれてきた、ヴェーバーを神聖視するような（聖マックス！）研究動向も、この『倫理』＝「近代化」論という解釈を助長したといわなければならない。

たとえば、一九五一年に青山秀夫は『マックス・ウェーバー――基督教的ヒューマニズムと現代』という岩波新書を世に問うた。そこでは、ヴェーバーは「基督教的ヒューマニズム」の体現者としてとらえられ、「山上の垂訓をたえず背負って生きた求道者」と位置付けられた（青山、一九五一、一〇頁）。また、金子栄一も一九五七年の『マックス・ウェーバー研究――比較研究としての社会学』において、同様に「清教徒のエトスは、ウェーバーにとっては、単なる『歴史的』事実ではなく、彼自身の中において『世俗化』された形で生きている精神的原動力であった」（金子、一九五七、一七二頁）といい、青山と同様、ヴェーバー自身が理想的な禁欲的プロテスタントであったという解釈で一書をまとめている。

このように、『倫理』で描かれた禁欲的なプロテスタントたちの姿こそ、ヴェーバーその人が求めた人間のあり方であるとされた。また、その禁欲的プロテスタンティズムから生まれた「資本主義の精神」によっておしすすめられた「近代化」を、ヴェーバーは積極的に評価していると考えられたのである。

（三）「近代化」論の行き詰まり――ヴェーバー生誕から一〇〇年を迎えて

これまでみてきたような、『倫理』を「近代化」論ととらえ、また『倫理』にはヴェーバーその人の積極的な価値判断が示されているとする理解は、その当時それなりの説得力をもって受け入れられた。もちろん、日本の「戦後復興」には、冷戦から朝鮮戦争へと進む世界情勢という外的要因が大きく作用しているのはいうまでもなく、大塚が『倫理』に読み取ったような「近代的人間類型」という経済エートスをもつ主体に支えられて「復興」が達成されたのではない。それでもなお、「順調」に経済的「復興」が続いているあいだは、『倫理』を「近代化」論として解釈する枠組が力を失うことはなかったといっていいだろう。

しかし、一九六〇年代になって「近代化」「合理化」の歪みが露呈しはじめると、いよいよ「近代化」論にもかげりがみえはじめる。「近代的人間類型」の創出では済まない、「近代」自身のはらむ問題への対応という意識が、『倫理』受容にも影を落としはじめるのである(16)。

時あたかもヴェーバー生誕一〇〇周年の一九六四年を迎え、大塚は「ヴェーバー生誕百周年シンポジウム」を主催する。以下ではそのシンポジウムにおける報告「《Betrieb》と経済的合理主義」と、すでにとりあげた「マックス・ヴェーバーにおける資本主義の『精神』」の改訂版とを検討してみたい。

戦後啓蒙の旗手大塚も時代状況の変化を察知し、ヴェーバー・シンポジウムにおいては「近代的人間類型」の創出という論点はまったく提示しなかった。高度成長まっただなかにあった日本において、大塚は、『倫理』に依拠しながら「生産力」拡充の必要性を語ることがもはやできなくなっていた。むしろ大塚は、現状を『倫理』末尾にある「大衆社会状況」の到来であるとして、合理性の根底に潜む非合理性――「合理的非合理性」――をペシミスティックに指摘する。たしかに、経済的に復興し高度成長をとげる日本では「近代化」「合理化」が著しく進展したのではあるが、そのために、「世界の意味喪失」を招来し、人間存在それ自体が揺り動かされる時代を迎えたと大塚はいうのである（大塚、一九六五ａ、三二九‐三三一頁）。

論文「マックス・ヴェーバーにおける資本主義の『精神』」については、一九四三年から四六年に発表されたもとの論文には存在せず、一九六五年の改訂に際して加筆された箇所を検討しよう。

ただ一言だけ筆者の感想を追加することを許されるならば、ヴェーバーがすでに六十年前に予測していた資本主義の機械的化石化の状態を突きぬけて、思想家によって指し示された新しい道が現実の経済的利害状況のうちにみごとに定着するならば、そのばあいには、「資本主義の精神」のうちに含まれていた「生産倫理」（「労働 - 経営倫理」）がふたたび目を覚まし、新たな装いのもとに、歴史の進歩の方向に沿って、人々の上に強烈な作用をおよぼすことになるのではあるまいか。また、そうあるべきであろう。（大塚、一九六五b、一八四 - 一八五頁）

『倫理』末尾に書かれた資本主義社会の「機械的化石化」（Weber, 1920, S. 204 大塚訳三六六頁、梶山訳・安藤編三五七頁）を前に、大塚が徒手空拳で立ち向かう姿がみえてきそうな一節である。戦中以来の一貫した「生産力」論を一歩もぬけだせぬまま、いっぽうで意味喪失状況の深刻さに困惑している大塚の姿が一九六〇年代を象徴しているといってよい。そもそも『倫理』では、資本主義社会の「機械的化石化」を招来したのが、ほかならぬ「資本主義の精神」のうちに含まれていた「生産倫理」だったことが明らかにされたのである。その「生産倫理」へと先祖返りをすることは何の問題解決にもならないはずだが、大塚の提示できた「処方箋」はこれであった。ここに『倫理』も「近代化」論として解釈される限界がきていた。また、石田雄が指摘するように、この時期あたりからヴェーバー研究の関心自体が多様化し、「分裂と対立の時代」（石田、二〇〇〇、一六一頁）を迎える。現代に生きる人間は『倫理』をどう読んだらいいのかという問題が、ここにいよいよ切実なものとなってくる。

六　「近代」の総括と「現代」への問い——一九六〇年代後半以降

大塚が牽引してきた『倫理』研究に対して、はっきりとアンチテーゼをうちたてて研究を進めたのが安藤英治であった。安藤の研究の出発点は、一九五〇年代から一九六〇年代のヴェルトフライハイト論にある。安藤は、当時まだ「没価値性」という解釈が優勢であったヴェルトフライハイトの概念を「価値自由」として位置付け直した（安藤、一九六五）。その安藤は、ヴェーバー・シンポジウムあたりから、大塚らによる『倫理』研究によって、ヴェーバーが近代化論者に祭り上げられていたことを鋭く批判しはじめる。それ以降一九九〇年頃までにわたる研究は、「ヴェーバー研究のエントツァウベルング」を旗印に、「素顔のヴェーバー」を探り出すことをその前面に押し出して行われた（安藤、一九七二）。

安藤は「近代化の問題がウェーバーにとって事実上中心問題であったことには間違いない」が、しかし、ヴェーバーは「それを『近代化』として表現しなかったのはなぜか」と問いかける（安藤、一九七五、七〇頁）。事実ヴェーバーのテキストを探しても近代化 Modernisierung という語はほとんど見つけることはできない(17)。にもかかわらず、ヴェーバーは「近代化」論の権化のごとく祭り上げられたのだが、『倫理』末尾の「機械的化石化」の到来の指摘は、「近代に対するウェーバーのアンビヴァレントな態度」表明であり、「いわゆる〝近代化〟論者であったと断言することをためらわせるに充分である」（安藤、一九七五、七三頁）。さらに安藤は、ヴェーバーが「近代の始点と終点」を一度にみることになった一九〇四年のアメリカ旅行や、マリアンネの伝記にあるフロイト主義者との対決の様子などから、「生きた人間ウェーバーに働いていた意識は、むしろ近代化の否定面への自覚ではなかったかと思われる」と推測している（安藤、一九七五、七三頁）。そのうえで、ヴェーバーが「第一次大戦後に現れた近代批判のカトリック思想家、クリストファー・ドーソンやオルテガ・イ・ガセの問題意識を先取りしているとも考えられる」（安藤、一九七五、七三頁）と述べたのである(18)。

ヴェーバーを「近代化」論者とすることに疑念をもちつつ、安藤は『倫理』初版（一九〇四‐〇五年）と改訂版（一九二〇年）との異同をつぶさに調べ上げ（安藤、一九六八）、ヴェーバーが『倫理』を書いた初発の動機探求を行った。文献学的な、厳密なテキスト・クリティークを行う安藤の研究スタイルは、これ以降のヴェーバー研究のさらなる精緻化の先駆けとなった。

安藤が明らかにしたところによれば、『倫理』は初版段階では「資本主義をめぐる『禁欲』論であり、その禁欲論をつうじて唯物史観を批判することが主問題」であり、そこには「現行の姿における近代資本主義論は、直接のテーマとしては意図されていなかった」（安藤、一九八〇、三〇頁）。安藤は、『倫理』が単なる「近代化」論などではなく、「近代資本主義」論も改訂版になってはじめて現れる論点であることを明らかにした。

以上のように、安藤は「近代化論者＝ヴェーバー」という図式的な理解を徹底して批判した。安藤の『倫理』研究には他に論ずるべき点が多くあるが、以下では安藤が『倫理』をどう位置付けたのかという点にしぼって論じていきたい。安藤はレーヴィットにならって、ヴェーバーを「近代の総括者」と呼ぶ（安藤、一九七九、三五一頁）。ただし、安藤はヴェーバーを近代を総括しただけのミネルヴァの梟としてとらえたのではない。むしろ「近代と現代の境に立ち、過去を振り返るだけでなく到来しつつある『現代』に向かっても鋭い『問い』を投げかけたところ」（安藤、一九七九、三五二頁、傍点引用者）にヴェーバーの特色をみる。

『倫理』はたしかに「近代資本主義の黎明期における宗教的エートスの文化意味をテーマにしたものであ」る。その意味でヴェーバーは「近代」を総括した。しかし「この論文（『倫理』——引用者）を作成させた動機ということになるとむしろ逆であ」る。つまり、『倫理』で分析した「資本主義の精神」なるものは「すでに過ぎ去った昔のことであり、現在の資本主義社会にはかつての精神の亡霊が徘徊しているにすぎない」のであって、「『魂なき専門人』が、自分は『無き者』に等しいのに逆に人間精神の『最頂点に登りつめたと己惚』ている」のがまぎれもない「現代」の状況である。[19]

> 「近代」の精神を代表するウェーバーが、近代とは異質の現代社会の胎動に直面して自分の世界である近代を確定しようとした。それはまさに近代と現代の境に立たされたウェーバーの鋭い時代感覚であり歴史意識であった。（安藤、一九七九、三五二―三五三頁）

ここに安藤が、『倫理』を「近代」を総括し「現代」を問う書として位置付けたことは明らかであろう。この後、安藤は『倫理』＝「近代化」論という解釈に対する批判のいわば総仕上げとして、初訳である梶山訳『倫理』を復活させ、さらに『倫理』初版と改訂版との異同を一書で確認できるかたちへと編集したのである。

七　おわりに

現在、『倫理』には大塚訳（岩波文庫）と梶山訳・安藤編（未來社）の二種類が存在する。それは、戦後の『倫理』研究を象徴し、また、日本の『倫理』受容のひとつの「到達点」を示しているともいえる。しかし、大塚訳『倫理』は一九八八年（岩波文庫版は一九八九年）、梶山訳・安藤編『倫理』も一九九一年の出版であり、すでにそれから一〇年をゆうに超える年月が流れた。この間に、グローバリズムやヨーロッパ統合などヴェーバーが予見しえなかった諸々の事態が進展し、資本主義社会も著しく変容している。『倫理』研究もこうした現代の状況をふまえた新たなステップへと進められねばならない。安藤の『倫理』の位置付けにならいながらいえば、これまでの『倫理』受容を総括し、『倫理』とともに——その限界を明らかにすることも含めて——現代社会を問う、これが喫緊の課題として立ち現れているのである。

注

（1）ひとつひとつに私の見解を示す余裕はないが、日本のヴェーバー受容については、板垣（一九四九）、丸山（一九六五）、影山（一九七六）、内田（一九九〇）、Schwentker (1998)、山之内（一九九九）、Mommsen and Schwentker (1999)、シュヴェントカー（二〇〇五）などの先行研究がある。
（2）すべての引用に際して、旧漢字を常用漢字に、カタカナをひらがなに直している。
（3）私は、河田を「リベラリスト」として位置づけることには問題があると考えている。とりあえず三笘（二〇〇四）参照。
（4）河田の男女平等思想を積極的に評価している研究として、亀口（二〇〇三）がある。
（5）伊藤論文および大内論文の内容については、丸山眞男が手際よく整理している。丸山（一九六五）一五四‐一五八頁参照。
（6）このあたりの事情についてはさまざまな研究文献が存在するが、とりあえず松島（一九六六）、石田（一九八四）などがわかりやすい見取り図を示している。
（7）大内兵衛が、阿部のマルクスへの傾倒ぶりについて伝えている（大内、一九五九、二〇九‐二一〇頁）。

(8) 本位田は、「資本主義的企業の中に於ても、資本家又は其代表者と、彼等に雇はれ其手足となつて働いてゐる人々とは異つた心理を持」つが、「我々が問題としてゐるのは現代の企業を指導してゐる人々の心理であ」り、「労働者は技術的には生産に参与し乍ら、経済的には機械道具と大差はない」ため、資本家のみを論じればいいという（本位田、一九二八、三‐四頁）。

(9) この時期のマルクス主義にかんする研究は枚挙にいとまがないが、思想史的な位置付けについては、たとえば丸山（一九六一）五五‐六二頁あるいは石田（一九八四）一〇七‐一二四頁などを参照。

(10) 未來社の梶山力訳・安藤英治編『倫理』にも、この「訳者序説」は収録されているが、「六　マックス・ウェーバーの生涯」（梶山、一九三八、五六‐六一頁）の部分が割愛されている。

(11) 大塚久雄は、後に梶山の訳し残した注をすべて訳出し、また、梶山の訳文を改訳したうえで「梶山力・大塚久雄訳」として岩波文庫（上巻一九五五年、下巻一九六二年）の一書とした。後年大塚はさらに改訳を施して、ここに共訳ではない現行版「大塚訳」が岩波文庫に登場することとなった。

(12) たとえば、一九三三年のある書評では「ウェーバーのテーゼは支持しえない。即ち、禁欲的プロテスタンティズム――少なくともカルビニズム――が『資本主義精神』の発生に関して、本質的且つ事実上有効なる支持をなしたかは疑はれざるをえない」（大塚、一九三三、一三八頁）とまでいっていた。

(13) 実はこの箇所は、『大塚久雄著作集』に収録されるときに断りもなく「世界史の現段階が「近代的営利」を超克しつつあるといわれるとき」（大塚、一九六九、三五一頁、傍点引用者）と書き直され、判断の主体が大塚ではない文章にされてしまった。中野敏男が大塚を戦時動員の思想と論じたことに対して、柳澤治がこの引用部分を含む一節を引き合いに出して批判した。しかし、柳澤は不用意にも初出を調べず著作集を底本として「「世界史の現段階が「近代的営利」を超克しつつあるといわれるとき」に始まる条件法で固められた文章」と大塚の文章を性格付け、近代の超克という問題が「あたかも仮定法的に設定」されたと解釈して大塚を戦時動員の思想だという批判から守ろうとしている（柳澤、二〇〇二、一四一頁、傍点引用者）。他にも柳澤の議論には首をかしげざるをえないところがあるが、それはいま問わないとしても、この箇所については柳澤の指摘は誤りである。

(14) この段落の引用はすべて大塚（一九四四b）一頁から行い、判読できない文字を□で示した。なお、この文字は著作集では「砕」と記されている（大塚、一九六九、三五二頁）。

(15) この一節を含む論文は、一九四六年の『教育文化』第五巻第七号が初出であるらしい（大塚、一九四八、三七頁）。しかし、脱稿までに現物を入手することができず、やむを得ず転載された大塚（一九四八）から引用した。

(16) 雑誌『思想』が、一九六三年一〇月号で「M・ヴェーバーと現代」という特集を組み、すぐ次の一一月号では「『近代化』をめぐって」という特集を組んでいるのは、単なる偶然ではないだろう。『思想』一九六三年一一月号については石田（一九九五）一〇二頁以下を参照。

(17) ヴェーバーの主要なテキストが入っている *Max Weber im Kontext* というCD-ROMで検索しても、わずかに五カ所の使用しか見つからない。
(18) 折原浩は『倫理』に特化した研究を行っていたわけではないが、かなり早い時期からヴェーバーに「近代主義批判」(折原、一九六九、三八二頁)の視点を認めていた。折原は、羽入(二〇〇二)が現れて以降、それに対して徹底した批判を展開した(折原、二〇〇三、二〇〇五a、二〇〇五b)が、これらは単なる羽入批判にとどまらず、折原のまとまった『倫理』研究と呼びうる内容をもつ。精緻な研究を裏付けにして書かれたこれらの書については、また別の機会に論じたいと思う。
(19) この段落の引用はすべて安藤(一九七九)三五二頁から行った。

参考文献

Weber, Max, 1920, *Gesammelte Aufsätze zur Religionssoziologie*, Bd. 1, Tübingen: J. C. B. Mchr.(大塚久雄訳『プロテスタンティズムの倫理と資本主義の精神』岩波文庫、一九八九年/梶山力訳・安藤英治編『プロテスタンティズムの倫理と資本主義の《精神》』未來社、一九九四年)

青山秀夫、一九五一、『マックス・ウェーバー――基督教的ヒューマニズムと現代』岩波書店。

阿部勇、一九二六、「マックス・ウェバーの中世都市論――社会学的研究」『経済学論集』第五巻第二号。

阿部勇、一九二七、「マックス・ウェーバーの『プロテスタントの倫理と資本主義の精神』について」『経済学論集』第六巻第三号。

安藤英治、一九六五、『マックス・ウェーバー研究――エートス問題としての方法論研究』未來社。

安藤英治、一九六八、「M・ウェーバーの宗教社会学改訂について[第1部]」『成蹊大政治経済論叢』第一八巻三・四合併号下巻。

安藤英治、一九七一、「ウェーバー研究のエントツァウベルング――素顔のウェーバー」『思想』第五六〇号。

安藤英治、一九七五、「近代化のパラドックス――ウェーバーにおける近代と古代」『思想』第六一二号。

安藤英治、一九七九、『マックス・ウェーバー』〈人類の知的遺産62〉講談社。

安藤英治、一九八〇、「ウェーバー歴史社会学の基礎視角――問題提起　宗教社会学改訂の意味」『思想』第六七四号。

石崎津義男、二〇〇六、『大塚久雄――人と学問』みすず書房。

石田雄、一九八四、『日本の社会科学』東京大学出版会。

石田雄、一九九五、『社会科学再考――敗戦から半世紀の同時代史』東京大学出版会。

石田雄、二〇〇〇、「一九六四年前後――日本におけるウェーバー研究の一転機」橋本努他編『マックス・ヴェーバーの新世紀

――変容する日本社会と認識の転回』未來社。

板垣與一、一九四九、「マックス・ウェーバーの批判と摂取――戦後ウェーバーの研究の綜観」『読書俱楽部』第四巻第一号。

伊藤久秋、一九二一、「マックス・ウェーバー教授逝く」『商業と経済』一冊、長崎高商。

上野正治編、一九六五、『大塚久雄著作ノート』図書新聞社。

内田芳明、一九九〇、『ヴェーバー受容と文化のトポロギー』リブロポート。

大内兵衛、一九二四、「マクス・ウェーバーの学説」『我等』第六巻第四号。

大内兵衛、一九五九、『経済学五十年（上）』東京大学出版会。

大塚久雄、一九三三、「エルンスト・バインズ著『一五六五 - 一六五〇年のネーダーラントにおけるカルビン派教会の経済倫理』」『経済学論集』第三巻第一一号。

大塚久雄、一九四三、「マックス・ウェーバーにおける資本主義の『精神』――近代社会における経済倫理と生産力　序説」『経済学論集』第一三巻第一二号。

大塚久雄、一九四四a、「マックス・ウェーバーにおける資本主義の『精神』（二）――近代社会における経済倫理と生産力　序説」『経済学論集』第一四巻第四号。

大塚久雄、一九四四b、「経済倫理の問題的視点――工業力拡充の要請にふれて」『帝国大学新聞』第九八三号（五月一日号）

大塚久雄、一九四四c、「最高度〝自発性〟の発揚――経済倫理としての生産責任に就いて」『大学新聞』第二号（七月一一日号）。

大塚久雄、一九四五、「決戦生産力増強の基底――人間類型論への冷静なる反省」『大学新聞』第二六号（四月二一日号）。

大塚久雄、一九四六a、「マックス・ウェーバーにおける資本主義の『精神』（三）――近代社会における経済倫理と生産力　序説」『経済学論集』第一五巻第一号。

大塚久雄、一九四六b、「近代的人間類型の創出――政治的主体の民衆的基盤の問題」『大学新聞』第五七号（四月一一日号）。

大塚久雄、一九四六c、「魔術からの解放――近代的人間類型の創造」『世界』一二月号。

大塚久雄、一九四八、『近代化の人間的基礎』白日書院。

大塚久雄、一九六五a、「《Betrieb》と経済的合理主義」大塚久雄編『マックス・ヴェーバー研究――生誕百年記念シンポジウム』東京大学出版会。

大塚久雄、一九六五b、「マックス・ヴェーバーにおける資本主義の『精神』」大塚久雄他『マックス・ヴェーバー研究』岩波書店。

大塚久雄、一九六九、『大塚久雄著作集　第八巻』岩波書店。

折原浩、一九六九、『危機における人間と学問――マージナル・マンとウェーバー像の変貌』未來社。

折原浩、二〇〇三、『ヴェーバー学のすすめ』未來社。

折原浩、二〇〇五a、『学問の未来――ヴェーバー学における末人跳梁批判』未來社。

折原浩、二〇〇五b、『ヴェーバー学の未来――「倫理」論文の解読から歴史・社会科学の方法会得へ』未來社。

蔭山宏、一九七六、「戦後精神とウェーバー――ウェーバー思想受容の一側面」『知の考古学　八』社会思想社。

金子栄一、一九五七、『マックス・ウェーバー研究――比較研究としての社会学』創文社。

住谷一彦、一九六五、「総括一　日本におけるヴェーバー研究の動向」大塚久雄編『マックス・ヴェーバー研究――生誕百年記念シンポジウム』東京大学出版会。

高畠通敏、一九七八、「生産力理論――大河内一男・風早八十二」思想の科学研究会『改訂増補　共同研究　転向（中）』平凡社。

梶山力、一九三八、「訳者序説」マックス・ウェーバー『プロテスタンティズムの倫理と資本主義の精神』有斐閣。

亀口まか、二〇〇三、「河田嗣郎の『男女平等』思想とジェンダー」お茶の水女子大学ジェンダー研究センター『ジェンダー研究』第六号。

河田嗣郎、一九一〇、『資本主義的精神』〈法律学経済学研究叢書第六冊〉京都法学会。

シュヴェントカー、ヴォルフガング、二〇〇五、「近代の精神――マックス・ヴェーバーの『プロテスタンティズムの倫理』と日本の社会科学」『思想』第九八七号。

中野敏男、二〇〇一、『大塚久雄と丸山眞男――動員、主体、戦争責任』青土社。

福田徳三、一九〇五、「独逸社会政策学会総会」『国家学会雑誌』第一九巻第一二号。

本位田祥男、一九二七、「新教と資本主義との関係に関する一新文献」『経済学論集』第六巻第三号。

本位田祥男、一九二八、『資本主義精神』〈社会経済体系7　社会思想、資本主義社会の解剖　下巻〉日本評論社。

増井幸雄、一九一六、「エーバー、マックス」『経済大辞書』分冊九巻（合本四巻）同文館。

松島栄一、一九六六、「解説　日本におけるマルクシズムの展開」内田義彦他編『マルキシズムI』筑摩書房。

丸山眞男、一九六一、『日本の思想』岩波書店。

丸山眞男、一九六五、「戦前における日本のヴェーバー研究」大塚久雄編『マックス・ヴェーバー研究――生誕百年記念シンポジウム』東京大学出版会。

三笘利幸、二〇〇四、「河田嗣郎における『資本主義的精神』――『自己実現』の思想」日本社会学史学会『社会学史研究』第二六号。

村松恒一郎、一九二四「Max Weber の Ideal Typus 概念につきて」『商学研究』第三巻第三〇号。

村松恒一郎、一九二九、「宗教改革と近代資本主義――マックス・ウェーバー『新教の倫理と資本主義の精神』について（其一）（其二）（其三）（其四）」『国民経済雑誌』第四六巻第三、四、五、六号、神戸高商。

柳澤治、二〇〇〇、「戦時期日本における経済倫理の問題（下）――大塚久雄・大河内一男の思想史・学説史研究の背景」『思想』第九三六号。
山之内靖、一九九九、『日本の社会科学とヴェーバー体験』筑摩書房。
Schwentker, Wolfgang, 1998, *Max Weber in Japan*, Tübingen: J. C. B. Mohr.
Mommsen, Wolfgang J. and Wolfgang Schwentker Hg., 1999, *Max Weber und das moderne Japan*, Göttingen: Vandenhoeck & Ruprecht.

（＊本研究は、二〇〇五年度九州国際大学個人特別研究の成果の一部である。）

第10章　歴史における理念の作用
――予定説の変容をめぐって

荒川敏彦

一　歴史における〈理念の作用〉

『プロテスタンティズムの倫理と資本主義の精神』（以下、『倫理』と略記）で、マックス・ヴェーバーは次のように述べている。

以下の研究は、まことにささやかながら、「理念」というものが一般に歴史のなかでどういうふうに働くかを例示することにも貢献するだろう。（『倫理』S. 82 邦訳一三四頁）

理念と利害に関する後年の有名な定式を想起するとき[1]、「も」と控え目にいわれたこの「貢献」が、主題から派生した単なる副産物という以上の、ヴェーバーの一貫した関心だったことに気づく。理念の歴史ではなく、歴史における〈理念の作用〉への問い。この区別をヴェーバーは何度も強調した。それはまず何よりも、経済決定論批判として理解できる。ヴェーバーが理念や思想が行為を方向づけ歴史を動かしていく力を強調したことは、よく知られていよう。

ここで〈理念の作用〉として記述されているのは、理念の一方的な影響史ではなく、理念とそれを解釈した人びとの生活態度とが相互に織りなす、歴史の双方向的なダイナミズムである。『倫理』末尾で、「唯物論的」歴史観も「唯心論的」歴史観もともに「結論」ではなく「準備作業」としてのみ肯定したところに、作用の一面的把握を批判し、つねに相互関係を捉えようとする、ヴェーバーの基本的視点が表れている。『倫理』における〈理念の作用〉は、具体的には〈理念との相互作用〉として記述されているのである。では、その記述の具体相はいかなるものか。本稿では、その析出を試みてみたい。

検討に先立って、『倫理』における「理念の歴史」と「歴史における理念の作用」の区別を確認しておこう。ヴェーバーの力点を知るには、『倫理』初版と改訂版との比較が有力な手がかりとなる。なかでも知られているのは、「倫理」(Ethik) の語を「エートス」(Ethos) へと書き換えた例だろう (『倫理』S. 52 邦訳七六頁、梶山訳一一八頁)。この改訂に、倫理教説の問題と生活態度 (Lebensführung) を方向づけるエートスの問題とを区別するヴェーバーの姿勢を読み取ることができる。また、第一章第三節のタイトルも、当初の「ルターの職業概念」(Berufsbegriff) という記述から「ルターの職業思想」(Berufskonzeption) へと改訂され、この節がベルーフの概念ではなく、その概念に読み取れる思想の考察であることが強調されている。『倫理』でまず論じられる「理念」はベルーフ概念である。したがって、この改訂の考察は『倫理』解釈にとって重要な意味をもっているだろう。本稿でも、ベルーフ理念が信徒の生活態度に及ぼす影響について後述しよう。

ところでこれらの改訂問題は、ヴェーバーの思想的変化の有無という問題とも関わっており、改訂の事実だけでは〈理念の作用〉という視点の意義は必ずしも解明されえない。そこで「理念の歴史」と「理念の作用」の区別が、改訂前から強調されていた点に注目しよう。たとえば『倫理』第二章の始めでは、「ここで考察しようとするのはカルヴァンの個人的見解ではなくて、カルヴィニズム」だと、初出時から強調されていた。しかも、「カルヴィニズムの教理である」という記述から「教理」(Lehre) の語を削除し、文末に「その形姿」(Gestalt) が問題だと加筆したのである (Archiv (21) S. 6／『倫理』S. 89 邦訳一五〇頁、梶山訳一七九頁)。この区別はきわめて重要であるが、従来の『倫理』読解において必ずしも十分意識されてきたとは言い難い。本稿では後段でこの点に焦点を当て、ルター、ルター派、カルヴァン、カルヴィニズムそれぞれにおける予定説の解釈の仕方と位置づけを比較していこう。

倫理ではなくエートス、概念ではなく思想、カルヴァンではなくカルヴィニズム、教理ではなく形姿。これらの強調は、理念の歴史と〈理念の作用〉の混同に対する予防線であり（初出時）、それでも結局その誤解が多発してさらなる対応に迫られた（改訂時）ことの現れと考えられる。教理史や思想史のような伝統的研究とは異なり、歴史における〈理念の作用〉という独自な視点は、問題設定の段階で、すでに誤解されやすかったに違いない。だが『倫理』に対する誤解は、主題が伝統的学問区分に収まらなかったことにのみ帰因するわけではないだろう。宗教教理に対する独特な位置どりもまた、後世その読解を困難にさせる一因となったように思われる。

二　「厄介」な考察と「表面的」な考察のはざま

『倫理』の関心は、教理にあるわけではなかった。しかし、理念型による整理だと断りつつも、教理の検討をなおざりにしたわけでもなかった。[2]『倫理』の本論となる第二章の冒頭では、いささか複雑な言いまわしを重ねつつではあるが、教理検討の意義を明記している。

> 当時の人は一見抽象的に見える教理についてしきりに思い悩んでいた。その意味を理解するためには、そうした教理と実践的な宗教的関心事との関連を知ることが必要となってくる。教理について少しばかりの考察を行うことは、神学になじまない読者には厄介であり、神学上の教養ある人びとには急ぎ足すぎて表面的に思われるに違いない。が、やむを得ない。（『倫理』S. 86–87 邦訳一四一頁）

「当時の人」が、今では抽象的に見える教理について「思い悩んでいた」こと。歴史に生きる人間への理念の作用をも考察する『倫理』にとって、当時の一般平信徒の心理に対する注目は決定的に重要である。救済の教理と、それを受容した信徒の生き方（Lebensführung）は、車の両輪となって実際の行為実践を方向づけうる。教理と実践的関心事の「関連」を知るには、一方の捨象ではなく両方の視野が必要である。かといって、「この上なくさまざまな形で互いに結合」（『倫理』S. 85 邦訳一三九頁）している教理の相違を逐一跡づける教理史的検討は、議論を脇道にそらせ複雑にするだけだろう。問題は、「宗教的信仰および宗教生活の実践をとおして生み出されて、個々人の生活態度に方向と影響を与えるような心理的な諸起動力（Antriebe）を明らかにすることだからだ。しかし、その起動力は、かつて宗教的信仰の諸観念の特性からも大いに由来したのである」（『倫理』S. 86 邦訳一四一頁、強調ヴェーバー）。

課題は宗教的理念やそれに関する観念（Vorstellung）の歴史ではなく、その理念に方向づけられた内的衝動の解明であるが、しかしその衝動は宗教的理念の特性に由来するため、宗教的理念も検討する。この螺旋的に教理検討の意義を限定づけていく叙述は、一面ではたしかに宗教思想、教理の重要性を指摘している。だからこそ主題が混同されないよう、「教理について少しばかり考察する前に、両者の峻別を強く促しておく必要があったのだろう。とはいってもその「少しばかり」は、神学になじまない大多数の者には「厄介」なほどの質と量なのであった。

教理が主題ではないが教理も考察する。これがいかに読者を惑わすか、ヴェーバー自身も承知していただろう。教理とその社会的影響の両者を架橋せざるをえない展開こそが、『倫理』の妙味であると同時に、教理史と歴史社会学的考察の区別が曖昧にされてしまう一因となっているのではないだろうか。

三　理念型の構成局面へ――方法的緊張の再発見

社会学的考察だからといって、教理もないがしろにできない。では、この「はざま」に立ち続けるには、いかなる方法がありうるのか。その鍵は教理の把握の仕方、すなわち教理を理念型として把握する点にあるように思われる。

歴史的個体（historisches Individuum）としての理念型[(3)]は、過去の実在それ自体ではなく、価値に関係づけられた歴史的現実として概念的に構成された思想像であり、語りえない歴史的実在と、一面的構成という方法意識との緊張の上に形成されている。この緊張こそ、一方で概念の皮相化を防ぎ、他方で概念の一面的実体化を防止する要衝といえる。逆にいえば、その緊張が見失われたとき、理念型は容易に皮相化し実体化するであろう。

たとえば『倫理』では、予定説もひとつの理念型として扱われる。しかし、アウグスティヌス以来の古い歴史をもち多様に解釈されてきた神の恩恵による予定の教理が、あたかも揺るぎない単一の教理――さらにはカルヴァン固有の教理――であるかのごとく理解するとき、一面的な理念型を実体化させてしまうこととなろう。後述するように、重要なのは予定説一般ではなく、ルターやカルヴァンの予定説でもなく、カルヴィニズムにおける予定説である。この教理のコアをなす救済の「予定」という理念は、信徒の日常実践との結節点を鮮明にえぐり出す点で、理念の信徒への作用をもっとも明快に「理解」させてくれるものである。

しかし作用の論理を明快に示す一方で、人間の自由意志を斥ける最高度に神中心的なこの教理をめぐる議論は、多くの『倫理』読者の歩みを止めてしまう。[4]「救済が予め定められていて変更不可能ならば、好き勝手に生きるはずだろう」「こんな非人間的な教理を多くの人が信じたとはとても思えない」――『倫理』の核心に差しかかったとき、こんな疑問を抱き、読解が（心理的に）止まってしまった人は少なくないだろう。[5]理念型の緊張がゆるむ陥穽は、概念の実体化だけに潜んでいるのではない。理念型の論理性のみが意識され、得られた明快さの裏で歴史的想像力が軽視されたとき、それは空疎な概念となってしてしまう。理念型は、つねにこの危機とも背中合わせである。

したがって読み手に求められるのは、方法的緊張の絶えざる再発見に向けて、繰り返し理念型の構成局面を読み直すことであろう。その際、純粋培養によって区別をし比較を重ね、特徴を際立たせていく理念型の構成方法が手がかりとなる。予定説については、カルヴァンとカルヴィニズムの区別（比較）が強調されていた。この点に注目することで、カルヴァンとカルヴィニズムの理念型がもつ意味を、よりクリアに理解することができるだろう。

そこで以下では、カルヴィニズムの予定説という理念型を対比的な構成局面に差し戻し、この一義的概念に潜在する歴史的ダイナミズムに光を当ててみたい。便宜上、予定説の議論を、教理の内部と外部――教理の神学と教理の社会学――に分け、後者をさらに個人と社会に二分してみよう。すると、さしあたり三つの問題局面が取り出せる。すなわち、予定説の教理問題（教理と教理）、予定説とそれを受容する平信徒の関係（教理と個人）、予定説とそれが作用する社会状況の関係（教理と社会）である。[6]これら三局面を重層化することで、歴史における〈理念の作用〉の意味を解き明かしていこう。

四　ルターとカルヴァン

はじめに第一の局面の前提として予定説の教理的根拠を確認しておくなら、まずは使徒パウロの書簡（『ローマ』八・二八－三〇、『エフェソ』一・三－一二）であり、予定説を確立した教父アウグスティヌスの著作（「恩恵と自由意志」や「聖徒の予定」など）が重要である。一見すると、パウロや五世紀のアウグスティヌスを踏まえるなどということは、『倫理』読解にとって無用の遡及に思えるかもしれない。しかし予定説の論争の長い伝統は、この教理が一六、七世紀のキリスト教世界にもったインパクトを理解する手がかりとなる。[7]

もちろん『倫理』では、パウロに若干触れても、予定説との関連で言及はしない。アウグスティヌスについても、予定説の最初の構想者という言及があるだけで（『倫理』S. 93 邦訳一五六頁）、それ以上は触れられない。[8] アウグスティヌスから一〇〇〇年の時を経た宗教改革時代を問題とするが故に、また第一（教理と教理）ではなく第二の（教理と個人の）局面を主題とするが故に、『倫理』では教理的基礎の「考察」は省略、いやむしろ前提とされたのである。

かくして表舞台に登場するルターとカルヴァンだが、問題はまず選びの教説に関する両者の見解である。しばしば見られる「予定説」即「カルヴァン」という図式では、ヴェーバーが「恩寵による選び」についてルターとカルヴァンを比較した意味をつかみ損ねる（『倫理』S. 91 邦訳一五一－一五二頁）。両者はともに恩寵による選びを重視していたからである。むしろルターの強烈な二重予定説に注目することで、後のルター派の変容やカルヴァンとカルヴィニズムの関係が考察可能になるとすらいえよう。[9]

ルターは『奴隷意志論』（一五二五年）で、人文主義者エラスムスの『自由意志論』（一五二四年）が人間の自由意志の力を認めた点を批判し、堕罪以後の人間は神の前に無力だとする見解を徹底させた。[10] ヴェーバーはその一節を引用し、救済と滅亡に関わる選びの教説に触れている。救済だけでなく滅亡へと追いやることも神の義であり、その神の義を信じることが最高の信仰である、と（『倫理』S. 91 邦訳一五五頁）。ここに、ルターの二重予定説的観点に対するヴェーバーの注目をはっきり見て取ることができる。

しかし、ルターはこの教説を体系的に突き詰めはしなかった。その後メランヒトンをはじめとするルター派に至ると、予定説は継承されずにむしろ敬遠され[11]、恩寵は喪失や獲得もありうるとされていく。ルター派の混乱を収拾する『和協信条』(一五八〇年)ではついに、第一一条で神の選びと予定は救済にのみ関わるとされ、滅亡の予定は否定されてしまうのである[12]。これは『奴隷意志論』に見られたルターの峻厳さからの撤退に他ならない。

ヴェーバーにとって、この「変容」は重要である。予定説に関するルター自身の不徹底とルター以後の後退により、ルター派の救済論は信徒を救済の「確証」へと駆り立てる切迫力を弱め、「方法的合理化を必至とするような、生活態度における体系化への心理的起動力(Antrieb)を欠如」する結果に至ると、ヴェーバーは位置づけたのである(『倫理』S. 128 邦訳二一九頁)。

ヴェーバーはこのルター派的変容との「比較」から、カルヴィニズムが予定説を次第に教理上の中心としていく面を強調した。まずカルヴァン個人について、ルターとは対照的に予定説を次第に重視していく変容に着目し、『キリスト教綱要』の初版(一五三六年)から第三版(一五四三年)への予定説に関する議論の発展を指摘する。ただし、予定説がカルヴァンの中心思想だとは述べられていない。ここは注意すべき点である。ヴェーバーは予定説の中心化を、カルヴァン「死後」のカルヴィニズムの展開に見いだしているのだ(『倫理』S. 92 邦訳一五二頁)。そして後述するように、予定説中心化の例として『ウェストミンスター信仰告白』(一六四六年)が引かれるのである。

このようにヴェーバーは、一方でルターからルター派へ、他方でカルヴァンからカルヴィニズムへの、予定説の位置変容に着目した。前者は後景化、後者は前景化。この正反対の変容が、生活態度の体系化をもたらすか否かの分岐点と考えたのである。

五　二重予定説の強調——教理と信徒をつなぐ資料

カルヴィニズムは、選びの教説を前景化した。しかし、それは厳格化と同義だろうか。そこでは厳格化というより、ある種の「緩和化」が進行していたとヴェーバーは考えた。そもそも、宗教教理が実践に直面するとき穏和化されるのは、宗教史一般に見られる事態といえよう（『倫理』S. 103 邦訳一七六頁）。ヴェーバーが問題にしたのは、ルター派とは異なる穏和化の形姿であった。

その資料としてヴェーバーは、バニヤンやバクスターらの文献を利用している。[13] それは、彼らを単に代表的カルヴィニストと位置づけたからというより、『天路歴程』が広く社会的に好評を博したため、あるいは『キリスト教指針』が牧会の実践を通して書かれたためと考えられる（『倫理』S. 118 邦訳二〇五頁）。つまり信徒の反応に媒介された、教理－信徒関係を理解するのに有用な資料とみなしたのである。[14] 歴史における理念の「作用」の検討にとって重要なのは、信徒の生活と疎遠な神学書ではなく、[15] 教理と信徒の接点にあって、作用の方向性を示すこうした資料であろう。

ただし『倫理』では、平信徒自身の手による資料――日記や書簡など――はほとんど扱われていない。ここにヴェーバーの限界を見ることはできる。しかし『倫理』の特色は、教理に対する信徒の反応を想定しうる文献をとおして、信徒が合理的生活態度をいかに形成していくかを動機遡及的に理解する方法にある。[16] その議論を支えているのが、膨大な文献とその解釈に基づく理念型構成である。ヴェーバーの参照した資料の網羅的検討は困難だが、少なくとも教理説明もしくは時代の象徴としてではなく、信徒との関係へと解釈的に遡及しうる性質をもった資料が選択されている点は注目されてよい。

ヴェーバー以後の読者は、そのような関係指標的資料を追補することができる。いま、試みに、信徒に予定説を提示する「仕方」を示す聴覚的資料と視覚的資料を取りあげてみたい。ともに『倫理』で扱われた資料ではないが、第一に、それらが信徒との対面状況を示す資料であり、第二に、神学書を読めない多くの信徒には、声や図解による教理解説は大きな影響力をもったと考えられるからである。このふたつの資料は、ヴェーバーが扱った資料を補足する興味深いものである。

(一)　カルヴァンの説教――聴覚効果

一つ目は、カルヴァン自身が平信徒に向けて語った「エフェソ書」の説教の速記録である。カルヴァンは講壇から、信徒たちに次のように説いている。

彼らは、「何だって？　もしも神が私たちを選ばれたのなら、好き勝手にしたっていいじゃないか。いまさら、滅びることなんてないのだから」と言います。……これに対しては容易に答えられます。もしも神の選びがないのなら、私たちの内にある思いや欲望のすべては、およそ正義に対する反抗となるでしょう。……神の御霊によって造り変えられぬ者はすべて、悪魔に囚われるからです。……私たちは、初めから完全に造り変えられているわけではなく、全生涯を通してもそうでないことを心得ましょう。……私たちは死に至るまで道の途上にあるのです。……信じる者は、完全でなくとも、己を励まし、鍛えなければなりません。（Calvin, 1562 邦訳一六九－一七五頁、強調引用者）

この説教では、予定説が招来しかねない自堕落の危険が、先取りされ警告されている。これは、当時の信徒たちも現代世俗人と同様の反応を示していたことの証左である。その危険に対してカルヴァンは、選びの卓越性、悪魔の危険、生涯の未完全性などを説き、信徒を「正義」の道へと導こうとしている。この声のなかに、死ぬまで生活態度を規律化する起動力の種を見ることは難しくはない。『キリスト教綱要』のような神学書ではなく、口述に手を加えたのでもない、講壇での説教をそのまま専属の速記者が写し、カルヴァンの説教を直に聞くことのできない各地の信徒のため印刷出版されたこの速記録は、一六世紀の信徒に対する牧会の作用を考える上で貴重である。その印刷物が各地に広まり、文字の読める者によって音読されることで、カルヴァンの「声」が広汎な人びとへと届けられた影響は計り知れない。

ところでカルヴァンは、『キリスト教綱要』のなかでアウグスティヌスにならい、信じないのはあなたが滅びに予定されているからだといった説教はむしろ「呪い」であり、そのような説教は慎むよう注意している（第三篇二三章一四節）。しかし、ここに見た説教で口にされている「もしも神の選びがないのなら」や「悪魔に囚われる」という表現が、信徒たちに不安を抱かせた可能性を否定はできない。二重予定説の説教では、どうしても滅亡に定められた者への言及が不可避となる。とすれば、カルヴァンほどの能力をもたない牧会者によるその他の牧会では、いっそう激しく恐ろしい口調で滅亡が語られることも多かったであろう。歴史家ドリュモーは、当時の恐ろしくも激烈な説教を膨大に引証しつつ、脅しめいた説教が教会の信者獲得の有効な手段とみなされていたことを克明に描き出している（Delumeau, 1983）。

しかし不安におびえる信徒に対して、カルヴァンは、選びの「理由」を求める人を批判する。というのも、彼にとって選びの根拠とは、神の無償の恩寵のみだからである。「信仰をもつ者は、神がその者に働きかけたことによって、確信を得るのです」（Calvin, 1562 邦訳二一三頁）。カルヴァンにおいては、信仰こそが選びの証しである（堅忍な信仰）。救われたいという「願望」だけでは、救済の証しにはならない。救われるために信じる、のではなく、救われているから信じるのである。しかも、人は「完全」に造り変えられることはなく、生涯をとおして自己を鍛え抜かなくてはならない。宗教的ヴィルトゥオーゾたりえぬ平信徒が、自己の「堅忍な信仰」のみでは救済を確信できないとなると、それ自体が選ばれていないことの証しになってしまう。予定説は、神の恩寵を受けた喜びへと信徒を導きうるが、他方で、滅亡の不安をかき立てるという効果も与えうるのである。かくして後のカルヴィニズムの牧会にとって、平信徒に対する魂の慰め（Seelsorge）が大きな課題として現れてくる。

（二）　図解による強調——視覚効果

二つ目の資料が示すのは、そうしたピューリタンの牧会の実践例である。カルヴァンの後継者テオドール・ド・ベーズ（一五一九-一六〇五年）にはヴェーバーも言及しているが（『倫理』S. 108-109 邦訳一八七-一八八頁）、さらにそのベーズに影響を受けたウィリアム・パーキンズ（一五五八-一六〇二年）の示した「救済秩序」の図（図1）を参照してみたい[17]。

これは著書『黄金の鎖』（一五九一年）に付された、教理問答書が読めない信徒のためのものである。この書は予定説に関する当時の議論を、ペラギウス主義、ルター主義、半ペラギウス主義、そして自らの立場の四つに整理し、自らの立場を弁証するものであった（Perkins, 1591/1970, pp. 175-176）。そこに付されたこのチャート図では、左側に白点線で展開する「選び」に予定された者の道程と、右に黒線で展開する「滅び」に予定された者の辿る行程が示されている。

一見して、この図の与える印象は強烈である。目に付くのは、第一に、予知に続く（イ）予定が（ハ）創造に先立つ先行性。第二に、選びと滅びの二重性——万人が選ばれるのではなく滅びる者もいる特殊召命。第三に、（ホ）（チ）（リ）召命に関する三種類の地位、とりわけ無効召命の存在。第四に、救済と滅亡の選びの絶対性、などであろう。

たしかに、（ハ）創造や（ニ）アダムの堕落よりも「前」に、（イ）予定と（ロ）選びがあるとする「堕落前」予定説の構造は、すでにカルヴァンも説いていた内容ではある[18]。しかしこの図が、予定を救済プロセス全体の上位に示し、教

図1「神の言葉による救済と劫罰の原因に関する秩序を布告する概観図あるいは図表。字の読めない者には、視角上の教理問答書の代わりになるであろう。というのも、指で指し示すことで、宗教の主要な点とその秩序をはっきりと理解できるからである」

出典：William Perkins, 1591/1970.

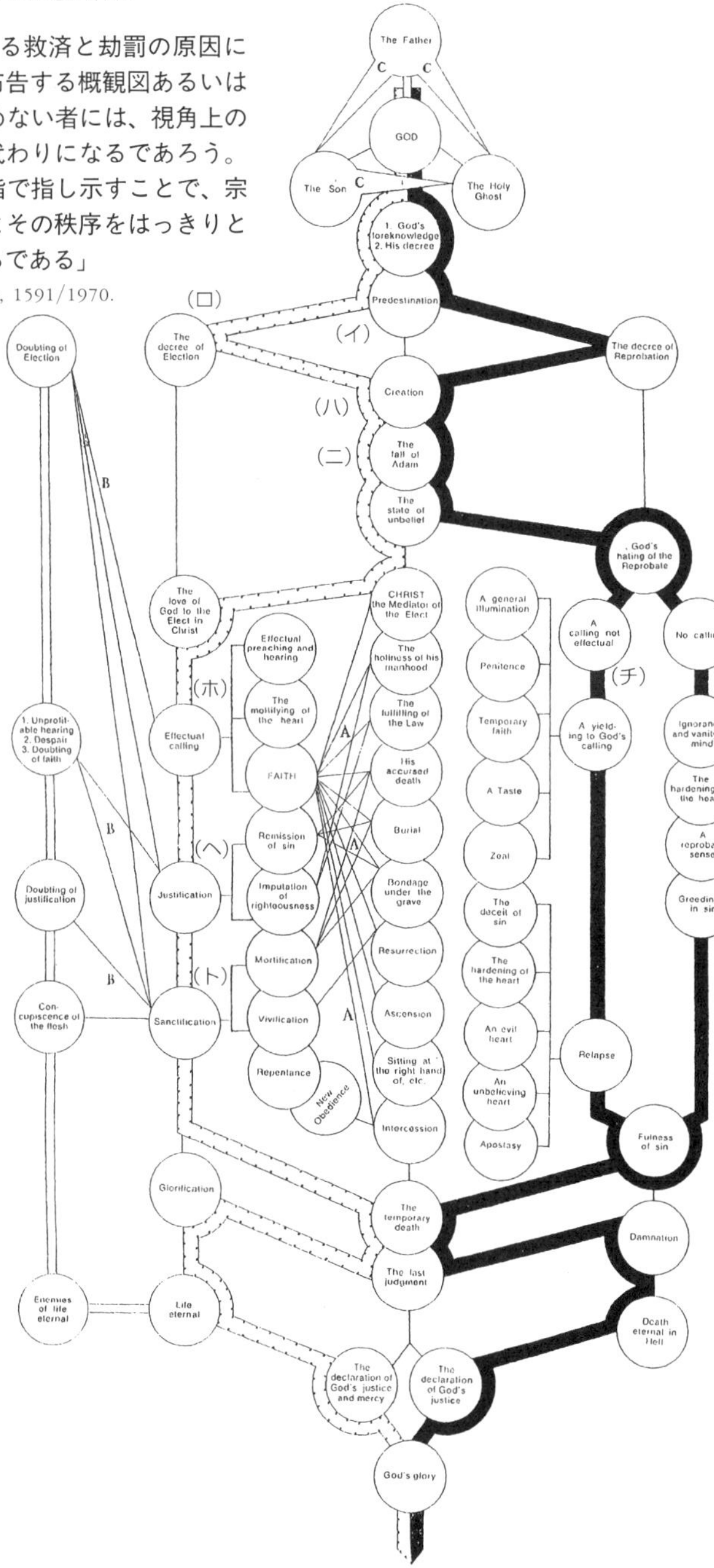

理問答書を読めない広汎な階層の信徒に分かりやすく図解したこと、すなわち予定の中心化とその提示方法に注目してみよう。この点をカルヴァン自身の議論構成と比較するなら、『キリスト教綱要』で予定説が論じられるのは、全四編中ようやく第三編になってからであり、違いは明らかである。教理としての予定説は信徒を脅すためのものではなく、選ばれた信徒が恩寵の喜びを感じる教理ではあろう。しかし平信徒にとっては、恩寵による（ロ）選びの前に（イ）予定があるのだぞと、このような図解によってはっきり見せられては、救済の不安が先立ってしまうことは容易に想像できる。

　また、決して交わらない選びの後の道程は、恩寵の特殊性を強く印象づける。図の右側、滅びに定められる者の存在が一目瞭然であるからだ。しかも、（リ）「無召命」（No calling）は論外としても、一見すると救われているかに見える（チ）「無効召命」（calling not effectual）の明示は、信仰を確立したという主観的確信をつねに懐疑へと追い落とすだろう。この点は、先のカルヴァンの説教の言葉を借りるなら「死ぬまで道の途上」であるという意識を強くさせたに違いない。ヴェーバーもまた、信徒が（ホ）「有効召命」（effectual calling）を必要としたことを強調し、有効召命に与った者のみが（ト）「聖化」をなしうる点に注目している（『倫理』S. 109 邦訳一八四頁）。ヴェーバーはなぜ、単に召命の必要といわずに有効召命の必要といったのか。召命が与えられていても、召命には「無効召命」もあるという議論を踏まえてはじめて、このヴェーバーの指摘が理解可能となる。しかも図1では、（イ）予定、（ロ）選び、（ホ）有効召命、（ヘ）義認、（ト）聖化という順序が示されており、義認が有効召命の後とされている点も信徒の有効召命への欲求を増大させたであろう[19]。

　こうしてみると、これは予定説を強調した教理の解説図といえる。そこでは、救済は予定から演繹されるのである。もちろん、予定の強調はこの図1だけに限られず、他の資料にも窺える。予定説の言及位置に着目すると、全三三章からなる『ウェストミンスター信仰告白』は、早くも第三章で二重予定説に言及している。ヴェーバーが予定説の説明にこの信仰告白を引いたのは、それが反予定説を説くアルミニウス派への対抗を強く意識したことで、予定説を強調したものだったからではなかろうか（『倫理』S. 90 邦訳一四六－一四七頁）。

六　確証思想――不安な心理の方向づけ

二重予定説を放棄せず、むしろ強調していったカルヴィニズムの課題は、増大する信徒の不安に対して救済の確証(Bewährung)の手段を示すことであった。[20] 予定の教理だけでなく、自己の救済を確かめうるという思想がそこに加わってはじめて、あの特殊な帰結――合理的な生活態度が形成されたとヴェーバーは考えた。逆にいえば、「予定説」が説かれても、信徒を確証へと導く思想が展開しなかったなら、歴史における〈理念の作用〉として注目すべき文化意義は形成されなかったと考えられたのである。[21]

ここで再び、カルヴァンとカルヴィニズムの区別に注意しよう。カルヴァンの強調した「堅忍な信仰」だけでは済ませられない平信徒への対応策を、ヴェーバーは二つに整理している。一つは、自分が選ばれているとあくまでも考えること、もう一つは、絶え間ない職業労働(Berufsarbeit)に励むことである(『倫理』S. 104-106 邦訳一七八-一七九頁)。この二つは、どちらもバクスター(一六一五-一六九一年)が例に引かれていることから分かるように、別ものではなく「相互に関連し合う」ものである。自己確信と職業労働のこの接合は、『倫理』のもっともスリリングな部分であろう。

『キリスト教指針』(一六七三年)でバクスターは、自己確信を獲得する最良の手段として職業労働を強調している。「あなたの全ての労働(labour)は、神の旅路を全目的とする旅人の労働としてあらねばならない」「あなたが召命(calling)を受けた諸労働に、一生懸命にこつこつと従事しなさい。ここから多くの価値あるもの(commodities=商品!)が生じるのです」(Baxter, 1673/2000, p. 467)。「こつこつと」した職業労働は、冒険的資本主義にふさわしい態度とは対極の生活態度である。「あなたは、怠け者が罪を犯している貴重な時間の喪失を避けなさい」(Baxter, *loc. cit.*)といった文言は、フランクリンの「時間は貨幣である」の金言を想起させるだろう。

また同じ時期オランダのヨハネス・ホールンベーク(一六一七-一六六六年)は、著書『実践神学』(一六六三年)のなかで、選びを「確信するため」(ad confirmandam)には、「私たちは日々善く行為することによって(bene agendo)〔選びを〕成就しなければならない」と善行の必要性を述べ、それら日々の善行が「選ばれた者に〔選びの確信を〕造り出す

(faciunt)」と述べている (Hoornbeek, 1663, p. 160 強調引用者)。彼がその根拠として引くのは、「あなたがたの召しと、選ばれたこと (vocationem & electionem) とを確実なものとすることに熱心でありなさい」(『ペテロII』一・一〇) という聖書の一節である (Hoornbeek, *loc. cit.*)。

ヴェーバーはこのような一七世紀後半の牧会者側の文献をもとに、「選びの印」として「善行」を奨励するカルヴィニズムを理念型に構成し、「カルヴィニズムの信徒は自分で自分の至福 (Seligkeit) を──正確には至福の確信 (Gewißheit) を、と言わねばなるまい──『造り出す』(schaffen)」のだと述べている (『倫理』S. 110-112 邦訳一八五頁、強調ヴェーバー)。至福すなわち永続的な善の所有状態は、先に見たカルヴァンの説教によれば「全生涯を通しても」到達しえないはずであるが、しかしその後のカルヴィニズムの展開のなかで、自らの絶え間なき善行によって「造り出す」ようになるのである。ヴェーバーは明示的に記していないが、「正確には……」という言い換えのなかに、「至福」と「至福の確信」が、さらには「選び」と「選びの確信」が同一視されていく過程をうかがうことができる。

『倫理』で「予定説という教義自体の変容が指摘されている」と述べる大西晴樹は、予定説がベーズ、パーキンズへと展開する過程で、救済への「意思」や「願望」までも「信仰にとって代わる」とされていったことを明らかにしている (大西、二〇〇〇、二二頁)。教義自体の変容が言及されているという大西の指摘は、『倫理』の描く歴史における〈理念の作用〉を、理念の一方的な「浸透」ではないダイナミックな歴史として理解するヒントとなるだろう。『倫理』では、教理が特殊な形で「穏和化」──それは教理の中心化とセットでもある──するカルヴィニズム的過程が考察されているのだ。

確証思想を強調するにあたり、ヴェーバーは「こうした場合にこそ、カルヴァンの神学とカルヴィニズムとを、神学大系と牧会の必要とを区別しなければならない。より広汎な諸階層をとらえた宗教運動はすべて、『どうすれば自分の救いに確信がもてるか』という問いから出発している」(『倫理』S. 106 邦訳一八二頁、強調ヴェーバー) と述べている。ここに、カルヴァンとカルヴィニズムの区別の意味が、確証思想との関わりで示されている。「無効召命」が指摘される思想状況のなか、信徒たち自身に「自分の救い」の「確信」を求める動機が強まり、それが「至福」の「創出」へと解釈替えされながら、広汎な階層において宗教運動が展開したと考えられているのである。

七　「宗教戦争」の時代

では、職業労働や体系的な――気まぐれではない――日々の善行による確証へとカルヴィニズムの信徒が駆り立てられた時代、つまり予定説と確証思想が影響力をもった時代を、ヴェーバーはどう見ていたであろうか。先に述べた予定説に関する第三の局面、すなわち教理と社会状況の関係は『倫理』の主題ではないが、ヴェーバーも折に触れて最低限の言及を行っている。

なかでも注目すべきは、カルヴィニズムにおいて予定説が中心を占めたのは、「ようやくカルヴァンの死後、ドルトレヒト〔一六一八‐一九年〕とウェストミンスター〔一六四三‐五三年〕の宗教会議がそれの決着をつけようとした大規模な文化闘争のさ中においてだった」（『倫理』S. 92 邦訳一五二頁）という指摘や、「大規模な宗教戦争の時代には、平信徒のばあいでさえ教義への関心が――現代の尺度からいって――まったく信じがたいほど強烈だった」（『倫理』S. 112 邦訳一九四頁）という認識である。聖職者のみならず平信徒も教義に強い関心をもつなかで、滅亡も含めた二重予定説が強調され、確証思想に信徒が導かれていった時代が、ユグノー戦争やオランダ独立戦争そして三十年戦争などを含む宗教戦争の時代であったことは重要な意味をもつであろう。

度重なる戦争は、もちろん政治的・経済的な利害対立があるとしても、信仰上の対立抜きに論じることはできない。その局面に限っても、対立要素は複雑である。予定説の基本的な対立軸だけを見ても、特殊恩寵か普遍恩寵か、予定は二重か単一か、予定は堕落の前か後か、神の選びは無条件的か条件的か、恩寵は喪失不能か否か、人間は全的に堕落した存在か善悪を選べる存在か、等々が絡み合っている。そうした対立の下、イギリスではジェネラルとパティキュラーの背反するバプティストが形成され、オランダでは反予定説のアルミニウス派が組織されている。聖餐論の見解の違いなども含めれば、教理対立はきわめて複雑な関係図を描くであろう。

こうなると、もはや一般信徒に「正統」と「異端」の区別がつくはずもなく、程度の差こそあれ聖職者も同様だった。「カルパントラの司教区では、ワルド派の人びとは自分たちが異端であることを知らなかったし、教会勢力もまた、長いあいだワルド派〈異端〉とルター派〈異端〉を曖昧に混同していた」(Brun, 1968 邦訳四三一頁)。異端審問や魔女狩りが、脱魔術化の完結した一六、七世紀に激化したのは偶然ではない。救済獲得のための人間の業を魔術として排除し超越を志向する脱魔術化の過程は、他方で同時に、複数の「正統」が互いに他を「異端」として構成し排除し合う関係として現実化しうるからである。[22][23]

またこの時代のラディカルな信仰運動の歴史的形姿を、当時の再洗礼派やピューリタンの千年王国論に見ることもできよう。ただしヴェーバーは、千年王国論に注目しつつもその直接的影響は強調しなかった。「持続」的エートスの形成という視点にとって、過激な運動たとえばツヴィングリの影響などは「一過的」と考えたからである(『倫理』S. 84 邦訳一四一頁)。実際、ピューリタンの千年王国論が盛んな時代に生きたバクスターなどは、千年王国論者ではなく終末論からは遠ざかっていた。「現在的終末論」に駆られて現世に至福を創出する千年王国運動は、正統主義の信仰になじむものではなかったといえよう。

しかし当時、民衆内部に渦巻いていた終末論的思潮は、イギリスで議会制民主主義や資本主義市場経済、近代科学など「近代」社会の母胎となった担い手が、同時に「黙示的終末論の担い手」でもあったと指摘されるように(芦名、二〇〇二)、無視できない影響力をもったと考えられる。とすれば、ラディカルな運動そのものについてではないとしても、少なくともその混迷した社会状況――ヴェーバーによれば宗教戦争の時代――の一面は、予定説がいかに平信徒の心を揺さぶり、確証思想がいかに強い駆動力となったかを理解するための一要素であると思われる。[24]

八　理念型のなかの歴史的ダイナミズム

ここまで、パウロ、アウグスティヌス、ルター、カルヴァンへと連なる予定説の系譜、そしてそのルター派的変容とカルヴィニズム的変容の対比的意味を、教理との、信徒との、時代との関係から検討してきた。「カルヴァン」と「カルヴィニズム」の区別は、このカルヴィニズム的「変容」に着目する『倫理』の必然的要請だったのである。

ヴェーバーの〈理念の作用〉という視点は、教理から信徒への一方的な作用ではなく、教理(予定)―信徒(不安)―

教理（確証）―信徒（生活態度の合理化）という、教理と信徒との循環的作用を描き出した。歴史における〈理念の作用〉は、信徒と理念との相互作用の叙述をとおしてこそ明らかになる。『倫理』で参照され注記されている膨大な文献資料の意味理解に、周辺的な歴史資料との照合も加えるなら、『倫理』に記述されたこの〈相互作用〉をより鮮明に把握しうるだろう。

ただしこの相互作用への着目は、利害に対する理念の作用の意義を縮減するものではない。むしろアウグスティヌス、ルター、カルヴァンらの説いた予定説の理解が、ルター派の変容とカルヴィニズムの変容を区別する前提であることを、本稿は先に確認しておいた。そもそも予定説は、超越との関係から導かれた「非人間的」とも呼ばれる教理である。非人間的な教理が人間に作用し歴史が動くというダイナミズムの一端を、ヴェーバーは解明したといえるだろう。その意味で、教理に関する「少しばかりの考察」が、『倫理』理解には不可欠なのである。

この前提に立って、理念と信徒および社会との関連を問うことができる。見てきたように、すでにカルヴァン自身もなんとか信徒を「正しく」導こうと努力しており、その努力は、後年のベーズやパーキンズ、バクスターやホールンベークなどの牧会実践のなかで、さらなる展開を遂げていく。宗教戦争の時代、人間性から離陸した教理とそれを補う確証思想によって、救済の不安を抱く信徒の生き方が方向づけられ、思いつきの善行ではない「体系的行為」が唱導されていった。このような理念と信徒との相互作用は、「ベルーフ理念を土台とした合理的な生活態度はキリスト教的禁欲の精神から生まれ出た」という、『倫理』全体の結論としてまとめられている（『倫理』S. 202 邦訳三六三－三六四頁）[25]。その射程は、資本主義論にとどまらず、「近代文化」全般へと拡がっている。

近代人の特殊な生活態度の形成史を探る『倫理』の歩みは、歴史における〈理念の作用〉の視点を随伴し、〈理念との相互作用〉として具体的に展開されている。そこではもはや、教理は固定的ではない。むしろ予定説という理念型は、教理論争や信徒との関連を論じながら構成されているのではないか。とすればその〈理念の作用〉に、再び歴史のなかの〈相互作用〉を読み込むには、理念型の解体と再構築の作業が求められるだろう。それは本稿冒頭に引用した、ヴェーバーが『倫理』で意図したひとつの「貢献」――歴史における理念の作用の「例示」――を現代に活かす可能性へとつながっている。

注

（1）「『理念』によってつくりだされた『世界像』は、きわめてしばしば転轍手として軌道を決定し、そしてその軌道の上を利害のダイナミックスが人間の行為を推し進めてきた」（『序論』S. 252 邦訳五八頁）。ヴェーバーは同じ『序論』において、宗教倫理と利害に関する唯物史観や純心理学的解明を批判し（『序論』S. 241 邦訳三九頁）、また『倫理』末尾でも同様の批判を展開している（『倫理』S. 205-206 邦訳三六九頁）。

（2）『倫理』の注の多さは圧倒的である。ヴェーバーが「私自身にとっても」――と強調して――「悪いできもののような傍注の苦行」と呼んだ膨大な注は、とくに「神学になじみのない者」が追検証できるようにするためのものであった（『倫理』S. 89 邦訳一四九頁）。

（3）「歴史的個体」と「純粋類型」という理念型の二つのタイプについては、金子（一九五七）を参照。

（4）予定説の非人間性については、ミルトンの言として『倫理』で引かれている（『倫理』S. 91 邦訳一五一頁）。当時の人びとのすべてが予定説を受け入れたわけではないことを、ヴェーバー自身が示していることに注意したい。

（5）この種の疑問は、二〇世紀初頭のドイツにおいても同様だった。ヴェーバーは、「近代人は一般に最大の善意をもってしても、かつて宗教的意識内容が人間の生活態度、文化、国民性に対してもった巨大な意義を、そのあるがままの大きさで意識することができなくなっているのが普通だ」（『倫理』S. 205 邦訳三六九頁）と見抜いていた。

（6）加えて、プロテスタンティズムの予定説の把握にとっては、非プロテスタンティズムの予定説との比較も重要である。『倫理』ではジャンセニスムおよびイスラームの予定説について言及があるが、本稿では扱えなかった。

（7）終末観的無関心や現世的無関心（『倫理』S. 75, 173 邦訳一二一、三〇八頁、『コリントI』七・一六、二九‐三一）および「働きたくないなら、その者は食べてもならない」（『倫理』S. 171, 168 邦訳三〇四、二九九頁、『テサロニケII』三・一〇）という思想が触れられている。

（8）アウグスティヌスは『聖徒の予定』においてすでに「滅び」を含んだ二重予定説を論じている。

（9）ふたりの予定説理解に大きな違いはないとして、トレルチは次のように述べている。「カルヴァンはルターの弟子であり、予定説は、まずはルターの教説の根本的な要素と、同時にパウロの教説の主要点とを論理的かつ体系的にとりだしたにすぎないものである」（Troeltsch, 1909/1925b, S. 257 邦訳二五九頁）。

（10）トレルチは、この論争でルターが提示したのは無条件の決定論であり、神からのみ由来する「予定」だったと指摘している（Troeltsch, 1925a, S. 248 邦訳二四六頁）。

（11）ただしメランヒトンは予定説自体を否定したわけではない。『神学綱要』の冒頭では、「生起するいっさいのことは神的予定に従って必然的に生起し、われわれの意志の自由は全くない」と述べている（Melanchthon, 1978 邦訳一八二頁）。

(12)「予定あるいは神の永遠の選びは、神のみこころにかなう信仰深い神の子らにのみ関わる」(和協信条、七四一頁)。「彼らが滅びるならば、神でも、あるいはその選びでもなくて、彼ら自らの邪悪が責めを負うべきである」(和協信条、七四二頁、強調引用者)。ただし、次のようにも述べられていることを補足しておく。「悩みをもつキリスト者がこの教え〔＝神の永遠の選び――引用者〕から慰めを得ず、落胆や絶望に導かれるとか、あるいは悔い改めのない者が、その放埒な生活を強めるというように、永遠のいのちにいたる神の恵みの選びの教えが教えられるときには、この教えは、神のことばとみ旨に従って教えられていない。むしろ人間の理性の判断に従い、また悪魔のそそのかしに従って教えられているのである」(和協信条、七四三－七四四頁)。

(13) ピューリタン文学(バニヤン『天路歴程』)や、牧会の実践(バクスター『キリスト教指針』)等を参照している。バニヤンについては別稿に譲りたい。バクスターについては、とくに梅津順一の研究を参照(梅津、一九八九)。

(14) たとえばブルクハルトが「一般」の象徴として個別事例を扱ったのとは対照的である。

(15) とはいえ、『キリスト教綱要』も部分的な抜粋版が一六世紀より存在していたことには留意すべきである。

(16) それが、後に理解社会学として鍛え上げられる方法の萌芽であることはいうまでもない。その核心にある解明的理解という方法については、中野敏男の研究を参照(中野、一九八三)。

(17) 同様の表は、テオドール・ド・ベーズにもある(Delumeau, 1983 邦訳一〇二五頁)。ベーズの簡素な図解からパーキンズの詳細な図解への発展も、予定と関連する救済論の精緻化を表しているだろう。パーキンズについて『倫理』での言及はないが、その著作は非常に多くの版を重ね広く読まれたことが知られている。ベーズおよびパーキンズについては、大西晴樹の研究が重要である(大西、二〇〇〇)。またマーカムソンは、ピューリタンの穏健派としてパーキンズを引き、穏健派ですら娯楽を怠惰と見るピューリタン的娯楽観を紹介している(Melcolmson, 1973 邦訳二六頁)。梅津は、パーキンズからバクスターへの継承関係にも論及している(梅津、一九八九、二七九頁)。

(18) カルヴァンによる『エフェソ書』への註解など。

(19) 義認が「有効召命」の後であることの行為実践への影響として、いかなるものが考えられるだろうか。ここでパーキンズの神学的含意から離れ、有効召命や無効召命のcallingを「職業」と読み替えてみよう。信徒たちが「有効な召命」を切望し励む態度は、すなわちより「有効な職業」を切望し励む態度の形成でもある。それはルター派とは異なる特質である、兼業および職業変更(Wechsel des Berufs)の自由の宗教的正当化へとつながる。この点についてヴェーバーはバクスターを引きながら、「神にいっそうよろこばれるような職業を、つまり一般的な原則からすれば、いっそう有益な職業をえらぶものでなければならなかった」と述べている。有益さの基準は、第一に道徳的基準、第二に財の全体に対する重要度、そして第三に実践的にもっとも重要な、私経済的な「収益性」(Profitlichkeit)である。「労働能力のある者が乞食をするのは、怠惰として罪悪であるばかりか、使徒の語に照らしても、隣人愛に反することがらだった」。(『倫理』S. 175-177 邦訳三〇九－三一一頁)

(20)『倫理』における確証思想については、安藤英治の諸研究が重要である（安藤、一九九二）。
(21) そのための比較事例として加筆されたのが、ジャンセニスムとイスラームの予定説であった。
(22) この点は『倫理』の記述を参照（『倫理』S. 95 邦訳一五七頁）。
(23) 脱魔術化に関する「合理化の裏面史」の視点について、荒川（二〇〇二）を参照。
(24) 浩瀚な資料に基づいて当時の終末論的心性を解明したドリュモーの指摘も参照（Delumeau, 1983)。
(25)『倫理』における生き方ないし生活態度の問題については、荒川（二〇〇五）を参照。

参考文献

Weber, Max, 1904–05/1920, "Die Protestantische Ethik und der »Geist« des Kapitalismus," in *Gesammelte Aufsätze zur Religionssoziologie*, Bd. 1, Tübingen: J. C. B. Mohr.（大塚久雄訳『プロテスタンティズムの倫理と資本主義の精神』岩波文庫、一九八九年／梶山力訳・安藤英治編『プロテスタンティズムの倫理と資本主義の《精神》』未來社、一九九四年）

＊本文中では『倫理』と略記した。邦訳については、特記なき場合は大塚訳のページを示した。必要に応じ、以下の Archiv 版のページを示した。Max Weber, 1905, "Die Protestantische Ethik und der "Geist" des Kapitalismus," in *Archiv für Sozialwissenschaft und Sozialpolitik*, Bd. 21, Tübingen: J. C. B. Mohr.

――, 1915/1920, "Wirtschaftsethik und Weltreligionen: Einleitung," in *Gesammelte Aufsätze zur Religionssoziologie*, Bd. 1, Tübingen: J. C. B. Mohr.（大塚久雄・生松敬三訳「世界宗教の経済倫理　序論」『宗教社会学論選』みすず書房、一九七二年）

＊本文中では、『序論』と略記した。

芦名定道・小原克博、二〇〇一、『キリスト教と現代――終末思想の歴史的展開』世界思想社。

荒川敏彦、二〇〇二、「脱魔術化と再魔術化――創造と排除のポリティクス」『社会思想史研究』第二六号、四九‐六一頁。

荒川敏彦、二〇〇五、「ヴェーバー『倫理』論文の〈生活態度〉論」『現代社会理論研究』一五号、一二三‐一三五頁。

安藤英治、一九九二、『ウェーバー歴史社会学の出立』未來社。

今関恒夫、一九八九、『ピューリタニズムと近代市民社会――リチャード・バクスター研究』みすず書房。

梅津順一、一九八九、『近代経済人の宗教的根源――ヴェーバー、バクスター、スミス』みすず書房。

大西晴樹、二〇〇〇、『イギリス革命のセクト運動〈増補改訂版〉』御茶の水書房。

金子栄一、一九五七、『マックス・ウェーバー研究――比較研究としての社会学』創文社。

中野敏男、一九八三、『マックス・ウェーバーと現代――〈比較文化史的視座〉と〈物象化としての合理化〉』三一書房。

信条集専門委員会訳，二〇〇六，「和協信条」『一致信条書――ルーテル教会信条集』教文館。

Baxter, Richard, 1673/2000, *The Practical Works of Richard Baxter*, Volume 1; *A Christian Directory*, Morgan, PA: Soli Deo Gloria Publications.

Brun, Jacques le, 1968, "Le Christianisme et les Hommes du XVIe siècle," in *Nouvelle histoire de l'Eglise*, Vol. 3, Paris: Editions Seuil.（上智大学中世思想研究所編訳／監修「一六世紀末のキリスト教とその人間像」『キリスト教史5　信仰分裂の時代』平凡社，一九九七年）

Calvin, Jean, 1562, *Sermons de Iean Calvin sur l'Epistre S. Paul Apostre aux Ephesiens*.（アジア・カルヴァン学会編訳『カルヴァン説教集1　命の登録台帳――エフェソ書第1章（上）』キリスト教新聞社，二〇〇六年）

Delumeau, Jean, 1983, *Le péché et la peur. La culpabilisation en Occident*（*XIIIe–XVIIIe siècles*）, Paris: Fayard.（佐野泰雄・江花輝昭・久保田勝一・江口修・寺迫正廣訳『罪と恐れ――西欧における罪責意識の歴史／一三世紀から一八世紀』新評論，二〇〇四年）

Hoornbeek, Johanne, 1663, *Theologiae Practicæ*, Henrici Versteeg.

Malcolmson, Robert W., 1973, *Popular Recreations in English Society 1700–1850*, Cambridge: Cambridge University Press.（川島昭夫・沢辺浩一・中房敏朗・松井良明訳『英国社会の民衆娯楽』平凡社，一九九三年）

Melanchthon, Philip, 1521/1978, "Loci communes rerum theologicarum seu Hypotyposes theologicae," in *Melanchthons Werke in Auswahl*, Bd. II, 1. Teil, Gütersloh: Gerd Mohn.（伊藤勝啓訳「神学綱要あるいは神学の基礎概念」『宗教改革著作集4』教文館，二〇〇三年）

Perkins, William, 1591/1970, "A Golden Chain, or the Description of Theology: Containing the order of the causes of salvetion and damnation according to God's word. A view whereof is to be seen in the Table annexed," in Ian Breward ed., *The Work of William Perkins*, Appleford, UK: The Sutton Courtenay Press, pp. 169–259.

Troeltsch, Ernst, 1925a, "Luther, der Protestantismus und die moderne Welt," in *Aufsätze zur Geistesgeschichte und Religionssoziologie*, Tübingen: J. C. B. Mohr.（半田恭雄訳「ルター，プロテスタンティズムおよび近代世界」『トレルチ著作集8』ヨルダン社，一九八四年）

Troeltsch, Ernst, 1909/1925b, "Calvinismus und Luthertum: Überblick," in *Aufsätze zur Geistesgeschichte und Religionssoziologie*, Tübingen: J. C. B. Mohr.（半田恭雄訳「カルヴァン派とルター派」『トレルチ著作集8』ヨルダン社，一九八四年）

終章　論争の精神

――一〇〇年前の論文をめぐって私たちはどう論争すればよいのか

矢野　善郎

論争の意味は、それが科学者間の論争であろうと、それほど自明ではない。健全な論争というものがあるとすれば、それはどのような条件によるものなのか。そしてそれは、何を目指すべきなのか。[1]

羽入辰郎の著作『マックス・ヴェーバーの犯罪』（以下、『犯罪』と略記）が引き起こした反応を「論争」と呼ぶのならば、この論争の意味はそうした根本的な問題を、ヴェーバー研究という分野について提起したことにある。

本章では、本書各章を紹介するとともに（各章への言及は**ゴチック体**で表示した）、この論争自体の意味と、一般に生産的な論争のあるべき条件とについても考えてみたい。まずは、（一）この論争のたどった経緯にさかのぼり、その特徴を明らかにするとともに、（二）『犯罪』の諸論点とその反論を素材にして、文献を解釈する科学の目的と手段について考察し、最後に（三）古典について意味のある論争を行うための最小限の条件について考察を行いたい。

それを通して、多くの担い手、とりわけ次の世代の担い手が、ヴェーバーをめぐる論争に萎縮することなく参加し続けることに少しでも助けになれば幸いである。

一　論争とレトリック

『犯罪』は、実際のところ作者自身が断るように、歴史学的あるいは社会学的な業績ではない（『犯罪』九頁）。そこで取り上げられているヴェーバーの「プロテスタンティズムの倫理と資本主義の精神」（以下、「倫理論文」と略記）についても、その前半章の数ページだけが問題とされる。「倫理論文」それ自体やその中で取り扱われた歴史・社会現象について、直接的な意味では多くを教えてくれる訳ではない。もちろんヴェーバー研究上は、とりわけ英訳聖書に関するヴェーバーの一次文献を具体的に数点特定した業績や、結果としてドイツ語聖書訳に関する難解な注の読解を（『犯罪』の意図する形ではないにせよ）深めることになったことなどは、積極的な貢献である。(2) また「倫理論文」の取り扱った副次的な問題の一つとして、宗教改革前後、世俗的な意味での職業を表す語彙を含む“Beruf”や“Calling”がいかに普及していったかなど、まだまだ探求すべき広い世界があることを示唆したという意味で、間接的に問題発見的な貢献も認められる。

しかし科学的な意味での貢献は、それらだけとも言える。『犯罪』初刷りの帯には、その原稿を読んだドイツの重鎮であるヘニスが、「貴方は我々をどこに連れて行こうと言うのか」と述べた、とある。ヘニス自身の意図とは食い違うかもしれないが、冷静にこの本を事実に即して読んだ読者なら、同じような感想を持ったのではなかろうか。おそらく出版社としては、『犯罪』が読者を「恐怖」や「驚愕」させる本であるというアピールを狙ったのだろうが、『犯罪』に喝采を送った学者は聞くとも、恐怖を感じ驚愕をした社会科学者は一例も聞いたことがない。むしろ『犯罪』によってヴェーバー・テーゼをどう読み替えたらいいのか、あるいは社会への認識をどう変えたらいいのか、まったく示されていないことへのフラストレーションに、(3)『犯罪』を彩る非論証的なレトリックへの嫌悪が加わり、読者を「どこに連れて行こうと」しているのか皆目検討もつかないという「呆れ」に近い読後感を持つのが普通であろう、と少なくとも筆者（矢野）はそう考え、『犯罪』にはそれ以上の論評は不要であると当初は思っていた。しかしながらその観測は、まったく裏切られ、『犯罪』をめぐる論争は独特な展開をたどる。

（一）　論争の経緯

編者の**橋本努**が「**はじめに**」・「**序章**」で、そして**雀部**が**資料**2・**資料**3として収録した一連の書評で詳細に紹介しているように、『犯罪』は幾つかの層に様々な反応を引き起こした。一方は、二〇〇三年春に出版された書評からスタートし、数年にわたり四冊にわたって出版される折原浩を中心とした一連の批判の動きである。他方は、保守系論壇が

「山本七平賞」なる賞を与えるなど、それを是認しようとする動きである。

折原の批判は、単に『犯罪』自体の論点批判にとどまらない徹底したものである。最初の『ヴェーバー学のすすめ』は『犯罪』が総論としても各論としても成り立ち得ないことの反論を行う。その後、折原は、この問題に関連してさらに三冊の著作を世に問うことになる。折原は、その途上で、『犯罪』のような著作を生み出す、より大きな社会構造への批判をも行う。とりわけ『犯罪』にて痛罵されながら、反論・批判しようとすらしないウェーバー研究者にも批判が向けられた。

そうした折原の批判にまず応答したのが、編者の**橋本努**であり、**資料1**の書評を公開するとともに、羽入自身も含め、ヴェーバー関係者に広く自らのHPで羽入‐折原論争への応答を呼びかけた。本書に収録されている諸論のほとんどは、このHPでまずは公開され、折原・橋本らの応答を受けて再度書き直され、彫琢されたものである。

しかし『犯罪』の著者からの直接の応答は何年もない。その間、折原は『犯罪』への批判が、単なる否定のための否定にとどまってはならないとの考えから、「倫理論文」をヴェーバーの全宗教社会学の枠内で位置付け直す『ヴェーバー学の未来』を二〇〇五年に出版している。ほぼ同時に出版された『学問の未来』では、橋本HP上での論争を取り入れつつ、『犯罪』の個別の論点まで逐一反論する。この著作では、『犯罪』の内在的な批判とともに、このような著作を是認した出版社のショー的体質や、研究者の没批判体質が批判される。そして最後の『大衆化する大学院』では、もともとは博士論文である『犯罪』の学位認定をした大学院教育の構造にも批判が向けられる。

これと対照的に、**序章**で**橋本努**が述べるように、『犯罪』に喝采を送る学者なども少なからず存在する。『犯罪』や「倫理論文」をどこまで真剣に検討したかは定かではないが、「親‐羽入」というよりは、恐らくは「アンチ折原」あるいは「アンチ・ヴェーバーリアン」という意識を共有する読者を獲得することになったのであろう。この論争は、そうした意味で学術的な側面を超え、党派性も帯びることになった。

とりわけ興味深いことに、橋本HPを通じてインターネットの空間に論争が飛び火した結果、『犯罪』をめぐる論争は、一般の読者などをも巻き込むことになる。**第6章**で**橋本直人**も分析するように、そこでは『犯罪』へのシンパシーが広汎に表明されている。橋本直人は、こうした受容が行われた背景に、「専門性嫌悪」の風潮が広がっている危険性を指摘し、現在の格差社会状況と連動する可能性を示唆する刺激的な分析を行っている。

（二）アド・ホミネム（対人攻撃）のレトリック

両橋本の分析にもあるとおり、論争がこのような広がりをもって受容された最も直接的な理由は、『犯罪』の部分的な読みやすさ、端的に言ってレトリックにある。まず冒頭にて、トイレの中で羽入夫人が先入観のない目でヴェーバーの「嘘」を見抜くという探偵小説的エピソードが紹介される（『犯罪』i‐iv頁）。そして、とりわけ書名からして「犯罪」や「詐術」などと挑発し、ヴェーバーを「やってはならぬことへの不安に怯える一人の惨めな男」（同、二七三頁）と呼び、ヴェーバー研究者を「ヴェーバー産業」（同、五頁）などと一喝するなど、人によっては小気味よいと感じられるかもしれぬ数々の人格的レトリックが乱舞する点などが、通常の学術書には見られない一般的な人気を博した理由であろう。

関心を持つ読者を広げていくことは、もちろん問題ではない。また難しいことを必要以上に難しく語る必要もない。しかし対人攻撃をともなった論証は、少なくとも英米を中心とする論証理論の文脈では、最も歓迎すべきではない論証のタイプとされる。こうした論証は、アド・ホミネム（人身攻撃）の推論“argumentum ad hominem”と呼ばれる。つまり何がどう語られているかという内容よりも、「誰」が言っているかを問題にする論証である。これは標準的な教科書では、主に三つの変種を含むと整理されている（Walton, 1996, p. 134; Eemeren *et al.*, 2002, pp. 112–113）。

一つは、直接的に発言者の人格に対して非難を加えるタイプである。「あんなアホの言うことなど、反論するに及ばない」などの論証である。他にも「未熟者」・「異常者」・「詐欺師」などのレッテル貼りもこれに相当する。ここでは論争で問題となっている中身にはふみこまず、その入り口で相手の知的能力や論ずる資格そのものに非難を加える。

二つ目は、人格に基づく間接的な非難であり、論争相手の動機が歪んでいると攻撃し、その動機攻撃に基づいて批判をする（英語では“poisoning the well”と言われる）タイプである。例えば「彼には製薬会社からの役得がある。だから、あの薬が安全であると言う彼の主張は信用できない」などがこれに当たる。ここでも、内容上の根拠に基づいて反論するのではなく、論争相手自体の人格属性をスティグマ化して貶め、その歪んだ動機の暴露（多くの場合、捏造）を行うことで、相手の認識や発話全てが歪んでいると否定し去るような論法である。生得的な属性「黒人・ユダヤ人・中国人・女だから」、思想信条的な属性「フェミニスト・共産主義者・右翼・創価学会員だから」、年齢的な属性「年寄り・若造だから」、あるいは利害関係上の属性「既得権・役得のある大学教員・官僚・医者だから」など、ここで用いられるレッテルは無数にありえ、日常では多用されるレトリックである。

第三のタイプは、「お前だってそうだろ tu quoque」という形で、非難の対象である発言者の過去の他の言動の不一致などをとらえて、その発言者の議論そのものの一貫性のなさをあばき、そうした一貫性のない人間の言うことは、なんであれ間違っているかのように否定し去る論証である。

『犯罪』はその結論にて、ヴェーバーが「知的誠実性」を論じながら、ヴェーバー自身は「知的に誠実ではなかった」と論じる点で、まさに「お前が言うか」という第三のタイプのアド・ホミネムを行い（『犯罪』二七四頁）、ヴェーバーの人格や作品の価値全体を貶めようとする。また「ヴェーバーに比べれば、大塚などよちよち歩きの赤子に等しい」など発言者の知性を攻撃する第一タイプのアド・ホミネム（同、二一二頁）もあれば、「とりわけ社会学領域におけるヴェーバー研究は、ヴェーバーを絶えず弁護し崇拝してきた」、ヴェーバーは「彼らの一種特殊な信仰の対象なのである」（同、二一三頁）など「ヴェーバー産業」の研究動機の健全性を非難する第二のタイプも含む。

米国を「グローバル・スタンダード」とする現代科学の相互作用儀礼では、アド・ホミネムはタブー視され、こうしたアド・ホミネムを行う人間は淘汰されやすい。科学の個々の概念や命題の真理性や妥当性は、それを主張した科学者の人格がいかに卑俗であろうとも、それとは独立に個々に検証すべきとされる。個々の命題の真理値や個々の概念の有効性は、それを語った人格の卑俗さや動機の不純さによって歪められる場合もありうるが、必ずしもそうではない。道義的には尊敬できない科学者が、すぐれた問題提起を行うというケースすら十分ありうる。逆に人格的に優れていようとも、単純なミスもするし凡庸な結論しかだせないこともありうる。

そもそも論争相手の動機の不純さを暴露するというのは、ほとんどの場合、根拠のない中傷をあまり越えない。「理解社会学」や「精神分析」などの方法がいかに科学的であったとしても、特定の個人の執筆動機や執筆の過程での心理を問題にすることは困難である。背景的な動機の暴露は、検証されざる仮説、悪く言えば憶測に限りなく近い。

アド・ホミネム的論証は、原理的には誤謬であるが、現代科学にレトリック論そのものを復活させたとも言えるペレルマンの言を借りれば、政治的なレトリックとしての意味はある（Perelman and Olbrechts-Tyteca, 1971, pp. 110-111）。**序章**の**橋本努**の指摘する「羽入書に興じた専門家」や、**第6章**で**橋本直人**が指摘した「専門性嫌悪」の現象に見られる、とりわけお高くとまった人間の偽善をあばくことで溜飲を下げる「快楽」を待ち望んでいる人にとっては、第二や第三のタイプのアド・ホミネムは有効であろう(4)。

この羽入－折原論争に特徴的なのは、こうしたアド・ホミネムが、一方の当事者の著作『犯罪』にのみ散見されるのではないという点にある(5)。たとえば折原の批判書『学問の未来』では、『犯罪』の著者をダイレクトに「末人」にたとえる。当事者がアド・ホミネムを投げかけあうという展開になったのは、アド・ホミネム忌避の規範を共有する視点からすると、不幸な論争展開であると見える。その結果、単に命題の妥当性の検証のための論争ではなく、「ヴェーバー産業」対「告発者＝羽入」と無意味に「政治化」してしまっている可能性がある。こうした事態の「危うさ」を見据えるのが、**第5章**の**唐木田**の分析である。

もっとも、これに関して三点を述べておくのが折原に対してフェアであろう。一点目は、唐木田が読み取っているように、折原が対人的な批判をしているとすれば、その相手は『犯罪』の筆者だけではない。むしろ『犯罪』に対して何の積極的・消極的コメントも寄せなかったヴェーバー研究者（筆者、矢野も含む）は、『犯罪』の批判対象でもあり、折原の批判対象でもある。羽入と折原は、全ての面で対立しているわけではない。

二点目は、折原の批判は、当初はアド・ホミネムを含んでいなかったことである。批判の論調は厳しいにせよ、『ヴェーバー学のすすめ』では、論点の内容への批判のみが進められる。折原が羽入の執筆動機を論じるなど人格批判を展開するのは『学問の未来』や『大衆化する大学院』の二書である。**資料2・3**での**雀部**の書評でも強調されているように、『犯罪』への批判に、羽入は数年間何一つ応答していない。折原のアド・ホミネムは、ヴェーバーやヴェーバー研究者を痛烈に批判しながら、自らへの科学的な批判には応答すらしない羽入の不誠実さについての批判という限定的なものである(6)。

そして三点目は、最も根源的な問題になりうる点だが、そもそも折原は、アド・ホミネムを忌避すべきというグローバル・スタンダードそのものに異をとなえる可能性がある。折原や橋本努は、そもそも社会科学は、それにたずさわる人格とは、切り離せない側面があることを強く主題化している（例えば、折原、一九六九；橋本努、一九九九）。その場合、羽入‐折原論争は、**序章**で**橋本努**が述べるように、人格と人格とをかけた決闘と解釈される。**第8章**に付けられた**横田**の付記でも指摘されるように、『犯罪』ではそれが倫理的な立場として十分に煮詰められているとは言い難いが、それでも羽入も、「マックス・ヴェーバーという偉い筆者と、たかが一読者に過ぎないこの卑小な私との間の、一行・一語をめぐって繰り広げられる一種の心理的抗争である」と述べている（『犯罪』一九‐二〇頁）。

しかし学問の背後にある人格を問題にすることと、それをアド・ホミネムという論証手段を用いて行うこととは、全く別の問題とも考えうる（橋本努は論争的ではあり、人格も問題にするが、その著作にアド・ホミネムを発見することは難しい）。いずれにせよ、この論争全体は、学者の主体のあり方や学者同士の相互作用儀礼という、なかば倫理的なかば科学社会学的な問題を今後考えていくための一素材であることは間違いない。

（三）　群衆の叡智——ネット社会での科学論争

さて『犯罪』がもたらしたネット社会での論争展開を考える上で、近年話題になったスロヴィェッキーの『群衆の叡智 Wisdom of Crowds』の視点は示唆的である（Surowiecki, 2005）。そこでは少数の専門家の意見よりも、多数の群衆の意見を単に平均して集約した方が、「真実」とりわけ未来予測にとって有効な場合が明らかに存在することが説得的に紹介されている。これはネット時代の知識集積の豊かな可能性を示すものである。

ヴェーバーを巡る論争が、これだけの一般読者を獲得するというのは日本語圏以外には考えにくい。もっとも現状では、単にレッテル貼りやアド・ホミネムが横行し、「他人に悪意を持っている人間が存在する」ということ以外になんら確かな情報を付け加えない書き込みがインターネットには多数あり、そこだけ見れば暗澹たる言語空間とも言える。

しかしスロヴィェッキーの分析は、適切な幾つかの条件が働けば、個々の人間の知識がどれだけ限られていたとしても、それぞれ補完的に働くことができるということに希望を持たせる。彼のあげた三つの条件を集約すれば次のようになろう。①できるだけ多様な参加者が、②党派的・談合的にならずに独立して考え、しかも③参加者全員がある問題について本気で答えを出そうとして、それぞれの見地から知恵を絞るという条件である。こうした条件の下で、独立で多様な思考を集約できれば、それは少数の専門家の思考を凌駕するというのは、確かにさほどミステリアスな現象とも言えない。

この点で、今回の論争は、ネットを介した「群衆の叡智」という可能性を示すものでもあった。職業的な研究者だけではない「市井」の研究者が、場合により、職業的な研究者なども脱帽せざるを得ないような知識の継承への貢献を行いうる、こう納得せざるをえない実例があった。**第1章の丸山**の業績はまさにその典型例である。丸山はかつてソフトウェア開発を本業とし、辞書編纂にたずさわったというユニークな視点で、まさに①多様性を広げ、かつ②羽入にも与せず折原批判も繰り広げ、仕事の合間にドイツ・アメリカまで独自で出かけ根拠を求めて、何よりも③真摯に文献的根拠を問い求める。結果として『犯罪』での「文献学」を、「疑似文献学」と言い切れるだけの業績を残している。

他にも、橋本HPに載った上田悟司の告発もきわめて重要である。上田は、この論争において沢崎堅造の『キリスト教経済思想史研究』が黙殺されていることを問題にする。上田の指摘に従い、その著作を参照してみると、確かに沢崎が、ルターの聖書翻訳を起源にして"Beruf"概念がプロテスタント諸国に普及したというヴェーバーの解釈に異議を唱えている記述が見つかる。沢崎は、ルターの聖書翻訳過程にふみこみ、"Beruf"に世俗職業的な意味を持ち込んだのはむしろメランヒトンらの人文主義の影響であろうとの立論を行っている（沢崎、一九六五、四一 - 八二頁）。しかもこの説が発表されたのは、一九三七年であり、すでに七〇年前であることに驚かされる。確かに羽入 - 折原論争のあらゆる当事者が沢崎を見落としていたことは間違いない。上田の告発は、『犯罪』第二章の論点をより精緻に先取りする業績の存在を知らせ、『犯罪』に見られる「今日に至るまで一度も厳密には検証されてはこなかった」（『犯罪』八頁）、「世界で初めて」（同、二六九 - 二七二頁）と称する自画自賛のレトリックの軽さをあばく。そしてそれとともに、先行業績を十分に継承できていない現状のヴェーバー研究状況に反省を迫る重要な指摘となっている。(7)

現状のインターネットに横行する、レッテル貼りなどのアド・ホミネムや、真摯な応答をおちょくる書き込みは、メディアを使いこなす途上の幼児期の群衆の特徴にすぎないかもしれない。今回の論争は、ネット社会が成熟するに従い、雑音だけでなく、「群衆の叡智」を拾い集める可能性を示唆する。

二　解釈的な科学と没意味文献学

出世する前に、小賢しい小柄のベンジャミンは、自分のためにある信条を作り上げた。それは彼自身が言うとおり、「どんな宗教を信じる者にも満足を与え、その誰をも驚かさない」ようなしろものだ。これこそ本当にアメリカらしいやりかたではなかっただろうか。

「ひとつ、万物を創造した『唯一の神』(8)が存在する」(とは言うものの、その「神」はベンジャミンが造ったというわけだ)　——D・H・ローレンス

「人に対する奉仕こそが、神への最も崇高な礼拝(9)である」。少なくとも私は、ルターとフランクリンとともにそう思っている。——アンドリュー・カーネギー

多様な観点を巻き込み、より生産的で発展的な論争を展開するにあたっては、『犯罪』にあふれるような、アド・ホミネムは不要である。ではそうしたアド・ホミネムをはぎ取ってみると残るのは、何であろうか。ヴェーバーの「倫理論文」での文献引用に関わる四つの論点である。

『犯罪』で採用される論法は、ヴェーバーの文献的参照と一次文献との異同からスタートし、その異同の持つ意味をネガティブに「詐術」や「不誠実」として論評するというスタイルになっている。これは通常の科学における文献解釈とは方向が全く逆と言える。例えばヴェーバーの文献を相手にする際、通常は、何らかの歴史的・社会科学的問題の関心に基づいて、ヴェーバーのテキストを解釈しようとする。つまり通常は研究目的となる問題が先行し、文献的検証や解釈はその手段にすぎない。

『犯罪』がヴェーバーの参照した一次文献に基づいて批判を企てるのはもちろん正当であり、個々の批判の論点には確かに文献的・事実的な根拠が挙げられている。その点は最大限の尊重をしなくてはならない。だが折原が、『犯罪』の方法を称して「没意味文献学」と呼んだのは適切なネーミングであると言わざるをえない（折原、二〇〇三b、一〇六

頁)。没意味文献学では、むしろ外形的な異同を見つけることそれ自体が目的と化しており、事後的にその異同を説明する手段として解釈が後になされる。[10] そこにあるのは目的と手段との倒錯であり、ヴェーバーのテキスト全体の意味解釈や、ルター聖書などの一次文献それ自体の意味解釈には何ら目的を置かない。

没意味文献学の手法では、テキスト解釈が、自らが発見したと主張する異同に関連する局所的なスコープにとらわれ、解釈の視野がテキスト全体、あるいは、さらに広い歴史的コンテクストには向かわない。そもそも『犯罪』で取りざされる個々のテキスト上の異同が、意味のある異同であるのか、とりわけ「犯罪」的な意味があると認定すべき異同なのか、こうした認定にあたっては、より背景的なコンテクストの解釈、例えばテキストの執筆者の問題設定やその執筆者がおかれていた時代背景の理解などが必要となっているはずである。そうなると部分的、あるいは単純に語形同士を比較する文献解読では手に負えない問題を含む。結果として、そうした局所的な解釈は「藁人形たたき」的な解釈となってしまい、批判が徹底できない。

以下では、羽入の個々の論点を紹介しつつ、そうした没意味文献学の限界を振り返ることにしたい。

(一)　英訳聖書における“calling”の争点

『犯罪』の第一章と第二章では、プロテスタント圏の言語で用いられる「職業」を表す単語が、“calling”や“Beruf”など、宗教的な色彩をともなったものになっていることを述べたヴェーバーの注が問題視される。『犯罪』第一章では、ヴェーバーが英語の“calling”という言葉の分析にあたり、後に『オックスフォード英語辞典』OEDとなるマレー編集の分冊(NED)を典拠として利用しただけで、実際の英訳聖書を見ていないという知的不誠実をおかしていると告発する。これに関わり、OED自体がその典拠を間違えていることや、ヴェーバーが「ジュネーブ聖書」についてのプロテスタント研究者なら誰もが知らなくてはいけない常識すら欠如していることなどを論じる。

この争点は、『ヴェーバー学のすすめ』、『学問の未来』第四章で折原が詳細に反論し、**第1章**の**丸山**による批判でさらに徹底して否定されている(折原、二〇〇三b、五四‐六六頁;二〇〇五a、第四章)。折原の批判は当初は、OEDの間違いはヴェーバーの責任ではないという間接的な批判であったが、丸山の問題提起を受け、本当にOED自体にミスがあるのかという点についても再度検証した。その結果、『犯罪』が指摘する点はほぼ間違いで、一五五七年のジュネーブで出版されたホウィッティンガム英訳新約聖書を参照したOEDやヴェーバーの表現が的確であったことを突き止める。

文献学という学問があるとすれば、それは文献の内容をよく照らし出すために、文献の出版された歴史的コンテクストにとことんこだわることであろう。『犯罪』の文献学では、『広辞苑』を参照することと、OEDを参照することは同じであるとされる。**第1章**で**丸山**はそれがいかに不当な評価であるかを事実に即して反論する。ヴェーバーの時代にハイデルベルグ大学で何冊の聖書を参照しえたか、そして「倫理論文」で参照指示される複数の「エリザベス時代のイギリス国教会の宮廷用聖書」という表現をめぐる謎に挑んでいく丸山の姿勢に、読者は真の文献学のあるべき姿を垣間見ることができるであろう。

(二)　ルター聖書における“Beruf”の争点

『犯罪』第二章では、ルター等のドイツ語聖書翻訳をきっかけにしてドイツ語の語彙に世俗的職業という意味を含んだ“Beruf”が使われるようになったとする、「倫理論文」の注が問題とされる。

この章での『犯罪』の告発は、まずヴェーバーがなかば意図的にルター自身の聖書翻訳を無視し、都合の悪い場所の聖書引用を避け、あえて都合の良いヴェーバーの同時代の版や、ルター翻訳の都合の良い箇所を使ったというものである。この章を支える議論は、複数のルター聖書翻訳、しかもヴェーバー自身の議論が複数の聖書引用箇所を用いて論を立てるため大変難解である。

折原は、『ヴェーバー学のすすめ』と、『学問の未来』第六章でこれを批判し、結論としては、単なる語形でなく文脈や意味に即して検討すれば、ヴェーバーの推論自体は、妥当であるという反論を行っている（折原、二〇〇三b、六六-八五頁：二〇〇五a、第六章）。この点は、**第3章**の**梅津**論文でも取り扱われている。**第4章**の**宇都宮**の検証は、この複雑な注の推論をかみ砕き解説しながら、誤解の生じうる理由なども含めてこの争点を再検証するものである。

この争点に関わる“Beruf”語彙の伝播過程が、言語学・ルター研究上正しいかどうかは、先に述べた（上田の告発参照）沢崎も述べているように、確かに今後の研究の余地を残すものであるが、少なくともヴェーバーの推論自体が、悪意の捏造であったとの立論は維持されない。"Beruf"と、"ruff"という語形だけの相違からスタートする没意味文献学の方法論がもたらす批判に比べ、『犯罪』に反論した三者の解説は、どれも、この難解な箇所を読解し、しかもルターの思想を理解するための良き指南書となっている。

（三）　フランクリン像の争点

『犯罪』第三章では、ヴェーバーが「資本主義の精神」を組み立てる際に用いたフランクリン像が、『自伝』などを参照しながらも、本来は功利的・楽天的であるはずのその性格が「倫理的」・「禁欲的」なものになるよう意図的に歪曲されたとの告発を行う。この論点も、折原の『ヴェーバー学のすすめ』や『学問の未来』第七章（折原、二〇〇三b、九五－一〇三頁：二〇〇五a、第七章）、本書**第3章**の**梅津**の批判などにより論駁される。

そもそも、この争点は「倫理論文」の問題意識が「資本主義の精神」と、とりわけルター派をのぞいた禁欲的プロテスタントとの意味連関を問題にする以上、本来は大きな論点ではない。ヴェーバーは、「フランクリンの職業義務の精神とルター派の倫理」という論文を書いたのではない。しかもフランクリンは、「資本主義の精神」を理念型化する際の幾つかの素材のうちの一つにすぎない。その理念型構築も、実際にはキュルンベルガーの戯画したフランクリン像を参照して行われている。ヴェーバーの歪曲に関する告発は容易に反論される。

ただし**第2章**の**山本**論文は、『犯罪』の告発は同様の論理で退けながらも、ヴェーバーの描き出すフランクリンのテキストについての解釈は妥当ではないとの批判を行う。**第7章**の**九鬼**論文も、『犯罪』にヴェーバーの理念型論そのものへの批判を読み取り、それにシンパシーをもって論じる。そこではヴェーバーの言う「功利主義」や「理念型」がいかに定義されるべきか、折原・橋本努への学説史的批判が展開されている。理念型（理想型）構築を、フランクリンを中心に組み立てる手法が妥当であったか、こうした方法論上の疑問は非常に重要でありうる。どのようにヴェーバーと異なる「資本主義の精神」を九鬼が描くのか、今後の具体的な展開が期待される。

ヴェーバーも、実際にはフランクリンを素材にしなくても論を組み立てることは可能であったはずである。ヴェーバーが、フランクリンを素材にして「資本主義の精神」の分析を出発したことは分かりやすさをもたらした。反面、フランクリン自身がきわめて複雑な人物であるだけでなく、研究者の耳目を引く傑物であったことで、多くの論争、一部は無用の混乱を呼び起こしたという側面もある。

第2章で**山本**が示唆するように、フランクリン自身やその啓蒙主義が、後のアメリカ人たち（例えばカーネギー）の精神に、無視できない要素として横たわっている可能性もある。その要素を加味した際、ヴェーバーがこの“Father of all Yankees”を素材としたことを絶妙の選択と見るべきか、それとも「アメリカニズムの精神」のいうならば「増幅器」を理念型構築の例に採用してしまったことで、実際の因果関係の認識をかえって複雑にしてしまったのか。こうした論点は、今後も論争していく必要があろう。

（四）「資本主義の精神」の不当前提の争点

『犯罪』第四章では、ヴェーバーがあえてフランクリンの宗教性を示す箇所を引用しないという「隠蔽」を行ったことが告発される。羽入は、フランクリンがカルヴィニズムの予定説の神を信じていたと解釈し、「倫理論文」全体が宗教的なものを宗教的なもので説明する「不当前提」による循環論法にすぎないと言う。そしてヴェーバーは、「倫理論文」が循環論法にすぎないことを糊塗するために、あえてフランクリンの宗教性を隠蔽したのだ、という。

折原の批判、とりわけ『学問の未来』第八章では、フランクリンのいう「神」が、全くのところ、カルヴィニズムの「予定説」の神とは似ても似つかない、「決定論」的な神であることなどの解釈上の矛盾だけでなく、「倫理論文」の論理展開についての代替解釈として『ヴェーバー学の未来』を打ち出すことで、この「循環論法」批判がいかに的外れであるかを批判する（折原、二〇〇五a、第八章：二〇〇五b）。**第2章**の**山本**論文でも、歴史的な観点から、フランクリンが「理神論」の系譜にあるとの批判がされる。**第3章**の**梅津**論文でも、フランクリンの「自然宗教」への態度が描きだされ、羽入の描くフランクリン像が根拠に乏しいものであることが明らかにされている。

批判としては以上だけでも十分完結しているが、そもそもそれ以前の問題として、『犯罪』では、論証理論や解釈科学に関して全く誤解をしたまま批判を展開していることを補足する必要がある。

羽入はヴェーバーの推論が「不当前提 petitio principii」であるという批判をする。だが、その言葉の定義は行わない。petitio principii について、まずは論証理論の包括的なテキストで確認しておこう（現在の英語では、この誤謬は「設問回避 "begging the question"」と呼ばれる）。典型例としては以下のような例である（Eemeren *et al.*, 1996, p. 68）。

神は存在する、なぜなら聖書にそう書いてあるし、聖書は神の言葉であるから。

この推論では、前提とすべき「神の存在」については、なんら根拠を示さず問題化することを避けている。この誤謬では、もちろん形式論理的な誤謬が問題になっているのではない。純粋な論理的トートロジーならば真理値は保存される。むしろこの誤謬の本質は、前提とすべきことがらが、なんら標準的な知識の体系上是認されないのに、その前提の妥当性を支える、他の外的な根拠を出していないということにある。

前提が不当であるか否かは、このような短い文章なら、基本的には看取できるケースも多い。もちろん多少なりとも実質的な根拠が付け加わるなら、不当前提の誤謬とは言えない（例えば聖書が本当に神の言葉であるという証拠が独立して述べられるなら、この推論も不当前提とは言えない）。普通、こうした不当前提推論は、長く冗長に展開されることがある。一例は、例えば『犯罪』自体に見つかる。

①論敵に対するヴェーバーの悪し様な嘲弄の仕方に少しでも通暁している者であれば、ここで抱くのは、果してここでヴェーバーのブレンターノに対する罵倒に単純に足並みを揃えて乗っかってしまって良いものなのであろうか、という微かな危惧であろう。②ヴェーバーの嘲弄の仕方が悪し様なものとなればなるほど、その批判はヴェーバーにとってある部分、ある痛い部分をかすめているということは、よくあることだからである。③勘どころをかすめていればいるほど、ヴェーバー側の反応は激烈なものとなる。④ヴェーバーの罵倒の仕方が嘲弄的なものであればあるほど、ここで生じてくるのは、ヴェーバーが嘲笑するブレンターノのその主張は、確かにそれ自体としては的外れであったとしても、実は——ほとんど紙一重の差で——何かに当たりかけていたのではなかろうか、

という疑問である。（『犯罪』二五一頁。丸数字は引用者が挿入）

『犯罪』のこの箇所の結論は、ヴェーバーは「不当前提」に基づいて議論していることを隠蔽するために、あえて強気に「嘲弄的に返事した」ということなのだろう。これを補強するための論証前提として「痛い部分への批判に対して、ヴェーバーは嘲笑的になる」という一般法則性を述べたいのであろうが、原文で十行近くある①から④は単なる言い換えであって、何一つ追加的な情報が加わらず、議論が循環している。これは典型的な petitio principii のレトリックである。例えば②の後に、事例が具体的に幾つかでも挙がっているのなら、証拠があるだけ不当前提とは言えない（が、それも少数の呈示にとどまるなら「過度の一般化」の誤謬を犯している可能性が高く、論証としては弱い）。不当前提論法であろうとも、先述したペレルマンが指摘するように、一部の（例えばヴェーバー嫌いやヴェーバー研究者嫌いの）人々に対しては、政治的なレトリックとして効果がないとはいえない（Perelman and Olbrechts-Tyteca, 1971, pp. 112-114）。が、検証のしようもなく、冗長なだけのレトリックは、科学の世界でも、司法・経済・議会などでも用いられるべき論証ではない。『犯罪』では根拠を一つも挙げないで、前提をただ別の表現で循環させる不当前提のレトリックが、他にも幾つも見つかる。[11] こうしたレトリックは『犯罪』のもう一つの特徴とさえ言える。

では本題に戻り、そもそもヴェーバーの立論もこうした不当前提にあたるのであろうか。『犯罪』ではヴェーバーの先達であるブレンターノの批判を借用し、こうした批判を展開するのだが、ブレンターノとは違った理由でヴェーバーは不当であるとされる（『犯罪』二〇六頁）。確かに、ブレンターノ自身の批判が「成り立たない」のは、『犯罪』でも認められているとおりである。が、その成り立たない理由は『犯罪』で述べられている理由とは全く違う。ブレンターノは、「資本主義の精神」を「できるだけ大きな利益それ自体のための努力と理解されるべき」と述べ、ヴェーバーの立論では、それを概念化する際に「倫理的に彩られた生活様式の格率という特徴」を最初から不当に前提している、と言う（Brentano, 1916, p. 131）。しかしこの批判が正当であるのは、「資本主義の精神」の特徴に、職業を義務とする禁欲的・倫理的な要素があるということを、ヴェーバーが全く根拠なしに述べている場合だけである。実際には、そもそもフランクリンという典型例を挙げているだけでも根拠があるのだから、ブレンターノの批判に「理解できない」とヴェーバーが反論したのは、全く正当である。フランクリン以外の要素や、資本主義の「精神」が欠如した場合には、利益それ自身のための努力などを欠く「伝統主義」が働くという例も挙げられ、ヴェーバーの論は幾重にも補強されている。「資本主義の精神」に禁欲的・倫理的な要素があることを前提として分析を進めていくことについては最小限以上の挙証責任が果たされている。この点、批判しているブレンターノこそが、ホモ・エコノミクス的な「資本主義の精神」の定義を問い返さず鵜呑みにしている点で、むしろ不当前提とも言える。

ブレンターノの批判とは独自に、『犯罪』では（いや『犯罪』でだけ）大きな問題として論じられていることに、ヴェーバーがフランクリンの宗教性を意図的に隠したという告発がある。そうしないと「〝同じもの〟が〝同じもの〟からどのようにして由来したのかを論証したに過ぎない単なる同語反復的論文となってしま」うから（『犯罪』二〇八頁）という。宗教的なものを宗教的なもので説明するだけでは科学的業績でないと述べたいのであろう。だがこの点は、ヴェーバーに限らず、そもそもあらゆる解釈的な科学の役割について根本的に誤解している批判である。実は、「宗教的なもの」を「宗教的なもの」で解釈するというのは、理解社会学にとどまらず解釈的な科学では全く正当な手続きでありうる。

解釈というのは、その対象がテキストであろうが社会現象であろうが、誰の目にも最初から「見えていた」としても必ずしも意識されていないものに、概念化や比較参照という特別の光をあてることで、読者にその意味づけをより鮮明なものとして描き出す行為である（二〇世紀後半の代表的な人類学者の一人ギアーツが有名にした、「厚い記述」の方法などもそうである）。たとえ説明されるべき現象（フランクリンを典型例とする職業義務意識）に、ある種の宗教からの影響があること自体が仮に最初から自明であったとしても、その宗教性の内実が自明でないなら、解釈的科学としては仕事を果たしたことになる。「倫理論文」の場合、ヴェーバーは禁欲的プロテスタントに選別性や、不安を媒介にした計画的な自己確証への動機付け、脱呪術化する志向などがあることを論証していく。こうしたことは「倫理論文」の時点では自明ではなかった宗教的要素であり、だからこそ「倫理論文」は一〇〇年間も論争の書になったのである。『犯罪』に見られるのは、ただ不当前提の誤謬への無理解と、解釈的な科学への無理解だけである。

三　寛容の原則――ヴェーバー・テーゼの真の意味での乗り越えのために

解釈に関わる科学ではとりわけそうであるが、論争にあたっては、アド・ホミネムのタブー視とともにもう一つ条件を加えるべきであろう。それは一般に「寛容の原則」と呼ばれるものである。「寛容の原則」では、テキストや発言の解釈にあたって、発言をした「相手を、私たちと同様の、全面的に一貫性と正確さを持つ者、『合理性』を所有した者として解釈にあたる」とされる。[12] テキストの解釈にあたっては、それが相手の錯乱によるとか、無知蒙昧による産物と決めつけて解釈にあたってはいけない。仮に、テキスト内に多少の混乱や文法ミスや誤植・誤引用などがあろうとも、相手が真理を引き出そうとしているとまずは仮定し、テキストのおかれているコンテクストにも配慮し、そのテキストが含んでいる最大限の真理を引き出すような解釈をできるだけ好意的に行うよう努力すべき、というのがこの原則の教えるところである。とりわけ時代も文化も異にするテキストを相手にする場合は、こうした原則がすこぶる重要となってくる。

ところが『犯罪』では冒頭にて、それとは全く逆のことを証明しようとすることが宣言される。「ヴェーバーの数ある作品の内でも最も有名なこの論文がなぜ〝解読不能 unlesbar〟であるのか、その理由を明らかにすることをも試みる」とある（『犯罪』一頁）。[13]

解読可能かどうかを問うことは、テキストの部分欠落や捏造などの文献史的な事情を問題にするケースなどをのぞいて、科学的には有益な設問ではない（誰にとっても真に解読不能なら、テキストとして成立していないだけのことである）。たとえ病理的な状態で書かれたテキスト（例えば哲学者の晩年の殴り書き）であっても、解読不能と決めようとした時点で、なんの価値もなくなる。テキストに対し、そうした非寛容な問題意識を当初から持つことは、解釈科学にとってはマイナス以外もたらさない。

強調するまでもないことだが「寛容の原則」は、一切の批判をするなということでは決してない。むしろ逆であるとさえ言える。有効な批判をする際には、批判対象のテキストを自分の都合の良い形で弱く見積もるのでなく、テキストを最大限に科学的に意味のある形で解釈し、それを「乗り越える」という点である。[14] そうでなくては、レトリックの世界で言うところの「藁人形 straw man たたき」に終わる。つまり最もたたきやすい人形を自ら仕立てて、それを倒して自らの優位性を示そうとする誤謬である。

前節で紹介したように、『犯罪』への反論は、まさにこの点に集中している。実際には『犯罪』にしろ、「解読不能」であることを証明すると冒頭で述べながら、「犯罪」の動機を立証するために、「倫理論文」の論証構造を解釈しようとする矛盾を犯している（『犯罪』一九七―二〇八頁）。だがそれも没意味文献学の狭いスコープによる解釈にすぎないため、藁人形たたきに陥っているのである。

『犯罪』への批判は、確かに皮肉や（場合によってアド・ホミネム）も含むが、『犯罪』の個々の論点を一度は正当に受け止め、それに寛容につきあっている。折原の批判書と、本書の寄稿者の批判とをあわせると、『犯罪』の論点は、注までも含め、ほとんどおろそかにされないほどに取り上げられている。『犯罪』は、門前払いされたわけではなく、真の意味で乗り越えられた、羨ましい希有な書物である。

（一）「巨人の肩」

『犯罪』の終章では、既存のアカデミズミを批判し、「巨人の肩に乗ることはやさしい。巨人の肩に乗り、さらに遠くを眺め渡すことはやさしい。なぜならそれはアカデミズムの世界では許されている行為であるから」という比喩的なアカデミズム批判からスタートし、ヴェーバーを「おのれの自重で簡単に倒れるだけの巨大なブロンズ像にしか過ぎない」と述べ、従来どの研究者も気づかなかったが、自らの業績によって初めてそれが証明できたと主張する（同、二六三―二六五頁）。

「巨人の肩」というレトリックを考える上で、社会学者マートンの洒脱なエッセイ『巨人の肩に乗って "OTSOG"』は参考になる。そこでは、英語圏ではニュートンが作り出したとされがちな "on the shoulders of giants" の表現のルーツが探られる。ニュートンの箴言だと「もし私により遠くが見えたとしたら、それは巨人の肩に乗っていたからだ」となっている。しかしマートンは、謙虚さの現れであるはずの「巨人の肩」の箴言が、時代によっては、学者が過度に自分を

「小人」になぞらえる卑屈さや、過去の偉人の語っていたことを読んでさえいれば、そのうち「遠く」が見えるという窮屈な権威主義にもなりうるだけでなく、後の世代は必然的に前の世代よりも遠くが見えているという傲慢さを表現としたものともなりうることを描き出す。そもそも「巨人」を「知識の集積」の擬人化としてとるか、それとも実体をともなった「偉大な個人」への崇拝としてとるかについてもヴァリエーションがある。『犯罪』では、後者の意味にとっているのだろう。「ヴェーバー崇拝」に陥ってはならないという『犯罪』のありふれたクリシェに異を唱えるものはいない。

だが、そこでイメージされる「巨人」を「倒す」のたとえは、あまりに単純である。マートンに言わせれば、過去の知識に敬意を表する必要性を述べた他ならぬ「巨人の肩」の箴言自体が、皮肉にもそのルーツ（一二世紀のシャルトルのベルナール）との結びつきも忘れられ、ニュートンのものとされていく。こうしたメカニズムをマートンは、ＯＢＩ（取り入れによる忘却 obliteration by incorporation）と呼ぶ。つまり過去の「アイディア、定式化、方法や、科学的な発見」が、標準的な知識体系の一部に取り入れられていくにともない、発見者の名前やその発言の正確な引用などがされなくなり、そのうち後々には、本来の発見者も忘れられ、本来の発見の中身も変形を遂げていくことを指す（Merton, 1993, p. 312）。

こうした忘却は、まさに現代の科学にもあふれている。「資本主義の精神」についての「ヴェーバー・テーゼ」なるものが、まさにこうしたＯＢＩの途上にある。このことは、ルターとフランクリンだけを論じることでヴェーバー・テーゼが根本から崩れると考え『犯罪』に賞まで与える選者の存在（資料3の雀部の批判参照）からも明かであろう。実際には「巨像」が倒れたのではなく、「藁人形」が倒されたとしても、それに気づかないほど「忘却」が一部で進んでいたことこそが、ヴェーバー研究者にとっては驚くべき深刻な事態である。

そうした忘却を明らかにした点で『犯罪』自体の功績は間違いなくある。その出版の結果、いくつもの古く、ただし重要な問題（第6章の橋本直人論文参照）が再び俎上に乗った。また『犯罪』自体が、一部で好意的に受容されたということは、『犯罪』でのヴェーバー研究者へのアド・ホミネムがリアリティを持って受け止められたことを示唆する。折原の批判を通して、ヴェーバー研究者にも反省の契機がもたらされたという側面は肯定的に受け止めるべきである。

私たちは確かに、科学において個人崇拝に陥ってはならない。「科学的な知識の集積」という意味での「巨人」の前では、たとえニュートンやヴェーバーであろうとも、「小人」にすぎない。だが同時に、ヴェーバー自身やヴェーバー以後の研究蓄積を、個人一人が簡単に「倒せる」と思い上がるような独我崇拝に陥っても決してならない。

科学にとっての目標は、「巨人」を倒すことではなく、ニュートンの箴言にあるように「遠くを見る」ことである。**第9章**の**三笘**論文は、戦前・戦後の日本におけるヴェーバー受容史にメスを入れることで、大塚久雄を筆頭に、「倫理論文」が常にアクチュアルな問題状況に即して問い直されてきたことを描き出す。集合的に「知識の集積」をすることで、ヴェーバーの理論や説明が乗り越えられることはあっても、ヴェーバー個人を引き倒すことに科学の目標を置くことは全くのナンセンスである。

(二)　論争の精神――ヴェーバー・テーゼの乗り越え

「倫理論文」は読めば読むほど、発見のある作品である。その魅力は、それが単に経済の問題を超えた広がりを持っていることにもある。とりわけ、プロテスタンティズムが自然科学の発展に対して与えた影響（RS1, S. 141-142 大塚訳二四九-二五〇頁）についてのヴェーバーの一つの注は、多数の研究者を刺激してきた。[15] 確かに第二次大戦後のアメリカは、まさに科学の最先進地であるが、同時に、南部バプテストを中心に聖書原理主義が広がっており、反進化論や「プロ・ライフ」（反妊娠中絶）などと声高に叫ばれているという複雑な情勢になっている。それを見ると「倫理論文」のほんの短い注でも、現在に生きた問題を提起していることに気づく。

そもそもヴェーバーがクウェーカーの "meeting" に関して述べる次の叙述を見ると、アド・ホミネムを嫌い、寛容の原則を尊び、しかも論争自体は重視するという社会的な規範「論争の精神」にも、宗教倫理の残滓を考えたくもなる。

> 再洗礼派の宗教意識が通常の世俗的職業生活に流れ込むとともに、被造物が沈黙するときにのみ神が語りたもうとの思想は、行為を冷静に考量させ、良心の個人的吟味を注意深く行わせるという方向への教育を明らかに意味するものとなった。（RS1, S. 158 大塚訳二七九頁）

確かにヴェーバーの文献は、様々な意味で難解である。読者の目線で考えて、簡潔に通読しやすい文章を書くというアメリカ的な文章観になれている目からすれば、ヴェーバーの文章は、端的に読者への配慮が欠けている点が幾つもある。関係節・挿入句が多く、長文であること。実例・史実を多く挙げるのは良いが、それらがどうして例としてふさわしいのか解説が少ないこと。慎重な留保が多く、全体の論理展開が判読しやすいとは決して言えないこと。もちろん慎重な留保は厳密な議論には必要であり、どこまでも限定すべきは限定すべきであるにせよ、論理展開が分かりにくいことは間違いない。

そこでヴェーバーのテキスト解釈を取り扱う際には、「世良の原則」とでも言うべき、さらに寛容度の高い寛容の原則を採用することが提唱されている。いわゆる『経済と社会』の支配論や法社会学に詳細な注を施しつつ、いくつもの翻訳業績を残した世良晃志郎は、ヴェーバーのテキストの解釈にあたって、「論理が通らないときは、そこには必ず誤読ないしは誤訳があるものとして考えて、もう一度検討し直して見ることが必要」と述べる[16]。世良の経験則によれば、ヴェーバーの文章に不可解さがあっても、それは忍耐強く考えれば解読可能であり、やがて一つの筋の通った解釈にたどりつく。「解読不能」と最初から決めようと思えば、そうした筋の通った解釈は永遠に放棄される。

「倫理論文」は「解読不能」でも、反論不能でもない。適切に手続きをふめば、着実に乗り越えうる科学的なテーゼである。**第2章**の**山本**論文は、まさにそうした手続きをふみさえすれば、ウェーバーの論点が決して反論不能ではないことを明らかにする。いや歴史的な資料の観点からすれば、一〇〇年間の間に発見され蓄積された日記などの資料によって、少なくとも「倫理論文」に限った狭い意味でのヴェーバー・テーゼは乗り越えられつつあるとは確実に言える。

もちろんヴェーバーを「乗り越える」というのは、人格の全否定や作品の全否定でなく、問い残されたことを補完する形でも行いうる。**第10章**の**荒川**論文は、まさにこうした補完の試みの一つとして読み取れるだろう。荒川は、カルヴィニズムの二重予定説が果たしたヴェーバーの説明モデルに賛成しつつも、それが伝播していく過程を問題にし、ヴェーバーが「倫理論文」で問い残した部分を探る試みを行う。

そもそも「倫理論文」は、ヴェーバーの自身の人生経験や世界観に関わる、かなり中心的な問題が最初に提出された論文である。それは、おそらくは二〇世紀初頭の激動の時代における自らの人生体験によって引き起こされた根源的な問いを含むものであろう。これは折原がほぼ四〇年前に打ち出した視点であり（折原、一九六九、二七六－三二三頁）[17]、本書の中では第8章で横田がそれを展開する形で引き継いでいる。横田は、「倫理論文」と「世界宗教の経済倫理」との関連を問題にして、ヴェーバーのカルヴィニズム批判を倫理学的に追う。今後、ヴェーバーをめぐる論争は、単に「倫理論文」だけではなく、未完の「世界宗教の経済倫理」を含め、展開されるべきである。

その際に、単に「ヴェーバー産業」やヴェーバリアン、左翼や右翼などとレッテル貼りをするアド・ホミネムや、冗長な petitio principii のレトリックはもはや無用である。寛容の原則に則らない、議論の細部にまでふみこまない解釈や相手の議論への批判も、科学論争には不要である。「群衆の叡智」をもまきこみつつ、ヴェーバーの様々なテーゼを乗り越え、より「遠くを見る」ことを目指すのが、論争の本来の課題である[18]。

注

（1）　エンゲルハートらのアンソロジーは、科学的な論争がいかに政治・宗教・経済的利害と関連する可能性があり、いかに「合理的な終結」を迎えるのが難しいかを教えてくれる（Engelhardt and Caplan eds., 1987）。

（2）　ヴェーバーがマレーの名前を挙げてOEDを参照していたという羽入の指摘を、『マックス・ヴェーバー全集』（MWG）の「倫理論文」相当巻を担当する編集者レーマンが、根拠なく無視しているとすれば、それ自体は全く不当である（『犯罪』五三頁）。なお『全集』は、（担当者によって緻密さに濃淡があるものの）、ヴェーバーの一次資料を特定し注釈を加えるということを基本理念としており、「倫理論文」巻の刊行も待たれる。その際にこの日本での論争で明らかになった点、例えば**第1章**で**丸山**が（その注にて）述べているグリム版辞典への参照の可能性などは、是非とも取り込まれるべきとは考える。もっとも、現時点での出版社HPを見ると『全集』の該当巻（I－9およびI－18）の出版予定は、全く示されていないどころか、編集者の名前からレーマンの名前も削除され、「未定 n.n.」とされている（http://www.mohr.de/mw/mwg_aufbau.htm）。

（3）　かろうじて「ドイツの高名な学者」からの書簡を引用する形で、羽入本人の研究意図は示唆される（『犯罪』二七六－二八〇頁）。

（4）　一部の掲示板など、現行のインターネット社会の「儀礼」では、第一のタイプの剝き出しの罵倒や、第二のタイプの「陰謀説」・間接的な暴露的非難や、第三のタイプ「お前もな」批判が常態化している。『犯罪』の論調は、ネット読者の「儀礼」に親和的である。

（5）こうしたアド・ホミネムは、ヴェーバー自身のテキストにも見つかる。例えば一番悪名高いのは、「倫理論文」をめぐるラッハファールへの「最終応答」の冒頭であろう（Weber, 1910, S. 554-555）。確かに、お互い様という面はあるが、相手を「ネガティブ・キャンペーンを行う選挙陣営」になぞらえるなど、相手の論争能力をめぐる前置きが十数行続く（ほめられた編集方針でないにせよ、論争を編集したヴィンケルマンがそうした冗長な攻撃を全て省略したのも同情できる）。言うまでもなく、ヴェーバーの論争文体は、それ自体としては、なんら尊敬すべきでも真似すべきとも言えない。

（6）折原は、『ヴェーバー学のすすめ』で、羽入を門前払いするどころか、いわば対等の人格として取り扱うことをフェアに宣言している（折原、二〇〇三b、四八－五一頁）。『犯罪』を考古学での遺跡捏造事件とパラレルに論じ、それを執筆した著者自身の人格そのものを批判する『学問の未来』の第三章の原稿は、比較的早く執筆されていたが、羽入からの応答を待つため、しばらく封印されていた（折原、二〇〇五a、五七－六〇頁）。

（7）http://www.econ.hokudai.ac.jp/~hasimoto/Max%20Weber%20Debate%20Ueda%20Essay%2020200712.htm。沢崎の業績は、一九六五年に出版されているが、これは言うならば遺稿集である。沢崎自身は、伝道のため大陸に渡り、日中戦争中に行方不明となっている。知識の伝承がとだえた背景には、こうした特殊事情が働いたこともあろう。が、権威主義・保身的な情報遮断の可能性もありうる。橋本のHPにおける上田の記述によれば、岩波書店の『思想』に『犯罪』第二章となる論文（羽入、一九九八）が掲載された後に、沢崎との類似に気づき岩波書店に投書したそうである。が、出版社の岩波書店からも羽入からも返事も応答もなかったそうである。

（8）Lawrence（1953）p. 20（邦訳二八頁）。リヒトホーフェン姉妹を介して因縁浅からぬヴェーバーとローレンス両者の「フランクリン」評やアメリカ批判の類似性については、グリーンによって指摘されている（Green, 1974, pp. 152-153）。

（9）Carnegie（1920）p. 285. フランクリンの自伝での文句「最も嘉される神への奉仕は、人に対して善をなすことである」をかなり自由にアレンジしている（この論争との関連で言えば、折原、二〇〇五a、二四二頁）。よほどお気に入りであったのか、カーネギーの自伝には、同じアレンジ形が再度引用されている（*ibid.*, p. 340）。スペンサーの弟子でもある、このスコットランド出身の鉄鋼王・フィランソロピストの役割モデルの一つがフランクリンであったとすれば、カーネギー自身が、その『自伝』や、その経営哲学をまとめたとされるナポレオン・ヒルのビジネス書を通して、二〇世紀アメリカ経営者の一つの役割モデルとなっていく。

（10）作業プロセスとしてまず文献の異同からスタートしていることは、「はじめに」で述べられている。「ペタペタと資料を糊付けし、説明を書き込めば簡単にできあがった」（『犯罪』iii頁）。

（11）「恐ろしく詳細に論じているところが実は論点の弱点であることが、マックス・ヴェーバーの場合、往々にしてある」（『犯罪』一七頁）と述べつつ、数頁にわたって延々と展開される「探偵小説」風のレトリックも、何一つ「弱点」説の根拠となる実例は挙げないで、言い換えが続くだけである。「〝理念型〟という呪文をひとたびヴェーバーからかけられると、われわれの頭は麻痺し、その正常な思考の動きを全て止めてしまう」（同、一九五頁）と述べつつも、それから数十行近く続く「トリック論」についてのレトリックも、なんら実例はない。他にも、「自己の研究の意外なヒントとなるのは、他の研究者の正しい主張の部分よりも間違いを犯した部分である」（同、二一一頁）から続く数行もそうである。なお筆者は、これを指摘することで、もちろん第三種のアド・ホミネム、お前もやっているからヴェーバーを批判する資格はないという相対化をはかろうとしているわけではない。アイロニカルなレトリックを使っていることは否定しない。

（12）　Davidson（2004）pp. 35–36.「寛容の原理」は、アメリカの分析哲学者であるデヴィッドソンやクワインらがその命名者とされる。デヴィッドソン自身は、それを後に「合理的な便宜の原則 Policy of rational accommodation」と名付け直している。当初は、言語解釈がいかに可能かというきわめて専門的な哲学的な問題であったものである。ネーミングの見事さから、拡大解釈され人口に膾炙するようになったのであろう。もちろん、生産的な対話を進める上で、相手の議論を悪意にとらないという原則論自体は、どの文化にも多かれ少なかれ広く規範モデルとして採用されている。

（13）　『犯罪』では、「それはそもそも読解可能 lesbar なものなのであろうか」というヘニスの一節を引用して（Hennis, 1987, p. 8 邦訳七頁）、これがヘニスの問題を受けた疑問であるかのような表現をしている（『犯罪』四頁）。しかし当該箇所でヘニスは、いわゆるテキストの編纂問題という、テンブルック以来問題となり、まさに折原の本来の研究課題（折原、一九九六など参照）に言及しているにすぎない。つまりヴェーバーの書いたものが本当に入手できるかという意味で、「読めるか」と言っているのであって、『犯罪』での引用意図とはほど遠い。

（14）　**第5章の唐木田**論文の注に引用された宇都宮の発言も全く同様にこのことを指摘する。

（15）　言うまでもなく、例えばマートンのデビュー作から、晩年の反批判まで（Merton, 1968, 1970, 1984）。

（16）　世良による『支配の社会学II』への「あとがき」六六六‐六六七頁（折原、一九九六、二〇‐二二頁；二〇〇三b、一二七頁も参照せよ）。

（17）　『ヴェーバー学のすすめ』第一章も参照。ところで、あれだけ「一次資料」にこだわり、ヴェーバーを偽善的・高圧的な「詐欺師」として描き出そうとした羽入は、驚くべきことに、その後マリアンネの伝記だけをほぼ資料的根拠にして、ヴェーバーの「学問」への苦悩を問題にしている（羽入、二〇〇七）。母親への憎悪がヴェーバーの「学問」の中心にあり、それが「カルヴィニズム」批判となったと言う。「カルヴィニズム」批判がヴェーバーの人生体験と関わるという表面上の主張だけを見ると、ほぼ四〇年前に折原が述べた説の焼き直しであって全く新味がない。羽入の新書の独自性は、ヴェーバーの主著とも言える後年の「世界宗教の経済倫理」やいわゆる「経済と社会」などは全く問題にせず、近年のめざましい文献史的な研究蓄積を理由も断らず参照しないことにある。筆者（矢野）は、ヴェーバーの伝記的・人格的な側面と社会科学を直結する手法にも精神分析にもコミットしないので、ヴェーバーの作品における「母親」の影響については論評する能力も興味も持たないが、本書の論争に関わりのある範囲は一点だけ先に言及しておく。

この本の中で、ヴェーバーが「カルヴィニズム」を貶めているという根拠は、きわめて薄弱である。一次資料を捏造したという例の論法で、ヴェーバーがバニヤンの『天路歴程』を誇張して捏造的に引用し、その主人公が家族をむげにする「エゴイスト」として歪曲されたことを挙げている（『犯罪』一〇四‐一一八頁）。この歪曲にヴェーバーのカルヴィニズムへの貶め＝母への憎悪が見られるというのである。羽入の告発自体は、単に訳語選択の問題にすぎず難癖の域を越えないが、ここでより深刻なのは宗教社会学への無理解である。家族も地位も富も捨てて出家した釈迦の伝説しかり、宗教的な達人というのは、家族と宗教のどちらを取るかというジレンマと格闘するのが常である。ヴェーバーが好んで引用する『マタイ』一〇・三四「平和ではなく、剣をもたらすために来たのだ」のくだりに見られるように（RS1, S. 542 大塚・生松訳一〇九頁；Weber, 1976, S. 350 武藤他訳二六四頁）、これは原始キリスト教の時点から何度も形を変えて出てくるテーマである。宗教と家族との葛藤を理解しないでは、ヴェーバー読解にとどまらず、どんな宗教社会学も全く成立しない。ヴェーバーの「カルヴィニズム」批判は、全くそんな皮相なありふれた点にはない。

この本では、折原への応答が近々に出版されることが予告されているが、冗長なレトリックに彩られた没意味文献学の繰り返しでないことだけは、願ってやまない。

(18) 科学への貢献を信じ、懐疑的・批判的であっても人格的な意味で悪意を持たず、寛容の原則に従って最大限を引き出した上で、次々と新しい説を吟味しようとする論争空間。理想的に見えるかもしれないが、私自身は、ディベート教育に実践的に関わってきたものとして、将来的にはかなりそれに近づきうると楽観的に信じている。もちろんヴェーバーに社会学的な行為論（のペシミスティックな帰結）を学んだ結果、あらたな秩序や文化の創造が困難であることは承知しつつも、である。なんにせよ日本社会にとって近代的な意味での科学や教育はたかだか一世紀ちょいの歴史しかない。つまりスタートしたばかりである。ネット社会にいたってはなおさら成熟はこれからである。

最後に付言すると、米国の高校や大学で行われているディベート教育ではアド・ホミネムを抑制し、proofの有無を問題にすることを、いわば九九のように形式的に教え込む。こうした教育手法が、最善の策かはもちろん分からないにせよ、論争を冷静に行いうる人材の育成に一定の成果をあげていることは疑いをえない（この点をゴフマン流の相互作用論の手法で、批判的に描き出した社会学の作品として、Fine, 2001 とりわけ第二・第三章がある）。「ディベート」として私たちが連想する選挙などでの激しいアド・ホミネムの応酬と、米国でのディベート教育とは区別すべきであることは注意すべきである。大統領選挙前のテレビ・ディベートは、まさに政治家の資質や言行一致が問われているので、例外的にアド・ホミネムが部分的に許容される唯一の論争と言ってもよい。

参考文献

Weber, Max, 1905, "Die protestantische Ethik und der 'Geist' des Kapitalismus. I. Das Problem," *Archiv für Sozialwissenschaft und Sozialpolitik*, 20, S. 1-54.（梶山力訳・安藤英治編『プロテスタンティズムの倫理と資本主義の《精神》』未來社、一九九四年）

Weber, Max, 1910, "Antikritisches Schlusswort zum "Geist des Kapitalismus"," *Archiv für Sozialwissenschaft und Sozialpolitik*, 31, S. 554-599.

Weber, Max, 1976, *Wirtschaft und Gesellschaft* (5. revidierte Auflage. Johannes Winckelmann Hg., 1. Auflage, 1922), Tübingen: J. C. B. Mohr (Paul Siebeck).（武藤一雄・薗田宗人・薗田坦訳『宗教社会学』創文社、一九七六年／世良晃志郎訳『支配の社会学Ⅰ』創文社、一九六〇年／世良晃志郎訳『支配の社会学Ⅱ』創文社、一九六二年）

Weber, Max, 1988, *Gesammelte Aufsätze zur Religionssoziologie* (7. Auflage. Ein photomechanischer Nachdruck der 1. Auflage von 1920), Bd. 1, Tübingen: J. C. B. Mohr (Paul Siebeck).（大塚久雄訳『プロテスタンティズムの倫理と資本主義の精神』〔改訳版〕岩波文庫、一九八九年／大塚久雄・生松敬三訳「宗教社会学論集　序言」「世界宗教の経済倫理——序論」「世界宗教の経済倫理——中間考察」『宗教社会学論選』みすず書房、一九七二年）（本文中ではRS1と略記）

折原浩、一九六九、『危機における人間と学問——マージナル・マンの理論とウェーバー像の変貌』未來社。

折原浩、一九九六、『ヴェーバー『経済と社会』の再構成——トルソの頭』東京大学出版会。

折原浩、二〇〇三ａ、「書評　羽入辰郎『マックス・ヴェーバーの犯罪——『倫理』論文における資料操作の詐術と「知的誠実性」の崩壊』」東京大学経済学会編『季刊　経済学論集』第六九巻第一号、七七-八二頁。

折原浩、二〇〇三ｂ、『ヴェーバー学のすすめ』未來社。

折原浩、二〇〇五ａ、『学問の未来——ヴェーバー学における末人跳梁批判』未來社。

折原浩、二〇〇五ｂ、『ヴェーバー学の未来——「倫理」論文の読解から歴史・社会科学の方法会得へ』未來社。

折原浩、二〇〇六、『大衆化する大学院——一個別事例にみる研究指導と学位認定』未來社。

沢崎堅造、一九六五、『キリスト教経済思想史研究——ルーテル、カルヴァン、聖トマス、アウグスチヌス研究』未來社。

橋本努、一九九九、『社会科学の人間学——自由主義のプロジェクト』勁草書房。

羽入辰郎、一九九八、「マックス・ヴェーバーの『魔術』からの解放——『倫理』論文における"Beruf"概念をめぐる資料操作について」『思想』第八八五号、七二-一一一頁。

羽入辰郎、二〇〇二、『マックス・ヴェーバーの犯罪——『倫理』論文における資料操作の詐術と「知的誠実性」の崩壊』ミネルヴァ書房。（本文中では『犯罪』と略記）

羽入辰郎、二〇〇七、『マックス・ヴェーバーの哀しみ——一生を母親に貪り喰われた男』ＰＨＰ新書。

Brentano, Lujo, 1916, *Die Anfange des modernen Kapitalismus: Festrede gehalten in der öffentlichen Sitzung der K. Akademie der Wissenschaften am 15. Marz 1913 von Lujo Brentano*, München: K. B. Akademie der Wissenschaften.

Carnegie, Andrew, 1920, *Autobiography of Andrew Carnegie*, Boston, New York: Houghton Mifflin.

Davidson, Donald, 2004, *Problems of Rationality*, Oxford: Clarendon Press.

Eemeren, Frans H. van, *et al.*, 1996, *Fundamentals of Argumentation Theory: A Handbook of Historical Backgrounds and Contemporary Developments*, Mahwah, N. J.: L. Erlbaum.

Eemeren, Frans H. van, *et al.*, 2001, *Argumentation: Analysis, Evaluation, Presentation*, Mahwah, N. J.: L. Erlbaum.

Engelhardt, H. Tristram, Jr., and Arthur L. Caplan. eds., 1987, *Scientific Controversies: Case Studies in the Resolution and Closure of Disputes in Science and Technology*, Cambridge: Cambridge University Press.

Fine, Gary Alan, 2001, *Gifted Tongues: High School Debate and Adolescent Culture*, Princeton: Princeton University Press.

Green, Martin, 1974, *The von Richthofen Sisters: The Triumphant and the Tragic Modes of Love: Else and Frieda von Richthofen, Otto Gross, Max Weber, and D. H. Lawrence, in the Years 1870–1970*, New York: Basic Books.

Hennis, Wilhelm, 1987, *Max Webers Fragestellung: Studien zur Biographie des Werks*, Tübingen: J. C. B. Mohr（Paul Siebeck）.（雀部・嘉目・豊田・勝又訳『マックス・ヴェーバーの問題設定』恒星社厚生閣、一九九一年）

Lawrence, David Herbert, 1953, *Studies in Classic American Literature*,（First published in 1923）Doubleday Anchor Paperback, New York: Doubleday.（大西直樹訳『アメリカ古典文学研究』講談社文芸文庫、一九九九年）

Merton, Robert K., 1968, *Social Theory and Social Structure*（1968 Enlarged edition. 1st published in 1949）, New York: Free Press.（森他訳『社会理論と社会構造』〔一九五七年版の翻訳〕みすず書房、一九六一年）

Merton, Robert K., 1970, *Science, Technology & Society in Seventeenth Century England*（Originally published in 1938）, New York: H. Fertig.

Merton, Robert K., 1984, "The Fallacy of the Latest Word: The Case of 'Pietism and Science,'" *American Journal of Sociology*, Vol. 89–5, pp. 1091–1121.

Merton, Robert K., 1993, *On the Shoulders of Giants: A Shandean Postscript*（The Post-Italianate Edition, 1st published in 1965）, Chicago and London: The Chicago University Press.

Perelman, Chaim and Lucie Olbrechts-Tyteca, 1971, *The New Rhetoric: A Treatise on Argumentation*, Translation of "La Nouvelle rhétorique: traité de l'argumentation"（1958）, Translated by John Wilkinson and Purcell Weaver, Notre Dame, London: University of Notre Dame Press.

Surowiecki, James, 2005, *The Wisdom of Crowds*, New York: Anchor Books.

Walton, Douglas N., 1989, *Informal Logic: A Handbook for Critical Argumentation*, Cambridge, New York: Cambridge University Press.

〔資料1〕ウェーバーは罪を犯したのか

橋本　努

はたしてマックス・ウェーバーは知の犯罪者なのか。羽入辰郎の労作『マックス・ヴェーバーの犯罪――『倫理』論文における資料操作の詐術と「知的誠実性」の崩壊』（以下、『犯罪』と略記）によれば、ウェーバーはその主著とされる『プロテスタンティズムの倫理と資本主義の精神』（以下、『倫理』と略記）において、いくつかの意図的な資料操作を行っているという。例えばウェーバーは、ルターやフランクリンの原著を調べず、当時のドイツ語普及版を参照するだけで都合のよい資料選択を行っており、その結果として、論証全体に致命的な欠陥があるというのである。もし羽入のこの考証が正しいとすれば、知識界は容易ならざることになるかもしれない。というのも、戦後日本の知識人たちはみな圧倒的な「ヴェーバー体験」（例えば、山之内、一九九九を参照）を共有しつつ、その学的権威を認めてきたからだ。羽入の挑戦は、「知的権威に対する根源的疑義」として受け止められねばならないであろう。学問の象徴たるウェーバーが「知の詐欺師」であるとすれば、「知識人たちはみなウェーバーに騙されてきた」、「ウェーバーから学びウェーバーを伝承する者は、犯罪者の犯罪に荷担して害毒を撒き散らせてきた」、「知の巨人を崇拝してきた者は知的に不誠実であるか間抜けである」、ということになるのだから。羽入は言う、「知的でありたい」などという「欲を抱くから、この知的な悪魔（ウェーバー）に騙されるのである。今はただこの死せる悪魔のために、一生を費やした多数の学者達の不運を思うばかりである」（『犯罪』一九七頁）。

羽入の主張においてとりわけ批判の矢面に立たされているのは、ウェーバー研究者たちである。故人大塚久雄は措くとしても、例えば内田芳明、山之内靖、折原浩などの各氏がいかに応答するのか、衆目の関心を呼ぶところであろう。そしてこの度折原は、羽入に対する本格的な批判の書『ヴェーバー学のすすめ』（以下、『折原書』と略記）を上梓した。本書において折原は、羽入の挑戦を真っ向から受け止めるべく、「ヴェーバーの特別弁護人」を引き受けるという。しかもその内容は、かなり成功しているように思われる。もとより小生は、論争の詳細を判定するだけの文献学的力量をもちあわせていない。しかし両者の立論を読むかぎり、羽入の議論においてほとんど反論不可能だと思われた箇所についても、折原は徹底した考証と検討によって、説得力のある反論を展開している。一年前の書評（『朝日新聞』二〇〇二年一二月一五日付）において私は、二つの論点において羽入に好意的な評価を下したが、いまやこれらの論点までもが、折原の驚くべき論証力によって揺らいでしまったかのようにみえる。はたして羽入の研究は、折原の反論によって失効させられたのか。以下に二人の主張を検討してみたい（なお折原は、羽入からの応答を予期して、すでに論争の次の段階を準備していると述べている。したがって本稿は、論争の暫定的な検討になるかもしれない）。

一 『倫理』の論証構造全体は揺らいだのか

最初に取り上げたいのは、論争全体に関わる問題である。すなわち、はたして羽入が主張するように、氏の考証によって、『倫理』全体の論証構造は揺らいだのであろうか。折原によれば、羽入は『倫理』の中のあまり重要でない部分を問題にしているにすぎず、また「『倫理』の全論証構造とは何か」という問題に適切な答えを与えていない。その結果として羽入は、「木を見て森を見ない」視野狭窄に陥っているという。

確かに羽入のウェーバー批判は、『倫理』の中心テーゼを否定するものではないだろう。ここで中心テーゼとは、「カルヴィニズム以降のプロテスタント平信徒たちの自己救済行為、すなわち天職への奉仕と禁欲というものが、歴史的にはその意図せざる結果として、中産階級の勤勉精神や、徹底した利潤追求と簡素な生活に基づく資本蓄積をもたらした」という命題である。羽入はこのテーゼを否定していない。むしろ直接には、『倫理』における次の二つの補助テーゼを問題にしている。

「補助テーゼ（一）」：近代の職業精神は、ルターのいわばアモルフな（どちらの方向にも行ける）エートスに由来するものであり、そこからさまざまな歴史的影響関係を経て、ルターから他の諸国のプロテスタント諸派に伝播していった。

「補助テーゼ（二）」：フランクリンの教説に見られる人生観は、プロテスタンティズムの倫理とは直接の関係を失った、近代の職業精神を示すものである。

これら二つの補助テーゼに対して羽入は、（一）については、その因果関係が『倫理』において論証されていないと批判し、（二）については、フランクリンの教説は十分に世俗化されていない（『犯罪』第四章）と同時に十分世俗化されすぎている（『犯罪』第三章）、と批判する。

これらの批判がもつ意義については後に検討するが、いずれにせよ、羽入の論点は『倫理』の導入部分における二つの補助テーゼに関するものであり、中心テーゼを揺るがせてはいない。

しかし羽入の観点からすれば、ウェーバーの『倫理』は

「知の傑作」とみなされる以上、その補助テーゼもまたテキスト全体にかかわる重要な部分である、ということになろう。ではいったい、導入部の補助テーゼは、どのような仕方で「全体の論証構造」と関係しているのだろうか。争点となるのは「『倫理』全体の論証構造」の理解であるが、どうやら私たちはこの定義を共有していないようである。したがってもし羽入がこの問題に応答するのでなければ、論争は基本的な点で明瞭になっていない、ということになるだろう。

二 ウェーバーは知的に不誠実な人間なのか

上記の論点が解決されないとしても、しかし羽入の議論は、検討に値する問題を提起している。すなわち、一次資料の裏づけをめぐる「知的誠実性」の問題である。羽入の観点からすれば、たとえ一箇所であっても致命的な資料操作が見つかれば、それは「知の犯罪」に値する。しかしはたして、ウェーバーは、知の犯罪者、あるいは知的に不誠実な人間とみなされるべきなのだろうか。

これに対する折原の応答は、次のようにまとめられよう。まず、一次資料による裏づけは「知的誠実性」の唯一の(あるいは最重要な)規準ではない。一般に、現実の経験的研究者は、規範的格率だけでなく、研究上の経済という合目的性の格率にも従って研究を進めており、両格率のせめぎあいの中に立たされている。ウェーバーの場合にも同様であって、『倫理』は研究方針において自己制御の効いた「引き締まった作品」である。これに対して羽入のウェーバー評価は、一次資料の裏づけのみに焦点を当てる「狭められた知的誠実性規範」を持ち込んでおり、ウェーバーに対して無理解な、倫理主義的裁断になっている。しかもこうした裁断の背景には、「ヴェーバー研究者憎しの抽象的情熱」があるのみで、個人として固有の問題設定が見られない、と折原は論難する。

このように折原によれば、一般に一次資料の裏づけがなくても、「知的不誠実」の罪を問われるわけではないという。これは健全な判断であるだろう。というのも、もしすべての学者が一次資料に当たらなければならないとすれば、その規範はかえって知の成長を阻害してしまうからである。しかしいったい、ウェーバーがある箇所の一次資料を参照しなかったことは、どの程度の落ち度とみなされるべきなのか。それは見逃しうる不備なのだろうか。それとも、「詐欺」として人格的に責めを負うべき事柄なのであろうか。

この問題は、ウェーバーにどの程度の権威を帰属するのかという問題と密接に結びついている。知識社会学的にみるならば、次のようなことが観察されるであろう。まず一般論として、ウェーバーの書物に挫折を味わった学者ないし学生は、存外に多い。またその挫折感は同時に、一方ではウェーバーに対する畏怖の感情を呼び起こしてきたが、他方ではウェーバーに対するルサンチマンの感情を生み出してきた。とりわけ、六〇年代後半から七〇年代前半における大学大衆化の時代にウェーバーの書物に触れた世代は、この相反する二つの感情を強烈にもっているようだ。そして今回の羽入‐折原論争の背景には、そうした特殊時代的な状況が大きく作用していると考えられる。およそ「知的誠実性」をめぐる中立的な評価というものは存在しないが、本論争は、ウェーバーの読者たちがもつアンビバレントな感情の両極を、両者がそれぞれ代弁しているようにも見える。

私自身はといえば、遅れてきた世代のウェーバー読者あるいは広義の研究者として、この問題に距離を置いている。というのも現代においては、ウェーバーの権威効果はかなり弱まっているからである。「学問は偶像崇拝と偶像破壊の同位対立を超えたところにある」という折原の主張を、私は真摯に受け止めたい。またウェーバーの「知的誠実性」概念について言えば、私はこれを「経験的な事実確定と実践的な価値評価を区別」し、「知性の固有領域の基準に服すること」という意味で理解している（橋本、一九九九、六五頁）。この定義から言えば、一次資料の裏づけ作業は、「知的誠実性」の一部にすぎない。知的誠実さを問うべき重要な場面とは、むしろ、実践的な価値評価に関わる問題について、その言語化をできるだけ押し進めることである、と私は考えている。

もっとも羽入の貢献を評価して言えば、氏の批判は、ウェーバーが「あるべき学者の鑑」（『犯罪』二六四頁）として、あるいは「聖マックスと呼ばれるべき偉人」（『犯罪』二八〇頁）として受容されてきた文脈（アカデミズムを取り巻く文化領域）を解体することに成功しているのだと思う。ある一定の文脈においては、「ウェーバーは一次文献を当たっていなかった」という事実を示すだけでも、十分な偶像破壊効果をもつであろう。また『倫理』においてウェーバーは、ブレンターノの学説を文献学的に批判していることから、文献学者としても一流であるとの印象を受けるが、しかしこの点に関するウェーバー評価は、羽入の批判によって相対化されたと言えるだろう。

ただし、偶像視を排してウェーバーを一社会科学者としてみた場合に、それでもなおウェーバーが知的に不誠実な人間だと非難できるのかどうかは疑わしい。また、ウェーバーに対する偶像崇拝やルサンチマンを共有しない人々にとって、羽入のウェーバー批判はいかなる意義をもつのか、という問題もある。以下に具体的な論点を追うことで、議論を深めていきたい。

三　ルターはイギリスのプロテスタント諸派に直接の影響を与えたのか

羽入のウェーバー批判は、具体的には次の三つの問題をめぐるものである。第一に、「ルターはイギリスのプロテスタント諸派にどのような経路で影響を与えたのか」という問題、第二に、聖書の『コリントI』をめぐるルターの翻訳作業をめぐる問題、そして第三に、フランクリンと「資本主義の精神」をめぐる問題である。順を追って検討しよう。

ウェーバーは『倫理』において、聖書翻訳に携わったルターたちの精神が、他の諸国のプロテスタンティズムに影響を与えていったと述べている。しかし羽入によれば、ルターが聖書のドイツ語訳（旧約外典『ベン・シラの知恵』、以下、『ベン・シラ』と略記）において採用した「職業（Beruf）」の概念（その意味は「世俗的な職を全うすることが神與の使命に適う」ということ）が、イギリスのプロテスタント諸派による聖書の英訳作業に対して直接の影響を与えたことは論証されていない。またその際、ウェーバーは当時の英訳聖書（『ベン・シラ』）を調べず、別の典拠（『コリントの信徒への手紙I』、以下、『コリントI』と略記）の二次文献を調べただけであり、このことは論証の杜撰さを示しているという。

この批判に対して折原は、次のように応答する。まず、ウェーバーは『ベン・シラ』のドイツ語訳における「職業」の概念が、英訳に対して直接の影響を与えたとは述べていない。ウェーバーは、『ベン・シラ』がルターたちによってドイツ語に訳された「そのころから」、この言葉の用法がプロテスタントの優勢な文化国民の諸言語に普及していった、と述べているにすぎない。つまりウェーバーは、訳語の直接的な影響というよりも、精神文化の間接的な影響関係を想定しているのであり、『ベン・シラ』だけに焦点を当てる羽入の問題設定（折原はこれを「唯『ベン・シラの知恵』回路説」と呼ぶ）は、擬似問題の創成にすぎないという。ウェーバーは、訳語の影響関係を調べることによって「ルター発の言霊が形を変えずに伝播していく」という考え方を論証しようとしていたわけではない。伝播の過程には、当然、歴史の複雑な因果関係があると推定される。もっともウェーバーは、この歴史的影響関係を『倫理』の主題としてはいない。またウェーバーがこの点に関して一次資料を調べなかったことについて、ウェーバーを「万能学者／知的英雄」として偶像視するのでなければ、この種の批判によって「『倫理』全体の被る損傷は、軽微の域を出ない」（『折原書』六五頁）。さらに、ウェーバーが一見すると無関係に見える『コリントI』を参照していることには、思想的な意味連関において確たる理由があるという。

以上が折原の反論の要旨である。いずれも有効な代替的解釈であるだろう。しかし、仮に折原の反論がすべて正しいとしても、ある重要な論点が残る。すなわち、『ベン・シラ』の当該訳語を通じてルターの精神が他国のプロテスタントに影響を与えたのでなければ、ルターは実際にどのような仕方で他国のプロテスタントたちに影響を与えたのか、という問題である。この問題は、ウェーバー研究の範囲を超えて、事柄に即した歴史研究を要請するものであろう。なるほど『倫理』を一読しただけでは、この種の問題は当然、ウェーバーあるいは当時の歴史学者たちによって検討されているとの印象を受ける。しかし羽入のウェーバー批判は、この問題が一つの歴史研究課題となることを示していると言えよう。

四 『コリントⅠ』七章二〇節の意義をめぐって

次に、本論争の最大の焦点となる問題、すなわち、羽入が「世界ではじめての発見」と自称する貢献について検討してみよう。その論点とは、ルター訳聖書の一部『コリントⅠ』には「職業（Beruf）」という言葉が見られない以上、それが同訳の『ベン・シラ』に影響を与えたとする仮説は成り立たない、という氏の主張である。羽入によれば、ウェーバーは当時の「普及版ルター聖書」に依拠した結果、その校訂過程を無視した杜撰な論証を行った、というのである。

これに対する折原の反論は、ダイナミックかつ緻密な、驚くべき論証となっている。それはルター解釈の専門領域にまで踏み込むものであり、かなり高度な内容になっているが、その論旨を要約すれば次のようになるだろう。

第一に、羽入がいうところの訳語の影響関係は、ウェーバーの説明に関する一つの解釈にすぎず、別の解釈を立てることもできる。第二に、ルター訳の『コリントⅠ』七章の該当箇所に "Beruf" という言葉が用いられていないとしても、ルター本人の思想的展開（教会身分構造の否定とすべての「生活上の地位」の同等性を主張する段階から、与えられた職業と身分に留まるべきだとする伝統主義と摂理信仰へ、そしてその宗教的かつ反貨殖主義的な特徴の世俗社会への適用への展開、そこからさらに神の摂理を重んじる伝統主義への傾倒）を踏まえて解釈すれば、『コリントⅠ』該当箇所の「ruf（klēsis）」という言葉が媒介となって、『ベン・シラ』におけ る訳語選択（Beruf の採用）に影響を与えたとする解釈が成り立つ。第三に、ルターの訳語は、一つの原語に逐一同一の訳語を割り当てるという機械的なものではなく、文脈ごとに異なり、ルター本人の精神や思想と密接に関係している（とくに『知恵』と『箴言』のあいだの訳語関係をめぐる羽入の議論は、ルターの思想的変遷を踏まえていない）。また "ruff" と "beruff" の使い分けに関して言えば、ルターはこれを歴然と使い分けていたわけではない、と考えられる（同様の指摘がルター研究者によってもなされている）。第四に、ウェーバーが指摘するルターの訳語の揺れは、時間的なものではなく、いくつかのテキストにまたがる「空間的な揺れ」であると解釈することができる。そしてその場合、『コリントⅠ』ではなく『エフェソ』が問題となる。第五に、普及版のルター聖書において、『コリントⅠ』当該箇所の "ruff" が、ルターの死後に "beruff" に変更されて統一されるという事実は、ルターの思想における大衆宗教的なモメントが、ルター派の内部で継受されていったことを示している。こうした継承関係がある以上、ウェーバーが当時の普及版ルター聖書を確認するだけで済ませたことは、さしあたり十分だったという。

以上が折原の反論である。いずれも一定の説得力をもつものであり、またそれぞれの論点が相互に結びついて、全体として一貫した代替的解釈を示していると言えるだろう。折原のこの応答によって、論争は一段階高次化したように思われる。はたして羽入と折原のいずれの解釈が正しいのか。この問題はウェーバー研究を超えて、ルター研究にまでその判断を仰がなければならない。したがって論争の現段階では、この点に対する評価を控えなければならないが、もし折原説に対する有効な反論が提出されなければ、現時点では折原の反論に一定の説得力があるとみなしうる。

ただし、仮に折原説が正しいとしても、なぜウェーバーは当該箇所の一次文献を参照しなかったのかという疑問は残る。また逆に、羽入説が正しいとして、ではこの点がどれだけ決定的な批判なのか、という問題は残る。さらに、もう一つの疑問として、はたして折原説は、ルター死後のルター派による翻訳改訂作業にも、ウェーバーがいうところの「翻訳者たちの精神」が現れているとみなしているのだろうか。もしそうだとすれば、これは『倫理』をめぐる一つの興味深い仮説であるにちがいない。

五　フランクリンと「資本主義の精神」の関係をめぐって

最後に、羽入書の後半をめぐる論争、すなわち、フランクリンと「資本主義の精神」の関係について検討してみたい。羽入は、ウェーバーが理念型として用いる「資本主義の精神」(たんなる功利的な道徳ではなく非合理的なエートスを含んだ生活原理)をめぐって、ウェーバーはこの理念型の素材をフランクリンの説教に求めているが、その構成の仕方は、フランクリンが『自伝』で述べている自身の生き方と整合しないと批判する。第一に、ウェーバーは「資本主義の精神」という概念をフランクリンに適用する際に、フランクリンの『自伝』における「神の啓示」に言及しているが、この個所は、フランクリンが実際に徳に向かった動機を示すものではない。第二に、フランクリンの倫理は「非合理的超越」を含まない功利主義であり、「資本主義の精神」に含まれる非合理的要素(エートス)を含んでいない。第三に、ウェーバーは「資本主義の精神」を「すでに宗教的基盤が消滅してしまったもの」として構成しているが、しかしフランクリンを引用する際に、フランクリンの生き方がカルヴィニズムの特徴を示している事実を意図的に無視している。第四に、フランクリンが『自伝』において引用している聖書の「職業」概念(『箴言』二二・二九)が、ルター訳聖書においては“Beruf”と訳されていない以上、ウェーバーはフランクリンから古プロテスタンティズムに遡るという『倫理』論文全体の構想を破棄するか、あるいは、フランクリン以外を素材として「資本主義の精神」という理念型を構成すべきであったという。

以上が羽入によるウェーバー批判である。これに対して折原は、およそ次のように応じている。第一の論点について、「資本主義の精神」(折原はこれを「近代市民的『職業観』」と言いかえる)という理念型の構成と適用は、ウェーバーにおいてはその目的がフランクリンという人物の複雑な総体を捉えることではない以上、その一次資料が例示手段として適切でなければ、例示手段を別のものに求めればよい。この種の批判によって当の理念型が棄却されることはない。第二・第三の論点について、羽入は、一方ではフランクリンの宗教性を想定せず、他方ではこれを想定するという両極の観点からウェーバーを批判しているが、これは一貫した批判になっていない。また羽入は、ウェーバーが「宗教的なものとの直接な関係はまったく持たず」と述べているところを、「無宗教な功利主義」の意味で解釈するが、しかし折原は、そこには当然「宗教の間接的な影響」を想定できると反論する。さらに、フランクリンが言及している神は、羽入の解釈するような「カルヴィニズムの予定説の神」ではなく、意味的に深遠な差があるとみる。後者の神は「祝福を求める者の願いを聞きたまわない神」であるのに対して、前者の神は「その願いを聞きたまう神」だからである。最後に、第四の論点その他について、羽入の主張は、言葉の外形的同一性に囚われており、意味の歴史的因果連関を無視した没意味的文献学に陥っている。ウェーバーにとって、ルターとフランクリンの訳語の直接性（精神の無媒介的連関）を論証することなど、問題とされていないという。

以上が折原の反論である。いずれも妥当な応答であるだろう。なるほど羽入が指摘するように、フランクリンの「啓示」に関するウェーバーの取り扱いには難点がある。しかしこれはさほど大きな問題ではない。重要な争点はむしろ、「資本主義の精神」と「フランクリンのいう神」との関係である。おそらく羽入は、次のように想定している。すなわち、「資本主義の精神」という理念型が構成される素材となったフランクリンの生き方は、多分にカルヴィニズムの宗教性を含んでいる。したがって「『プロテスタンティズムの倫理』が『資本主義の精神』へと世俗化していった」という歴史仮説を、フランクリン経由で説明することはできない、と。しかし折原が指摘するように、フランクリンのいう神は、いわゆるカルヴィニズムの神とは異なる。もし折原のこの指摘が正しければ、羽入の批判はその効果を失うであろう。

私見によれば、そもそもウェーバーにとってフランクリンは、議論のための導入手段であり、また理念型を構成するための素材であるにすぎない。また、フランクリンの倫理がどこまで世俗的かという問題は、ウェーバーにおいてはカルヴィニズムの倫理との比較の問題であるから、その世俗化の程度が現在の私たちと比較して宗教的であることは、何ら問題ではない。総じて言えば、理念型の妥当性をめぐる羽入の批判には、困難な点が多々見られる。その理由はおそらく、巨視的説明のために構成された「資本主義の精神」という概念を、フランクリンという一人の複雑な人間をリアルに捉えるために適用しているからである。しかし「資本主義の精神」とは、倫理のある一面を鋭く構成した方法装置であり、こうした理念型を批判するためには、むしろその説明力を超えるような、他の理念型構成とその適用を競合させなければならない。ポパー的に言えば、理論というものは、それよりもすぐれた別の理論が出現した場合に、はじめて棄却されるからである。

もっとも私はここで、ウェーバーの理念型構成に問題がないと言いたいのではない。理念型をめぐる方法的問題は、確かに存在する。またさらに、『倫理』における中心テーゼは、反論を寄せつけないほど強力というわけでもない。すでに代替的な解釈はいろいろと提出されている。アカデミックな歴史家の観点からすれば、理念型の構成とそれにもとづく『倫理』の中心テーゼは、あまりにも巨視的なスケッチにすぎず、他の歴史説明を否定するだけの価値をもたないように見えるであろう。しかし逆に言えば、『倫理』は、「社会学ないし社会科学」の誕生を記念する作品として、固有の魅力をもっている。『倫理』が古典と呼ばれるのは、それが資料的に完璧なものだからではなく、斬新な方法に基づく知的探求のパトスを示しているからであろう。

もちろん、ウェーバーの「知的パトス」という魅力にあやかって、これを権威化することには問題があるにちがいない。例えば折原は、羽入が「学問の常道」を自ら閉ざしていると批判しているが（『折原書』九三頁）、しかしウェーバーの全業績を学ぶことが学問の常道だとする主張は、権威的に響きはしまいか。いや、折原のこの主張は、「学問の一般的規範」としての健全な権威を示すものかもしれない。何が健全で何が過剰な権威なのかについては、意見が分かれるところだろう。権威はすべて否定されるべきかもしれないし、反対に、挑戦すべき権威がなければ、多くの知性は触発されないのかもしれない。帰結主義的に言えば、権威は、後続の知性を触発する程度に存在することが望ましい。しかしその基準や様態は、時代によって変化していくだろう。

おわりに——論争の行方

以上、羽入-折原論争を五つの争点に整理しながら検討した。論争に対して私は中立的な立場をとっていると僭称するつもりはないが、現段階でこの論争を評価するならば、羽入と折原は、ウェーバーの学問的意義を、より適切なトポスへ導いたのではないかと思う。すなわち、羽入の貢献によってウェーバー崇拝の効果が消え去り、また折原の反論によってウェーバーの知的貢献が救い出されているのである。

それにしてもこの論争は知的刺激に満ちている。『犯罪』は権威に抗するパワーに満ちており、また『折原書』は、『犯罪』をさらに越える文献考証的エネルギーを示している。ここで折原の反論をまとめるならば、次のようになろう。（一）羽入の批判によって『倫理』全体の論証構造が揺らいだわけではない、（二）ウェーバーは一学者として知的に不誠実な人間だとは言えない、（三）イギリスのプロテスタント諸派に対するルターの影響は証明されないが、この問題は

『倫理』の課題ではない、(四) ルター訳聖書の「職業(Beruf)」をめぐる問題については、折原の反論によって羽入説が相対化される、(五) フランクリンと「資本主義の精神」の関係をめぐる羽入の批判の多くは、決定的なものではない。以上である。折原の反論は、全体としてみれば成功している。したがって「ウェーバーの巨像を指一本で倒した」という羽入の主張は、論争の第一ラウンドが終わった現段階では疑わしく見えるだろう。

もっとも折原は、羽入が破壊しようとしている「聖マックス」という巨像を救い出そうとしているのではない。むしろ、私たちがウェーバーと真摯に向きあうことの意義を主張しているのであり、そして私たちは本論争を通じて、ウェーバーを今一度読むことの面白さを手に入れたと言えるだろう。例えば、『倫理』の中心テーゼ――「プロテスタント平信徒たちの内面的苦悩と生活指針の変革が、その意図せざる結果として近代の職業精神をもたらした」――にとって、ルター(派)やカルヴァン(派)の指導者たち(あるいは聖書翻訳者たち)が "Beruf" や "calling" といった概念を「職業」という確定した意味で用いたかどうかは、大きな問題ではないかもしれない。というのも、ウェーバーが最も関心を寄せているのは「平信徒たち」の行為であって、それは指導者や翻訳者たちの精神や行為とは大きく乖離しうるからである。これはたんなる仮説であるが、ルター以降の聖書翻訳者たちがこれらの新しい訳語を導入した時点では、その訳語の意味は、脱文脈的で多方向に解釈を喚起するような、「概念ならざる理念」であったかもしれない。それは歴史を振り返る視点を持ち込んではじめて、「職業」という意味の萌芽を認めうる言葉だったかもしれない。また、"calling" の概念が「天職」の意味で普及したのは、もしかするとフランクリンよりも後の世代においてであった可能性もある。さらに別の問題として、ウェーバーが『倫理』における精神史の淵源をルターおよびルターに影響を与えたドイツ神秘思想家たちに帰しているのは、近代資本主義の駆動力をドイツの精神に帰すという、ナショナルな価値関心を背後に宿しているのかもしれない。すべてこうした疑問は、知的誠実性をめぐる道徳の問題というよりも、歴史認識とウェーバーの価値観点(およびその時代制約性)に関わる事実 - 評価の問題であるだろう。私たちは羽入の問題提起によって、さまざまな問題を改めて検討してみる機会を得たように思われる。

もっともこの論争を狭く受け止めるならば、それは「ウェーバー業界内の長老と鬼子の争い」として映るかもしれない。しかしその内容が意味するところは、ウェーバーに影響を受けた読者界に広く波及する。さしあたって今後は、羽入による応答が注目されよう。と同時に、この論争に関心を抱く人々や、応答責任を問われている人々からの発言も期待したい。論争を不毛なものにしないためには、論者たちの誇張的修辞を「読者へのエンターテイメント」として割り切っておこう。例えば、羽入がウェーバーを「詐術師」「犯罪者」「魔術師」と呼んでいることや、これに応じる折原が、羽入の議論はその出発点からして「無概念的感得」（学知的反省の欠如）の水準にあると批判することなどである。こうしたレトリックがもたらす快楽と憤怒に振り回されず、論争が実りある方向へ展開することを、私は心から願っている。

参考文献

折原浩、二〇〇三、『ヴェーバー学のすすめ』未來社。
橋本努、一九九九、『社会科学の人間学』勁草書房。
羽入辰郎、二〇〇二、『マックス・ヴェーバーの犯罪――『倫理』論文における資料操作の詐術と「知的誠実性」の崩壊』ミネルヴァ書房。（本文中では『犯罪』と略記）
山之内靖、一九九九、『日本の社会科学とヴェーバー体験』筑摩書房。

（初出『未来』二〇〇四年一月号）

〔資料２〕　学者の良心と学問の作法について

雀部幸隆

一　「犯罪」とは穏やかでない

『Voice』二〇〇四年一月号誌上（一九四 - 二〇一頁）で羽入辰郎が第一二回「山本七平賞」を受賞したことを知り、その事実、選考会各選考委員の選評および羽入本人の「受賞の言葉」を見て、筆者は一驚を禁ずることができなかった。

受賞対象となった著書は『マックス・ヴェーバーの犯罪――『倫理』論文における資料操作の詐術と「知的誠実性」の崩壊』（以下、『犯罪』と略記）である。『倫理』論文とはマックス・ヴェーバーの『プロテスタンティズムの倫理と資本主義の精神』である。

そもそも「マックス・ヴェーバーの犯罪」というメインタイトルからして穏やかではない。すくなくとも世界的に知られた学者や思想家にたいする論難の書として、かつて「何某の犯罪」、たとえば「カール・マルクスの犯罪」とか「カール・シュミットの犯罪」などと銘打った著作が世に問われたことがあるとは、筆者は寡聞にして知らない。

そうしたタイトルの著書がなぜないのか、その理由はともかく、いや、その理由などというものを筆者はこれまで考えたこともないのだが、それは措く。

いずれにしても「犯罪」という言葉は、広義には社会倫理的に当罰的行為を指すが、そのさい直ちに可罰するのは誰か、その可罰の妥当性をいかに保障するかが問題となり、どうしても、法益の侵害、一定の法的義務違反としての可罰的行為という意味での特殊刑法学的概念と結びつき、そうした刑法上の概念と切っても切れない関係にある。そうすると、何某の「犯罪」などと言うと、その犯罪の「構成要件」は何か、「違法性」は、「有責性」は、それから、その「犯罪」なるものをいかなる手続きにもとづいて、どの法廷で、誰が裁くのかなどと、一連の厳密な規定を要する事柄が直ちに問題となる。そうした諸問題をきちんとクリヤーし、またクリヤーする見通しが立たないと、そう安直に誰某の犯罪を告発できないのである。しかも告発したとて、然るべき機関（検察当局）によってその告発が取り上げられて起訴がなされ、さらにその起訴にもとづいて然るべき機関（法廷）において審理され判決が下される保障はない。大体、羽入はみずからの事案をどこの「法廷」に持ち出そうというのか。もちろん氏の意図としては、「言論の公共空間」にということでもあるのだろうが、それなら、いかにセンセーションをねらったとしても、「犯罪」などという日常語としても刑法上の概念と深く結びついた不穏な言葉を軽々に用いるべきではない。それも著書のメインタイトルに麗々しく掲げるべきではないだろう。

二　授賞選考会の見識を問う

ところで、羽入書のタイトル「マックス・ヴェーバーの犯罪」の「犯罪」が不穏当なものであることに関しては、今回の山本七平賞選考会の一メンバー加藤寛によっても意識されてはいる。氏はその選評において、「もっとも『犯罪』という題名は語感が強すぎる。これは羽入氏の気持ちからすれば『詐術』というほどの意味であり、これは出版社の売らんがための『犯罪』というべきか（?）」と述べている（『Voice』前掲一九五頁以下）からである。「犯罪」という題名を付けるにあたってイニシアティヴをとったのが羽入であったのか出版社であったのかは知る由もないが、いずれにしても羽入は現にその題名で自著を公刊したのであるから、かりに「出版社の売らんがため」の戦略に彼が従ったとしても、彼も――道義的には――同罪である。とするならば、題名の不穏当さを若干意識するメンバーがいながら、そのメンバーも含めて、そうした題名の著書に賞を授けた第一二回山本七平賞選考会もまた、羽入および出版者の「売らんがための犯罪」に和し、その少なくとも道義的「犯罪」を助長する道義的な罪を犯したことになる。

大体、「マックス・ヴェーバーの犯罪」というおどろおどろしくも不穏な題名を掲げて、その実、ウェーバーの「知的誠実性」（と羽入の解するもの）の崩壊――ウェーバーは「詐欺師」である（『犯罪』二、一九一、二七四頁）――というただ一点の全くネガティヴなことを「論証」するだけで、「プロテスタンティズムの倫理と資本主義の精神」に関するウェーバーの基本テーゼの当否の判断や、その基本テーゼを超える歴史的新知見の追究などのポジティヴなことには一切関心がない（『犯罪』九頁）などと開き直る著書にたいして、どのような賞であれ、賞を授けるというのは理解しがたいことである。

選考会の選者たちは、羽入の著書が「聖マックス」崇拝の息の根を止めたその功績をたたえる、というのであろうか。しかし、「聖マックス」崇拝なるものは、今を去るほとんど四〇年も前、一九六四年東京大学における第一回『ヴェーバー・シンポジウム』前後の一時期にウェーバー研究の内外で一部に見られた現象なのかもしれないが、そんなものは今日つとに地を払っている。「聖マックス」の「脱魔術化」などというものは、「遅れてやってきた青年」のアナクロニスティックな独り相撲の課題でしかない。

ちなみに、選者の一人中西輝政は、今回の羽入の著書を読んでウェーバーもやはり「人の子」だという感慨を持ったとして、次のように述べている。「〔マリアンネ〕夫人の書いたヴェーバーの伝記を読んだときよりも本書を読んでヴェーバーをずっとヒューマンな存在に感じたものである。やっぱり彼も『人の子』ということである」(『Voice』前掲一九七頁)。

ウェーバーが「聖マックス」ならぬ「人の子」だというのは、羽入書を俟たずとも、当たり前の話である。ほかならぬマリアンネ夫人の『伝記』によれば、一九〇七〜〇八年に或る若い友人に宛てて書かれた手紙の中で、ウェーバー自身、みずからがまさしく「人の子」であることを、別の文脈からではあるが、告白している。「……お分かりいただきたいのですが、わたしが『罪』の何たるかをわきまえている人にたいしてあえて道徳をふりかざさないのは、それなりの理由があるからです！……実際のところ、わたし自身が『悪事』のいいい最たるものを犯しています。……もし『完徳の生活』(integer vitae) を送る者しか完全な人間に (zu Vollmenschen) 成れないのだとしたなら、これは困ったことでしょう。……まあ、そんなことにでもなれば、さしずめわたしなぞは完全な人間に成ることなど、のっけから諦めねばなりますまい」(マリアンネ・ウェーバー、一九六五、二九八頁、強調は原文、訳文は変えてある)。

あるいは選考会の選者たちは、マックス・ウェーバーを「近代主義」の巨頭と見立てて、やはり羽入書がその巨頭の立脚する「砂上の楼閣」(選者の一人山折哲雄の言葉、『Voice』前掲一九七頁) を突き崩すことによって、「近代主義」の巨頭の化けの皮を剝ぐのに大きく貢献した、というのであろうか。これまた見当はずれの診立てにもとづく見当はずれの評価である。

たしかに今を去る何十年も前、マックス・ウェーバーは、一部の論者たちのあいだで「近代主義」の権化と見なされたことがある。ただし、そうした評価はむしろウェーバー批判者たちの側からなされたレッテル貼りの面が強かったのだが、先ほどの「聖マックス」崇拝とも関連して、当時ウェーバーを持ち上げた論者たちにそうしたレッテル貼りに根拠を与える言辞がなかったわけではない。しかしウェーバー研究の驥尾に付している筆者などは、かつても今もウェーバーを「近代主義者」だとは考えていないし、すくなくとも今日、ウェーバーとまともにかかわろうとする者のあいだで、彼を「近代主義者」と考える研究者はむしろ数少ないだろう。

だが、さらに重要なことは、選考会が、すでに二〇〇三年四月の時点で、羽入の著書にたいする厳しい批判が折原浩によってなされている (折原、二〇〇三a) にもかかわらず、それを無視し、その批判と羽入の著作内容との照合という、およそ授賞選考にさいして欠くべからざる手続きを踏まずに――すくなくとも今回の選者たちの選評からはその形跡は窺えない――、羽入に賞を与えたことである。その後折原は、二〇〇三年一一月には『ウェーバー学のすすめ』（未來社）を、二〇〇四年一月には『未来』誌上に「学者の品位と責任――『歴史における個人の役割』再考」を公表して、羽入批判をさらに詳細に展開し、とくに『ヴェーバー学のすすめ』においては、羽入への反論の域をはるかに超えて、ウェーバーの人と学問における『倫理』の位置と意味、その定点観測からなされる『倫理』のあるべき解釈、『倫理』と並行し前後するウェーバーの科学方法論諸論稿との相互関連に関する考察、『倫理』以降「世界宗教の経済倫理」への展開の展望等の諸点において、管見するところ、内外のウェーバー研究においてそれこそ新機軸を開く自説を積極的に展開している。ぜひ参照されるべきである（折原、二〇〇三b、二〇〇四頁）。

選者の一人山折哲雄は、先にも引いたとおり、『倫理』の立論はたんに「砂上の楼閣」でしかなかったのだが、ウェーバー「巨人伝説」にとらわれて誰も敢えて突き得なかったその虚像を、今回羽入が一気に「突き崩した」と述べている。氏は、「ヴェーバーが営々として築き上げた輝かしい理論的な支柱がじつはたんなる砂上の楼閣であった」（『Voice』前掲一九七頁）ということを、いかなる論拠にもとづいて揚言するのか。また、そうでないゆえんを力説した折原論文を、かつて『ヒンドゥー教と仏教』の一部を翻訳したこともある氏は、一体どう見るのか。

また、養老孟司は、今回の選評において、「仮に著者の論考が誤りであることを証明したいなら、同じ手続きを踏めばいい」としたうえで、しかし「評者にはもちろんそんな暇はない。したがって当面、それがいかに破天荒なものであったとしても、著者の結論を素直に受け入れるしかない」と述べている（同上一九八頁）。「もちろんそんな暇はない」のなら、養老は、自身、ひょっとして「破天荒なもの」であるのかもしれないと思う「著者の結論」を、なぜ、「したがって」「当面」「素直に」受け入れることができるのか。選考委員に名を連ねるからには、せめて選考の時点ですでに公表されている『経済学論集』誌上の折原論文と羽入の著書とを突き合わせてみるという「暇」をつくるべきではなかったか。

三　羽入の「受賞の言葉」の無恥厚顔さ

しかし、なんといっても看過できないのは、「受賞の言葉」に見られる羽入の「悪のり」ぶりとしか言いようがない言辞である。

もともと氏は、その著書の「はじめに」で、「トイレに本を持ち込む癖」があり、たまたま「中島らも」や「池波正太郎」を読み尽くしたあと『倫理』の岩波文庫版をトイレに持ち込んだ「女房」の指南を受けてこの本を書いたなどと、臆面もなく述べていた。それにたいして選考会のメンバーも、「バカも休み休み言え」と唾棄するのではなく――昔の日本人ならそうしただろう。選考会には、最近『国民の文明史』

（産經新聞社）を書いて新渡戸稲造の『武士道』や内村鑑三の『代表的日本人』とそれらの著者たちのエートスに讃辞を惜しまない中西輝政も加わっているはずである——、「どんな小説も顔負けの鮮やかな導入部」だ（竹内靖雄、『Voice』前掲一九六頁）とか、そうした「奥さんのコメント」などの「付帯的なエピソードが生きる。『読む本』としてたいへん面白く、よい作品になったのは、そのためであろう」（養老孟司、同上一九八頁）などと調子を合わせていた。その反応に気を良くしたのか、今回、羽入は「授賞式」で「女房」の寄与への自画自讃をさらにエスカレートしてみせる。

まず、氏は「『受賞の言葉』を用意するようにいわれていたわけですが、ほんとうをいうと皆さんが私からお知りになりたいことは、じつは一点でしかない。お前のとこの夫婦はいったいどうなってるんだ？　どういう共同作業をやってるんだ？　お前の女房はいったい何者なんだ？　と」（同上一九九頁）と切り出したあと、自著の「はじめに」は「一〇〇パーセント私の文章」（同上）だが、すでに「この鋭い（と本人が言う——引用者）攻撃的な『序文』」となると、誰が書いたか「難しくなる」と述べ（同上）、以下のようにその楽屋裏を得々と開陳してみせる。「まず大雑把なところで女房が口述します。私はそれを、そこらにある小さな紙切れに筆記していくわけです。途中で女房の思考の糸が切れてしまったら、また別のことを口述します。四、五枚になったあたりで、『じゃ、打ってみる』と私がい」い、そうした断片をとにかく「論理的に繋がるようにして、私の文章も入れてみて……大体なだらかな文章にして……それをプリントアウトして、女房のところへ持っていきます。すると『あら、うまく繋げたわねえ』とかいいながら、また書き込んでいきます。書き込まれたものをまたなだらかに入れてしまい、私の文章もさらに足していき……こうして……誰の文章か分からない文章が出来上がってしまいます」（同上一九九頁以下）。

このあと、この調子の話がさらに続くのだが、簡単に切り上げるとして、羽入書の本論部分はどうかというと、「3章・4章は修士一年のとき、私が自分で見つけたテーマ」だが、「1章・2章は、……女房のトイレでの発見」に負う、という（同上二〇〇頁）。

さて、ことほどさように、「女房」の「勘」、「発見」、「口述」、「書き込み」に負うところ多大な著作ならば、羽入はその著著を羽入の単著としてではなく、すくなくとも「女房」との共著として出すべきであっただろう。なぜそうしなかったのか。「女房はドイツ語は全く出来ない」とのことだが、まさかそのことが憚られたわけではあるまい。その理由は知らず、いずれにせよ、その著作が成るにあたって内容的に貢献多大な「女房」と名を連ねることなしに著書を公刊した羽入は、当の「女房」を含めて公共の言論空間にたいして、まさに「知的に不誠実」であるとの誹りを免れないだろう。

もし何らかの理由で羽入が自著を「女房」との共著として出すことを憚るのならば、羽入は、こともあろうに、その著書の授賞式で痴話めいた楽屋裏話を得々と開陳すべきではないだろう。それは学者の――いや普通の人間の――作法に反する無恥厚顔醜悪の言辞というほかはない。そうした発言は酒席での酔いにまかせた言辞としても、まともな大人のあいだでは顰蹙を買うだろう。

だが、さらに看過できない重要なことがある。それは羽入が折原のいう『倫理』の本論部分に自著が論及しなかった弁解として持ち出している理由である。羽入は、この時点で、氏のウェーバーにたいする「犯罪者」「詐欺師」としての断罪は『倫理』本論に全く立ち入ることなくその冒頭部分、それも多くは脚注を対象にして――しかも「視野狭窄」に陥り、「恣意的」な「証拠選択」をして――なされているにすぎないという、折原の『経済学論集』誌上の批判（折原、二〇〇三a、七七頁）を明らかに意識して、次のように開き直った弁明をしている。「『倫理』論文全体の初めのほうでこの本の論証が止まってしまっているのは、それがひとえに女房が岩波文庫を放り出してしまい、『馬鹿と付き合うのはもうたくさん』といって、それ以上読んでくれなかったからです」（『Voice』前掲二〇〇頁）。

これは、およそまともな良心と良識をそなえ、学問の作法をわきまえた学者の口にすることではないだろう。筆者は羽入の「受賞の言葉」のこの箇所を読んで、わが目を疑った。そして羽入のこの悪ふざけと悪のりをそのまま放置しておくわけにはいかない、と思うにいたった。

そのまま放置しておくわけにはいかないと思ったのは、羽入の無恥厚顔ぶりに胸の悪さを覚えるその限度に達したからでもあるが、それ以上に、「ドイツ語の全く出来ない」移り気な「女房」の不遜で恐い者知らずの攻撃的な言動を引き合いに出すことによって、羽入は折原の批判にまともに応えることを拒否する、折原の批判を無視する、挙に出ていると見たからである。そのことは右の発言にすぐ続く次の文章を見るとよく分かる。「今後の予定はどうかと申しますと、本来は『倫理』論文の第二部（つまり本論――引用者）に入っていって、女房にも読んでもらって、そこでの論証の是非を調べていかねばならないのですが、いま青森の看護系の新設大学におりまして、文科系の資料がまったくありません。いまの段階では、したがいまして、これ以上『倫理』論文の研究自体の領域を広げるのは無理だと思います」（同上二〇〇頁以下）。

つまり、羽入は、折原が、羽入批判のごく初歩的なことの一つとして、ウェーバーに関して「犯罪者」などというとんでもない全称判断をくだすには、本来なら『倫理』だけに視野を限っていても駄目なのだが、せめて『倫理』の本論に立ち入ってその全論証構造を的確に押さえたうえで物を言え、と述べているのにたいして、そのつもりがない――それに「馬鹿と付き合うのはもうたくさん」とのたまう「女房」を説得するのにも骨が折れるだろう――ことを表明しているわけである。「青森の看護系の新設大学」にいて「文科系の資料」がないなどというのは、理由にはなるまい。

もっとも、羽入はそれでも折原による批判は気になるらしく、「その代わり、と申しては何ですが、専門の研究者の方々にお願いして、私のいままでの論証がほんとうに正しかったのか否か、もう一度厳密に確かめるための研究会を始めています」と述べてはいる。「専門の研究者の方々」というのは、おそらくルター研究その他のキリスト教史関係や聖書の各国語への翻訳の歴史、さらにはフランクリンとその周辺の思想史を専門とする研究者たちだろうが、そうした専門家たちの教示を仰ぐことももちろん重要だが、折原の羽入批判はすぐれてウェーバーへの内在、もっと視野を広げた、ウェーバーの全論証構造の理解に則した、内在の問題とかかわる。もともと羽入は独自な歴史研究にもとづきウェーバー・テーゼにたいして積極的に異説を立てたりすることには関心がないわけであるから、ウェーバーを犯罪者扱いにし、その「知的誠実性の崩壊」を揚言するのなら、折原の批判を正面から受け止め――折原は羽入にたいしてそうしている――、ウェーバーに内在して反論すべきだろう。いまでは折原は『経済学論集』への寄稿論文だけでなく『ヴェーバー学のすすめ』ほかの論著を公表して、羽入への批判と折原自身の『倫理』解釈をさらに深め、羽入が実のある反論を発表するなら応答すると確約しているわけであるから、なおさらそうである。なにしろ羽入はウェーバーを犯罪人、詐欺師として断罪するという前代未聞の挙に出たのであるから、それにたいする折原の反論にたいして、岩波文庫本『倫理』の初めを読んだだけで「馬鹿と付き合うのはもうたくさん」などといって本を放り出してしまう「女房」の袖の影に隠れたりしないで、まともに応答する義務があるだろう。

参考文献

折原浩、二〇〇三a、「四擬似問題でひとり相撲」東京大学経済学会編『季刊経済学論集』第六九巻第一号、七七‐八二頁。

折原浩、二〇〇三b、『ヴェーバー学のすすめ』未來社。

折原浩、二〇〇四、「学者の品位と責任――『歴史における個人の役割』再考」『未来』一月号、一‐七頁。

マリアンネ・ウェーバー、一九六五、『マックス・ウェーバー』大久保和郎訳、みすず書房。

羽入辰郎、二〇〇二、『マックス・ヴェーバーの犯罪――『倫理』論文における資料操作の詐術と「知的誠実性」の崩壊』ミネルヴァ書房。（本文中では『犯罪』と略記）

（初出：『図書新聞』二〇〇四年二月二一日号、二月二八日号）

〔資料3〕　折原浩の羽入辰郎批判の結末

雀部幸隆

一　羽入辰郎の根本的錯誤

二〇〇二年九月、羽入辰郎はミネルヴァ書房から耳目聳動的な著作を刊行した。題して『マックス・ヴェーバーの犯罪――『倫理』論文における資料操作の詐術と「知的誠実性」の崩壊』（以下、『犯罪』と略記）という。『犯罪』とはまた穏やかではない。評者は学者や思想家の作品の分析、あるいは評伝の類で、誰それの「犯罪」などというタイトルの著書を見たことがない。カール・マルクスやカール・シュミットなら、多少ともみずから政治にかかわりもしたし、その意図のいかんにかかわらず左右両極のいわゆる「全体主義」体制のイデオロギー的な生みの親、あるいは「桂冠法学者」ともなった人物であるから、『マルクスの犯罪』とか『シュミットの犯罪』といった著作があってもよさそうなものだが、そんな著作はついぞ知らない。ところが、よりにもよって、最も学者らしい学者――いや、そこが怪しいのだと羽入は言うのだろう。事実、彼の奥方は、この人「大体が詐欺師の顔してる」とのたもうたそうな――たるウェーバーを「詐欺師」（『犯罪』二、一九一頁）・「犯罪者」（『犯罪』一八頁）と決め付けるとは、いくら知的・道徳的緊張感の弛緩著しい水ぶくれ経済大国日本のインテリでもジョークがきつすぎはしないか、というのが、羽入書に対するごく常識的な反応というものだろう。

だが、ご本人は大真面目である。では、なぜウェーバーは「犯罪者」なのか？　「詐欺師」なのか？　ちなみに付言するが、その「犯罪」が「詐欺罪」だというのなら、それは成立しない。「詐欺罪」とは「財物」あるいは「財産上の利益」が犯罪の対象でなければならないからである。ひょっとしてウェーバーが羽入言うところの「資料操作の詐術」によって「財物」を詐取したとか「財産上の不当な利益」をあげたとか言うのなら話は別だが、羽入とてそこまで主張するつもりはないだろうから、彼の言う「詐欺師」とか「犯罪者」というウェーバー論難は刑法上の厳密な概念に従うものではなく、市井の熊さん、八っぁん、ご隠居さんのやりとりでも使われそうな道徳的非難のたぐいなのだろう。しかし、そうした非難によって、その非難の不当性が親告され立証されたなら、ウェーバーに対する羽入の「名誉毀損罪」は立派に成立する。たとえウェーバーがもはやこの世の人でなくても、利害関係者が親告すれば、羽入はその罪に問われることがありうるのである。

が、こうした法律がらみ、裁判がらみのことは、別に本稿の主題ではない。羽入書にはその手の用語が頻出するが、まあ、ご本人は威丈高な気分に浸りたいのだな、と受け取っておけばそれでよい。

しかし、それにしても、なぜウェーバーは「詐欺師」であり「犯罪者」なのだろうか。「羽入書」の副題が語るように、ウェーバーがあらぬ「資料操作の詐術」によって彼の表看板である「知的誠実性」を裏切る所業をしたそうだからである。

だが、「知的誠実性」？　そんなことがなぜそんなに問題になるのか？　「知的誠実性」などという言葉は、評者のような、もう古希を超えた、だから世間的には古い日本人には、人間の所業・振る舞い・心的態度の問題としては、口にするのも気恥ずかしい「当たり前」の事柄である。そのような「当たり前」の事柄を――だまって――守ることもできない人間を、――羽入の言うことが当たっているとして――相手がウェーバーであろうとなかろうと、そもそも問題にする必要があるのか？

それにウェーバーが「知的誠実性」を表看板にしたというのは本当か？　あるいは、羽入の表現に即して言うとして、ウェーバーにおいて「知的誠実性の崩壊」を問題とするほど、それはウェーバー的な問題であるのか？

もちろんウェーバーが「知的誠実性」を口にしたことは確かである。それに類したことでいえば、彼が「品位 Würde」を口にしたことも確かにある。しかし、ウェーバーがこれらの言葉を口にするときは、大抵、彼があまりに知的に非誠実な言動、あまりに政治的・学問的に「品位」のない所業を目の当たりにしたときのことであって、彼としては、〈それにしても「知的誠実」というものがあろうが〉、〈「品位」というものがあろうが〉と言いたいわけで、どちらかというと、そうした表現は――効果としては痛烈な場合がしばしばあるとしても――消極的な文脈で語られることが多いと思われる。すくなくとも「知的誠実性」や「品位」の二文字が彼の額に積極的な倫理として特筆大書されているとは思えない。

その昔、ウェーバーの「倫理」を「品位の倫理」と特徴付けた向きがあったと記憶している（その時の評者はまだ若かったが、当時の印象は〈あまり恥ずかしいことを云ってくれるな〉であった）。その伝で言えば、羽入は、ウェーバーにおいて特筆大書すべき「倫理」があるとすれば、それは「知的誠実性の倫理」だ、と言うのだろう。でなければ、彼の華々しくあるべき処女作の輝かしいサブタイトルに「知的誠実性の崩壊」が結句として登場するはずがないからである。

だが、評者のウェーバー観を率直に表明させてもらうとすれば、「知的誠実性」とか「品位」とかを「売り」にするウェーバーなど少しも「買い」たいとは思わない。そんなものは——日本人であろうと西洋人であろうと——真っ当な人間にとってはごく「当たり前」の事柄であって、もしウェーバーにそのような倫理しか「積極的な売り」がないとすれば、評者はウェーバーなど「買わない」だけの話である。

誤解のないように申し添えるが、評者は「知的誠実性」や「品位」がどうでも良いなどと言っているわけではない。両者はともに大事である。しかし、それらが大事だということはごく「当たり前」のことであって、その昔、大学紛争期に「三派」系や「全共闘系」の学生が「○○教官の知的誠実性を問う！」などと絶叫したような調子で、大声で叫ぶほどの事柄ではない、もしウェーバーが両者を積極的な倫理として自己の「売り」にしているとすれば、評者はそんなウェーバーは買わない、そんなウェーバーには興味がない、だがウェーバー——彼も両者を大事にしたけれども——の真価は恐らくそんなところにはないだろう、というのが評者の言いたいことである。

ところで、いま、はからずも大学紛争に言及したが、羽入はその年格好からして大学紛争期にどうやら長い学生生活を送った人物のようである。あるいは「遅れてやってきた紛争青年（もしくは壮年）」だったのかもしれない。その真偽のほどはどちらでもよいが、羽入書の随所に出てくる口吻は「全共闘崩れ」的ではある。評者に言わせれば、大体、「三派」や「全共闘」の学生は、客観的には小心者の集団である。いくら非難され批判されるべきところが多々あるとはいえ、本質的には教育的にも行政的にも何の権限もない教授先生や学部長・学長をどこかに閉じ込め糾弾して、いったい何の得があるというのか？　自分たちが何か「らしい」ことをしているという主観的な高揚感がそこにあるだけの話だろう。もし、世の中を本当にひっくり返そうと考えるのなら、刀折れ矢尽きても、中央の権力打倒を目指すべきである。だが、それはもはや不可能だと感得しているものだから、彼らは学園内で示威＝自慰行動をしたのだろう。だから、評者は彼らが本質的には小心者だと言うのである（そして挙句の果ては、その一部は仲間割れしてドストエフスキーの『悪霊』ばりに殺し合いを繰り返し、おまけに国外にまで出張って行って狼藉を働く始末であった。今から振り返ると、わが日本はすでにオウム真理教出現以前に精神的道徳的退廃の極に達していた、と言えそうである）。

それと同じように、羽入もどうやら小心者らしい。羽入は羽入書の「序文」の最後の所で、自分が本書において取り上げたのはウェーバーの知的誠実性の追及ただ一点だけであって、『倫理』論文におけるウェーバー・テーゼの歴史的妥当性如何の問題は全く自分の関心外にある、とご丁寧にも「前もって警告」している（『犯罪』九頁）。

これはまた唖然とする「警告」である。ウェーバー——ここでは「倫理」だが——を問題とするのなら、その諸テーゼの歴史的妥当性をこそ問題とすべきであって、その「知的誠実性」の如何などという問題は、有りうるとしても、ごくマイナーな問題にすぎない。もちろん、そうした問題を取り上げること自体は一向に差し支えないが、その著作のメインタイトルに「犯罪」などという物騒な言葉を散らつかせるのは、やはり正気の沙汰とは言えまい。だから、羽入はウェーバーという巨人の本体に向かって真っ向から——あるいは搦め手からでもいいが（それにも道筋というものがあろう）——勝負を挑むのではなく、自分が分相応にやれそうだと思えるマイナーなテーマを勝手に作り出しておいて、そこで（勝ったと早とちりして）勝鬨を挙げる小心者なのである。

二　羽入書四章の主張と折原の批判

こうして評者からすると、羽入は仰々しくも全く見当はずれな課題を設定したと言わざるをえないのだが、その課題に対する彼の回答も、これまた全く見当はずれと言うほかはない。その点は折原浩が「四疑似問題でひとり相撲」（『季刊経済学論集』第五九巻第一号、二〇〇三年四月）、『ヴェーバー学のすすめ』（未來社、二〇〇三年一一月）、『学問の未来——ヴェーバー学における末人跳梁批判』（同、二〇〇五年八月）、『ヴェーバー学の未来——「倫理」論文の読解から歴史・社会科学の方法会得へ』（同、二〇〇五年九月）の四論著で徹底的に立証したところである（折原、二〇〇三a、二〇〇三b、二〇〇五a、二〇〇五b）。

羽入はウェーバーの「犯罪」——「資料捜査の詐術」——「知的誠実性の崩壊」の現場を押さえるとて、そもそもまず、膨大なウェーバーの著作群の中から「倫理」論文を選び出す。その選択の基準は同論文が世間で「最も有名な」「代表作」（『犯罪』一、二六五頁）とされているというにすぎず、それをウェーバーの全著作中に学問的作品史的に位置付けて——実はこれが結構難しいのである——選び出すという手続きを経てのものではない。

そこで、その「倫理」論文における「犯行現場」だと羽入の称する論点の所在がどこかを見てみると、全体として、わずかに「倫理」論文第一章「問題の所在」の第二節「資本主義の『精神』」と第三節「ルターの職業観」、それも各節の冒頭とその脚注とに限定されている。つまり、ごく出だしの出だし、しかもその脚注の或る箇所に限られているのである。「倫理」論文の本論はいうまでもなく第二章「禁欲的プロテスタンティズムの職業観」である。その本論に本質的には全く手も付けずに、ウェーバーにおける「資料操作の詐術」とか「知的誠実性の崩壊」とやらを云々できるのか？　折原が四論著で繰り返し言うように、羽入は全く「視野狭窄」に陥り「恣意的な資料選択」をしているとしか言いようがない。

それでは、羽入は、その「視野狭窄」で「恣意的な資料選択」の範囲内ででも、真っ当な資料読解と考証とを重ねているのであろうか。答えは全的に否である。折原によれば、彼は「疑似問題」を勝手に作って、それに対して全く見当はずれの誤った回答を与えているだけである。

（一）『犯罪』第一章

「“calling”概念をめぐる資料操作——英訳聖書を見ていたか」は、ルターが旧約聖書外典『ベン・シラの知恵』（以下、『知恵』と略記）一一の二〇、二一前半で『七十人訳』の“ergon（仕事）”と“ponos（労働、苦役）”とを“Beruf（使命としての職業）”と訳した「言語創造的影響」が英訳聖書に及んでいるはずなのに、ウェーバーは『知恵』の英訳は調べず、『コリント人への手紙Ｉ』（以下、『コリントＩ』と略記）中の別語“klēis（召し）”の英訳を、それも、二次文献で調べただけだ、と論難する。

だが、この論難は筋違いである。たしかにルターは聖書の母国語への翻訳にあたり、『知恵』の当該箇所の当該句に世俗的職業と神与の使命との二重の意味を持つ——それをここでは「天職」という一語で言い表すこととする——Berufを当て、それを嚆矢とし、だが語義・宗教思想ともに一定の曲折を経て、プロテスタントの「天職」概念が生まれたが、そして英語のBeruf相当語はたしかにcallingだが、英訳聖書において「天職」概念がcallingに固定してゆくに際して、直接『知恵』の独訳Berufを回路とする——折原はこれを「唯『知恵』回路説」と呼ぶ——必要はなく、また、「倫理」論文本論で取り上げるカルヴィニズムは旧約外典を聖典外のものと見なしていたから、おそらく史実としても実際にそれを直接の回路とはせずに、ルターの宗教改革事業が聖書独訳以外の著作その他の活動を通じて他の言語圏の宗教改革者たちに影響を与え、彼らが自国語聖書を翻訳／改訳するに際して、熟慮の末、聖典の関連各所にBeruf相当語を採用して行ったという経路も当然考えられるし、ウェーバーもそう考えたに違いないからこそ、彼は『知恵』の独訳Beruf相当語が英訳聖書の当該箇所ではどうなっているかを別に一次資料に当たって調べるまでもないと考えたはずである。そして、ウェーバーがわざわざ『コリントＩ』中の別語“klēsis（召し）”の英訳を持ち出したについては、彼がルターの宗教改革思想の歴史的意義と限界とを見定めたうえでの——ここではやや込み入っていて要約を割愛せざるをえない——確たる立派な理由があってのことである。その理由が何かを知りたい読者は、他の関連でも評者の説明は紙幅の都合で簡単にせざるをえないから同様にしていただきたいのだが、折原の四論著に直接当たって確認されたい。

それから、上記の箇所でウェーバーが一次資料に当たっていない、二次資料でお茶を濁しているという羽入の論難について言えば、もちろん何でも直接一次資料に就くに越したことがないけれども、ウェーバーがよく言うように「限界効用理論」も「限界効用の法則に従う」わけで、それと同様に、いかに優れた、しかも「知的に誠実」な研究者といえども、何でもかんでも「一次資料」の規範に従うわけには行かず、研究の「経済」の観点から、そのことが許容される限り、二次資料以下の典拠に拠るのはやむをえないことであって、ウェーバーの上記の場合は、まさにその許容範囲内のことである。逆に、羽入は、みずからも本当は実践できないはずの「一次資料」の呪物崇拝、「パリサイ的原点主義」に陥り、「没意味文献学」の弊にはまり込んでいるのである。この点も、折原の四論著に噛んで含めるように説かれてある。

（二）『犯罪』第二章

「“Beruf”概念をめぐる資料操作――ルター聖書の原典ではなかった」は、なぜか、一八世紀のフランクリン父子と一六世紀のルターとが、ルター発の「言霊経由」（折原の用語）で直接結合していなければならず、それが語形の一致で立証されなければ「倫理」の全論証構造が崩壊する、そして事実――今度はその「言霊」の回路は『知恵』でなく『箴言』だけれども――『箴言』二二の二九の m^{e}lā'khā がフランクリン父子の着信地では calling となっているけれども、ルター訳聖書の原典では calling 相当語の Beruf ではなく gescheft であって、だから「倫理」の全論証構造は崩壊している、自分（羽入）はそのことをルター聖書の原典に当たって確かめたのだが、ウェーバーは彼当時の現代語版ルター訳聖書（複数）の引照で逃げをうった、たしかに現代語版ルター訳聖書ではその箇所はすでに Beruf と改訳されているけれども、そしてウェーバー自身わざわざ現代語版を使うと断りを入れているけれども、しかし、それは本来してはならぬことをやったまでのことである、というものである。

これまたおかしな「アポリア」の発見であり、「パリサイ的原点主義」の弊の見本のような主張である。

一六世紀のルターから一八世紀のフランクリン父子までには、カルヴァンをはじめとする禁欲的プロテスタンティズムの諸宗派が介在している。しかも「倫理」は「資本主義の精神」との意味連関の探求において後者の「世俗内的禁欲」の倫理、そこから出てくる禁欲的な「職業倫理」の解明をこそ主題とする。それにいまフランクリン父子と一括して言ったけれども、父フランクリンはピューリタンの長老派に属していたが、子フランクリンはすでに長老派から離反し、理神論的でエキュメニカルなプロテスタントであった。折原によれば、ウェーバーは「倫理」において、宗教性と職業観との意味連関につき、「中世修道院と異端諸派―ルター／ルター派―カルヴァン／カルヴィニズム―敬虔派／メソディスト派／再洗礼派系諸ゼクテ―フランクリン（〔資本主義の〕精神）―純然たる功利主義―現代の『末人』という『意味変遷（精神史）の理念型』スケール」（強調は折原、〔 〕内は評者）を構想するわけであるから（折原、二〇〇三b、九三頁）、いずれにせよルターとフランクリン父子との間には「意味変遷」の上で大きな隔たりがある――いや、いまも見たようにフランクリン父子の間にもすでに「意味変遷」上一回転がある――わけであり、なぜフランクリン父子からルターへ直接飛ばなければならないのか全く理由不明である。羽入は「倫理」を構成する上記「『意味変遷（精神史）の理念型』スケール」をおよそ考えようとしないのであるから、「没意味文献学」「パリサイ的原典主義」の弊もここに極まれりと言うべきだろう。逆にそうした倒錯に囚われていたなら、いま折原が大まかに描いて見せたような「倫理」の「全論証構造」を見て取る余地も生まれようがないだろう。

（三）『犯罪』第三章

「フランクリンの『自伝』をめぐる資料操作――理念型への固執」は、ウェーバーは「資本主義の精神」の「暫定的例示」として『若き商人への助言』『富まんとする者への指針』なるフランクリンの二文書からの抜粋を「一文書資料」として提示し、「時は金なり」「信用は金なり」の標語に象徴されるその訓戒の中に或る特定の倫理、これまで全世界と全時代において倫理に反するか、せいぜいその点ではお目こぼしをしてもらえるか、のどちらかであった営利追求活動そのものを、大真面目に倫理的義務と見なす型の独特の倫理を読み込んでいるけれども、それは、そういう――「近代資本主義」特有の――型の倫理の理念型をひねり出そうとするあまりの無理な資料操作であって、フランクリンの英語版『自伝』を素直に読むと、フランクリンは「功利的」であってさほど「倫理的」ではない（折原、二〇〇三b、九七頁）、あるいは、フランクリンにはたしか彼一流の「徳」に対する言表が多々見受けられるけれども、その内容は、なにか「神の啓示」にもとづくところの、およそ人の「幸福」や「利益」を全く超越し、「幸福」や「利益」の見地からは全く「非合理的」であることを迫るような、おどろおどろしい倫理性のものではない、逆にフランクリンは、「徳」が尊重されねばならないのは、対人関係において「徳を尊重することの方が、徳を無視するよりも、すべての事情を考え合わせるならば、より有益である」ためだ、ということを強調しているのであるから（『犯罪』一六六頁、強調は評者）、彼の本質はむしろ端的に「功利的」と見なしうる、と言うのである（折原、二〇〇三b、一〇二頁）。

これに対して折原は、まず「倫理」のフランクリンへの言及はもっぱら「資本主義の精神」の「暫定的例示」という上記の目的に限定されており、フランクリンその人の研究を目指すものではない、という当然のことを断った上で、ウェーバーは上記フランクリンの訓戒の「功利的傾向」を否定したわけではなく、「それはそれとして認め、そのうえで、独自の倫理／エートスという『精神』の主要傾向と当の功利的傾向との意味上の構造的結節点を見定め、さらに〔先に見た〕『意味変遷の理念型のスケール』の上に位置づけているのである」（折原、二〇〇三b、九五頁以下、強調は折原、〔　〕内は評者）、と反論する。その上で折原はその主張を「敷衍」して厳密詳細な説明を施しているのだが、その内容は読者において読み取られたい。ただ、ここではフランクリンの二文書から抜粋された一文書資料から窺える「資本主義の精神」は、折原の言う「意味変遷の理念型のスケール」からして、「純粋な功利主義」へ転化する一歩手前のものであることを付け加えておこう。

(四) 『犯罪』第四章「『資本主義の精神』をめぐる資料操作――大塚久雄の〝誤読〟」

〝誤読〟」は、ウェーバーが「資本主義の精神」の暫定的例示として提示したフランクリンの「一文書資料」には実は「カルヴィニズムの予定説の神」への言及があったのだが、その箇所をそのまま引用したのでは、フランクリンの文書に典型的に例示される「『資本主義の精神』の内に何らかのピュウリタニズム的なものが残っている」、「〝ピュウリタニズムの影をいまだに引きずっている男〟から〝ピュウリタニズムそのもの〟へどうやったら遡ることができるのか」と「三歳児の子供」にさえ非難されかねない(『犯罪』二三二頁)、つまり――難しい言葉で言えば、証明すべきことを前提して立論する――「原理請求 petitio principi」に陥るのでまずいとウェーバーは判断し、その言及を削除して読者に隠した、そして一九一九年から一九二〇年へかけての「倫理」改訂の際、彼は引用に先立ち、隠蔽工作を施した改訂版「一文書資料」が「宗教的なものとの直接の関係を全く失っており von *aller* direkten Beziehung zum Religiösen losgelöst、それゆえ――われわれの主題にとって――『無前提的』"voraussetzungslos" であるという長所を示してくれているのである」(強調はウェーバー)とわざわざ加筆して、petitio principi 隠蔽に上塗りを施し、二重に詐術を弄した、と言う(とくに『犯罪』二〇三頁以下)。そして羽入は、ウェーバーといえば大塚、大塚といえばウェーバー、のあの大塚久雄は、さすがにウェーバーが隠蔽工作を施した――と羽入の言う――文書の『若き商人への助言』を英語原文でちゃんと読んでいたから、「倫理」大塚訳の「訳者解説」に「フランクリンの思想は、内容的にはまだまだピュウリタニズムないしカルヴィニズムの思想的残存物がいっぱいつまっていますが、云々」と記し(『犯罪』二〇九頁)、この文書当該箇所の大塚自身による翻訳に先立って、大塚は「ヴェーバーはどういうわけか自分の引用文ではこの部分だけを省略している」といぶかしげに首をかしげ(『犯罪』二三四頁、強調は評者)、ウェーバーの隠蔽工作発見のごく手前まで近づいたのだが、大魔術師ウェーバーの魔法に真底呪縛されていた大塚は結局そのまま引き下がってしまった(とくに『犯罪』二四五頁以下)、だから自分(羽入)がこのウェーバーの怪しからぬ隠蔽工作、二重の詐術を的確に見抜いたウェーバーの「犯罪」第一糾弾者として名乗りを上げるのだ、と揚言するのである。

この主張に対し、折原は大略次のように反論する。

一、ウェーバーは問題の文書『若き商人への助言』をキュルンベルガー著『アメリカにうんざりした男』に引用されたものを利用しているのだが、羽入の発見した問題の箇所の削除はキュルンベルガーがしており、ウェーバーは「倫理」論文初版で、その削除箇所にキュルンベルガー自身が付していない「……」の省略記号を付して当該文書を引用している。ということは、ウェーバーがフランクリンの原典に当たっていたろうことを推測させるものではある。だが、その推測の当否はどちらでもよい（折原、二〇〇五a、三八六頁）。

二、なぜなら、キュルンベルガーによって省略された羽入の問題とする箇所に「神」言及があろうとなかろうと、「二文書抜粋」そのものには「貨幣増殖を『最高善』とする」フランクリンの経済倫理が表明されているだけで、「宗教性との直接的な関係は全く失っている」（原著者ウェーバーの強調）からであり、したがってまた後年の「倫理」改定に際しウェーバーの付した当該文書引用の趣旨に関する前置きに、何の問題もない。むしろ羽入が「宗教性との**直接的**な関係は全く失っている」（ゴシックは評者）というその前置き文の「直接的な」という限定を見落としていることの方が問題である（折原、二〇〇四a、三八八頁）。

三、それに、そもそもその削除箇所に言及されているフランクリンの言う「神」は実は「カルヴィニズムの予定説の神」ではない。したがって、その箇所を引用しても、「カルヴィニズムの神をカルヴィニズムで説明する」同義反復にはならない。引用しなかったのは、そこで引用する必要がなかったからで、羽入の言うような「同義反復」“petitio principii”隠蔽、のためではない（折原、二〇〇五a、三八八頁）。

四、羽入が、「カルヴィニズムの神をカルヴィニズムで説明する」という同義反復を避け、そのことを隠蔽するために、ウェーバーが、「神」に言及しているフランクリンの当該文章の削除をそのままにし、しかも「倫理」改定時にわざわざ妙な前置きを挿入して二重に詐術を弄したと論難したについては、その削除文中の――羽入に言わせると「隠蔽文中の」――フランクリンの「神」をそもそも羽入が「カルヴィニズムの予定説の神」と早とちりしたことにその起因がある。そして羽入がそのように早とちりする「誘導契機」を与えたのが、ほかならぬフランクリンの『若き商人への助言』大塚訳の二箇所にわたる問題訳である。原文との対照、大塚訳の問題性の詳細については、折原（二〇〇四a）三六六頁以下で直接確かめられたいが、ここでは羽入の早とちりに決定的な影響を及ぼしたと思われる大塚誤訳の一箇所だけを指摘しておこう。フランクリンの当該原文末尾には determine なる語が出てくるが、大塚はそれを「預定」と訳している。だが、determine は pre-destine でもなければ pre-determine でもなく、「預定」と訳すにはそもそも無理がある（折原、二〇〇五a、三六七頁）。ところが羽入は、その「預定」という大塚の訳語に飛びついて、それ、フランクリンには「カルヴィニズムの予定説の神」が出てくるぞ、それでは、ウェーバーは「カルヴィニズムの神をカルヴィニズムで説明する」“petitio principii” に陥っていることになるではないか、とばかり欣喜雀躍したのだろう。しかし、フランクリンの神観は

「勧善懲悪神」を内実とする『拝一神教』とも言うべきものであって(折原、二〇〇五a、三七四頁以下)、「勧善懲悪」も何も、劫初より人間を救いに召す者と劫罰に処す者との二重に予定し、その予定の変更がいかなる人間の所為によっても不可能なことはもとより、その聖定の理由さえ不可測な、「カルヴィニズムの予定説の神」では断じてない(折原随所)。その決定的な相違を直ちに看て取ることができないのは、羽入が「没意味文献学」に埋没するあまり、「倫理」の「全論証構造」を概念的に把捉していないからである(折原随所)。

五、ちなみに、折原は、戦中戦後に大塚久雄がウェーバー解釈において果たした大きな功績を認めるのにやぶさかではないが、大塚の領導した戦後日本の「一般のウェーバー理解」には、「キリスト教の特定宗派に淵源する『西洋近代の合理主義』を、なにか西洋文化総体に『つくりつけ』になっている固有の排他的傾向として実体化し、あるいは規範化／理想化し、『西洋近代人以上に「西洋近代主義」的に』解する向きがなお支配的」であって、「これが同時に、同位対立としての『反西洋‐反近代主義』を招き寄せ」た嫌いがあるとし(折原、二〇〇五b、一六、一八九頁)、その結果、そのウェーバー解釈も、ウェーバーの膨大な学問的業績／著作中、ウェーバー本人にあってはそれ以降の「巨視的比較宗教社会学研究総体へのいわば『問題提起的序章』」にすぎない「倫理」だけを「戦後近代主義の『聖典』」と見なして「前景」に取り出し、その「序章」を「偏重」するあまり、「本論総体」を顧みないばかりか、「序章」を「本論から遡って再解釈」することもせず、したがってまた「倫理」論文それ自体の読解をも深めることがなかった、と批判して、日本のウェーバー研究の戦後近代主義的・大塚ウェーバー的ウェーバー解釈からの「パラダイム転換」を要請している(折原、二〇〇五b、二〇三頁以下)。

羽入も、いっとき羽入を囃し立てた年嵩のギャラリーたちも——あまり役には立たなかったな、と今は彼らも羽入に失望しているに違いない——、羽入問題については一切口を閉ざしているが大塚死後に師匠に叛旗を翻した一部の旧大塚門下も、それぞれの思惑と志向性とは別にして、「西洋近代人以上の『近代主義』」を標榜する「戦後日本の近代主義」、「大塚ウェーバー」に反撥したのだろう。

三 「倫理」——「世界宗教の経済倫理」研究への折原の独自な貢献

ところで、こうしてウェーバー研究の「パラダイム転換」を要請するからには、折原はその転換を実地に示して見せなければなるまい。そして実際、折原は、先引の四論著、とくに三著書で、羽入批判を通じて、たんなる羽入論駁に止まらずに、そうしたパラダイム転換を成し遂げ、「倫理」論文読解およびそれに後続するウェーバーの「巨視的比較宗教社会学研究総体」の構造的理解への道しるべの設定に関して、本邦初どころか、管見によれば、世界初の知見を示した。

ウェーバーが三〇代半ばの学者としても教育者としてもこれから油の乗り切ろうとする時期に重い神経疾患にかかり、ハイデルベルク大学正教授の職を辞して長い療養生活をよぎなくされたことは、彼に関心をいだくほどの者なら誰もが知っている。しかし、従来は、この神経疾患にともなう挫折転落というウェーバーの生活史上の重大な出来事が、この宿痾から抜け出そうともがく時期の彼の学問上の問題設定と内的にどう関わるのかといった問題は、あまり具体的に掘り下げて考えられてはこなかった（折原、二〇〇三b、二三頁）。折原は、「倫理」の問題設定およびそれを拡充してゆく以後のウェーバーの「歴史・社会科学」のテーマ設定は、まさにこのウェーバーの生活史上の危機、いわばその実存的危機の中から生まれた、と言う（折原、二〇〇三b、一一頁）。その主張の要旨は以下の通りである。

（一）「倫理」のテーマ設定とウェーバーの神経疾患＝「職業人」としての「実存的危機」との密接な内的連関

そもそも「倫理」の探求テーマは、固有の資本主義世界に生きる近代西欧人の「職業義務観」とその「由来」、そしてその義務観によって育まれる「資本主義の精神」――折原はそれを広く「近代の精神」とした方が「適切」だとしている（折原、二〇〇三b、一五頁）――の行方や如何に、であるが、そのテーマ設定は、近代西欧の「職業人」の最も有能な典型でその（学問的）職業に"krampfhaft"に（「痙攣して、ひきつるように」、ウェーバーの言葉、折原、二〇〇三b、一二頁）しがみついて生きてきたウェーバーが、一転、奈落の底に突き落とされ、最小限の職業義務も果たせないばかりか再起も危ぶまれる転地療養の年月を送るうちに、ようやく彼もそうしたもっぱら職業人型のLebensführung（生き方）から抜け出し、かつて自分を捉えて離さず、今なお周囲の人々、いや、現代西欧人一般を無意識のうちに虜にしているあの「職業義務」の意識は一体どこからやってきたのか、そしてそれは何を成し遂げ、これから自分たちをどこへ連れてゆこうとするのかを客観化し、何としても見定めようとする、ウェーバーの「実存的苦悩」の中から生まれた（折原、二〇〇三b、一一頁以下）。

（二）「近代職業義務観」の由来は「不安鎮撫」の宗教か「不安極大化」の宗教か？

その「職業義務観」の由来は、一般的な通則として、とりわけヨーロッパでは、「宗教性」の領域に端を発すると見るのが妥当だが、問題の「職業義務観」が「不安」と「痙攣」の無窮動を特徴とするのであるから、ウェーバーはその宗教性を人々の「不安を鎮める」のではなく「不安を極大化する」性格のものと見当をつける。そうすると、西欧に伝統的なキリスト教のうち、カトリックとルター派とは、救済条件の設定こそ違え、「不安を鎮める」前者の理念型に近く、ただカルヴィニズム他の禁欲的プロテスタンティズム系の諸宗派だけが、「不安を極大化する」後者の方向をたどる、「歴史上はむしろ稀有な例外」として、考察の主題に浮上する。もちろん神与の使命と世俗の職業観念とを結合した Beruf 概念の創始はルターに由来するが、ルター／ルター派は「不安鎮撫」の方向にあるから、ウェーバーは、人々に対して自分は永生に召されているのか劫罰に定められているのかとの問いを突きつけ彼らの不安を極度に昂めてやまない「二重予定説」を前面に押し出したカルヴィニズムの「大衆宗教性」をこそ、例の「職業義務観」の主たる淵源として、その構造・変遷・帰結追究の主題としたのであった（折原、二〇〇三b、一五頁以下）。そしてその追究こそ「倫理」の本題であり、その本題に一切立ち入ることなく、「倫理」の序の序のまたその序のしかもその断片類を自分の思い込みで擬似的に問題とした羽入書は、思想的にも論理的にも概念的にも「倫理」の全論証構造をわきまえない、「ウェーバー藁人形」への見当違いの挑戦でしかなかった（折原随所）。

（三）「二重予定説」の「不安極大化」作用による「近代」の「職業義務観」の発生・意義変遷の全過程への歴史的展望とそれに対する態度決定

さて、カルヴィニズムをはじめとする禁欲的プロテスタント諸宗派といっても、ウェーバーは、伝統的正統的神学／教理史とは全く異なる問題関心から出発するのであるから、当然、始祖たちの教理教説の神学的教理史的解釈が第一次的問題なのではなく、彼らの説いた理念・教理・教説が、まずは「始祖をとりまく司牧者たち」に、ついで彼らの司牧を介して「広汎な平信徒大衆」に（強調は折原）、さらにはそうした平信徒大衆の「（生き方の）範型」を、宗教以外の目的から、多少とも目的意識的・目的合理的に採用する一層広汎な、「当該宗派以外の諸社会層大衆」に、どのように、いかなる「意義変化」をともないながら受容され、やがては彼らのうちに無意識に働く「エートス」と化して、今日西欧近代人一般の「職業義務観」として普及していったのか、その全過程を歴史的に展望し、その間の諸変遷を大筋において理論的に把握し、そのことによって「そうした歴史の動向に明晰な態度決定をくだすこと」、これが「倫理」においてウェーバーが課題として設定した当のことであった。その課題を解くために、彼は従来の専門の枠外にはみだし、「独自の歴史・社会科学の方法」を編み出して、「実存的危機のさなかに垣間見られた自己像・人間像を、『ヨーロッパ近代人』の普遍的自己認識にまで鍛え上げ、彫琢して」いったのである（折原、二〇〇三b、一七頁以下、強調は折原）。

（四）中世以降現代に至る「宗教性と職業観との意味連関」に関する「意味変遷の理念型スケール」の構想

そのさい、ウェーバーが、倫理」において、宗教性と職業観との意味連関につき、「中世修道院と異端諸派―ルター／

ルター派―カルヴァン／カルヴィニズム―敬虔派／メソディスト派／再洗礼派系諸ゼクテ―フランクリン（〈資本主義の〉精神）―純然たる功利主義―現代の『末人』という『意味変遷（精神史）の理念型』スケール」を構想したという、すでに触れた折原の指摘は、「倫理」の大まかな枠組みをわれわれが摑み取るのを大いに助けるであろう。

（五）「倫理」から「世界宗教の経済倫理」および「経済と社会」への主題的連関

折原によれば、「倫理」以降の作品群、とくに「世界宗教の経済倫理」およびいわゆる「経済と社会」草稿も、上記の観点の延長線上で理解されるべきである。「世界宗教」のほうは、ウェーバーがヤスパースのいわゆる「基軸時代 Achsenzeit」以降の中国・インド・中東諸文化圏の文化・発展を見渡し、宗教と社会との関連にかかわる世界史的パースペクティヴを開示して、ヨーロッパないしヨーロッパ近代の特異な発展をその中に位置づけようとした未完の労作であり、「経済と社会」草稿は、「倫理」において解明された「禁欲的プロテスタンティズム」と「資本主義の精神」との『意味連関』を「世界宗教の経済倫理」のような比較研究を通して「同時に『因果連関』としても確証」し、ヨーロッパ近代の内生的発生・発展をなぜそうなって別様にならなかったのかと因果的に説明するための「一般経験則」「法則的知識」を網羅的に定式化しようとした、同様に未完の決疑論体系である（折原、二〇〇三b、一九頁以下、強調は折原）。

要するにウェーバーは、折原によれば、「倫理」を起点として、そのテーマを歩一歩拡大深化するパースペクティヴの中で捉え直しながら、実存的危機のさなかに孕まれた「近代的職業義務観」の意義とその現代的帰結という「原問題」をその後一貫して追究し、「危機における彼の自己洞察・自己像をヨーロッパ近代の自己認識へと練り上げていった」のであり、そのことを通して「ヨーロッパ近代」の「歴史的運命」、その「来し方行く末」を見通そうとしたのである。

以上が、ウェーバーの「倫理」を読解し「世界宗教の経済倫理」を構造的に理解するために折原が提示したガイドラインの荒筋であるが、この荒筋を、折原は、『犯罪』批判とも関連させながら、三著作において克明に肉付けしている。読者はみずから確認されたい。

（六）「理念型」とその「経験的妥当性」

ウェーバーといえば理念型、理念型といえばウェーバー、というほどに「理念型」は彼の科学方法論の中核をなす概念である。折原は、その科学方法論考究がほかならぬウェーバーのあの「実存的危機」からの「原問題」追究のための科学的方法論鍛錬の苦渋の中から生まれたこと、したがってまたウェーバーの科学方法論のわれわれによる追究も、方法論を方法論としてだけ孤立させてなされるのではなく、ウェーバーの「経験的モノグラフ」におけるその「実際の適用例」と突き合わせて行われるべきことを強調しているのであるが（折原、二〇〇四b、八〇頁以下）、ここではただ一点、ウェーバーの理念型的方法論の「客観性」にかかわる折原の極めて重要な指摘に留意を促しておこう。

「理念型」が研究者の「価値理念」に照らして構成される「観念的構成物／論理的理想像」であることはウェーバー研究者の誰もが知っているが、それでは、そんな「主観的」なものが「客観的」であるべき「経験科学としての歴史・社会科学の概念用具たりうるのか」という疑問が当然起こりうる。いま、その「客観性」の重要な一要因としての「理念型」の「経験的妥当性」の問題に限っていえば、折原によれば、いわゆる「客観性」論文の結論部分に関する英訳を除く全翻訳の誤訳と絡んで、「理念型」の「経験的妥当性」の「検証可能性」を否定し、「理念型」を駆使してなされるウェーバーの「経験的モノグラフ」がそもそも「経験科学的認識」として成り立たなくなるという、客観的には奇妙な結論に陥っているウェーバー研究者は結構多い（折原、二〇〇五b、九〇頁以下）。F・H・テンブルックなどは、いやそれでも構わんのだ、ウェーバーはそもそも「客観性」を「断念」した「新観念論者」なのだと開き直っているけれども（折原、二〇〇五b、九四頁）、それはウェーバー学の経験科学としての妥当性を否認する「自殺論法」に等しい（折原、二〇〇五b、九一頁）。

問題の発端は、客観性論文の結論部分の「ウェーバー自身の誤記」とも絡んだ誤訳にある。例えば出口勇蔵は当該箇所を「経験的にあたえられたものが……認識の妥当性を証明するための事実上の根拠とはどうしてもならない……この証明は経験的にはできないのだ――」と訳し、徳永恂訳は「経験的な所与にもとづいて認識の妥当性を証明することは経験的に不可能である」としているが（強調は評者）、ここで「認識の妥当性」と訳されている箇所は「価値理念の妥当性」と改訳されねばならない、と折原は言う（折原、二〇〇五b）。当該箇所でウェーバーが言おうとしていることは――と折原は続ける――たとえば「近代的文化諸形象にたいする禁欲的プロテスタンティズムの経験科学的／因果的意義がどんなに大きいと証明されても、だからといって禁欲的プロテスタンティズムの宗教的／本質的価値がそれだけ高まるというわけではない。そこのところで両者の（『経験的妥当性』と『価値理念の妥当性』との）混同が起きると、護教論上の争いとなって、前者にかんする認識の『客観性』は成り立たなくなる」ということであり、「英訳以外の大方の訳者は、まさに『経験的妥当性』と『価値理念の妥当性』とを混同していて、読者を『社会科学と社会政策にかんする認識の「客観性」』ばかりか、経験科学そのものの自己否定へと誘って怪しまない」、こうした錯誤は、まさに抽象的な方法文献だけを読んで抽象論議にふけり、具体的な適用例との統合的読解を通して方法そのものを具体的に会得しないから起こるのであって（折原、二〇〇四b、九一頁）、ウェーバーの立場は、当然、「理念型」の経験的妥当性は検証可能だということだ、と折原は強調する（折原、二〇〇五b、九二頁以下）。なお折原は、この所説を、富永・立野訳「客観性」論文の折原補訳（岩波文庫本）の三四〇頁以下の折原「解説」の注（99）の箇所で、原文と日英仏諸訳とを対照させながら詳しく述べており、肝要な論点であるから参照されたい。

（七）「大いなる文化問題」の変遷と「価値理念」の変化

ところで「理念型」は、いずれにしても、研究者の「価値理念」と究極的にかかわって設定されるものである。それゆえ、研究者の側で「価値理念」ないし「価値関係的視点」が大きく変化すれば「理念型」（その複合体をも含め）の設定の仕方も変わり、研究者の提出する経験的モノグラフの諸テーゼも変化しうる。そうした変化が可能なことはウェーバー自身認めるところである。その場合、研究者の「価値理念」云々の変化が純個人的な事情に基づいて起こることももちろんありうるが、それ以上にウェーバーが重視するのは、時代の変化とともに、従来は意識されなかった「大いなる文化問題」が前景に表れ、「科学」も新しい「星座をめざして、歩を進め」、それに応じて当該研究者の依拠する「価値理念」や「価値関係的視点」も変化し——これはその研究者が傑出した鋭敏な研究者であればあるほど、それだけ一層生起しうる——、彼の提出する具体的な歴史的テーゼもまた変化する、といった場合だろう（ヴェーバー、一九九八、一六一頁）。こうした点を考慮すると、今後の折原の「倫理」や「世界宗教の経済倫理」への内在的研究の進展に際しても、新たな「大いなる文化問題」や新しい「星座」の出現に対応して、何らかの基調の変化が——微妙にか判然とかは分からぬけれども——起こりうることは、否定できないと思われる。ちなみにいえば、だからこそ、ウェーバーの知的誠実性の追及ただ一点に問題を絞りウェーバー・テーゼの歴史的妥当性如何など関心外だなどと公言する羽入はそもそも根本的な錯誤を犯しており、大事なのはまさに「ウェーバー諸テーゼの歴史的妥当性如何」の問題だ、と評者は言うのである。

四　東大院倫理学専攻の責任問題

さて、こうして羽入問題に立ち戻り、評者に課せられた本来の課題である折原浩の羽入問題追及の第四書『大衆化する大学院——一個別事例にみる研究指導と学位認定』（未來社、二〇〇六年）の書評にようやく取り掛かる運びとはなった。しかし、評者は折原とは違い、現在ばかりか過去のことに関しても東大院倫理学専攻の内情を全く知らない東大の一局外者であり、したがって評者にとって重要なことはただ「結果」だけであって、その点で評者の言いうることはただ一つ、以下のことに尽きる。《東大院倫理学専攻の教員スタッフ諸公よ、高等教育と学位認定とに関して大いなる責務を自覚されよ。戦後わが国は敗戦直後には想いもよらなかった経済大国となったが、少なくとも人文・社会科学領域に関する限り、それに見合うわが国独自の知的・学問的・思想的業績は皆無に近い。この情けない状況を打破するためには、「院」の名に値する「院」の教員スタッフたちが総力をあげて、自らの学的業績を底上げすると同時に、院生や若手研究者を世界第一級の学者に育成し鍛え上げる責務を負う。そして東大の「院」こそは、その際、先頭に立って日本国中の「院」を領導する栄誉と責任とを有する》、と。

（一） 羽入の一切無応答

羽入はこれまで見た四論著を中心とする折原の羽入書批判には一切反論していない。また、北海道大学経済学部の橋本努が、二〇〇四年一月、そのホームページに「マックス・ヴェーバー、羽入‐折原論争コーナー」を設け、羽入を含むウェーバー研究者／読者に広く論争参加を呼びかけたが、羽入はこのコーナーにも全く応答を寄せていない。それでいて、さる対談には出て、「ブランド商品を百円ショップの安物とけなされて、腹を立てている」と嘯いたそうだが（折原、二〇〇四a、一四頁）、それなら、その旨、折原ほか羽入批判者たちに堂々と反論すべきである。

そこで折原は、羽入の一切無応答を見定めて、「百円ショップの安物」かどうかは知らぬが、他人の「知的誠実性の崩壊」を犯罪的とまで攻撃しておきながら、当の自分が批判の矢面に立たされると、それに対し知的誠実の品位をもって答えようとしない〈まがいもの〉、〈欠陥商品〉を――折原は『犯罪』の原論文など博士論文はおろか修士論文にも値しないと断罪する――「ブランド商品」として世に出した、かつての羽入の修業場たる東京大学大学院人文社会系研究科倫理学専攻（以下、東大院倫理学専攻と略記）の指導教官／論文審査官の責任を問うのである。その問責はすでに折原『学問の未来――ヴェーバー学における末人跳梁批判』（未來社、二〇〇五年）に始まっているが（折原、二〇〇五a、一四、四一三頁）、今回『大衆化する大学院』で本格的になされる。

（二） 東大院倫理学専攻の社会的責任

『犯罪』がいっとき人の耳目を衝動し、「山本七平賞」を受賞し、それ以前にはその原論文の一つが日本倫理学界から「和辻賞」を授与された。それぞれの選考委員会には当然それぞれ独自の思惑があって羽入論文『犯罪』に「賞」を与えたのだろうが、その授賞に際しては、羽入がほかならぬ東大院倫理学専攻から「博士（文学）」の学位を授与された（一九九五年三月）という事情も、各選考委員たちの心証に有形無形の影響を及ぼしたことはたしかだろう。それだけに東大院倫理学専攻の責任は重いのである。それではなぜ東大院倫理学専攻は羽入に博士（文学）の称号を授与したのか？

（三）　大学院の大衆化とその随伴結果たる院生間の「対等な議論仲間関係」の解体

その最も重要は背景的事情としては――これは東大に限らぬが――大学院の「大衆化」と、とくに国立系の院に関しては、文部当局による「博士量産」の強制的督促がある。これまた東大に限らず、もともと院の教員スタッフたちは程度の差はあれ、また多少の例外はあっても、手取り足取り院生を指導するというようなことを余りしなかった。が、院大衆化以前には助手や先輩院生をリーダーとする院生相互の「対等な議論仲間関係」がおのずと形成され、「院」スタッフの無指導／無教育ないしその不足を補う、場合によっては〈しごき〉の体制が存在した（折原、二〇〇六、二一頁）。ところが院大衆化――これは院生定員の規模拡大と（社会人受け入れ等による）院生年齢構成の多様化との二重の形態で進行する――にともない、また教授・助教授ポスト増設の代替措置としての助手ポスト召し上げにより、そうした「仲間関係」は解体変質し、院当局によってそれにかわる代替的／等価的機能を果たすシステムが開発されないまま、「多人数となって一人ひとりは孤立した院生」の指導教員もしくは相性のいい教員のもとへの「蛸壷」的閉塞化が一般化する。こうした状況の下では「年嵩でも幼弱な『問題児』院生」が出現しても不思議はない、と折原は言う（折原、二〇〇六、二〇頁以下）。

（四）　「不出来」論文に対する教員側の対応の三類型

こうして院生といわば一対一で対峙せざるをえなくなった教員は、自分の抱える院生、とりわけその院生の余り出来のよくない論文に対して、どう対応するか？

折原は、その対応には、「積極的正面対決」、「消極的正面対決」および「対決回避」－「権威主義」の三類型がある、と言う。

その第一類型は、「もっぱら学問上の基準に照らして『妥当』と認定できるまで、集約的な研究指導／論文指導を積極的に押し進める」という、学問規範に照らして妥当な「客観的に整合合理的」な対応である（折原、二〇〇六、二二頁以下）。

第二類型は、多忙などの現実的制約によって「正面対決」の積極性は緩和されるけれども、さりとて「学位認定だけを切り離して、学問的厳正度は緩め、あるいは曖昧にする」のではなく、「学問的良心の最後の一線は堅持して譲らない」という、「なお『客観的に整合合理的』」な対応である（折原、二〇〇六、二六頁以下）。

第三類型は、「審査員が、積極的ないし消極的な『正面対決』を堅持する緊張に耐えられず、『見切り発車』して学位だけは与え、同時に『厄介払い』して、それ以上の研究指導負担から逃れようとする」、学問的基準からすれば「客観的に整合非合理的」な対応である。ところで、もっぱら学問上の基準で評価して学位に値する論文に対して権威への不従順を理由に学位を認めないのが「権威主義」だとすれば、逆に、学問上学位に値しない論文を、温情から、あるいは政治的手心を加えて、あいまいに学位認定してしまうのも、「学位認定権の私物化＝濫用」であり、いわゆる「権威主義」と「同位対立的な裏面」としての「権威主義」の「温情的発現形態」だと、折原は言う（折原、二〇〇六、二八頁以下）。

羽入の場合には正規の指導教員との関係で複雑な事情を抱え、また自身有能なウェーバー研究者であるその正規の指導教員は、羽入の博士学位請求論文を受け取って、その処理に苦悩したようだと、折原は推認しているが（とくに折原、二〇〇六、一七頁以下および「あとがき」参照）、そうしたことは、過去現在ともに東大院倫理学専攻の内部事情に全く通じていない評者としては、一切割愛する。

さて、以上の三類型のうち、羽入の学位請求論文提出に対する学位審査委員会側の対応は、折原によれば、結局、「対決回避」-（「学位認定権の私物化＝濫用」という意味での）「権威主義」たる、第三類型であった（折原、二〇〇六、一〇四、一〇九頁以下）。

（五） 羽入書と羽入の学位認定論文

羽入は一九九四年一月に東大院人文科学研究科に独文による博士論文 "Die Entzauberung vom 'Zauber' Max Webers—seine Quellenbehandlung in der 'Protestantischen Ethik'"（「マックス・ウェーバーの『魔術』からの解放――『倫理』論文における資料操作について」）を提出した。そしてこの論文は、その後、評者には知る由もない羽入と論文審査委員との間のやり取りによって、表題が "Quellenbehandlung Max Webers in der 'Protestantischen Ethik'"（「『倫理』論文におけるマックス・ウェーバーの資料操作」）と改められ、また原論文提出時には備わっていた「序文」と「結論部分」も削除ないしは大幅に書き改められて、その改訂論文が一九九五年三月に博士（文学）の学位に相当するとして同科から認定された。なお、この学位認定論文は東大院人文社会系研究科図書室に保管されており、またそのコピーが国会図書館にも保管されていて、閲覧可能である（折原、二〇〇六、一三頁以下）。

そうしてみると、上記学位請求提出時の原論文から『犯罪』までには改定が二度行われたことになる。先ず認定時の論文には、挑発的な印象を与えるメインタイトルが取り去られてサブタイトルが表題として浮上し、「序文」と「結論部分」とがいったん削除もしくは大幅に改訂されたあと、『犯罪』において両者が復活すると同時に（『犯罪』vi頁）、開巻劈頭女房殿に「マックス・ヴェーバー、ここで嘘付いているわよ」「大体が詐欺師の顔してる」と云わせる（『犯罪』i頁）「はじめに」も付け加えられ、――博士認定後の一九九五年三月号の『思想』論文は提出時の原題に戻っているのだが、さらに――表題メインタイトルに「犯罪」、サブタイトルに「詐術」が登場した、というわけである（折原、二〇〇六、一三頁以下）。

だとすると、羽入書と学位認定論文とは、後者が独文で書かれており、一応穏当な学術論文としての体裁も整えられているようでもあるから、相当違うのではないか、したがって『犯罪』が大いなる欠陥書だということが立証されたとしても、そのことをもって直ちに学位認定時の論文を審査した東大院倫理学専攻の審査委員諸氏を論難し、その審査報告を可とした東大院人文社会研究科委員会を非難することはできないのではないか？

　そんなことはない、と折原は言う。大体、認定時の羽入論文が学位水準に達していたとするならば、通常その修訂加筆の上に公刊されるはずの著書が学位認定時の水準を割るというのは経験則上ありえないし、事実、折原の見るところ、学位認定時の羽入論文は、「没意味・無概念・弱論理・無方法」で、「部分的な手直しではどうにもならず、さりとて思い込みの激しさから推して抜本的な改訂への見通しも立たない」代物で、これまでの「拙著三部作で詳論した羽入書批判の趣旨が、ほぼそのまま当てはまる」（折原、二〇〇六、一八頁）として、折原は、万人の縦覧に供された（学位認定）「審査報告書」に学位請求者羽入自身が執筆し、審査委員会にも収録を承認された（認定時の）学位論文の「内容要旨」の構成に厳密に即して、再びその徹底的な批判を展開する（折原、二〇〇六、三五頁以下）。その内容は上に見た折原の羽入書批判と基本的に同じであるから、先を急ぐ本評では紹介を割愛する。

（六）　東大院倫理学専攻学位審査委員会の「審査報告書『審査要旨』」

　だが、羽入に学位を認定した審査委員側の「審査報告書『審査要旨』」は、その「誤字・脱字・悪文」、「投げやり」さ（折原、二〇〇六、八九頁）において、一見に値する。「審査報告書」は先にも触れたように公開文書であり――それは「東京大学学位論文データベース」を開いて見ることができるが、その見方の案内は折原（二〇〇六）三五頁に懇切丁寧になされている――、また全文三段落約七〇〇字の短文であるから、読者にもその杜撰さを実感してもらうため、「東京大学学位論文データベース」収録のものの当該箇所をそのまま再録することとする。なお、この「審査要旨」は、もちろん折原（二〇〇六）第三章八九頁以下からも全文再現して読むことができる。以下、評者の引用した「審査要旨」全文中、［I］［II］［III］および傍線強調ならびに〔　〕内は、便宜上評者の付したものであり、原文にはない。なお原文では、段落を明示する必要からか、［I］と［II］との間、［II］と［III］との間は、それぞれ一行アキとなっている。

　［I］論文：Quellenbehandlung Max Webers in der "Protestantischen Ethik"（『倫理』論文におけるヴェーバーの資料の取り扱いについて）は『プロテスタンティズムの倫理と資本主義の精神』でヴェーバーが用いた原資料を照合し〔何と何とを照合したというのか？〕、彼の立論

が妥当でないことを実証しようとするものである。全体は(1) calling 概念の検討、(2)ルターのベルーフ概念の検討、そして(3)「資本主義の精神」の理念〔理念「型」ではないのか?〕構成をめぐる考察という三つの部分から成り、それに結びの考察が付せられている。

〔II〕従来、フランクリンの「時は金なり」〔だけか?〕の道徳訓に典型的に示されている「資本主義の精神」がカンルヴァン派の救霊予定説に基づく世俗内禁欲としての職業労働の『プロテスタンティズムの倫理』か生まれ出、そのつなぎに〔何と何との?〕ルターの Beruf 概念による職業召命観が位置付けられる〔「カルヴィニズムの世俗内的禁欲」から「資本主義の精神」が「生まれ出る」に際して「ルターの職業召命観」が「つなぎ」に入るというのか? そんなことをヴェーバーは「倫理」で主張しているか?〕というヴェーバーのテーゼの妥当性については、様々に論争されてきたが、筆者は特にヴェーバーのフランクリンからの引用の恣意性とか、ルターの Beruf 概念の形成をめぐるヴェーバーの資料の扱い方の意図的な操作、また calling 概念への影響関係をめぐる推論の不備といった諸点をヴェーバーが当たったと思われる様々な原資料を広範に渉猟検討することを通して実証しようと試みている。そしてそのことを通してヴェーバーの呪縛からの解放を説く。

〔III〕資料操作の解釈については別様の解釈の余地があり、また三つのテーマのヴェーバー論文全体の位置付けについても再考せねばならないが、呪縛からの解放を逆手にとってヴェーバー自身の呪縛からの解放を徹底的に実証的に論じた点は、博士(文学)論文としての評価に値すると思われる。

(七) 評 価

見ての通り、この「審査要旨」は、折原の言うように、「誤字・脱字・悪文」「投げやり」のお粗末なものである。このような文章が主査を含め五名の審査委員——「東京大学学位論文データベース」を開くとその実名を知ることができるが、ここに記す必要はないだろう——の目を通り、東大院人文社会研究科の正式の会議でそのまま承認されたということ自体、信じがたいことである。

折原は〔I〕および〔II〕についても詳細な批判的検討を加えているのであるが〔折原、二〇〇六、八九頁以下〕、先を急ぐ評者としては、そもそも短文の「審査要旨」の中でも擢んでて短文の「最終評価」たる〔III〕に対する折原の批判に焦点を絞ることとしよう。折原は言う〔以下、強調は折原〕。

1、「『資料操作の解釈については別様の解釈の余地があ』るというが、では『どう別様』に解釈する余地があるのか。自分たちはどう考えるのか」

2、「『三つのテーマ……の位置付けについても再考せねばならない』というが、ではどう再考できるのか、すべきなのか。自分たちはどうなのか」

〔資料3〕　折原浩の羽入辰郎批判の結末

折原は、この1、および2にたいする審査委員側の見解を簡潔にでも提示しない限り、この第三段落中の1、および2、に該当する箇所の認容文は意味をなさない、と批判する。そして決定的には、折原は、

3、羽入が「ヴェーバー自身の呪縛からの解放を徹底的に実証的に論じた」とし、その点は〔その点においてその一点において?――評者〕「博士（文学）論文としての評価に値すると思われる」と「審査要旨」は結んでいるけれども、「かりにある論者が、なにごとかを『徹底的に実証的に論じた』としても、その『論』は内容として『間違っている』か『浅薄すぎる』かもしれず、ただ『徹底的に実証的に論じた』からといって、ただちに『評価に値する』、しかも『博士論文としての評価に値する』という結論が引き出せるわけがない」と論断し、この「審査要旨」がいかに杜撰なものか、「『学位に値しない論文に「目をつぶって」学位を認定する』職権濫用に走」った（折原、二〇〇六、一〇七頁）ものかを剔抉する。

一々もっともな批判と思われる。そして最後に折原は、「羽入論文への学位認定というこの一特例を『大衆化大学院における研究指導と学位認定』という困難な課題にふりかかった『現場のクリティカルな問題』のひとつとし」、その打開の方法をめぐる共同討議の場として、東大院人文社会系研究科のホームページに「公開討論コーナー」の開設を要求するとともに、倫理学専攻の五名の審査委員とくに主査に所信表明を要請している。

もっともな要求・要請であるが、事態がどうなり行くか、今後の推移を見守りたい。

いずれにせよ、この関連で評者の言いうることは、本章四の冒頭で述べたように、東大院倫理学専攻および人文社会系研究科のスタッフ諸公よ、しっかりされたい、という一言に尽きる。

参考文献

ヴェーバー、マックス、一九九八、『社会科学と社会政策に関わる認識の「客観性」』富永裕治・立野保男訳、折原浩補訳、岩波文庫。

折原浩、二〇〇三a、「四擬似問題でひとり相撲」東京大学経済学会編『季刊経済学論集』第六九巻第一号、七七－八二頁。

折原浩、二〇〇三b、『ヴェーバー学のすすめ』未來社。

折原浩、二〇〇五a、『学問の未来――ヴェーバー学における末人跳梁批判』未來社。

折原浩、二〇〇五b、『ヴェーバー学の未来――「倫理」論文の読解から歴史・社会科学の方法会得へ』未來社。

折原浩、二〇〇六、『大衆化する大学院――個別事例にみる研究指導と学位認定』未來社。

羽入辰郎、二〇〇二、『マックス・ヴェーバーの犯罪――『倫理』論文における資料操作の詐術と「知的誠実性」の崩壊』ミネルヴァ書房。（本文中では『犯罪』と略記）

（初出：『図書新聞』二〇〇七年四月二八日号、五月五日号、五月一九日号、五月二六日号、六月二日号、六月九日号、六月一六日号）

あとがき——ヴェーバーをめぐるさらなる論争への誘い

矢野　善郎

この本をたまたま手に取られた方は、なんで一〇〇年以上も前に書かれた「プロテスタンティズムの倫理と資本主義の精神」（以下、「倫理論文」と略記）について、ここまで論争をする必要があるのか、という疑問を持つかもしれない。ヴェーバーの遺したテキストには、どれ一つとして読みやすいという評判のものはない。それなのに一般の読者も含めて、なんでこんなに関心が集まるのだろうか。その作品の何がこうした論争をかき立てるのだろうか。彼の作品の中では最もポピュラーとも言える「職業としての学問」の一節は、この点を考えるために参考になる。

他の周辺分野にまで越境するような研究を、私たちは時々行いますし、例えば他ならぬ社会学者などは必然的にそうした研究を繰り返さざるをえないでしょう。そうした越境研究はどれも、あきらめをともなった意識に悩まされることになります。つまり自分は、（周辺分野の）専門家がその分野での分析視角からすれば簡単には思いつかないような問題設定を提供するのがせいぜいである一方、自らの研究は不可避的に著しく不完全なままに終わらざるをえないという意識に悩まされるのです（Weber, 1992, S. 80 邦訳二一－二二頁。訳文は適宜修正。強調は原文のまま）

本書が取り扱う論争が起きるきっかけになった羽入の『マックス・ヴェーバーの犯罪』（以下、『犯罪』と略記）では、ヴェーバーが、人に偉そうに説教しているほどには「知的誠実」ではないということが問題にされていた（『犯罪』一－二頁）。だが彼自身の言には、「社会学者」が体験する「あきらめ」が語られるなど、少なくとも自分を棚に上げて他人を攻撃するような姿勢をみてとるのは難しい。

もっともこの箇所には、彼の自負も読み取れる。確かに専門の神学者でもフランクリン研究者でもないけれども、他の研究を刺激する「問題設定」を提供することが自分の科学の「売り」であるというのである。ただ、いくらなんでも一〇〇年たっても「簡単には思いつかない」ような問題設定が、まだ「倫理論文」に本当にあるのだろうか。

（一）　アメリカとイスラム

この点を考える上で、序章で橋本努が挙げるエピソードは重要である。イラク攻撃を鼓舞したブッシュ政権のブレーンである「ネオ・コン」が、レオ・シュトラウスの門下で「訓詁学」を学び、それが現代アメリカの帝国イデオロギーへと結実した。シュトラウスが激しいヴェーバー批判者であったことも含め、この事件は、二重三重に示唆的である。他国の政体を変えるために軍事侵攻までするという政治思想は、現代日本の風土からは理解しがたい。その原理主義的とも言える「民主主義」の押しつけに、英国王の首を斬り、アメリカ独立を勝ち取った戦闘的なピューリタン達の精神の残滓をみるのは、もちろん行きすぎた抽象ではあるが、「倫理論文」の問題設定を共有するものならきわめて自然な連想であろう。

文明論的な連想からさらに思考を深める手がかりをヴェーバーに求めるとしたら、その作品をどのように読んでいけばいいのだろうか。ヴェーバーを否定するだけの『犯罪』の手法は、その点全く役には立たない。しかし、その批判者である折原の手法は手がかりを与えてくれる。『犯罪』（第四章）批判に登場した一例を見よう。折原は、ヴェーバーが *prädestinatianisch* と *prädeterministisch* とを区別していると述べる（折原、二〇〇五a、三八二－三八五頁）。まるで間違い探しパズルだが、前者は英語でいう「運命 destiny」に、後者は「決断 determine」に、接頭語「前もって pre-」をつけている、と言えば多少は読みやすくなるだろうか。この区別がでてくるのは、「倫理論文」の一節である。

> イスラムの予定説は、〔決断〕予定論的 *prädeterministisch* ではなくて、運命予定論的 *prädestinatianisch* である。したがって現世の運命には関係しても、来世における救済にはなんら関係しないものだった。それゆえにまた予定されていることの「確証」という倫理上決定的なことが、イスラムではなんの役割も演じず、……戦士として恐れを知らぬ勇気は生ま

れても、生活を方法化するという帰結は生じなかった。イスラムの予定説には、こうした方法化への宗教上の「報償」がなかった。（RS1, S. 102–103 邦訳一七六頁。訳文は折原の引用文を参照し変更した）

これは、ヴェーバーのもう一つの大作、いわゆる「経済と社会」でも、取り上げられている重要な論点である（Weber, 1976, S. 346–348 邦訳二五三－二五八頁）。この「予定説」の区別は、神学者ウルリッヒを参照して概念化されている。そこでは、イスラムの予定説が、「宇宙論的」な意味での決定論、すなわち「宿命論」であり、「プロパガンダや布教」能力を高め、狂信（ファナティシズム）をもたらしたり、宗教戦争（ジハード）を遂行したりすることには寄与するとされる（Ulrich, 1912, S. 130–131）。

ヴェーバーの説では、運命予定論的なイスラムの予定説は資本主義には寄与しなかった。一方、天国に行く人と地獄に行く人は既に神によって決断されているというカルヴィニズムの決断予定説は、生活を倫理的に組織化する方向に「報償」を与えるとされる。つまり自分が天国に行く人間だと確信したいために、信者はかえって倫理的に行為したというのである。彼は、この論点を軍隊の分析にも応用する。イスラム騎馬兵の強さも、クロムウェル鉄騎兵の強さも、ともに予定説が作用した結果とされる。ただし前者はファナティックな強さ、後者は規律による強さ、と対照的に描かれる。後者は、リスクを恐れず、冷静に敵の近くまで短銃に弾を込めたまま突進し、集団を崩さない（RS1, S. 117 邦訳二〇四頁）。

一見似た「予定説」にも意味上の区別がありうるということを、比較を通して解釈する手法は、実は「倫理論文」をはじめヴェーバーのテキストで駆使される「理念型」の手法の本質である。こうしたヴェーバー流の概念区分にこだわることは、単に歴史理解を超え、現代の日本の私たちにとってともに異質きわまりない、ファナティックな「自爆テロ」や、「リスク」をあえて冒す「ネオ・コン」のメンタリティーを理解する道具ともなりえよう（この点、羽入式の「文献学」で問題にできるのは、ウルリッヒの綴りが「捏造」されている〔RS1, S. 103〕ことくらいである）。

ヴェーバーの概念分析の手法は、いろいろと応用可能である。イスラムにもアメリカにも、金持ちは寄付をすべきという社会的ルールがある。前者は「ザカート（喜捨）」、後者は「フィランソロピー」である。ザカートは、イスラムの最も重要な宗教実践「五行」の一つであり、当初は自発的な施しであったようだが、実際には義務化している（中村、一九九八、一一七‐一一八頁）。これは貧者への財の再分配の機能を持っていると言える。

逆にフィランソロピーは、再分配や施しは嫌悪すらする。その典型例は、本書でたびたび話題になったフランクリンである。彼が図書館を作る資金を寄付したように（RS1, S. 16 邦訳四九頁）、二〇世紀初頭の鉄鋼王カーネギーも、カーネギー・ホールや、数千の図書館を建てている。つまり社会全体の教育・健康・文化水準を向上させる施設、例えば大学・研究所・病院・美術館の建設・運営などに寄付することが、フィランソロピーを特徴付ける。かのビル・ゲイツの財団には、彼自身の寄付も含め日本円にして数十兆円が集まっている。兆を超える額の個人資産という時点で既に驚きである。ヴェーバーが描いたように、「神の栄光を増さんがため」に自分の人生はあるという「確証」を求める思想が（RS1, S. 174 邦訳三二二頁参照）、いまだにアメリカ社会では残滓として残っている、そうでも考えないと理解しがたい寄付金額である。当然、こうした寄付には節税のためとか偽善だとかの批判もあろうが、オイル・マネーをばらまくアラブ王族とどちらが倫理的にすぐれているかも含め、その点は社会学的には全く本質的な問題ではない。

格差社会を容認するアメリカの経済思想と、まがりなりにも貧者への再分配をするイスラム共同体とが何故あいいれないのかを理解するには、宗教理解が間違いなく必要である。この点、まさに「倫理論文」の問題設定はいまだに生きている。そこから、ひるがえって日本を見るとき、寄付についての社会的なルールが、一朝一夕に決して普及しない理由も理解しうる。まさに、アメリカ流の競争原理を外面だけ導入することの危うさも「倫理論文」は教えてくれるのである。

（二）　企業の「倫理」

「倫理論文」の手法は、文明・文化というマクロな比較だけではなく、企業の倫理や職業意識というミクロな問題を考える際にもヒントになる。もちろん、一〇〇年前の資本主義と今のそれとは問題状況が大きく異なる。現在日本の問題といえば、非正規労働などの労働問題、「偽装」に代表される企業のコンプライアンス（法令遵守）の欠如や、企業の社会的責任（CSR）などが真っ先に思い浮かぶであろう。

ところで、企業のコーポレート・ガバナンス（企業統治）について先駆的な提言をした報告書に「キャドバリー報告」がある（稲上、一九九五、七一-八一頁）。EUや米国にも影響を与えたこの報告の作成を指揮した人物、英国のエイドリアン・キャドバリー卿は、製菓・飲料業の大手キャドバリー・シュウェップス社の会長であった。しかし「倫理論文」の読者なら、彼の経歴でなによりも目を引くのは、彼が敬虔なクウェーカー（フレンズ派）であるという点であろう（Cadbury, 2003）。

彼の祖先が一九世紀初頭に創業したキャドバリー社だけでなく、ラウントリー（キット・カットなどが有名。現在はネスレと統合）など世界の名だたるチョコレート会社は、クウェーカー創業のものが多い。英国ではかのロイズもバークレイズ銀行も、もともとはクウェーカー資本である（山本、一九九九）。なぜ彼らはそこまで成功したのか。なぜチョコレート会社を好んで経営していたのか。こうした疑問を読者が抱いたとすれば、それはヴェーバーの問題圏に既に誘い込まれている。

確かに「資本主義」は、アメリカの新自由主義的なそれをイメージすれば、格差を容認する競争主義がその特徴であろう。結果として格差が生まれたとしても、「現世における財の分配の不平等が神の特別な摂理のわざである」と信じられるのであれば、競争することに「安心すべき保証」がある（RSI, S. 198-199 邦訳三五六頁）。この点に、カルヴィニズムの残滓を読み取る「倫理論文」の視点は、大変リアリティがある。エンロン事件などを見ると、熾烈な競争に勝ち残り、利益をあげるためなら手段を選ばないのが資本主義の帰結であるように考えがちである。

だがヴェーバーは、プロテスタントの中にも様々な流れがあることにも着目している。例えば、競争より企業の社会的責任や法令遵守を重視するという倫理は、カルヴィニズムの本流とは別の禁欲的なプロテスタントの一部に源流を持つと解釈するのである。

再洗礼派、とりわけクウェーカーにみられるような世俗内的禁欲のとった独自の形式では、既に一七世紀の審判に基づいて今日“honesty is the best policy”と定式化される、あの資本主義「倫理」の重要原則を実践的に確証していたことが、見て取れる。さきに引用したフランクリンの論文の中にも、その古典的な記録が見つかる、あの原則をである。こうしたことを……われわれは今後明らかにすることになるだろう。これに対して、カルヴァン派の影響は、むしろ私経済的な営利のエネルギーを解放するという方向にあったと、われわれは推論することになるだろう。(RS1, S. 160 邦訳　二八一頁。訳文は変更した)

ヴェーバー社会学のキーワードの一つ「合理化」という概念を用いると、これは次のように表現される。

カルヴィニズムの生活合理化とクウェーカーの生活合理化との間には、色調の違いが存在しつづけることになった。(RS1, S. 158 邦訳二八二頁)

つまり「倫理論文」の問題設定は、「近代資本主義の精神」=「経済的合理主義」の特徴を理解することだけにあるのではない。そこには、「資本主義」や「経済合理化」にも複数あり、それぞれを明確に区分すべきである、という問題設定も含まれている(例えば、RS1, S. 61, 181 邦訳九二頁、三二〇頁などを参照せよ)。

このヴェーバーの問題設定からすれば、格差を歓迎するアメリカ的な資本主義の精神と対立する別種の「資本主義の精神」はありうる。アメリカと同じ種類の資本主義は本当に日本に根付いているのか。でないとすれば、いかなる「資本主義」が日本に根付くべきなのか。「倫理論文」は、まさにそうした現代的な問題設定をもたらす作品である。

(三)　ヴェーバーの「乗り越え」のために

「倫理論文」は読めば読むほど発見のある作品であるが、その反面、発表時から様々に批判されてきた作品でもある。そして批判がでるたびに、それは「ヴェーバーの真意ではない」とか「誤読」であると答えていくヴェーバー研究は、確かに存在してきた。「ヴェーバー研究は、他の専門領域からの批判に対してヴェーバーを守るために常に勇敢に闘ってきた」(『犯罪』二頁)という中傷には、幾ばくかのリアリティはある。「意図せざる結果」にせよ、『犯罪』はそうしたヴェーバー研究に、姿勢の変化をうながす功績がある。

とりわけ今後のヴェーバー研究に必要と考えられるのは、批判を待ってそれに受動的に反論するだけではなく、生産的な批判を積極的に呼び込む姿勢であろう。ヴェーバーが何を言いたかったのかを精緻に読み取ることは間違いなく重要である。だが、そこにとどまらず、どのような証拠・研究によってヴェーバーの立論が反証され、何によってそれがより豊かになるのか、こうしたことを具体的に提示することも、自らの課題として受け止めるべきであろう。こうした課題は本来軽々に行うべきではないが、本書をしめくくるにあたり、ちょっとだけこの問題を考えてみることにしよう。

第二章での山本論文などを参照すれば分かるように、ヴェーバーの「倫理論文」を単体で見た場合、その最も中心的なテーゼ自体は、証拠さえあれば反論可能である。それには大きく二つのアプローチがありうる。

一つのアプローチは、「倫理論文」で問題の初発に置かれた、資本主義的な行動様式とプロテスタント信者との間に正の相関関係があるとおく事実認識についての批判である。これには、大きく二つの方向性がある。まず①Aは、**相関関係そのものを疑問視する**方向である。例えば実際の歴史資料・統計データからは、ヴェーバーやマルクス（折原、二〇〇三年、一四一－一四六頁参照）らが想定していたほど資本主義的な行動様式とプロテスタント信者との間には有意な関係はないという批判である（この批判の方向をとる場合、なぜヴェーバーやその同時代人が、広くそうした相関をリアリティあるものと認識していたのかは、別個に説明する責任が生じる）。

次に①Bは、**疑似相関に過ぎない**と批判する方向である。つまり見かけ上、宗教信者と資本主義との間に関連があるとしても、宗教倫理が原因となってそれがもたらされたのではないという批判である。例えば資本主義から宗教倫理という逆の因果的方向を重視する反論もありうる。また宗教倫理とは全く関係なく、純政治的・地理的・あるいは生理的（疫病や遺伝などの）要因が結果としてこうした相関関係を表面上もたらしたという反論もありうる（ヴェーバー自身、疑似相関の可能性は多少検討している。RS1, S. 22ff. 邦訳二三頁以降）。

第二の大きなアプローチは、ヴェーバーが採用した因果説明のモデルや資料解釈への批判である。「倫理論文」では、宗教的な理念が何らかの形で後押ししない限り、組織的に利益を追求し続けるような行為様式の普及はありえないとする行為者モデルを採用した。そしてそれに基づき、カルヴィニズムに淵源のある「選び」の思想を持つ宗教理念の「意図せざる結果」として、継続的な経済活動のための動機付けや生活の組織化などがもたらされ、資本主義的な生活様式の普及が促進されたという因果的な説明になっている。この説明自体を批判するアプローチにも、二つの方向がありうる。

まずは②Aとして、**理念（宗教倫理）を重視する因果説明図式への批判**がある。これはヴェーバーの行為者モデルとは異なる説明図式を用いるべきだとの反論である。例えば、禁欲的な宗教理念なしでも人の欲望は継続されるという行為者モデルを提唱したり、デュルケム＝ゴッフマン的な方法論のように、宗教理念よりも相互作用儀礼こそが信者を動かすなどの行為者モデルを提示したりする批判である（ただし「倫理論文」の続編である、「ゼクテ」論文にはこうした儀礼への視点はあるとも言える。このタイプの批判が単独で排他的なものになりうるかは、十分検討する必要がある）。

最後に②Bとして、**理念の内実、とりわけ宗教倫理の解釈についての批判**がある。同じ理念を重視した説明図式でも、「予定説」・「選び」・「世界の脱呪術化」などを重視するヴェーバーのプロテスタント解釈は妥当せず、本当に説明力を持つ理念は別だと解釈するタイプの批判である。

こうした批判は組み合わせ可能である。①のような相関関係そのものへの批判が全面的に妥当するなら、②の批判は不要である。ただし相関関係の部分的な批判は、②の批判とも組み合わせられる。もちろん政治性を重視するトーニーの批判に古典的に見られるように、②Aと②Bも組み合わせ可能である。

いずれにせよ、「倫理論文」のテーゼは、適切に手続きをふみさえすれば、着実に乗り越えうる科学的なものである。いや歴史研究の蓄積（第二章山本論文参照）をふまえれば、それはもう乗り越えられつつあると言える。今後のヴェーバー研究では、ヴェーバー・テーゼのどこが乗り越えられたのかを、着実に確定していく作業も必要となろう。同時に、巷にあふれる「日本やアジアにも資本主義が栄えたから、ヴェーバーは間違っている」など、全く意味のない反論の形式をちゃんと整理する努力も必要であろう。それにより、意味のある乗り越えをさらに加速することができる。

しかし「倫理論文」を乗り越える際には、もう一つ考えなければならない区別がある。それは、ヴェーバー・テーゼを狭い「倫理論文」単独の静的なテーゼととらえるか、それとも「倫理論文」自体がより広いヴェーバー・プログラムというべき動的な研究プログラムが示された最初の宣言文ととらえるべきか、という区別である。後者ならば、個別のヴェーバー・テーゼの乗り越えは、むしろヴェーバー・プログラムを豊かにする。この立場にも、もちろん根拠がある。「倫理論文」の改訂時にヴェーバーは、批判にこたえて以下の注を付け加えている。

問題は常に、あることがそれ自体として「非合理的」であるかどうかではなく、特定の「合理的」観点からみて「非合理的」であるかどうか、にある。無信仰者には、宗教的な生き方がことごとく「非合理的」で、快楽主義者には禁欲的な生き方がすべて「非合理的」であろう。ところが、宗教的また禁欲的な生き方も、それ自体の究極の価値を基準として測れば、ひとつの「合理化」であり得る。もしこの論文が、とりあえず何か一つでも寄与するならば、それは、表面上だけみれば一義的である「合理的であること」という概念が、多面性 Vielseitigkeit を持つということを曝きたてていることであって欲しい（RS1, S. 35 邦訳五〇頁。なお折原、二〇〇五b、一八三頁を参照）。

こうした箇所を重視して解釈すると、「倫理論文」は単なる独立したモノグラフではなく、「合理化」の複数性を方法の要に置いた研究プログラムの最初のマニフェストとして取り扱われる（折原、二〇〇五b；矢野、二〇〇三）。

この観点からすると、第二章の山本のような冷静な歴史家の批判は、適切であるからこそ、生産的な問題を喚起する。例えば、高度成長期日本のワーカホリックな労働者の心性は、ヴェーバーの言う「資本主義の精神」と「同じ性質のもの」（本書七〇頁）というのは本当だろうか。労働社会学の知見を用いれば、日本の終身雇用・年功序列・ジェネラリスト的「会社人間」の精神と、欧米に見られる転職・業績主義・スペシャリスト的精神とは、かなり異なった究極の価値に基づいてそれぞれの生活を「合理化」しているという問題設定ができる。また「フランクリンの労働観には、疎外された不条理な要素は認められない」（本書七一頁）という評価も、少なくともD・H・ローレンスのような視点から評価した限りは違うだろう（Lawrence, 1953, ch. 2）。「時は金なり」のフランクリンの勧めには、「若いうちは恋に旅に、遠回りした方が良い」や「仕事より家庭だ」というような、ありふれた幸福観の表明は見つからない。とすると「ワーク・ライフ・バランス」を最重要視する観点からは、「非合理」に見える。

「合理的であること」を区分していくヴェーバー・プログラムの視点からすれば、「ワーク・ライフ・バランス」を重視する労働慣行の先進国が、英米圏でなく、北欧・ドイツであることなどがまず問題となろう。プロテスタント諸国であっても、これらは概してルター派（やカソリック）が主で、カルヴィニズムの系譜が主流となった地域ではない。

戦後日本の生活様式が転換期を迎えていると考えられる現在、あるべき「職業理念」や「資本主義」を考えるのは緊急の課題となっている。その際、ヴェーバーの複数の「合理化」をめぐる研究プログラムは、アクチュアルな問題設定をもたらす。その乗り越えはまだ終わっていない。それどころか、まだ始まったばかりである。

＊

ヴェーバーの越境的な問題設定のおかげで、社会学者のみならず、政治学者・倫理学者・経済学者・歴史学者・哲学者・文献学者（市井の！）・科学史家が一堂に会する、こうした論争の書が実現した。否定のための否定にとどまらない独創的な論稿を寄せてくださった寄稿者に感謝するとともに、編者の一人である矢野のために、本書の刊行が大幅に遅れたことを改めてお詫びしたい。そうした遅滞にもかかわらず、粘り強く編集を進めて下さった橋本努氏と、本書の刊行に賛同し辛抱強く本書を仕上げて下さったナカニシヤ出版の酒井敏行氏には、言葉では決してあがないきれない恩を受けたが、それでも感謝の意を記さざるをえない。

現在の科学は、経済学や社会学も自立し、歴史学も細分化され、宗教研究もそれ自体の課題を持っている。例えばイスラム・アメリカ・日本にまたがる横断的な仮説をだすことは難しい。専門化・複雑化の進む現代、ヴェーバーの領域横断的な「問題設定」の意義は高まっているかもしれない。「ヴェーバー」ほど、いくつものフィールドが重なる希有な論争のための共通空間＝「トポス」はあまり考えられない。本書が、さらに多くの読者を、この論争空間に参戦させるための、導きの糸になるのなら無上の幸いである。

文献

Weber, Max, 1976, *Wirtschaft und Gesellschaft* (5. revidierte Auflage. Johannes Winckelmann Hg., 1. Auflage, 1922), Tübingen: J. C. B. Mohr (Paul

Siebeck)（武藤一雄・薗田宗人・薗田坦訳『宗教社会学』創文社、一九七六年）

Weber, Max, 1988, *Gesammelte Aufsätze zur Religionssoziologie* (7. Auflage. Ein photomechanischer Nachdruck der 1. Auflage von 1920), Bd. 1, Tübingen: J. C. B. Mohr (Paul Siebeck).（大塚久雄訳『プロテスタンティズムの倫理と資本主義の精神』〔改訳版〕岩波文庫、一九八九年）（本文中ではRS1と略記）

Weber, Max, 1992, *Wissenschaft als Beruf 1917/1919; Politik als Beruf 1919*, Max Weber Gesamtausgabe, Bd. I/17 (Wolfgang J. Mommsen and Wolfgang Schluchter Hg.), Tübingen: J. C. B. Mohr (Paul Siebeck).（尾高邦雄訳『職業としての学問』〔改訳版〕岩波文庫、一九八〇年）

稲上毅、一九九七、『現代英国経営事情』日本労働研究機構。

折原浩、二〇〇三、『ヴェーバー学のすすめ』未來社。

折原浩、二〇〇五a、『学問の未来――ヴェーバー学における末人跳梁批判』未來社。

折原浩、二〇〇五b、『ヴェーバー学の未来――「倫理」論文の読解から歴史・社会科学の方法会得へ』未來社。

中村廣治郎、一九九八、『イスラム教入門』岩波新書。

羽入辰郎、二〇〇二、『マックス・ヴェーバーの犯罪――『倫理』論文における資料操作の詐術と「知的誠実性」の崩壊』ミネルヴァ書房。

矢野善郎、二〇〇三、『マックス・ヴェーバーの方法論的合理主義』創文社。

山本通、一九九四、『近代英国実業家たちの世界――資本主義とクエイカー派』同文舘出版。

Cadbury, Adrian, 2003, "Beliefs and Business: The Experience of Quaker Companies," A Talk in the Faith Seeking Understanding series. May 2003. (http://rps.gn.apc.org/leveson/resources/cadbury0503.htm)

Lawrence, David Herbert, 1953, *Studies in Classic American Literature*, First published in 1923, Doubleday Anchor Paperback. New York: Doubleday.（大西直樹訳『アメリカ古典文学研究』講談社文芸文庫、一九九九年）

Ulrich, Friedrich, 1912, "Die Vorherbestimmungslehre in Islam und Christentum: Eine religionsgeschichtliche Parallele," *Beiträge zur Förderung christlicher Theologie*, (Jg. 16). Gütersloh: C. Bertersmann.

授。新カント派価値哲学・行為論専攻。『新カント派の価値哲学』（弘文堂，1989 年），『カント全集別巻』（共著，岩波書店，2006 年）。

横田理博（よこた・みちひろ）

1963 年生まれ。東京大学大学院人文社会系研究科博士課程修了。電気通信大学電気通信学部准教授。倫理学専攻。『ウェーバーのエートス論の倫理学的継承――ウェーバー宗教社会学の基礎概念についての一考察』（東京大学博士論文，1966 年），他。

三笘利幸（みとま・としゆき）

1969 年生まれ。東京大学大学院総合文化研究科博士課程単位取得退学。九州国際大学経済学部准教授。社会思想史・相関社会科学専攻。「マックス・ヴェーバーの「人種」概念――包摂と排除をめぐって」（九州国際大学経済学会『九州国際大学　経営経済論集』第 13 巻第 1 号，2006 年），他。

荒川敏彦（あらかわ・としひこ）

1972 年生まれ。一橋大学大学院社会学研究科博士後期課程単位取得退学。東京外国語大学非常勤講師。社会学・社会思想史専攻。「脱魔術化と再魔術化――創造と排除のポリティクス」（『社会思想史研究』第 26 号，藤原書店，2002 年），「殻（ゲホイゼ）の中に住むものは誰か――「鉄の檻」的ヴェーバー像からの解放」（『現代思想』第 35 巻第 15 号，青土社，2007 年），他。

＊矢野善郎（やの・よしろう）

1968 年生まれ。東京大学大学院人文社会系研究科（社会学）博士課程修了。中央大学文学部准教授。理論社会学・社会学史・ディベート教育専攻。『マックス・ヴェーバーの方法論的合理主義』（創文社，2003 年），『マックス・ヴェーバーの新世紀――変容する日本社会と認識の転回』（共著，未來社，2000 年）。

雀部幸隆（ささべ・ゆきたか）

1936 年生まれ。名古屋大学大学院法学研究科単位取得満期退学。法学博士。名古屋大学名誉教授。政治学・政治思想史専攻。『知と意味の位相――ウェーバー思想世界への序論』（恒星社厚生閣，1993 年），『ウェーバーと政治の世界』（恒星社厚生閣，1999 年），『ウェーバーとワイマール――政治思想史的考察』（ミネルヴァ書房，2001 年），『公共善の政治学――ウェーバー政治思想の原理論的再構成』（未來社，2007 年），他。

◆執筆者一覧（執筆順，＊は編者）

＊橋本　努（はしもと・つとむ）

1967年生まれ。東京大学大学院総合文化研究科博士号取得。北海道大学大学院経済学研究科准教授。経済思想・社会哲学専攻。『自由の論法――ポパー・ミーゼス・ハイエク』（創文社，1994年），『社会科学の人間学――自由主義のプロジェクト』（勁草書房，1999年），『帝国の条件――自由を育む秩序の原理』（弘文堂，2007年），『自由に生きるとはどういうことか』（ちくま新書，2007年），他。

丸山尚士（まるやま・たかし）

1961年生まれ。東京大学教養学部教養学科卒業。社会学・経済史・文化人類学他を専攻。民間企業勤務。

山本　通（やまもと・とおる）

1946年生まれ。一橋大学大学院経済学研究科博士課程単位満了退学。博士（社会学）。神奈川大学経済学部教授。近代イギリス経済史・イギリス経営史専攻。『近代英国実業家たちの世界』（同文舘，1994年），『エレメンタル西洋経済史』（共著，英創社，1995年），ノーマン・コーン『魔女狩りの社会史』（翻訳，岩波書店，1983年），他。

梅津順一（うめつ・じゅんいち）

1947年生まれ。東京大学大学院経済学研究科博士号取得。青山学院大学総合文化政策学部教授。比較経済史・経済思想史専攻。『近代経済人の宗教的根源』（みすず書房，1989年），『文明日本と市民的主体』（聖学院大学出版会，2001年），『ピューリタン牧師バクスター』（教文館，2005年），『近代西欧の宗教と経済』（共著，同文舘，1996年），他。

宇都宮京子（うつのみや・きょうこ）

お茶の水大学大学院人間科学研究科修了。博士（人文科学）。東洋大学社会学部教授。社会学理論専攻。『クリティークとしての社会学』（共編，東信堂，2005年），『よくわかる社会学』（編，ミネルヴァ書房，2006年），『社会学理論の可能性を読む』（共著，情況出版，2001年），他。

唐木田健一（からきだ・けんいち）

1946年生まれ。東京大学理学部卒業。理学博士。理論基礎論（メタサイエンス）専攻。『理論の創造と創造の理論』（朝倉書店，1995年），『1968年には何があったのか』（批評社，2004年），『エクセルギーの基礎』（オーム社，2005年），『生命論』（批評社，2007年），他。

橋本直人（はしもと・なおと）

1967年生まれ。一橋大学大学院社会学研究科博士課程単位取得退学。神戸大学大学院人間発達環境学研究科専任講師。社会思想史・社会学史専攻。『ハーバマスを読む』（共著，大月書店，1995年），『マックス・ヴェーバーの新世紀――変容する日本社会と認識の転回』（共編，未來社，2000年），他。

九鬼一人（くき・かずと）

1958年生まれ。東京大学大学院理学系研究科博士課程単位取得満期退学。岡山商科大学法学部教

日本マックス・ウェーバー論争
——「プロ倫」読解の現在——

2008年8月5日　初版第1刷発行　（定価はカヴァーに表示してあります）

編　者　橋本　努
　　　　矢野善郎
発行者　中西健夫
発行所　株式会社ナカニシヤ出版
〒606-8161　京都市左京区一乗寺木ノ本町15番地
TEL　075-723-0111
FAX　075-723-0095
http://www.nakanishiya.co.jp/

装幀＝白沢　正／印刷＝創栄図書印刷／製本＝兼文堂

ISBN978-4-7795-0273-6　C3036